网络营销推广
实战宝典 第2版

江礼坤 著

电子工业出版社
Publishing House of Electronics Industry
北京·BEIJING

内 容 简 介

《网络营销推广实战宝典（第 2 版）》是一本系统介绍网络营销推广策略和方法的实战教程，是网络营销人员必备的工具书。作者用 15 年的实战经验，凝聚成了本书。书中无太多长篇大论，全部是真刀真枪的实操。书中涉及的技巧和方法，都是作者从实际操作中总结出来的成功经验。同时，作者的许多学生和客户，也都在实践中验证了这些方法的可行性，所以本书的含金量非常高。

本书几乎把全部的网络营销推广方法都囊括了进来，包括 QQ 推广、软文推广、论坛推广、SNS 推广、问答推广、百科推广、分类信息推广、RSS 推广、电子书推广、图片推广、活动推广、资源合作推广、网络推广、新闻营销、软文营销、论坛炒作、博客营销、微博营销、微信营销、EDM、数据库营销、网络游戏植入营销、事件营销、口碑营销、病毒营销、免费策略营销、饥饿营销、借力营销、陌陌营销、自媒体策略、自品牌策略、钓鱼策略、鱼塘策略、网络危机公关、SEO、SEM 等。而且每种方法都写明了如何操作，甚至列举了许多应用案例。

本书适用人群：想向互联网转型的传统企业、想通过互联网创业的人士、想在职提升的网络营销从业人员、个人站长、网店店主、电子商务从业者、微商从业者、想转行的人。

未经许可，不得以任何方式复制或抄袭本书之部分或全部内容。
版权所有，侵权必究。

图书在版编目（CIP）数据

网络营销推广实战宝典 / 江礼坤著. —2 版. —北京：电子工业出版社，2016.3
ISBN 978-7-121-27574-6

Ⅰ.①网… Ⅱ.①江… Ⅲ.①网络营销 Ⅳ.①F713.36

中国版本图书馆 CIP 数据核字（2015）第 271377 号

策划编辑：张彦红
责任编辑：葛　娜
印　　刷：北京天宇星印刷厂
装　　订：北京天宇星印刷厂
出版发行：电子工业出版社
　　　　　北京市海淀区万寿路 173 信箱　　　邮编：100036
开　　本：787×1092　1/16　　印张：31.75　　字数：585 千字
版　　次：2011 年 1 月第 1 版
　　　　　2016 年 3 月第 2 版
印　　次：2025 年 8 月第 22 次印刷
定　　价：89.00 元

凡所购买电子工业出版社图书有缺损问题，请向购买书店调换。若书店售缺，请与本社发行部联系，联系及邮购电话：（010）88254888，88258888。
质量投诉请发邮件至 zlts@phei.com.cn，盗版侵权举报请发邮件至 dbqq@phei.com.cn。
本书咨询联系方式：010-51260888-819，faq@phei.com.cn。

改版说明

本版的更新力度特别大，更新了将近一半的内容，具体变化如下：

（1）重新构建了逻辑结构。第 2 版与第 1 版的章节结构和章节名称已完全不同。

（2）将第 1 版中的第 7 章整合应用及第 8 章草根达人访谈全部删除，同时新增两章，分别为微信营销篇和营销网站篇。

（3）第 1 章内容重新撰写。

（4）第 5 章内容重新撰写。

（5）原第 6 章改为第 8 章，并进行了大更新。

（6）对 QQ 营销、微博营销的内容进行了大量的扩充与更新。

（7）对 SNS 推广、问答推广、百科推广进行了比较大的更新。

（8）将第 1 版中的软文营销和软文推广合并、博客营销和博客推广合并，将论坛营销改成了论坛炒作。

（9）增加自媒体策略、自品牌策略、钓鱼策略、鱼塘策略、陌陌营销。

（10）其他一些方法，也针对市场的变化进行了小幅度更新，但整体结构没有变化，所以在此就不一一列举了。

前言

终于改版完成了,其实本书早应改版了。因为第 1 版的成书时间是 2010 年年末,而由于出版流程的问题,2012 年 1 月 1 日才上市,所以里面的内容早该更新了。

但是,写书真的是大工程,非常耗费时间和精力,尤其是脑细胞。特别是对于我这种没喝过几两墨水,不擅于摆弄文字的人来说,更是难上加难。当初写第 1 版时,老江是停掉了所有工作,专职写了 4 个月才成书;而这次改版,老江则是断断续续花了半年时间。

在写本书第 1 版之前,我从来没想过这辈子还会出书,因为人要有自知之明,鄙人还算清楚自己的斤两,不说别的,文笔就是硬伤。但电子工业出版社的张彦红编辑"锲而不舍"地动员了我一年多,我这心也就渐渐活了。在此,真的要感谢张编辑的抬爱。

其实在第 1 版上市后,老江心里还是诚惶诚恐的,但却没想到越卖越好,而且读者评价还都蛮高的,不少读者都和老江反馈说,用书里的方法赚到了钱,让业绩得到了提升。像我最担心的文笔问题,甚至也得到了读者的认可,许多读者都说我的书通俗易懂,没想到这大白话的风格,还成了"卖点"!

当初决定写书的第二个原因是,当时越来越多的企业意识到互联网的重要性,都开始尝试转型互联网,尝试在互联网上拓展业务,而却大多都不得要领,走了许多弯路,甚至一些基本的概念都不懂,发广告都发不好。

从本书第 1 版上市至今,4 年多的时间过去了,互联网及网络营销更是得到了极大的普及,但是老江发现,大部分人和企业的网络营销水平还是很初级的。老江有点强迫症,每每遇到这些企业和人走弯路、浪费钱,老江就忍不住想上去说两句。

比如有一次，老江到湖南某市讲课，有位企业家和我倒苦水，他的企业是做手机批发的，做得非常成功。只要你是在那个城市买手机，无论在哪个手机店买，95%以上的手机都是从他的企业出去的，非常牛！但是互联网来了后，其生意同样下滑得厉害，因为大家都开始上网买手机了。于是，他开始寻求转型，投资建立了一家手机网络商城，结果以失败而告终，几百万投资打了水漂。而可悲的是，项目失败后，他们却不知道其中的原因是什么，交了几百万元学费却没有换来经验和教训。

可能有人说了，传统企业不懂网络营销，可以招懂网络营销的人来做呀，或者将业务交给专业的网络营销公司。但问题是，很多企业根本不具备这方面的分辨能力。再说个真实的例子。

前些时日，老江认识了一位企业老总，他说感觉网络营销人才太难招了，他们总招不到合适的人。而老江细问之下发现，其实他们收到的简历并不少，招不到的原因是他们的HR不懂网络营销，面试时居然问应聘者会不会做网站、会不会作图之类的问题。而做这行的都知道，作图是设计人员的事，做网站是技术人员的事，和网络营销是不同的职业方向。

在这里，老江郑重提醒广大用人单位，招聘网络营销人员时，一定要先补补课，别问些不靠谱的问题：一是因为那些都不是网络营销人员需要具备的技能；二是现在都讲究双向选择，应聘者也希望找个靠谱的公司，谁都不希望进入一个只会瞎指挥、乱提不靠谱需求的公司。

以上这些不是个案，这样的例子比比皆是，所以老江希望这本书，能够帮助到想转型互联网的企业、想从事网络营销行业的人，让他们少走一些弯路、少花一些冤枉钱、少浪费一些时间。

最后，老江在此要感谢一直支持我的朋友与读者们，是你们的支持，才让我有了写书的动力与勇气；其次，要感谢公司的小伙伴们，在你们的支持下，我才得以能抽出时间写书；再次，要感谢好友门雨、元创、王鹏为本书贡献的内容；最后要特别感谢本书的100多位联合出品人（本书众筹的参与者），是你们的支持，才真正让本书能够与广大读者见面。这100多位伙伴的具体信息，请参看本书后面的附录A名单。

插播个小广告：本人的另一本书《实战移动互联网营销》，也已上市，对移动互联网感兴趣的朋友，敬请关注。

目录

第 1 章　综合概述篇 1
1.1　互联网市场现状分析 1
1.2　网络营销现状分析 3
1.3　网络营销失败的原因 4
　　1.3.1　营销方法太单一 4
　　1.3.2　营销方法没用对 5
　　1.3.3　盲目跟风被忽悠 6
　　1.3.4　过于急功和近利 7
　　1.3.5　没有系统和体系 7
1.4　网络营销的基本概念 8
　　1.4.1　什么是网络营销 8
　　1.4.2　网络营销的三个层面 8
　　1.4.3　网络推广与网络营销的区别 9
　　1.4.4　网站建设、网络营销、网络推广、SEO 之间的关系 9

第 2 章　基础方法篇 11
2.1　网络广告 11
　　2.1.1　什么是网络广告 11
　　2.1.2　网络广告形式 13
　　2.1.3　网络广告计费方式 16
　　2.1.4　网络广告投放步骤 18
　　2.1.5　网络广告数据监测 22

- 2.1.6 应用案例 2 则 24
- 2.2 IM 营销（QQ 营销） 25
  - 2.2.1 什么是 IM 推广 25
  - 2.2.2 QQ 推广的特点 26
  - 2.2.3 QQ 适合什么样的推广 27
  - 2.2.4 QQ 优化法 28
  - 2.2.5 QQ 群精准营销法 29
  - 2.2.6 QQ 群推广法 30
  - 2.2.7 QQ 鱼塘营销法 35
  - 2.2.8 QQ 营销之 QQ 空间营销 37
  - 2.2.9 手机 QQ 营销法 39
  - 2.2.10 如何查找目标群 41
  - 2.2.11 加群注意事项 42
  - 2.2.12 QQ 设置技巧 43
  - 2.2.13 QQ 沟通技巧 46
  - 2.2.14 其他可以利用的 QQ 功能 49
  - 2.2.15 其他营销手段 50
  - 2.2.16 应用案例 4 则 52
  - 2.2.17 本节任务 54
- 2.3 友情链接 55
  - 2.3.1 友情链接的作用 55
  - 2.3.2 什么是优质的链接 57
  - 2.3.3 坚决不换的链接 58
  - 2.3.4 交叉链 60
  - 2.3.5 获取链接的渠道 61
  - 2.3.6 建立友情链接管理表 62
  - 2.3.7 本节任务 62
- 2.4 论坛推广 62
  - 2.4.1 什么是论坛推广 62
  - 2.4.2 论坛推广的几个阶段 63
  - 2.4.3 论坛推广第一步：了解需求 65
  - 2.4.4 论坛推广第二步：寻找目标论坛 67
  - 2.4.5 论坛推广第三步：熟悉目标论坛 67
  - 2.4.6 论坛推广第四步：注册账号，混个脸熟 67
  - 2.4.7 论坛推广第五步：准备内容 69
  - 2.4.8 论坛推广第六步：马甲来炒 70
  - 2.4.9 应用案例 1 则 71

VII

2.4.10 本节任务	72
2.5 SNS 推广	72
2.5.1 什么是 SNS 推广	72
2.5.2 应用策略	73
2.5.3 添加好友	74
2.5.4 SNS 推广的终极方法	75
2.5.5 应用案例 3 则	77
2.5.6 本节任务	81
2.6 问答推广	81
2.6.1 什么是问答推广	81
2.6.2 自问自答的操作步骤和要点	82
2.6.3 回答别人的问题	85
2.6.4 关于养号	87
2.6.5 如何换 IP 地址	88
2.6.6 百度知道优化	90
2.6.7 成功案例 1 则	90
2.6.8 本节任务	91
2.7 百科推广	91
2.7.1 什么是百科推广	91
2.7.2 百科推广的操作流程和要点	92
2.7.3 本节任务	95
2.8 分类信息推广	95
2.8.1 什么是分类信息推广	95
2.8.2 分类信息推广的要点	95
2.8.3 成功案例 1 则	97
2.8.4 本节任务	98
2.9 RSS 推广	98
2.9.1 什么是 RSS	98
2.9.2 什么是 RSS 推广	99
2.9.3 RSS 推广的方法	100
2.9.4 其他聚合式推广	101
2.9.5 本节任务	102
2.10 电子书（电子杂志）推广	102
2.10.1 什么是电子书推广	102
2.10.2 电子书的制作	103
2.10.3 电子书的传播	105
2.10.4 电子杂志	106

　　2.10.5　成功案例 1 则 106
　　2.10.6　本节任务 107
2.11　图片推广 107
　　2.11.1　什么是图片推广 107
　　2.11.2　图片推广的形式 108
　　2.11.3　成功案例 1 则 113
　　2.11.4　本节任务 113
2.12　活动推广 113
　　2.12.1　什么是活动推广 113
　　2.12.2　策划活动的要点 116
　　2.12.3　活动的形式 117
　　2.12.4　撰写活动方案 120
　　2.12.5　方案范文 121
　　2.12.6　本节任务 124
2.13　资源合作推广 124
　　2.13.1　什么是资源合作推广？...124
　　2.13.2　资源合作推广的基本步骤 125
　　2.13.3　如何挖掘资源 126
　　2.13.4　资源合作的形式 129
　　2.13.5　合作的心态很重要 133
　　2.13.6　成功案例 1 则 136
　　2.13.7　本节任务 137
2.14　陌陌营销 137
　　2.14.1　什么是陌陌营销 138
　　2.14.2　陌陌营销不是广告平台 138
　　2.14.3　陌陌营销的优势与特点 139
　　2.14.4　陌陌营销适合的产品 140
　　2.14.5　陌陌 O2O 利器"到店通" 140
　　2.14.6　成功案例 1 则 143
　　2.14.7　本节任务 144

第 3 章　进阶方法篇 145

3.1　电子邮件营销（EDM）..145
　　3.1.1　什么是电子邮件营销 145
　　3.1.2　电子邮件营销的特点 146
　　3.1.3　电子邮件营销的作用 146

IX

	3.1.4	如何获得邮件地址	147
	3.1.5	许可式电子邮件营销的内容策略	149
	3.1.6	非许可式电子邮件营销的伪装策略	150
	3.1.7	邮件营销的一些注意事项	153
	3.1.8	监测数据	155
	3.1.9	本节任务	156
3.2	新闻营销		156
	3.2.1	什么是新闻营销	156
	3.2.2	新闻营销的要点	157
	3.2.3	新闻营销的借势策略	159
	3.2.4	新闻营销的造势策略	162
	3.2.5	新闻的发布	165
	3.2.6	成功的标准	167
	3.2.7	本节任务	167
3.3	软文营销		168
	3.3.1	什么是软文营销	168
	3.3.2	案例：脑白金的软文营销	168
	3.3.3	软文营销的特点	173
	3.3.4	软文营销的策略	175
	3.3.5	如何写新闻类软文	178
	3.3.6	如何找新闻点	181
	3.3.7	如何写行业类软文	183
	3.3.8	如何写用户类软文	186
	3.3.9	如何扩大软文的推广效果	191
	3.3.10	实施时的注意事项	197
	3.3.11	实战任务	198
3.4	论坛炒作		198
	3.4.1	什么是论坛炒作	198
	3.4.2	论坛炒作的要素	200
	3.4.3	论坛炒作的操作步骤	200
	3.4.4	不火的原因	207
	3.4.5	应用案例	209
	3.4.6	本节任务	211
3.5	博客营销		211
	3.5.1	什么是博客营销	211
	3.5.2	博客营销的特点和优势	211
	3.5.3	在什么情况下适合使用博客营销	213

```
     3.5.4   博客营销的形式和策略 .................................................213
     3.5.5   品牌博客的建设要点 .....................................................217
     3.5.6   博客群建的建设要点 .....................................................220
     3.5.7   博客的推广 .....................................................................222
     3.5.8   搭建博客时的要点 .........................................................224
     3.5.9   成功案例 1 则 .................................................................224
     3.5.10  本节任务 .........................................................................225
3.6  微博营销 ...............................................................................................225
     3.6.1   什么是微博营销 .............................................................225
     3.6.2   微博营销的特点 .............................................................226
     3.6.3   微博营销的作用 .............................................................226
     3.6.4   微博营销的策略 .............................................................228
     3.6.5   微博内容的建设和运营 .................................................238
     3.6.6   提升微博粉丝的 15 种方法 ...........................................242
     3.6.7   揭秘微博第一大号的成功之路 .....................................246
     3.6.8   本节任务 .........................................................................248
3.7  数据库营销 ...........................................................................................248
     3.7.1   什么是数据库营销 .........................................................248
     3.7.2   数据库营销的特点 .........................................................248
     3.7.3   数据库营销的作用 .........................................................249
     3.7.4   数据库营销的实施步骤 .................................................251
     3.7.5   应用案例 .........................................................................254
     3.7.6   本节任务 .........................................................................256
3.8  网络游戏植入营销 ...............................................................................256
     3.8.1   什么是网络游戏植入营销 .............................................256
     3.8.2   网络游戏植入营销的特点 .............................................256
     3.8.3   网络游戏植入营销的植入方式 .....................................257
     3.8.4   本节任务 .........................................................................261
```

第 4 章 微信营销篇 262

```
4.1  不要过于迷信微信营销 .......................................................................262
4.2  微信能帮我们解决什么问题 ...............................................................263
     4.2.1   打造自媒体 .....................................................................263
     4.2.2   有效连接用户 .................................................................263
     4.2.3   带来潜在用户 .................................................................264
     4.2.4   提升转化率 .....................................................................264
```

4.2.5	客户关系管理	264
4.2.6	提升复购率	265
4.2.7	提升办公效率	265

4.3 个人号 or 公众号的选择 265
 4.3.1 个人号的应用 265
  应用案例1则：微信营销让某钢结构公司业绩迅速提升 266
 4.3.2 公众号之订阅号的应用 267
 4.3.3 公众号之服务号的应用 269
  应用案例1则：服务号在银行/航空/政府/通信行业中的运用 270
 4.3.4 公众号之企业号的应用 272
  应用案例1则：企业号在家电/连锁/汽车行业中的应用 272
  应用案例1则："哈根达斯"企业号的巡店解决方案 275
 4.3.5 组合使用，集群作战 277
  应用案例1则：公众号在医院当中的应用 278

4.4 公众号的定位 279
 4.4.1 品牌型 280
 4.4.2 吸粉型 281
 4.4.3 销售型 281
 4.4.4 服务型 282
 4.4.5 媒体型 283
 4.4.6 矩阵型 284
 4.4.7 混合型 285

4.5 公众号的建设 285
 4.5.1 取名的禁忌和技巧 285
 4.5.2 企业微信号的设置技巧和要点 287
 4.5.3 公众号介绍的设置要点 287
 4.5.4 公众号栏目菜单的设置要点 288
 4.5.5 自定义回复的设计要点 289
 4.5.6 公众号的认证 291

4.6 公众号的运营 292
 4.6.1 做好公众号内容的6大秘籍 292
 4.6.2 最受欢迎的15种公众号内容类型 298
 4.6.3 能引起公众号粉丝用户转发的8大要点 300
 4.6.4 给公众号内容取个好标题的16个妙招 300
 4.6.5 设计公众号互动内容的10大方法 302
 4.6.6 在公众号中植入广告的7个技巧 304
 4.6.7 公众号内容推送时间的4个要点 305

- 4.7 公众号的推广 305
  - 4.7.1 现有资源导入 305
  - 4.7.2 内容推广 306
  - 4.7.3 排名优化 307
  - 应用案例 1 则：新手快速实现日纯利润 1 万元 308
  - 4.7.4 个人号辅助 309
  - 4.7.5 活动推广 309
  - 4.7.6 公众号互推 309
  - 4.7.7 公众号导航 309
  - 4.7.8 推广返利 310
  - 应用案例 1 则：土特产公众号 2 个月吸粉 60 万 310
- 4.8 47 种微信个人号加好友的方法 311
  - 4.8.1 微信类方法 311
  - 4.8.2 互联网类方法 313
  - 4.8.3 线下类方法 317
  - 4.8.4 其他类方法 318
  - 应用案例 1 则：一个小方法月入近百万 320

第 5 章 搜索引擎篇 321

- 5.1 SEO 321
  - 5.1.1 SEO 的特点和优势 322
  - 5.1.2 搜索引擎规则到底是什么 323
  - 5.1.3 网站应该如何优化 324
  - 5.1.4 SEO 七步成名法之第一步：定词 325
  - 5.1.5 SEO 七步成名法之第二步：选词 325
  - 5.1.6 SEO 七步成名法之第三步：布词 332
  - 5.1.7 SEO 七步成名法之第四步：挖词 337
  - 5.1.8 SEO 七步成名法之第五步：诊断 338
  - 5.1.9 SEO 七步成名法之第六步：反链 343
  - 5.1.10 SEO 七步成名法之第七步：调整 351
  - 5.1.11 常见的 SEO 误区 351
- 5.2 竞价排名 353
  - 5.2.1 认识百度竞价 353
  - 5.2.2 竞价与 SEO 的差异 353
  - 5.2.3 百度竞价账户的结构 354
  - 5.2.4 百度竞价账户的建立流程 359

XIII

5.2.5 关键词匹配方式的设置 367
5.2.6 关键词出价的设置 371
5.2.7 关键词的质量度 373
5.3 站外优化 376

第6章 方法组合篇 377

6.1 事件营销 377
  6.1.1 什么是事件营销 377
  6.1.2 事件营销的作用 378
  6.1.3 事件营销的内容策略 379
  6.1.4 事件营销的操作要点 388
  6.1.5 简单的事件营销方案 396
6.2 口碑营销 397
  6.2.1 什么是口碑营销 397
  6.2.2 口碑营销的步骤 397
  6.2.3 如何引发口碑效应 399
  6.2.4 策划口碑营销的关键 400
6.3 病毒营销 402
  6.3.1 什么是病毒营销 402
  6.3.2 口碑营销与病毒营销的区别 402
  6.3.3 病毒营销操作步骤 403
  6.3.4 成功案例 1 则 406
6.4 免费策略营销 407
  6.4.1 什么是免费策略营销 407
  6.4.2 免费的目的和策略 408
  6.4.3 免费的形式 408
  6.4.4 成功案例 3 则 409
6.5 饥饿营销 411
  6.5.1 什么是饥饿营销 411
  6.5.2 饥饿营销的步骤 412
  6.5.3 实际应用 414
6.6 借力营销 415
  6.6.1 什么是借力营销 415
  6.6.2 借力营销借什么 416
6.7 自品牌策略 417
  6.7.1 定位 418

	6.7.2	手段	418
	案例 1 则：江水平装修队 2 年业绩翻 3 倍的秘密	420
6.8	自媒体策略	424
	6.8.1	企业媒体化	425
	6.8.2	产品媒体化	425
	6.8.3	员工媒体化	426
	6.8.4	老板媒体化	426
	6.8.5	内容媒体化	427
	案例 1 则：杜蕾斯自媒体的成功之秘	427
6.9	钓鱼策略	429
	案例 1 则：一个小小的改变让医院转化量大涨	430
6.10	鱼塘策略	432
6.11	网络危机公关	433
	6.11.1 什么是网络危机公关	433
	6.11.2 网络危机公关的步骤	433
6.12	精准营销和整合营销	436

第 7 章　营销网站篇 ... 438

7.1	什么是五力合一营销型网站建设系统	438
7.2	展示力	440
	7.2.1 卖相	440
	7.2.2 卖点	442
	7.2.3 应用案例 1 则	443
7.3	公信力	446
	7.3.1 树形象	446
	7.3.2 展实力	447
	7.3.3 傍大树	447
	7.3.4 借媒体	448
	7.3.5 做公益	448
	7.3.6 亮案例	448
7.4	说服力	449
	7.4.1 分析受众	450
	7.4.2 准备素材	453
	7.4.3 策划页面	453
	7.4.4 应用案例 1 则	456
7.5	引导力	463

网络营销推广实战宝典（第2版）

  7.5.1 咨询方式要丰富 464
  7.5.2 咨询体验要友好 465
  7.5.3 邀请框要吸引人 466
  7.5.4 免费策略要线索 467
 7.6 推广力 467

第 8 章　营销策划篇 468

 8.1 第一步：你的目标是什么 468
 8.2 第二步：你的用户都是谁 470
 8.3 第三步：用户有什么特点 471
 8.4 第四步：拿什么打动用户 473
 8.5 第五步：你的用户在哪里 473
 8.6 第六步：确定策略和方法 474
 8.7 效果监控与评测 475
  8.7.1 建立合理目标 475
  8.7.2 监控营销数据 476
  8.7.3 计算用户价值 476
  8.7.4 计算渠道成本 476
  8.7.5 营销渠道优化 477
 应用案例 1 则：笔者是如何用 60 元将推一把打造为行业第一的 478

附录 A　本书联合出品人名单 483

第 1 章
综合概述篇

章节提示：

本章内容主要是普及一些网络营销的基础知识，让大家对网络营销有个基本的了解。

1.1 互联网市场现状分析

在《网络营销推广实战宝典》第 1 版中，第 1 章第 1 节的标题叫"为什么要学习网络营销"，因为第 1 版于 2010 年完书，当时网络营销的普及率还不高，很多人对网络营销都没有概念，甚至感觉离自己很遥远，更有甚者，还以为网络营销是新型传销。

而时至今日，笔者认为"为什么要学习网络营销"这样的问题，已经不需要探讨了。因为随着互联网的发展，逼得企业和相关人员不得不去重视网络营销。为什么要用"逼"这个字眼呢？下面先来看一组数据。

根据 CNNIC 的数据调查显示，截至 2015 年 12 月，中国互联网的网民数量将逼近 7 个亿。这是一个什么概念呢？假如把这 7 个亿的网民单独拿出来成立一个国家的话，大家想一下，从人口数量上来说，这个国家在世界上排第几？没错，是第三。第一是中国，第二是印度，第三就是这个网民成立的国家。而紧随其后排名第四的美国，人口仅仅3亿多，中国网民的数量是美国人口数量的2倍多。

为什么说这个数据呢？主要是让大家对中国互联网人群有一个形象的认知，可以说错过了互联网，就错过了一个国家那么大的市场，而且这个国家在世界上排第三。

再来看一组数据。根据艾瑞网的数据调查显示，2014年中国电子商务市场交易规模已经超过12万亿，达到了12.3万亿，预计到2018年，这一数据会达到24.2万亿（如图1-1所示）；另据国家统计局发布的经济数据显示，2014年中国GDP为63.6万亿元。也就是说，2014年，中国电子商务交易规模占到当年GDP的20.4%。

图1-1

上组数据，看起来比较宏观，接下来看一组非常形象和具体的数据。2014年双11淘宝的成交额是571亿元。这是个什么概念呢？家乐福2013年全中国的销售额为467.0588亿元，还不如淘宝一天的交易额。

再来看一组传统企业的经营数据。根据媒体披露的相关数据显示，2012年一年，李宁、安踏、特步、361度、匹克、中国动向六大运动品牌关店数已超3000家，其中匹克和李宁在2012年关店数就有上千家。将时间拉至2015年3月31日，短短三年时间，仅李宁一家就关闭了近3000家门店，其门店数从2012年年初的8255家缩减至5592家。

再看看服装行业中的一些大众知名品牌。2013 年，七匹狼关店数达 505 家、班尼路关店数达 388 家、美特斯邦威关店数达 200 余家、佐丹奴关店近 200 家、真维斯关店 253 家；而在 2014 年上半年，七匹狼关店 347 家、班尼路关店 100 余家、艾格关店 88 家、九牧王关店 73 家、卡奴迪路关店 53 家、希努尔关店 46 家。

接下来看看零售行业。2013 年，沃尔玛、乐购、人人乐等主要商超百货企业共关店 100 余家，其中仅沃尔玛一家即关店 14 家；2014 年这个数字进一步加大，主要零售企业关店超 201 家，逾五成公司净利下滑。而到了 2015 年上半年，主要零售企业（含百货、超市）在国内共计关闭 121 家，其中百货业态关闭 25 家。在关店的名单里，百货巨头纷纷沦陷，万达关闭了 10 家百货店，马莎百货关闭 5 家，还包括天虹商场、阳光百货、百盛百货、津乐汇百货等。

在生产制造业方面，不少行业的工厂都开始濒临倒闭；一些企业因为资金链断裂，资不抵债，老板自杀等新闻也屡见不鲜！

通过这组数据说明什么呢？在当下，根本不是企业想不想做网络营销的问题，而是必须要做的问题。因为通过上述数据我们会发现，互联网已经改变了人们的生活方式和消费习惯，大家已经开始习惯通过互联网购物，线下没人消费了，企业被"逼"得不得不转型。

1.2　网络营销现状分析

现在的企业越来越重视互联网，越来越多的企业开始尝试网络营销，那效果如何呢？笔者经常在全国各地授课和参加活动，接触过很多企业，在这些企业中，凡是尝试过网络营销的，至少有 90%的企业反馈的结果是不理想。

当然，个例代表不了整体，那再来看一组宏观数据。电子商务发展至今，已经有 10 余年的历史，而据有关调查数据显示，在这 10 多年中，尝试转型电子商务的传统企业，成功率不足 5%。

通过以上数据会发现，虽然互联网是趋势，看起来也很美好，但是大部分人却失败了。在现实中，经常有人对笔者说，互联网让他是又爱又恨，因为他知道，现在的企业不转型互联网，是等死；但是尝试转型后，却发现是找死。

为什么会这样呢？不少人和笔者反馈说，之所以失败，是因为竞争太

激烈了。其实不然，现在的网络营销，竞争远没有到激烈的程度。为什么这么讲呢？来看一组数据。

根据工商总局发布的数据显示，截至 2015 年 5 月底，全国实有企业 1959.4 万户，其中中小企业占到 98%以上。另据中国互联网协会、国家互联网应急中心发布的调查报告显示，截至 2014 年 12 月，中国总网站数量为 364.7 万个，其中企业举办的网站约有 252.6 万个。

通过这组数据我们会发现，中国的企业大部分都还没有开通官方网站。当然，这组数据不一定 100%准确，比如有的企业可能将阿里巴巴等第三方平台的主页当成企业的官方网站来使用。但是这组数据却从侧面反映出一个问题，那就是还有很多企业没有真正地去开展网络营销，从数据比例上来说，网络营销的竞争还没有达到非常激烈的程度。

既然还有那么多企业没有开展网络营销，网络营销的竞争程度也不算激烈，那为什么还有许多企业做的效果不好呢？

1.3 网络营销失败的原因

网络营销失败和不理想的原因有许多，有宏观的、有微观的，但是从具体操作层面来说，原因主要有以下几点。

1.3.1 营销方法太单一

现在的企业做网络营销，大部分只用了三招：第一招叫百度竞价，这是花钱在搜索引擎上买排名；第二招叫 SEO（中文名叫搜索引擎优化），这是通过技术手段在搜索引擎上获取排名；第三招叫牛皮癣广告，现在我们的生活几乎被广告包围了，走到哪儿都能看到广告，尤其是那些牛皮癣小广告，无处不在。而很多企业在网络上做推广，依然延续了这种思路：在论坛里发、在贴吧里发、在百度知道里发、在分类信息网站上发、在供求信息网站上发、在 QQ 群里发、通过邮箱发、通过微博发、通过微信发，等等。

只用这三招的结果就是，大家都在同一渠道竞价，当然感觉竞争激烈，效果不好。比如说，全国只有 100 家生产面包的企业，竞争激烈不激烈？答案是肯定的，全国的面包企业何止千家、万家！如果真的有 100 家，那太滋润了。

假如说这 100 家面包厂，只有 20 家做网络营销，大家都有百度竞价，大家都竞价同一个词，都想竞价到第一位，试想一下，这个词竞争激烈不

激烈？答案同样是肯定的。虽然只有20家企业做网络营销，但是第一只有一个呀，20家企业争一个位置，竞争当然激烈了。

再比如说，其中一家面包企业中，有一位SEO高手，这位SEO高手在河北省排第一，想想这人的水平牛不牛？但是这位牛人帮助这家企业做SEO，比如优化"面包批发"这个词，可能连百度前30名都排不进去。因为中国有30多个省市直辖市。

很多企业都知道，产品有差异化，才有竞争力。其实何止是产品要有差异化，营销方法和渠道也要讲究差异化。比如大家都去做SEO，那当然不好做，因为百度结果页一页只显示10个结果。如果有20家企业去优化同一个关键词，就会显得竞争很激烈；如果有100家企业优化同一个词，那就会相当激烈；如果有200家企业优化同一个词，那叫惨烈；如果有500家优化同一个词，那就是惨不忍睹了。

其实网络营销的方法有许多种，不只这三种，本书主要就是以讲各种方法为主，请大家细细品读。

1.3.2　营销方法没用对

即使这三种方法用好了，也有效果，但问题是很多企业并没有掌握这些方法的正确用法。就拿这三种方法中难度最低的发广告来说，大家都知道，牛皮癣广告，效果很有限。但笔者要严肃地告诉大家，如果垃圾小广告操作得当，也非常有效。其实任何方法操作得当，都会有成效，但前提是要找到该方法的关键点。

那牛皮癣小广告的关键点是什么呢？答案是量要大。不管是什么形式的推广，都会有效果，无非就是一个转化率的问题。牛皮癣广告转化很差，但是如果量足够大，就会弥补质的不足。

比如在十几年前，笔者刚从事互联网行业时，便是通过群发邮件的方式销售产品的。其实当时笔者并不懂得太多的营销技巧，邮件地址也不精准，在操作上，用的群发软件也没有任何技巧可言。但是当时的效果非常好，为什么呢？

因为当时笔者统计了一下，转化率是万分之一，平均发一万封信，会成交一单，一单的纯利润是300元。有了这个数据后，就简单了，如果一天想赚3000元，就发10万封信；如果想一天赚30000元，就发100万封信。而用群发软件操作，成本又极低，除了采购几台二手电脑的成本，剩下的成本就是电费了。

再说一个案例。笔者的一位学员老D，其公司生产保健品，众所周知，在互联网上，保健品是相对竞争非常激烈的领域之一。而老D的企业还是多品牌发展，拥有多个不同的品牌和系列产品，而且这些品牌均没有知名度。

老D的企业只做网络营销，而且很"抠门儿"，他们以品牌为单位，每个品牌只配三个人员（包括运营和推广等），在推广上也没预算，只用免费的方法，而且只用了一招：在各种网站上发广告。应该说这个方法很初级和简单，没有什么技巧可言，而且理论上来说，这种纯广告效果也很差。但是他们的效果却非常好，整个公司一年销售额达几个亿，利润率特别高。

为什么别的保健品拿钱砸广告、做竞价，都不一定盈利，而他们用了这么一个"不靠谱"的方法，效果却非常好呢？答案就是量大。他们的推广人员，最多的每人每天可以发10万条广告，想一想，10万条呀，有的企业做了几年网络营销，发的所有广告加在一起都没有10万条，人家一天就有10万条广告，就算转化再差，但是最终的效果也是相当可以的！

本书后面的章节，会为大家讲解各种网络营销方法及操作要点，请大家慢慢阅读。

1.3.3 盲目跟风被忽悠

为什么现在的企业使用的方法这么单一，而且使用还不得当呢？因为大部分企业都很迷茫，不知道网络营销应该如何入手，应该选择什么样的方法，结果就是盲目跟风随大流，人云亦云。

比如几年前微博营销火的时候，笔者的公司经常接到咨询电话，问做不做微博营销，而当反问对方为什么要做微博营销时，大部分人的回答都是现在微博营销热呀，都说有效果呀，等等。微信营销火了时，同样如此，许多企业都开通了微信公众号，都去尝试做微信营销。但是仔细看一看、想一想，那些做了微博营销、微信营销的企业，真正赚到钱的有多少？

当然，并不是说微博营销、微信营销不好，相反，笔者认为它们很好。但是再好的方法，也不是每个企业都适合，就好像世界上没有那种药，可以包治百病一样。而且就算适合，还要看具体怎么用，操作得当不得当，与自身企业结合得好不好。

而且在这个过程中，还有一些人浑水摸鱼，为了赚钱去忽悠企业。比如个别做APP开发的公司，不管那些传统企业适合不适合，都一味地忽悠

他们开发 APP，而且夸大其词，让这些企业以为做移动互联网就要开发 APP，而且开发了 APP 就能赚大钱。让企业损失了钱不说，还让企业浪费了宝贵的时间和精力，甚至让企业在决策上走入误区。

1.3.4 过于急功和近利

也有的企业在节奏上把握得不错，但是却对互联网认识不清，以为互联网是灵丹妙药，有起死回生的神效，继而产生急功近利心理，定下一个不靠谱的指标，这摆明了是找死。

比如有一次，一位企业主咨询笔者公司的同事，他的企业想通过互联网开展业务，目标定得挺高，要求也挺高，结果最后一说预算，每月 200，而且还是 RMB。当同事告诉他这个预算不靠谱时，对方很诧异地说："不是说网络营销比传统营销成本低吗？可以实现免费的营销吗？"

还有一次，一位读者小 T 找我咨询，他在一个新成立的饮料企业工作，负责网络营销。老板给他定的任务指标是：用一年的时间，将其新品牌饮料通过网络营销做到 X 千万。由于网络营销部门只有小 T 一人，所以老板很大方，给出的营销预算高达 10 几万元。小 T 问我应该怎么办，有什么建议，我当时给了他两个字的建议："跳槽"。

这个世界上总有些异想天开的人，以为注册个新品牌（也可能是已有的不知名产品），随便招个网络营销高手，再随便给一点钱，就能通过互联网卖爆。如果生意这么好做，人家凭什么给你打工？你的价值在哪里？难道人家就是缺个领导自己、指挥自己，然后和自己分利润的老板？如果真有这样的人，要么是骗子，要么是傻子，要么就是受虐狂，当然，也可能是暗恋你。

1.3.5 没有系统和体系

最后一个原因是没有系统和体系。许多人对网络营销的理解很片面，比如有的人以为 SEO 是网络营销的全部，有的人以为建个网站就叫网络营销，有的人以为网络营销就是发帖子，还有很多人把网络营销归到了技术工种，这都是错误的理解。

虽然大家戏称搞互联网的是 IT 民工，但是做的事绝不像搬砖头那样简单。如果谁真的把网络营销人员当成了网络民工，将它想象成了一个没有什么技术含量的工作，那等于输在了起跑线上。其在网络上与竞争对手的

角逐中，已经失去了先机。

网络营销其实是一个系统工程，下面就让我们一起来了解网络营销的一些基本概念和流程。

1.4 网络营销的基本概念

1.4.1 什么是网络营销

网络营销是以现代营销理论为基础，借助网络、通信和数字媒体技术等实现营销目标的商务活动；网络营销是企业整体营销战略的一个组成部分，是建立在互联网基础之上，借助于互联网特性来实现一定营销目标的营销手段。

通俗一点说，就是借助互联网来做营销，"网络"只是载体，"营销"才是核心。

1.4.2 网络营销的三个层面

网络营销分三个层面：战略层、策略层、战术层，战术层又分战术策略和战术执行。具体操作时，自上而下，循序渐进。

- **战略层**：网络营销战略是指企业以用户需求为导向，对企业网络营销任务、目标及实现目标的方案、措施做出总体的、长远的谋划，并付诸实施与控制的过程。

  比如经典的案例小米，"粉丝经济"就是其网络营销的核心战略。

- **策略层**：网络营销策略是指企业根据自身所在市场中所处地位的不同而采取的一些网络营销组合，它包括品牌策略、网页策略、产品策略、价格策略、促销策略、渠道策略、服务策略。策略应与战略保持一致，应围绕战略来制订企业整体的网络营销策略。

  比如对于小米来说，小米论坛就是其具体的网络营销策略之一，这个策略是围绕"粉丝经济"战略来制订的——通过小米论坛聚集用户，在论坛上与用户互动加深感情，继而让用户越来越认可小米，最终成为小米的粉丝。

- **战术层**：策略有了后，接下来是战术执行。战术层是指围绕策略，选择适合的战术方法，制订具体的执行方案，并加以执行。比如前面提到的 SEO、竞价、群发邮件等，都属于战术方法。

    再比如小米的案例，建立小米论坛是策略，但论坛建好后，如何向论坛引流增加注册用户数，如何活跃论坛的氛围，如何增加用户的黏性等，这些都属于战术。

1.4.3 网络推广与网络营销的区别

网络营销和网络推广，是这个行业中的两个名词。许多人认为网络推广与网络营销是一回事，其实不然。其实它们是包含与被包含的关系，网络推广包含于网络营销当中。如果引用刚刚的定义来加以区分的话，网络营销属于策略层，网络推广属于战术层。

从字面含义来说，网络推广重在"推广"二字，强调的是方法和执行。只需要用各种方法，将产品信息发布出去，让更多的人看到这些信息，把任务量完成即可。其成功的关键是执行力，针对网络推广人员的考核，往往也是以量来考核的。比如说做论坛推广时，推广人员只需要将帖子发到指定论坛，保证发帖量即完成任务。帖子发出后能不能带来销量等，和发帖人员无关。

而网络营销则重在"营销"二字，强调的是策略和创意。比如说事件营销，操作流程并不难，难的是事件本身能不能引发大众的关注和共鸣，而这个，则完全靠创意。并不是说执行力很强、很努力，就能成功。针对网络营销人员的考核，往往都是跟最终的业绩挂钩的，比如销量、用户数等。

1.4.4 网站建设、网络营销、网络推广、SEO 之间的关系

除了网络营销与网络推广的区别外，还有许多人容易将网站建设、网络推广、网络营销、SEO 这四者之间的关系搞混。有人认为网站建设就是网络营销，或是想做网络营销，必须先学会建站；还有人认为 SEO 就是网络营销，这都是错误的认知。下面说说它们之间的关系。

其实网站建设，不是一个专门的职位名称，它是一个统称，是指一个网站从无到有的建设过程。一般在互联网公司里，建设网站的流程是这样的：

第一步是网站策划。通常是所有相关人员先开会，进行头脑风暴，大家充分释放自己的创意与想法，然后将网站的方向与主题大概定下来。

第二步是由产品人员开始设计产品。这里说的产品，就是指网站，包括网站整体的构架与功能等。

第三步是由技术开发人员进行开发。当设计人员将网站设计完毕后，就需要交给开发人员，由他们实现功能等。一般技术人员主要是进行网站后台的开发。

第四步是设计页面。这个页面主要指前台页面，就是普通用户可以浏览到的页面，比如网站首页、内容页等。通常页面由相关的频道编辑负责设计。

第五步是制作页面。当编辑人员设计好页面后，需要交给美编进行制作。

第六步是技术实现。当美编制作好页面后，还需要由技术人员进行一定的技术设置，实现页面里的功能、内容调用等。

经过这六步，一个完整的网站才能够热气腾腾地出锅。之后就是对网站进行运营维护、推广等。

由此可以看出，在正规的互联网公司中，网站建设不是由某一个人或某一个部门来完成的，而是需要多部门精诚合作才能够最终完成。而且网站建设和网络营销、网络推广也没有太多的直接联系，网络营销推广都是在网站上线以后要进行的后期工作。

说完了网站建设，再说说网络营销、网络推广、SEO 三者之间的关系。SEO 的中文名叫搜索引擎优化。由于搜索引擎的普及和发展，SEO 越来越受欢迎，因为它的效果立竿见影，性价比颇高，而且这种方法适用性非常强，大部分行业和网站都适用。于是 SEO 大行其道。但是随着 SEO 的火爆，很多人对其产生了一些错误的认识，很多对网络营销不太了解的人，只知有 SEO，不知有网络营销，甚至以为 SEO 就是网络营销，网络营销就是 SEO。

其实 SEO 再好用，也只不过是网络推广方法中的一种。而网络推广方法有千千万，比 SEO 更有效的方法也不在少数。而且前面也提到过，网络推广和网络营销比，也是包含在其中的。所以千万不要以点带面，掌握了一点 SEO 知识，就以为学到了网络营销的全部。

而本书的定位，就是以各种网络营销方法为主，后面的章节几乎全是方法，下面就让我们来一起学习这些方法吧。

第 2 章 基础方法篇

章节提示：

本章分享的方法，以基础或辅助性方法为主，这些方法偏重于执行，往往不需要太复杂的策略。所以本章名为"基础方法篇"。

2.1 网络广告

2.1.1 什么是网络广告

在各种互联网平台上投放的广告，即称为网络广告。比如网站中的横幅广告、文本链接广告、视频广告等。这是互联网上最常见、最基本的一种推广方式。

与传统的四大传播媒体（报纸、杂志、电视、广播）广告及近来备受垂青的户外广告相比，网络广告具有得天独厚的优势，是实施现代营销媒体战略的重要一部分；是中小企业发展壮大的很好途径，对于广泛开展国际业务的公司更是如此。特别是随着互联网的普及与发展，网络广告的市

场正在以惊人的速度增长，网络广告发挥的作用越来越重要，效果越来越显著，以致业界人士普遍认为互联网将成为传统四大媒体之后的第五大媒体，甚至后来者居上。

与传统广告相比，网络广告主要有以下几个特点和优势。

1. 传播范围广

网络广告不受时间、空间限制，通过互联网发布的信息，可以传递到地球的任何一个角落。只要具备上网条件，任何人在任何地点都可以随时随意地浏览广告信息。

2. 性价比高

作为新兴媒体，网络媒体的收费远远低于传统媒体。比如传统的电视广告，均是按秒收费的，每秒多则可达几十上百万元的费用，让企业望而却步。最终算下来，获得一个有效用户的成本可能高达上万元。而网络广告通常都是按月计费的，甚至按效果计费，获得一个有效用户的成本可低至几分钱。

3. 表现形式多样

传统广告的表现形式单一。比如平面广告只能是文字或图片，广播广告只能是声音，电视广告只能是图像。并且传统媒体还对广告的形式、内容有着严格的要求与约束。而网络广告的表现载体基本上都是多媒体、超文本格式文件，受众不但能够看广告，还可以点广告，与广告互动。甚至一些广告直接以游戏的形式出现，用户还可以玩广告。这些丰富多彩的表现形式，可以传递多感官的信息，让顾客身临其境般感受商品或服务。

4. 互动性强

交互性是互联网媒体的最大优势之一。传统媒体都是单方面地向用户传递信息，用户只能被动接受，没有发言权，也没有选择权，厂商也无法获得用户的反馈。而互联网的特点是信息互动传播，在网络上受众可以有选择性地获取他们认为有用的信息，可以针对这些信息自由发布言论，厂商也可以随时得到受众的信息反馈。

5. 灵活性好

在传统媒体上投放广告，发布后很难更改，即使可以改动，也往往需要付出很大的经济代价。而在互联网上投放广告，可以随时变更广告内容，这就使得经营决策的变化可以及时地实施和推广，降低了风险，提升了效果。

6. 精准度高

传统媒体的受众不明确，无法根据具体的用户分类来进行有针对性的投放，这使得传统广告的精准度大大降低。而互联网上的各种网站与平台繁多，用户细分程度极高，所以我们可以根据自己的需求，有针对性地进行各种精准性投放。

7. 效果精确统计

传统广告均无法精确统计投放效果，只能通过并不精确的收视率、发行量等来统计投放的受众数量。但是"无法衡量的东西就无法管理"，没有精确而有效的数据做指导，效果就无法得到保证，成本也将大大提高。而网络广告可以通过及时和精确的统计机制，使广告主能够直接对广告的发布进行在线监控，即时衡量广告的效果。比如通过监视广告的浏览量、单击率等指标，广告主可以精确统计出多少人看到了广告，其中有多少人对广告感兴趣而进一步了解了广告的详细信息，有多少人最终购买等。

2.1.2 网络广告形式

1. 网幅广告（Banner）

网幅广告是最早的网络广告形式，是以 GIF、JPG、Flash 等格式建立的图像文件，定位在网页中用来展现广告内容。网幅广告有通栏、旗帜、按钮、对联、浮动等表现形式。常见的网幅广告尺寸有：950×60 通栏 Banner、468×60 全尺寸 Banner、125×125 方形按钮、120×90 按钮、120×60 按钮、88×31 小按钮、120×240 垂直 Banner 等。

我们可以把网幅广告分为三类：静态、动态和交互式。

静态：静态的网幅广告就是在网页上显示一幅固定的广告图片。它的优点是制作简单；缺点是不够生动，有些呆板和枯燥。事实证明，静态广告的单击率比动态和交互式广告的单击率低。

动态：动态的网幅广告拥有各种动态元素，或移动或闪烁。其通常采用 GIF 动态图片格式或 Flash 动画格式，通过丰富多彩的动态图像，可以传递给受众更多的信息，加深浏览者的印象。动态广告的单击率普遍要比静态广告的单击率高。动态广告在制作上并不比静态广告复杂多少，而且尺寸也较小，所以它是目前最主要的网络广告形式。

交互式：不管是静态广告还是动态广告，都还停留在让用户被动看的阶段。而互联网媒体相对于传统媒体最大的优势是互动，所以一种更能吸引浏览者的交互式广告便应运而生了。交互式广告的形式多种多样，比如游戏、插播式、回答问题、下拉菜单、填写表格等，这类广告不再是让用户单纯地看广告，还需要用户参与到广告中来，甚至"玩"广告。这种广告比其他广告包含更多的内容，可以让用户在参与的过程中，对企业与产品有更深刻的认识和了解。

2. 文本链接广告

文本链接广告是以一排文字作为一个广告，单击可以进入相应的广告页面。这是一种对浏览者干扰最少，但却较为有效果的网络广告形式。有时候，最简单的广告形式效果却最好。

3. 富媒体广告

在互联网发展初期，因为带宽的原因，网络广告形式主要以文本和低质量的 GIF、JPG 格式图片为主。而随着互联网的普及及技术的进步，出现了具备声音、图像、文字等多媒体组合的媒介形式，人们普遍把这些媒介形式的组合叫作富媒体（Rich Media），以此技术设计的广告叫作富媒体广告。富媒体广告的表现形式多样、内容丰富、冲击力强，但是通常费用比较高（如图 2-1 所示）。

图 2-1

4. 插播式广告（弹出式广告）

插播式广告是指用户在浏览网页时，强制插入一个广告页面或弹出一个广告窗口。最典型的插播式广告就是网页弹窗。插播式广告有各种尺寸，有全屏的也有小窗口的，互动的程度也不同，静态的、动态的均有。插播式广告的出现没有任何征兆，肯定会被浏览者看到。其实它有点类似于电视广告，都是打断正常播放的节目强迫观看。所不同的是，浏览者可以通过关闭窗口不看广告。

5. 视频广告

视频广告是随着网络视频的发展而新兴的一种广告形式。它的表现手法与传统电视广告类似，都是在正常的视频节目中播入广告片断。比如在节目开始前或节目结束后，播放广告视频。同插播式广告一样，它也是一种强迫用户观看的广告形式，但是相对于前者要友好得多（如图2-2所示）。

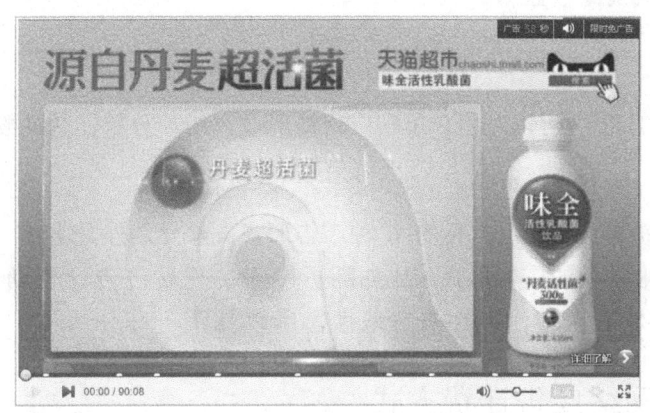

图 2-2

6. 搜索引擎竞价广告

竞价排名是搜索引擎广告的主要形式，它是按照付费最高者排名靠前的原则，对购买了同一关键词的网站进行排名的一种方式。竞价排名的最大特点是按单击付费，如果没有被用户单击，不收取广告费，在同一关键词的广告中，单次单击出价最高的广告排列在第一位，其他位置按照广告主出价不同，从高到低来依次排列（如图2-3）。

在搜索引擎营销中，竞价排名的特点和主要作用如下。

（1）按效果付费，广告费用相对较低。用户不单击，则不需要支付任何费用，所以大大节省了广告费用。

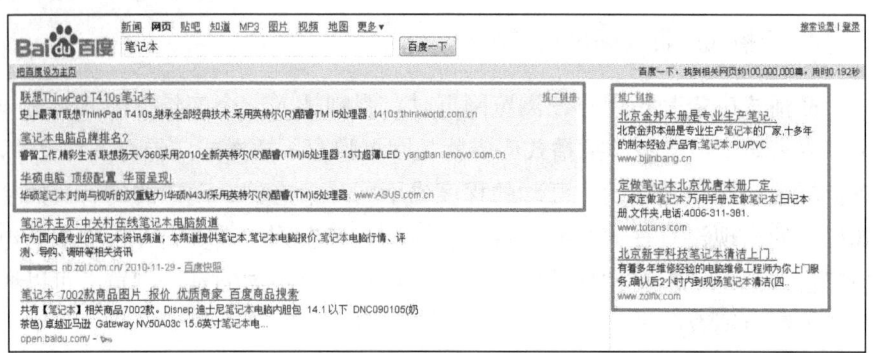

图 2-3

（2）广告出现在搜索结果页面中，与用户检索内容高度相关，提升了广告的精准度。

（3）竞价广告出现在搜索结果靠前的位置，容易引起用户的关注和单击，因而效果比较显著。

（4）广告主可以自由控制广告价格和广告费用，降低了风险。

（5）广告主可以对用户单击广告情况进行统计分析，通过数据来优化广告效果。

以上就是互联网上常见的 6 种广告形式，除此之外，还有一些其他新兴和不是很常见的广告形式，比如翻页广告、祝贺广告、赞助广告等，由于都不是很具有代表性与普遍性，所以就不一一介绍了。

2.1.3 网络广告计费方式

与传统广告相比，网络广告的计费方式更为灵活，可以按照不同的需求与目的制订不同的付费方式。

1. 包月

这是最传统的广告付费方式，在固定的广告位投放广告，按月计费（也有按周或按天的）。包月广告的费用固定，便于控制预算，但是效果却难有保证。

2. CPM

CPM（Cost Per Mille，或者 Cost Per Thousand，Cost Per Impressions），意思是每千人成本，即指广告显示 1000 次所应付的费用。它所反映的定价原则是：按显示次数给广告定价，这种定价思路与传统广告的定价思路源

出一脉，传统媒介多采用这种计价方式。比如一个广告横幅的单价是 1 元/CPM 的话，则意味着每 1000 人次看到这个广告就收 1 元，依此类推，10000 人次观看就收 10 元。

3. CPC

CPC 是"Cost Per Click"的英文缩写，翻译成中文为每次单击付费，即按照广告的单击次数计费，如果没有人单击广告，那么不需要付费。在这种模式下，广告主仅为用户单击广告的行为付费，而不再为广告的显示次数付费。

CPC 广告对于广告主非常有利，但是不少网站主却觉得不公平。他们认为，虽然浏览者没有单击，但是他已经看到了广告，对于这些看到广告却没有单击的流量来说，网站成了白忙活。所以有很多网站不愿意做这样的广告。

4. CPA

CPA 是"Cost Per Action 的缩写，翻译成中文为每行动成本，即根据每个访问者对网络广告所采取的行动收费的定价模式。通常用来推广注册类的产品，比如网络游戏、交友网站等，当有用户通过单击广告成功注册后，广告主才支付费用。

CPA 模式，在充分考虑广告主利益的同时却忽略了网站主的利益，遭到了越来越多的网站主的抵制。网站主们普遍不愿意拿优质广告位投冷门产品的 CPA 广告，因为广告被单击后是否会触发网友的消费行为或者其他后续行为（如注册账号），最大的决定性因素不在于网站媒体，而在于该产品本身的众多因素（如该产品的受关注程度和性价比优势、企业的信誉程度等），以及现今网友对网上消费的接受状况等因素。所以越来越多的网站媒体在经过实践后拒绝 CPA 模式，CPA 收费广告很难找到合适的媒体。

5. CPS

CPS 是"Cost Per Sales"的缩写，指按照广告单击之后产生的实际销售笔数付给广告站点销售提成费用。由于这种方式能够最大化地规避风险，提升效果，所以受到了广告主的热捧。这种模式尤其适合于产品销售。

除了以上 5 种常见的网络广告计费方式外，还有一些不常见的计费方式，比如 CPL、PPL 等，在这里就不一一介绍了。

2.1.4 网络广告投放步骤

广告投放，虽然表面看起来是一个非常简单的工作，只要出钱采购广告即可，但是想做好并不简单。下面说一下广告投放的流程和步骤。

第一步：确定广告目标

想做好一件事，首先要定一个明确的目标。广告投放也不例外，想高效地投放广告，首先要确定广告目标。比如销售额、网站 IP 数、会员注册量、传播量等。注意，目标的确定至少应该遵循以下两个原则。

（1）目标是可以达成的，不能不靠谱。比如一个新上线的网站，在没有任何资源和优势的情况下，仅投放五六千元的广告，就想达到日 IP 几十万是肯定不可能的。

（2）目标是可以量化的。目标具体要达到什么量级，100 万还是 1000 万？实现目标的时间是多久，3 个月还是 5 个月？如果周期过长，还应制订详细的阶段目标。总之，目标分解得越细越好，最好细到每一周、每一天。越细，就意味着考虑得越周全，目标就更容易达成了。

第二步：确定广告预算

广告预算不是盲目确定的，也不是拍脑袋想出来的，预算的确定原则是根据广告目标来的。简单地说，单目标成本决定了广告预算。比如说广告目标是每月开发 100 个用户，我们事先得知，每开发一个用户的合理成本是 50 元，那么每月的广告预算就应该是 5000 元。那单目标成本是如何得来的呢？主要采用以下 4 种方法。

（1）根据经验制订。如果以往尝试过网络营销，则可以根据以往的项目经验去合理制订。

（2）根据相关数据制订。很多行业都会有相关的行业报告。通常，在这些报告中，会说明行业内的单目标成本。这些行业报告数据还是非常具有参考价值的。如果找不到这样的数据，也可以打探一下同行，其他公司通过实践得出来的数据，更具有指导性。

（3）测试后制订。测试是获取数据最直接的方法，也最为直观。比如说在正式投放前，选择 10 家相关媒体进行小额度的试投，然后根据广告效果算出平均成本，以此作为正式投放的依据。

（4）根据传统渠道的比例。如果采用以上三种方法都无法确定广告预

算，那么只能动用最后一招了。众所周知，网络广告要比传统广告省钱，而传统广告非常成熟，在数据方面，也非常的齐全，所以我们可以根据传统广告的相关数据来制订。比如说传统广告获得一个有效目标的成本是 100 元，那么我们可以在这个数据上除以 3、4 或 5。

第三步：选择媒体

广告预算确定后，正式开始寻找媒体投放。媒体的选择有什么原则和技巧呢？

（1）围绕目标用户选择媒体。

根据目标用户来选择媒体。在选择媒体前，首先要明确目标用户是谁，要分析目标用户的特点和行为，比如年龄、性别、文化程度、职业特征，以及生活习惯、消费习惯、网络行为等。然后根据这些信息，分析目标用户主要聚集在哪些网站，或者通过哪些网站找信息及相互交流，比如论坛社区、SNS、博客、网站、搜索引擎等。要将具体的网址都列出来，这些用户集中的网站就是首选媒体。

（2）分析不同媒体的流量。

经过初步筛选，我们的手头上已经有了许多家目标媒体。但是通常由于预算有限，面对这么多媒体只能择优而投。那什么样的媒体才算优呢？第一个评判标准就是流量。流量是网站的核心数据，真实数字通常都不会对外公布。但是我们不需要知道具体的数字，只要知道在同行业网站中哪家的流量最高即可。

我们需要借助一个叫 Alexa 的工具来辅助完成。Alexa 是一家专门发布网站世界排名的网站，是目前同类排名中最权威、知名度最高的。平常我们所说的网站世界排名，就是指 Alexa 排名。我们可以在这里查询 Alexa 排名：http://alexa.chinaz.com/。

Alexa 工具会对网站的流量进行评估，虽然这个数据不准，但却非常有参考价值，我们可以据此来推算同类网站的流量比例。注意，如果是非同类网站，这个数据的准确性就要降低。比如说 Alexa 对 A、B、C 三个网站的流量估值分别为 2 万、4 万、8 万，那么这三个网站的实际流量应该约为 1：2：4，C 网站的流量最高。

Alexa 除了对网站的整体流量进行评估外，还会对网站的各个二级频道进行流量评估（只统计带有二级域名的频道），如图 2-4 所示。

图 2-4 所示是新浪网各频道数据的查询结果，我们可以看出，新浪竞技频道（sports.sina.com.cn）的流量最高，网站访问比例为 26.3%，页面访问比例为 17.2%，人均页面浏览量为 7.3 人。

这个数据的实用价值非常大，当我们要评估不同网站中不同频道的流量时，这个数据就可以帮我们找到答案。比如我们要在 A、B、C 三个网站的手机频道中，选出一家流量最高的进行广告投放。Alexa 对它们的流量估值分别为 1 万、3 万、5 万。光从这个数据看，C 站的流量最高。但是网站整体流量高，不代表其下属频道的流量也高。我们接着再通过 Alexa 工具来分析它们的频道流量：假如 A 网站手机频道的访问比例为 50%，则流量大概为 1 万×50%=5000；B 网站访问比例为 15%，则流量大概为 3 万×15%=4500；C 网站的访问为 5%，则流量大概为 5 万×5%=2500。实际上，A 网站的手机频道流量最高。

图 2-4

（3）分析广告位所在的页面内容。

通过上面的步骤，我们已经能够推算出在同类网站中，哪些网站的流量最高，以及哪些频道的流量最高。但是流量高不意味着效果就好，关键是这些媒体的用户是否适合我们！如何判断这些媒体的用户是些什么人呢？这主要通过这些媒体的内容来分析，特别是具体广告位所在的页面内容。因为什么样的内容，就会吸引来什么样的人。

比如我们要投放高端笔记本产品广告，产品价位均在 1 万元以上。我们找到了笔记本网站中流量最高的 C 网站。但是经过分析却发现，C 网站上面的文章内容，全是与低端笔记本有关的，价钱都不超过 5000 元。这时

候我们就要考虑换一家媒体了，因为这些内容吸引来的用户，大部分都是对高端笔记本没有兴趣的人。

除了文章外，还有网站的评论、论坛的帖子等，通过这些内容，可以分析出该媒体的用户特点与行为。只有这些用户与我们的目标用户符合时，投放的效果才会更好。

（4）集群作战，长尾效应。

如果资金充足，则可以考虑集群作战，在同类网站的显眼位置都投放广告。这时候可以不考虑具体网站的效果，只要衡量这些广告总的投资回报就行了。因为这么多网站一起发力时，用的是长尾策略。比如用户在 A 网站看到我们的广告时，没有单击；在 B 网站看到我们的广告时，还是没有单击；但是在 C 网站再次看到我们的广告时，却忍不住单击了。这就是长尾效应。

而且在同一类网站全部投放广告，目标用户的覆盖率最高，而且对品牌的提升也是非常有帮助的。

第四步：制作广告创意

广告创意的制作，应该符合以下几个要点。

（1）广告要有足够的冲击力，能够引起用户注意。

（2）广告语要画龙点睛。最好用一句话，就能让用户知道我们能给他们带去什么，帮他们解决什么问题，或者用一句话即能体现出产品特点。这样才能增加广告的精准度，特别是对于按单击付费的广告，如果广告语写得不明确，则会增加无效单击，造成资金的浪费。

（3）广告内容有一定的可读性，充满亲和力的内容才能打动用户。如果广告是动态格式的，则请注意控制广告时间，过长的广告会让用户失去观看的兴趣。

（4）广告尺寸要灵活。不同的媒体广告尺寸不尽相同，所以广告创意要具有足够的灵活性，可以适应不同大小的广告。

（5）多准备几套创意。如果是长期投放广告，则应该多准备几套不同的创意，不要一个广告一投到底，这样容易让用户产生审美疲劳，使广告效果大打折扣。

（6）广告落地页。落地页即指用户单击广告后，所进入的广告页面。

此页面是决定最终广告效果的关键要素。用户最终能不能转化成正式用户（如注册、购买等），在很大程度上取决于落地页能不能打动用户。关于落地页的设计，请参考第 7 章的内容。

第五步：广告投放测试

经过前几步的折腾，投放媒体已经大概确定，广告创意也已经制作完毕，接下来就要开始正式投放前的测试工作了，主要测试两方面内容。

（1）测试不同媒体的效果。

虽然投放媒体已经初步筛选完毕，但是毕竟还只是理论上的，具体效果如何，并不知晓，所以我们需要对所选择的媒体进行一次效果测试，用事实说话，从中找出最佳选择。

不同媒体的测试方法很简单：在所选的媒体上投放相同的广告创意，广告落地页也用相同的内容（如图 2-5 所示）。

（2）测试不同广告位的效果。

在同一个网站中会有许多不同的频道，在同一个频道中也会有不同的广告位。而这些频道和广告位的效果也是不尽相同的，这时候，我们可以继续用上面的方法进行测试：在所选的广告位上投放相同的广告创意，广告落地页也用相同的内容（如图 2-6 所示）。

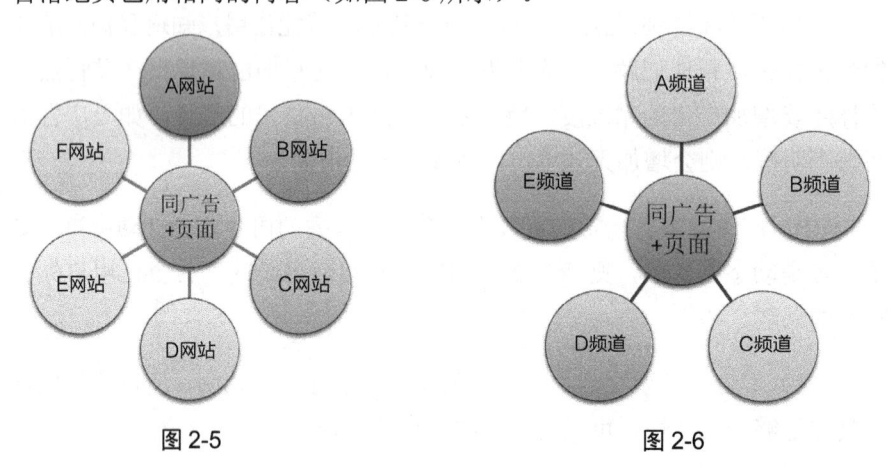

图 2-5

图 2-6

2.1.5 网络广告数据监测

在传统媒体上做广告，很难准确地知道有多少人接收到广告信息。而网络广告不同，可以统计广告被浏览的总次数、每个广告被单击的次数，

甚至还可以详细、具体地统计出每个访问者的访问时间、IP 地址等数据。这些数据可以帮助广告主分析市场与受众，有针对性地投放广告，并根据用户特点进行定点投放和跟踪分析，对广告效果做出客观、准确的评估。

网络广告通常需要监测以下数据。

1. 基本数据

最基本的监测数据包括广告曝光次数、广告单击次数、广告页面停留时间。广告曝光次数多，意味着所投放网站的流量较高；广告单击次数多、用户在广告页面停留的时间长，则意味着访客对我们的广告感兴趣，很可能就是我们的最终用户。

2. 网站数据

如果广告宣传的产品是网站，还要监测广告带来的 IP 数（或独立访客数），以及这些 IP 所产生的 PV 量、网站注册量等。注意观察 IP 数与 PV 量之间的比例，如果比例很大，则说明用户对我们网站的内容感兴趣，意味着广告所带来的用户精准。

3. 销售数据

如果是通过广告进行销售，那么还要监测广告所带来的用户咨询量、用户成交数量、总的销售额、毛利润。

4. 转换率

转换率是衡量广告好坏的关键数据，能够体现出转换率的数据包括：

单击率——广告曝光数除以广告单击数。单击率越高，说明广告效果越好。但是注意，如果单击率过高，则很可能是对方在作弊。

咨询率——咨询量除以 IP 数。咨询率高不一定就说明效果好，关键还要看后面的成交率。

成交率——成交数除以咨询量。注意成交率与咨询率的关系。如果咨询量与咨询率很高，但是成交率低，则也可能是对方在作弊。

注册率——注册用户数除以 IP 数。注册率过高，也可能是作弊的结果。防止作弊的一个有效手段是增加注册的门槛，比如注册时，一个邮箱只允许注册一次，且需要通过邮箱验证，或者通过手机验证。

用户成本——广告投放费用除以带来的用户数。如果用户成本过高，就

要考虑改变广告策略，或者选择其他营销手段。

广告利润——收入减去广告投放费用。

ROI——即总的投资回报率，计算方式为销售额除以广告费用。这是最终追求的目标。

小提示：互联网上有很多免费的统计工具，如 51yes.com、cnzz.com、51.la。具体的使用方法，可以登录相关的网站查看其使用帮助。

2.1.6 应用案例 2 则

1. 凡客诚品

凡客诚品（vancl）成立于 2007 年，是目前中国最著名的互联网品牌之一。据最新的艾瑞调查报告显示，凡客诚品已跻身中国网上 B2C 领域收入规模前 4 位。其所取得的成绩，不但被视为电子商务行业的一个创新，更被传统服装业称为奇迹。

实际上凡客诚品的业务全面铺开仅仅半年的时间，就已经成为了当仁不让的国内最大的服装 B2C 电子商务网站。凡客诚品的成功之处何在？大规模投放网络广告是成功的重要因素之一。

凡客诚品上线伊始，即强势出击，在新浪、腾讯、网易、搜狐等各大网站大范围地投放广告。不管你喜欢不喜欢，不管你想看不想看，不管你到哪个网站，随处可见凡客诚品的广告。其网络广告之"多"只是一方面，更重要的是广告的"卖点明确、制作精美"，抓住了消费者的眼球，优美的图片加上吸引人的低价，让其产品销售与品牌同步得到提升。曾有人说，"即使记不住 vancl 或者凡客诚品的称号，但也会依稀记住那 68 元就可以购买 1 件 polo 衫或者购买 1 件牛津纺衬衫"。

2. 淘宝网

众所周知，淘宝网是目前中国最大的 C2C 交易平台，也是亚洲第一大网络零售商圈。但是在 2003 年淘宝刚出生时，并不是一帆风顺的，甚至一开始就遭遇到了难以想象的困境。

想快速提高知名度与品牌，网络广告无疑是最佳选择。而当时的 C2C 领域，eBay 易趣已经一家独大。凭借一份数额不菲的广告合同，eBay 易趣与中国的三大门户网站（新浪、搜狐和网易）签署了排他性协议，以阻止其他同类公司在上述三家网站发布广告。当时三大门户占据了中国互联网

绝大多数的网站流量，对于淘宝这样一个新生儿，被排除在三大门户之外，无疑是个沉重的打击。

"既然大的网站不能做广告，我们就做小网站的广告。"淘宝的新策略是以较低的成本，在成百上千个小网站上投放淘宝网的广告，而这些网站是强悍的 eBay 易趣无法顾及的。因为三大门户的流量虽然高，但是并不是所有的用户都会天天登录。相反，成百上千万的中小网站，都是用户天天光临的对象。而正是这些不起眼的小网站，成就了淘宝网的"名声远扬"。

2.2 IM 营销（QQ 营销）

2.2.1 什么是 IM 推广

IM 为 InstantMessaging 的缩写，翻译成中文为即时通信或实时传讯。以各种 IM 工具为平台，通过文字、图片等形式进行宣传推广的活动，即称为 IM 推广。目前国内常见的 IM 工具包括腾讯 QQ、MSN、淘宝旺旺、飞信、新浪 UC、YY、呱呱、雅虎通、Gtalk 等。其中腾讯 QQ 的市场占有率最高，平常做 IM 推广时，都是以 QQ 平台推广为主的，所以本节也主要以 QQ 为例进行讲解。

先为大家普及一下互联网知识，说一下 QQ 的起源。

1996 年夏天，以色列的三个年轻人维斯格、瓦迪和楚游芬格聚在一起决定开发一种软件，充分利用互联网即时交流的特点，来实现人与人之间快速直接的交流。于是国际互联网上出现了第一款 IM 软件，它的名字叫作"ICQ"，即"I SEEK YOU（我找你）"。并且在极短的时间内，风靡全球。

1997 年，马化腾接触到了 ICQ，并成为它的用户，他亲身感受到了 ICQ 的魅力。但是同样也看到了它的局限性：一是英文界面；二是在使用操作上有相当的难度。这使得 ICQ 在国内的使用虽然也比较广，但始终不是特别普及，大多限于"网虫"级的高手。于是马化腾和他的伙伴们便想开发一款中文 ICQ 的软件，然后把它卖给有实力的企业。腾讯当时并没有想过自主经营，因为当时 ICQ 的赢利模式并不明确，但是需要的投入却非常巨大。

这时正好有一家大企业有意投资中文 ICQ 领域，于是马化腾着手开发

设计了OICQ（QQ的前身）并投票。但是最后的结果却是没中标。如此，在机缘巧合之下，马化腾决定自己做OICQ。而当时其给OICQ标的定价仅仅三十多万元而已。

有时候成功真的是需要一定的偶然性，在人生的道路上也同样如此，能够让我们真正走向成功的，不一定是当初所想的。而往往被我们忽略的东西，才是决定我们宿命的关键。

2.2.2 QQ推广的特点

腾讯的这只小企鹅虽然个头不大，但是千万不要轻视它，作为几乎人手一份的即时通讯工具，我们不好好加以利用简直就是暴殄天物。先让我们来了解一下QQ推广的特点。

1. 高适用性

作为中国最大的IM软件，QQ的注册用户已经超过10亿，同时在线用户突破1亿，QQ已经成为网民的必备工具之一，上网没有QQ，就如现实中没有手机一样稀奇。从营销推广的角度来说，用户覆盖率如此之大、用户如此集中的平台，是必须要好好研究并加以利用的。

2. 精准，有针对性

QQ的特点是一对一交流及圈子内小范围交流（群交流），而这种交流方式，可以让我们对用户进行更加精准和有针对性的推广，甚至可以根据每个用户的不同特点进行一对一的沟通。这种特点，是其他推广方式所不具备的。

3. 易于操作

与其他营销推广方法的专业性和繁杂程度相比，QQ推广真的非常简单。只要会打字、会聊天，你就可以成为一名QQ推广高手。

4. 近乎零成本

QQ推广的实施非常简单，准备一台可以上网的电脑，再申请一个免费的QQ，就可以马上操作了。申请QQ会员（每月10元），都已经算是大投入了。和其他动辄几十上百万的营销项目相比，几乎是零成本。

5. 持续性

由于QQ推广的第一步是先与用户建立好友关系，所以我们可以对用

户进行长期、持续性的推广。这个优势，是其他营销推广方式所不具备的。比如网络广告，我们根本不可能知道是谁看了广告、是男是女、叫什么名字，以及看完后有何感受。而在 QQ 上，我们明确地知道用户是谁，可以第一时间获得反馈。

6. 高效率

由于 QQ 推广的精准性与持续性，使得它最终的转化率要高于一般的网络推广方法，为我们节省了大量的时间与精力，提升了工作效率。

2.2.3　QQ 适合什么样的推广

虽然 QQ 推广的适用性高，但是针对不同的企业与产品，效果肯定不一样。那么在哪些情况下，效果会更佳呢？

1. 针对特定人群推广

对于受众人群集中，且喜欢在 QQ 群中交流的人群，使用 QQ 推广是一个非常不错的选择。比如像地方性网站、行业性网站，这类网站的目标用户特别喜欢在 QQ 群中讨论和交流。再比如像减肥、时尚、IT、汽车等产品，也非常适合 QQ 推广，因为这类产品的用户，也非常热衷于 QQ 群。

2. 针对固定人群推广

有些产品头疼的不是推广，而是如何增加用户的回访率、转化率。比如一些黏性较低的网站，用户可能几个月才登录一次，而时间一长，就会把该网站淡忘。在这种情况下，就可以通过群来提高黏性。先建立网站官方 QQ 群，然后将用户都引导进群里面。这样即使用户一年不登录网站也没关系，因为我们已经将他们牢牢地抓在了手里。只要他们看到群，就会加深对网站的印象。当网站有活动或新信息时，通过群来引导用户参与。

3. 低流量指标推广

对于网站推广，流量是考核推广人员的重要指标之一。但是注意，如果你的网站流量指标很高，那么就不适用于 QQ 推广。因为 QQ 推广很难带来大量的流量，它更适合一些低流量指标的推广。比如企业网站，对流量要求非常低，随便在几个群里推广一下，就能达到指标要求。

4. 推广有针对性项目

对于一些简单、明确、针对性强的产品和项目，非常适用于 QQ 推广。

比如一篇文章、一个专题、网络投票、线下活动聚会等。

5. 对现有用户进行维护

如何维护好现有用户？如何提高用户的满意度？这些都是营销人员头疼的问题。而通过 QQ 维护用户效果非常好。比如建立官方 QQ 群，通过群来指导用户使用产品，通过群来与用户加强联络、增进感情等。

6. 对潜在用户的深入挖掘

做营销与销售的都知道，衡量一名销售人员是否优秀，不是看他开发了多少新用户，而是让多少新用户变成了老用户，让多少老用户重复消费。而对于网络营销来说，挖掘老用户最好的工具之一就是 QQ。

在 2004 年时，笔者曾经做过网游商人。当时服务过的顾客一共还不足 90 人，但是半年时间，纯利润就达到了几十万元。其中的秘诀就是通过 QQ，将这些顾客的价值充分地挖掘出来。

下面就说说 QQ 的一些具体的营销推广方法。

2.2.4 QQ 优化法

一个普通的 QQ 号码，最多可以加 500 个好友，但是登录 QQ 时，用户第一眼能够看到的好友最多只有十几个，剩下的 400 多人是关注不到的。如果用户和剩下的这 400 多人相互之间不联系，天长日久就会逐渐淡忘。而那十几个一登录就能看到的，即使不联系也会印象深刻，甚至随着时间的推移，记忆深刻，挥之不去。

从营销的角度来说，如果我们能排在别人好友列表的前面，那么即使一年不联系，也能达到推广的目的，甚至效果还更好。这就叫无声胜有声。那如何增加 QQ 排名呢？

第一，开通会员。会员的排名要高于普通号码，名字还会加红，看起来更醒目。而且 QQ 会员最多可以添加 1000 个好友。

第二，将 QQ 状态设置为"Q 我吧"。QQ 状态有"我在线上"、"Q 我吧"、"离开"、"忙碌"、"请勿打扰"、"隐身"、"离线"7 种。其中"Q 我吧"的优先级最高。如果普通号码将状态设置为"Q 我吧"，那么排名比会员还要高。不过，这种方式唯一的缺点就是收到 QQ 消息时，会直接弹出消息窗口，如图 2-7 所示。

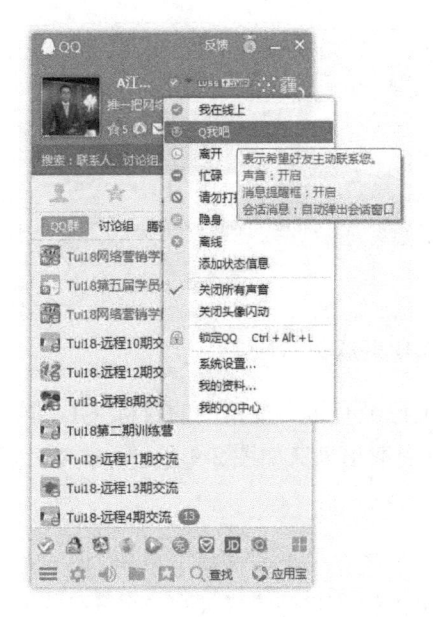

图 2-7

第三，在名字前加特殊字符。QQ 排名规则是按照昵称首字母进行排序的，A、B、C、D……比如张三这个名字，首字母为 Z，那他的名字就会排在非常靠后的位置。除了字母外，特殊字符的优先级要高于普通字母。比如在名字前加个空格，就会排在所有名字的前面。

2.2.5　QQ 群精准营销法

现在企业做营销，找新客户的成本是越来越高，难度也越来越大，尤其是传统企业。而实际上，QQ 就能帮助我们用极低的成本，在短时间内找到目标用户，甚至是大量的目标用户。而且操作起来还非常简单，一点都不复杂，具体操作时，就三步。

第一步：确定目标人群

首先要确定想通过 QQ 寻找什么样的目标人群，比如是男人，还是女人；是学生，还是白领；是北京地区的，还是上海地区的；是针对金融行业，还是互联网行业等。

第二步：寻找目标 QQ 群

结合目标用户群的定位，分析在哪类 QQ 群中存在目标人群，然后找到这些群（如图 2-8 所示）。

图 2-8

第三步：提取 QQ 群成员号码

这时，你手头上已经有了一批精准的目标 QQ 群，接下来需要将这些 QQ 群中的 QQ 好友提取出来（如图 2-9 所示）。这步工作可以通过相关工具来完成。

现在，你手头上已经有了大量精准用户的 QQ 号码，接下来要做什么，就看你自己了。你可以将这些号码导入自己的个人 QQ，或者营销 QQ（以前叫企业 QQ），也可以配合 QQ 邮件营销使用。

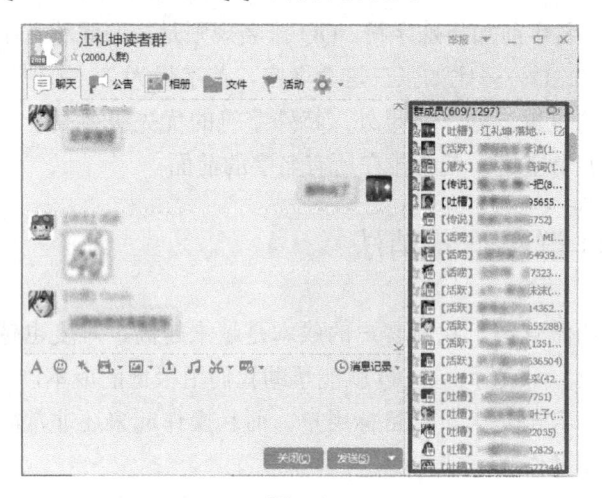

图 2-9

2.2.6 QQ 群推广法

企业最常用的 QQ 营销方法，可能就是在 QQ 群中发广告了。这个方法最简单，如果操作得当，效果也还可以。但是实际上很多企业在操作时，效果并不理想。比如有一次笔者参加某省的互联网大会，一位参会的朋友对笔者说，他们公司每天会在 20000 个群中发消息，但是效果很是一般。

为什么一天发这么多群，效果还一般呢？原因是很多人的意识形态，还停留在单纯地群发广告阶段。比如笔者建立的群，每天都会有很多新人

加群，进了群后，二话不说，马上开始 duang~duang~duang 地发广告。这样做，除了被管理员踢出群之外，会收到什么效果呢？谁会没事津津有味地看群广告？就算看了，陌生人发的信息，谁敢相信？这么做除了让人鄙视之外，还会收获什么？

而且 QQ 群不同于网站，它的信息是即时滚动的，只是机械式地加群、发广告，然后被踢，几乎是没什么效果的。所以对于 QQ 群推广，应该本着"一群一阵地"的原则，长期奋战。蜻蜓点水式的方式，绝对不可取。下面说说 QQ 群营销的方法与要点。

1. "先建感情后推广"原则

随着网络诈骗的出现，大家对于互联网上的信息越来越谨慎。在群里，只有熟人发的消息，大家才会放心地去看或单击。陌生人发的网址，几乎没人敢随便单击。所以对于 QQ 群推广来说，应该本着"先建感情后推广"的原则。只有和大家熟了，甚至成为朋友了，大家才会接受你的信息，也只有这样，才不会被踢。

比如进群时，先和大家打个招呼，晒晒自己的照片；时不时地和大家聊聊天；和大家分享点有价值的信息，例如，可以提前准备点电子书、小软件、学习视频什么的；如果时间多的话，再经常帮群里的人解决一下问题等。

2. "具体到人"原则

推广的目的是什么？是为了比谁每天发的群多吗？当然不是。推广是为了达到最终的效果！不管是追求流量，还是追求销售，最终一定是为了提升效果。所以 QQ 群推广应该本着"具体到人"的原则，发多少个群不重要，重要的是让多少群员转化成为我们的用户。

想提高一个群的转化率，蜻蜓点水式地乱发广告是肯定徒劳的，只有在一个群里长期奋战，保证信息传递给每一个人、影响到每一个人时，转化率才会体现。

3. 广告"少而精"原则

为什么现在大家对电视广告意见很大？因为现在的电视节目，广告比正片时间还长。看一集 45 分钟的电视剧，能插播一个小时的广告。广告这东西，偶尔播播可以调节气氛，多了，大家就反感了。对于群也一样，在群内推广时，即使在群主不踢我们的情况下，广告也不能太频繁；否则就像电视广告，会让用户反感。重复的内容最多一天发送一次足矣，关键是要"少而精"。

4. 在聊天中植入广告

在群内发硬性广告的效果越来越差，软性植入广告才是提升效果的良药。其实平常群员聊天的时候，是推广的绝佳时机。我们可以在聊天时，多多融入要推广的内容，这样大家不但不会反感，反而会自然而然地接受我们的信息。

比如我们加的是女性相关的群，目的是推广减肥产品。那么当群里有关于减肥的话题时，马上加入讨论，交流的内容以分享为主。多和大家分享各种减肥的经验、心得，免费帮大家制订减肥计划。在这个过程中，悄悄地把要推广的信息植入进去。甚至可以两个人同时加一个群，然后在群里唱双簧，继而吸引大家一起交流，带着大家按照我们的思路讨论。

5. 提升 QQ 群排名

在 QQ 群中，有没有不发信息也能达到推广效果的方式呢？当然有。只要在群名片中加上欲推广的信息，并让你的名字排在群员列表的前面，即可达到这样的效果。试想一下，别人每天打开群，第一眼看到的就是你，是什么效果？时间一久，想不记住你都难，这叫强化记忆。

笔者有一个营销推广群，里面有位朋友就非常善于使用此道。他主要做网络公关业务，于是直接将群名字设置成了业务名称，并将名字排到了群内第一，比管理员的排名还要高（见图 2-10）。这个群内的许多人都有公关方面的业务需求，而群员每天打开该群第一个看到的就是他，那有相关业务时会想到谁？肯定会想起他的。把细节做得这么极致，推广怎么可能没效果！

图 2-10

具体设置的方法，请参看 2.2.4 节的内容。

6. 强大的群邮件功能

QQ 群自带有群邮件功能，可以针对群内所有成员群发 QQ 邮件。这个功能非常强大，转化率也非常好。因为在发完邮件后，QQ 会在电脑右下角自动弹出邮件提醒消息，保证每个群内成员都能及时看到邮件内容。

不过唯一遗憾的就是，只有开启了群邮件功能的群，才可以使用该服务。如果群管理员关闭了该功能，则无法使用。所以有条件的话，还是多多建立自己的群吧。

7. 持久的群文件功能

群文件功能是群的固定功能之一，我们可以将要推广的信息整理成软文、视频、电子书、图片等，上传到群文件中。注意，上传的文件不要是赤裸裸的广告，应该是对用户有价值的内容，企业信息应该在内容有价值的基础上适当植入，如图 2-11 所示。

图 2-11

如果上传的文件有价值，不被管理员删除的话，这个文件就会一直存在于群文件中，即时你退群了，后进群的成员也可能会下载观看。可以说，其效果是非常持续和持久的。

8. 申请管理员或搞定群主

自建群费时费力，而在别人的群中又不能随便做推广，有没有折中的办法呢？解决方案就是申请群管理员。如果我们能成为其他群的管理员，那么不但能够免费使用群内的所有资源，而且还省去了建群、维护群等繁

杂的事务，节省了大量的时间。一般想成为群管理员并不难，只要在群里表现得活跃些，然后和群主搞好关系，即可达成心愿。

更高明一些的方法是直接搞定群主。笔者有一位运营论坛的朋友，他的方法就是寻找大量的相关 QQ 群，然后把群主搞定，比如在论坛里将群主设成嘉宾、开通高级论坛权限等，最后让群主带着他的群员进驻论坛。效果非常不错。

9. 建立 QQ 群联盟

前面说过，建立自己的群效果最好，而且群达到一定数量后，本身也会形成品牌。但是一个 QQ 号码能够建立的群数量有限，如何才能建立大量的 QQ 群呢？找人合作是正道。我们可以建立 QQ 群联盟，多方合作。比如推一把就拥有一个群联盟体系，目前已经发展了近百个群。加入推一把联盟很简单，只要你拥有一个高级群，愿意将它交给推一把统一管理，就可以加入联盟。联盟成员的好处是可以共用推一把群联盟的资源（如图 2-12 所示）。

图 2-12

10. 利用群的各种工具

除了以上介绍的内容外，所有可以利用的群工具都应该研究加以利用。比如 QQ 群还拥有群相册、群活动等各种辅助工具，而且随着 QQ 版本的升级，还经常推出各种新的工具，适当地利用这些小功能，能够为你的推广工作锦上添花。

2.2.7 QQ 鱼塘营销法

在网络营销中,有一种策略叫鱼塘策略。这种策略的核心思想是像养鱼一样,先将目标用户圈起来,然后慢慢地培养用户的关系与感情,最后再择机进行销售。而 QQ 群,是实现鱼塘策略的重要工具之一,这就与现实当中要养鱼,需要先挖个池塘是一个道理,QQ 群就相当于池塘。

而且从效果的角度来说,在别人的群里做营销,总没自己的好,毕竟在别人的地盘,要受别人管制,非常麻烦。而自己的群是我的地盘我做主,想怎么推广,就怎么推广。而且作为群主,在群里拥有绝对的权威性,群内的成员也对群主的印象最深。即使不发广告,也会产生非常好的营销效果。从实际效果来看,加 10 个群,都没有自建 1 个群的效果好。

具体操作时,我们可以针对潜在用户建立 QQ 群,通过长期在群里潜移默化地影响他们,而产生转化;也可以针对现有用户建立 QQ 群,通过群来维护老用户的关系,增加黏性、提升复购率和产生转化。

当然,不是建群就一定有效果,肯定需要掌握一些技巧。

1. 尽量多建高级群

高级群加的人更多,而维护一个 200 人的群和维护一个 2000 人的群,时间成本是差不多的。所以尽可能地多建高级群!那如何才能建高级群呢?答案是开通腾讯的 QQ 会员等服务,具体不同的等级开通群的数量如下。

LV0:200 人群
LV4:200 人群+1 个 500 人群
LV16:200 人群+2 个 500 人群
LV32:200 人群+3 个 500 人群
LV48:200 人群+4 个 500 人群
超级 QQ:额外 4 个 500 人群
VIP1~5:额外 4 个 500 人群
VIP6:额外 4 个 500 人群+1 个 1000 人群
VIP7:额外 4 个 500 人群+2 个 1000 人群
年费用户:额外 1 个 1000 人群(QQ 4 级以下也可以创建)
SVIP1~5:额外 4 个 500 人群
SVIP6:额外 4 个 500 人群+1 个 1000 人群
SVIP7:额外 4 个 500 人群+2 个 1000 人群
年费 SVIP1~5:额外 1 个 1000 人群
年费 SVIP6~7:额外 1 个 1000 人群+1 个 2000 人群

2. 群的主题要鲜明

建群的目的，是为了将目标用户圈起来，甚至吸引目标用户主动加入。所以想达到这个效果，就需要群的主题鲜明，主题越鲜明，吸引到的用户就越精准。比如销售化妆品，那么群的主题一定要围绕"女性"、"美容"、"化妆"等关键词展开，且越精准越好。

3. 群名要有针对性

对于自建的群，可以在群名称前加一个有针对性的标志性词汇。比如笔者建的所有群的名称都加有 Tui18 的字样（Tui18 是推一把网站的域名，也是谐音）。比如：Tui18 网站运营交流群、Tui18 知名媒体编辑群、Tui18 市场推广交流群等。这样做可以加深群员对推一把网站的印象，久而久之还会形成口碑效应。

当群越来越多时，再进行编号，就好像开连锁店一样。比如：Tui18 市场推广 1 群、Tui18 市场推广 2 群。当你的连锁店足够多的时候，本身就会成为一个品牌。

4. 男女比例要适当

"男女搭配，干活不累"，这是多少老前辈通过实践验证出来的一条真理。群也是如此，如果一个群内男女比例适当，那么群内的氛围会非常好，会充满凝聚力。群员的凝聚力会让推广工作事半功倍。

5. 保持群的活跃度

只有群气氛活跃，成员才会喜欢群、产生群的归属感；会员有了归属感，才会听从群主的号令。所以大家千万不要做那种只建群、不管群的事。

不过建群容易维护难。当群越来越多时，想让每个群都保持一定的活跃度是件不容易的事情。所以招几个负责的管理员一同来维护群是必不可少的一环。

6. 关怀群员

除了保持群的活跃度外，作为群主或企业官方，要经常关怀群员，这样才能加深感情。比如找一些优质的资源，作为福利发给群员；如果条件允许，组织线上分享活动；如果都在本地，组织线下活动；群里人有困难时，适当地进行帮助；群里有人问问题时，及时解答等。

7. 提升群的排名

与前面说的 QQ 昵称排名原理一样，如果能使群排在别人的群列表前面，也会起到事半功倍的作用。具体提升排名的方法，请回顾 2.2.4 节的内容。不过，除了 2.2.4 节提到的内容外，QQ 群的排名还有一个规则，就是 1000 人以上的群，名字会变红，同时排名更靠前，如图 2-13 所示。

2.2.8　QQ 营销之 QQ 空间营销

不少人以为，QQ 空间都是少男少女玩的东西，很非主流、很幼稚，更多的是用来娱乐。其实不然，如果能够有效地对 QQ 空间加以利用，营销的效果是非常显著的。为什么这么说呢？因为 QQ 空间有两大优势。

图 2-13

1. QQ 空间的优势

（1）**与 QQ 产品互通**。QQ 产品很多，比如 QQ、手机 QQ、腾讯微博、微信等，这些都是用户量超级大、超级有影响力的产品。而 QQ 空间，与这些产品基本上都是互通互联的，在营销时将它们配合使用，相互打配合战，效果更好。

（2）**到达率好**。当有用户给我们的 QQ 空间留言，或者评论我们空间里的内容时，在电脑在右下角会弹窗提示（在电脑登录 QQ 的前提下）；如果是登录 QQ 空间或者用手机登录 QQ，则会直接将好友的动态（包括发布的最新日志、说说、照相等）显示出来，如图 2-14 所示。

2. QQ 空间的作用

基于这两大优势，QQ 空间非常适合做两件事。

（1）**带来新客户**。因为 QQ 空间与 QQ 是绑定的，所以可以直接用 QQ 空间去吸引

图 2-14

37

海量的 QQ 用户。

（2）**长期影响新老客户**。因为 QQ 空间与 QQ 绑定，且到达率非常好，所以非常适合长期影响用户。在这一点上，和微信朋友圈有异曲同工之妙。

3. QQ 空间的使用技巧

QQ 空间的主要作用之一是影响用户，那靠什么影响呢？主要靠以下三个工具。

（1）**日志**。QQ 空间日志的性质和表现形式，与博客很像，或者说，我们可以将 QQ 日志当成一个博客来运营，通过在 QQ 空间发布优质的文章来影响用户。比如将企业的文化、产品的优势、客户案例等整理成文章。当然，也不要全是宣传企业的，也要适当发布一些对用户有帮助的内容。

（2）**说说**。说说的性质和表现形式，与微博很像，实际上腾讯微博与说说就是互通的，所以我们可以将说说当成微博来运营。关于微博营销，请参看 3.6 节的内容。

（3）**相册**。相册也是空间重要的组成部分之一。我们可以将展示企业实力的各种图片、展现团队文化的各种照片、客户见证的各种照片等传到相册，以此来影响用户。

4. 如何增加 QQ 空间的流量

空间内容有了后，还需要有人浏览才行。各种推广方法，都可以用来推广 QQ 空间，这里重点说说 5 种基于 QQ 本身的推广方法。

（1）**QQ 好友**。对于 QQ 里的好友，是可以直接看到 QQ 空间内容的。所以，我们可以通过增加 QQ 好友数量的方法来带动对空间内容的浏览。

（2）**内容转载**。在空间日志中，自带有一键转发功能，我们可以在内容中加上引导性的语言，引导用户将内容转发到自己的 QQ 空间，或者微信朋友圈、微博等，如图 2-15 所示。

图 2-15

（3）**赞别人**。我们可以去赞别人空间的内容，赞得多了，自然有人回访。

（4）**评论别人**。赞的方式，效果要差，通过评论的方式更直接些。在评论中，可以邀请别人来访问我们的空间。

（5）**留言**。我们也可以直接采用在别人空间留言的方式进行推广。

在这里提醒大家一下，在空间的内容中，应该增加一些引导用户添加我们的空间为好友的文字，只有用户关注了我们的空间，之后在空间发布的内容，才会出现在他们的好友动态中。

2.2.9 手机 QQ 营销法

QQ 有 PC 端 QQ 和手机 QQ 两个版本，而这两个版本的功能是有差异的。手机端独有的一些功能，尤其是基于 LBS 定位的一些功能，PC 端是没有的。而这些功能对营销是非常有帮助的。下面就说说手机 QQ 的这些功能。

1. 导入手机好友

手机 QQ，可以直接将手机通讯录中的号码导进 QQ（如图 2-16 所示）。至于这个功能怎么用，大家自行发挥，比如先找到大量目标用户的手机号，然后将手机号导入手机通讯录，再导进 QQ。

2. 添加附近的好友

手机 QQ，可以实现查找和添加附近好友的功能，这个功能与微信查看附近的人原理一致。对于要求针对精准目标地区人群进行推广的企业，非常适合，如图 2-17 所示。

图 2-16　　　　　　　　图 2-17

3. 添加附近的群

除了添加附近的好友外，手机 QQ 还可以基于地理位置添加附近的 QQ 群，如图 2-18 所示。

4. 热聊

热聊功能，有点像聊天室，聊天室的主题以周边的地标性建设为主题，比如热点小区、大厦等，如图 2-19 所示。

图 2-18

图 2-19

5. 约会

这个功能也是基于地理位置的，我们可以发起约会，然后周边的 QQ 用户即可看到，若有人有兴趣，即会联系。当然，我们也可以筛选感兴趣的约会去参加，如图 2-20 所示。

图 2-20

6. 活动

约会功能是一对一的，如果想一对多，就需要用到活动功能了。通过活动功能，我们可以发起活动，或者参加附近的活动，如图 2-21 所示。

图 2-21

7. 兴趣部落

兴趣部落，有些类似于百度贴吧，通过手机 QQ，我们可以关注附近的部落，也可以按照关键词搜索（如图 2-22 所示）。当然，我们也可以申请属于自己的部落，申请地址是：http://buluo.qq.com。

图 2-22

2.2.10 如何查找目标群

说了这么多关于 QQ 群推广的话题，那如何才能找到大量的目标 QQ 群呢？方法主要有以下 4 种。

（1）通过 QQ 群平台。腾讯有一个官方的 QQ 群平台，那里汇集了所有的 QQ 群，网址是：qun.qq.com。

（2）直接搜索。打开搜索引擎，通过相关的关键词搜索查找群。

（3）登录相关的网站、论坛查找。很多行业性网站、论坛，都会建立大量的官方 QQ 群。比如大家想加与营销推广有关的 QQ 群，就可以直接到推一把网站或者推一把论坛查找。

（4）顺着群里的线索挖。如果以上三种方法你都不喜欢用，那么可以用最传统的方法，找人推荐。比如先找到目标群，在里面混熟后，再让群内的朋友推荐其他群，如此反复循环。通过这种方法，可以挖出无数个群。

2.2.11 加群注意事项

下面再说一下加群的注意事项。注意，下面说的是比较理想的情况，大家在具体操作时，请根据自己的情况适当变通。

1. 成员少的群尽量不加

QQ群分三种：第一种是普通群，人数上限为100人；第二种是高级群，人数上限为200人；第三种是超级群，人数上限为500人。笔者建议大家尽量加高级群或超级群，普通群能不加则不加。因为在同样努力的情况下，高级群的效果是普通群效果的1倍。

2. 不活跃的群尽量不加

如果群里没人说话，多半是因为群员把群屏蔽了，这样的群加了也没意义，因为发的信息没人关注。而且这样的群也缺少凝聚力，在一个没有凝聚力的圈子里做推广，效果会比较差。

3. 同质化严重的群不加

对于同领域或同行业的群，可能经常会出现这样的情况：加了100个群，看到的却竟是老面孔。这样的群加再多也没效果。所以加群时，要注意成员差异化问题。对于同质化太严重的群，只保留一个即可。

4. 目标人群不集中的群不加

一个QQ群，最多只有几百人，所以在资源有限的情况下，就要深入挖掘资源的价值。如何提升QQ群的价值呢？首先就是要加目标人群精准的群。乱加群，不仅推广效果不好，还会让人产生反感情绪，甚至带来负面口碑。大家都有被铁观音骚扰过的经历吧？曾几何时，每每提到"铁观音"三个字，大家的脑子里就会浮现出"高档"、"高品质"、"身份"、"品位"等美好的词汇。但是现在呢？铁观音已经到了过街老鼠、人人喊打的地步。为什么会这样？就是因为其漫无目标、见群就钻、乱发广告的结果。

5. 保持在群内的活跃度

刚进入新群时，要先表现得积极活跃一些，先和大家搞好关系，让大

家熟悉你。总不在群里冒泡肯定是不行的，总潜水小心被踢，而且没有交流，就缺少了与群内成员拉近距离的机会。

2.2.12 QQ 设置技巧

QQ 除了能进行以上介绍的营销推广外，还有一个重要功能，就是充当在线客服销售工具。实际上利用以上方法进行推广时，往往也需要用 QQ 与人沟通交流，比如在 QQ 群营销中，进群只是手段，真正要达到营销效果，还要看怎么和群里的人进行互动。

而在与人交流的过程中，个人形象非常重要，特别是进行商业活动时，给客户的第一印象尤其关键，甚至会直接影响项目的成败。如果我们给客户的第一印象是形象成熟稳重、举止大方、谈吐生风，浑身透着亲和力，那么合作会顺风顺水。但若蓬头垢面，穿着短裤、趿着拖鞋去见客户，那么可能保安连门都不让进。但是在互联网中，在看不到对方庐山真面目的情况下，如何留下好印象呢？答案就是 QQ 资料设置。

前面说过，QQ 已经发展成为网络必备工具之一，人们在互联网上的直接接触，往往都是先从 QQ 开始的，所以我们的 QQ 形象就相当于现实中的个人形象，好的 QQ 形象会让我们事半功倍。因为它不仅是我们在网络上的形象展示，而且会对别人造成心理暗示。

下面就说说具体的设置技巧。

1. 头像要正规

首先，社交工具中的头像一定要有特色，最好能够让人一眼记住。因为只有让用户记住你了，才有可能选择你的产品。比如现在互联网上卖茶叶的特别多，在笔者的 QQ 中就至少有十几个。当有一天笔者想在网上买茶叶时，会找谁？肯定是找印象最深刻，一下子就能想起名字的那个人。

其次，头像要正规、稳重，给人以信任感，突出亲和力。笔者强烈建议大家用本人照片做头像。因为用本人头像，足够有特色，容易识别和记忆，同时会给人一种极强的信任感。如果用别人照片做头像，要慎重。比如若使用小沈阳、凤姐等比较有争议性的人物做头像，则很可能会因此受牵连，降低别人对你的评价，甚至让人产生厌恶感。

切忌使用那些幼稚、低俗的头像，那样会大大降低别人对我们的正面印象及好感度。试比较以下两个头像（见图 2-23 和图 2-24），你认为哪个头像能够让你的好感度更高？

图 2-23

图 2-24

2. 昵称要真实

我们先来看看一组网名，看看其中哪个名字更能让你产生好感度，如图 2-25 所示。

是不是正中间的那个名字，更显得靠谱一些呢？没错，互联网上的昵称，是给别人留下好的第一印象的第二要素。与头像的原理一样，好的昵称要正规、稳重、有特色，要朗朗上口，便于记忆，且要突出信任感和亲和力。在这里强烈大家用实名，原因主要有以下几点。

脑袋让门踢了
帅的惊动党中央
怕瓦落地
江礼坤
爬上墙头等红杏
非洲小白脸
善解人衣

图 2-25

首先，实名本身即象征着诚信。网络上有句流传许久的话："人在现实中用真名说假话，在网络中用假名说真话。"在这种大环境下，用真名将极大地增加别人对我们的信任感。

其次，实名容易记忆。在这个人人用网名的时代，我们用真名会显得非常突出，让人印象深刻。

再次，个人品牌统一。曾经看到一则新闻，说是"中国人名汉语拼音将有国家标准"，因为在国际赛场上，中国运动员名字有时姓在前，有时名在前；在国际会议上，学者的姓名也存在姓、名位置颠倒的现象，把很多外国人都弄糊涂了。而网络昵称和真名不统一，也容易造成这样的不便。像笔者以前的网络昵称叫大锅饭，但是却鲜有人知道我的真名叫江礼坤。结果参加活动时，经常有人拿着我的名片问我认识不认识大锅饭。

最后，实名可以积累个人品牌与知名度。很少有人昵称固定不变，通常会随着年龄的增长、思想的变化而改变。而每换一个名字，就意味着要从头开始。笔者曾经有 4 个网络昵称都小有名气，但是由于各种原因经常变换，结果每改一次，之前的知名度、人气都要归零。如果当时懂得用实名，那积累到现在，个人品牌与知名度要高出许多。而个人品牌，就意味着背景、资源、人脉。当今社会，人脉就相当于钱脉。

当然，也不是所有的人都适合用实名。比如有些人的名字太普通、不大气，或者重名的太多。在这种情况下，可以起一个貌似真名又很有特色的 ID，并一直使用。

尽量不要用那些太泛的名字，像叶子、温柔一刀之类的，满大街都是。比如有一次，笔者 QQ 中一位叫叶子的好友，对笔者发消息说，好久不联系，还记不记得她。说实话，笔者从第一次上网至今的十几年中，接触过十几个叫叶子的网友，到现在还都分不清她们谁是谁，更别说记住了。

英文名建议也慎用，因为英文名更难记，如果是常见英文名，重复的也很多，比如笔者都记不清微信和 QQ 中，有多少个叫 grace 的人了。

一些个性的名字也少用，比如在笔者微信中，好几位的昵称都是空白，什么都没有，这实在不便于记忆。

最后，一旦名字确定，就轻易不要改名。因为在网络上大家只认识名字，一旦名称改变了，可能至亲的人都认不出你。

3. 资料要丰富

在 QQ 资料中，除了能展示头像和名字外，还有许多其他的资料项目，比如性别、地区、职业、学历、签名等。这些资料设置得越丰富、越详细，给人的感觉就越真实、越靠谱。但是切记，信息要真实，不能乱写；否则一旦让人发现是假的，将直接对你产生负面印象。像有的人本来 28 岁，资料却写 24 岁，这都是非常不可取的做法。

此外，资料内的语言也应该规范，不要用火星文等很非主流、很幼稚

的元素，这会极大地降低别人对你的评价。更不要在资料里放广告，笔者发现，不少做微商、做推广的人，都喜欢在签名里放广告，这很不可取。试想一下，在现实中，我们对手拿传单的广告人员是什么样的印象？

除了设置基本的资料外，最好经常更新微信朋友圈、微博内容、QQ 中的日志、相册等，这些都会增加真实感，增强亲和力。

4. 互联网上多留名

除了以上 QQ 的基本设置外，还建议大家在互联网上适当地留下自己的 QQ 号等可公开的个人信息，这样可以进一步增加信任感。试想一下，如果客户在网络上查不到任何关于你的资料，心里是什么感觉？肯定非常不踏实。

2.2.13　QQ 沟通技巧

1. 语气助词要慎用

通过微信、QQ 等工具聊天时，大家经常会带一些语气助词，比如哈哈、嘿嘿、呵呵、HOHO、晕、倒、啊等。但是你有没有想过，屏幕另一端的人看了这些词汇后，会有什么感觉？这些词汇会不会给对方带来不愉快的心理体验或暗示？

关于这个问题，笔者在 2009 年时专门做过两次网络调查，一次为单选调查，一次为多选调查，调查标题为"当你的网友说下面哪个词时，你最想抽他！"。结果在单选调查中，有 64% 的人选择了"呵呵"（见图 2-26）；在多选调查中，有 40% 的人选择了"呵呵"（见图 2-27）。"呵呵"这个词高票当选，也就是说，当你和你的 QQ 好友不停地说"呵呵"时，对方很可能正在想着如何抽你。就像网络上说的，聊天止于呵呵。

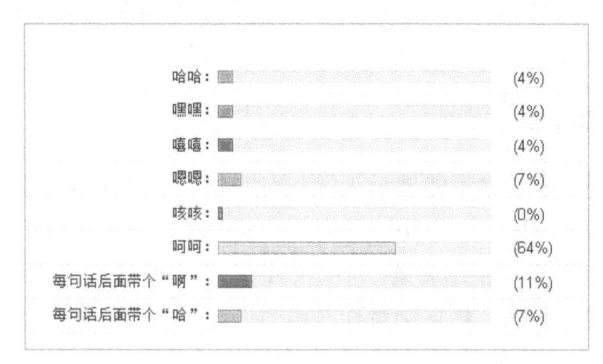

哈哈：(4%)
嘿嘿：(4%)
嘻嘻：(4%)
嗯嗯：(7%)
咳咳：(0%)
呵呵：(64%)
每句话后面带个"啊"：(11%)
每句话后面带个"哈"：(7%)

图 2-26

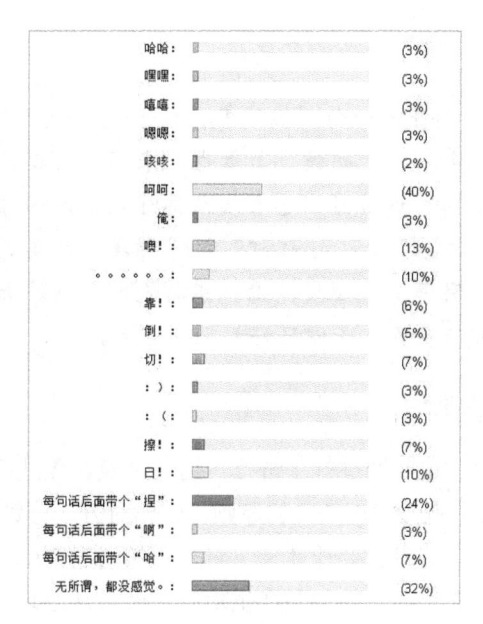

词汇	比例
哈哈：	(3%)
嘿嘿：	(3%)
嘻嘻：	(3%)
嗯嗯：	(3%)
咳咳：	(2%)
呵呵：	(40%)
俺：	(3%)
嘖！：	(13%)
......：	(10%)
靠！：	(6%)
倒！：	(5%)
切！：	(7%)
:)：	(3%)
:(：	(3%)
撑！：	(7%)
日！：	(10%)
每句话后面带个"捏"：	(24%)
每句话后面带个"啊"：	(3%)
每句话后面带个"哈"：	(7%)
无所谓，都没感觉。：	(32%)

图 2-27

这个调查意味着什么呢？意味着如果以往你在网络上的成交率很低，很可能就是因为聊天时用错了词汇，让对方有想抽你的冲动。这让笔者不禁想起一句话，"细节决定成败"。

在调查中，有一位女网友总结得非常精辟，她说："'嘿嘿'太玩笑，'哈哈'太随意，'嘻嘻'太幼稚，'呵呵'太敷衍，'啊'感觉跟神经一样，'哈'感觉只有女孩才这么干，一大男人要这样估计离人妖不远了！"。

2. 图片表情要慎发

表情是大家在聊天中最喜欢用的元素之一，一个恰当的表情能够起到调节关系、缓和气氛的作用。但是与语气助词一样，不当地使用表情，同样会令别人产生不愉快的心理感受。所以大家在用表情时，尽量不要用那些可能会引起别人抵触情绪、让人反感，或者降低自己形象的图片。比如一些过于色情和暴力，或者非常低俗的图片。

3. 称呼、称谓莫乱用

中国人非常讲究称谓，所以使用称谓时要谨慎，不能乱称呼别人，或者称呼中带有贬低的意思。比如在称呼别人时，不要用"小"字，如小王、小张、小李、小丽之类的，因为"小"字通常是长辈称呼晚辈，或者上级称呼下级时才使用的。除非对方的名字中自带"小"字，或者主动让你管他叫小 X。一般对于不熟识的人，称呼 X 兄、X 大哥、X 总等是比较恰当的，且不容易出问题。

关于这块说一个笔者的亲身经历。

笔者的某 QQ 群中有一位男性网友，挺不错的一个人，在群里也很积极，但是大家对他却不是很热情，笔者也从来不和他搭讪。之所以大家对他有点冷漠，就是因为这位男同志喜欢乱称呼人。比如每次见到笔者，都要亲切地叫一声"江江"、"小江江"、"坤坤"之类的。很多人见到这样的字眼，都有一种浑身起鸡皮疙瘩、想打人的冲动。大家也给他提过意见，但是其依旧我行我素，所以只好都躲着他了。

4. 聊天速度要适当

在网络上交流，主要通过打字进行，这就涉及聊天速度的问题。在这个问题上，应该本着"就慢不就快"的原则。比如对方一分钟打 20 字，而我们一分钟能打 120 字，这时就要迁就一下对方，按着对方的节奏交流；否则对方就会跟不上我们的思路，使沟通产生障碍。而且从心理体验的角度来说，对方有话说不出来，只能看着我们滔滔不绝地打字，感觉会非常痛苦。

除了聊天速度外，还要注意回复速度。回复对方的速度要适中，不能过快，也不能过慢。比如对方很严肃地问了一个他认为很重要的问题，那即使我们知道答案，也不要马上回复；否则对方就有可能会感觉我们对这个问题不够重视，敷衍了事。

5. 字号、字体莫乱改

使用 QQ 聊天时，默认的文字是 10 号黑色宋体字。但是有些朋友不喜欢默认字体，于是就乱改一通。比如改成大红大绿、火星文等。但是你在愉悦了自己时，想过别人的感受吗？比如很多人喜欢绿色、黄色，但是这些颜色的字在显示器中会非常刺眼，甚至会伤害到眼睛。再比如火星文等个性字体，阅读起来比较吃力，而且还会显得你很幼稚。所以轻易不要修改默认字体，虽然普通，但是却最友好。

6. 沟通时机要找准

进行沟通或推广时，时机的选择很重要，千万不要看到在线就留言。比如半夜 12 点前后这个时间段，只要不是很重要的事，就不要打扰别人。这个点还在线，一定有事。即使对方很闲，但是此时人的精力、判断力处在一天当中的低谷，而且这个时间段是人情绪最低落、最容易与人发生矛盾的时候。

比如我的太太，是一个性格比较温顺的人，她大学时的第一份实习工作是电话销售，所以对于做销售的、搞推销的都特别的友好。曾经有一

电话销售员，给我太太打了半年多的电话，每次我太太都特别友好，而且对话时，都是坚持听完对方说的话，而且挂机前，一定会说再见、谢谢一类的话。

结果有一回，这位朋友把我太太惹毛了，狂说了他一顿，之后也再不接他电话了。那次是在半夜快 12 点的时候，我太太已经睡着了，结果电话响了，然后这哥们饱含激情地要通知我太太一个好消息，是关于他们公司的一个促销信息，结果……

7. 弹窗震动莫乱发

在交流过程中，不要随便发弹窗（即发送视频邀请）或震动，这都是非常不礼貌的行为。即使对方没有及时回复消息，也要先耐心等待，因为很可能对方正在忙不方便回复，要表现出自己的耐心。

8. 注意礼貌要客气

QQ 交流只能看到文字，无法看到表情。所以不管你在交流时的内心感受如何，对方都看不到，只能通过文字去感受。所以聊天时要注意语言规范，不能说一些不友好的话，或者让别人误会我们在轻视、污辱对方，这样才能保持沟通的顺畅。沟通时多用"你好"、"您"、"请"、"谢谢"这样的词汇，它们会产生非常神奇的效果。

9. 胡乱群发没意义

笔者的 QQ 上会经常收到一些看起来非常热情的信息，而且这些信息一看就是群发的！比如有天天道早安的、天天发心灵鸡汤的、天天说励志话语的。

人与人之间如果想保持良好的关系，增进感情，确实需要经常沟通。但是沟通绝对不是用这种群发信息的方式来进行，这种方式毫无诚意，甚至让人反感。

沟通技巧说完了，其实总结起来，就一句话：在交流过程中，多考虑对方的感受，多尊重对方。只有我们尊重对方，对方才能尊重我们；只有我们为别人着想，别人才能为我们着想。

2.2.14 其他可以利用的 QQ 功能

除了以上说的各种方法外，QQ 的各种辅助功能，大家也要多多关注和研究，这其中大部分功能都可以辅助我们的推广工作。比如以下几个功能。

QQ 签名：在 QQ 签名上可以设置更多的文字信息，而且这些信息会在 QQ 空间、QQ 对话窗口等位置重点推荐。所以好好利用这里吧。

好友印象：好友印象这个功能刚出来时，笔者将大部分 QQ 好友印象都写成了推一把的广告语，效果非常好。甚至很多朋友来问我，是不是花钱在腾讯打了广告。

自动回复：有一些图片站是这样推广网站的——先申请一个 QQ 号，把资料全部设置成性感撩人的美女资料，然后在网络上到处留 QQ 号。当有人加这个 QQ 号时，就会发现全部是自动回复，回复的内容则是推荐去他的网站。

2.2.15 其他营销手段

上面说的这些方法，基本上都是免费的。下面再说一些与 QQ 等 IM 平台进行的一些付费营销合作。这些合作往往需要的资金都比较多，所以通常只适合大企业。一般合作的方式，也是围绕 IM 的一些功能特点进行的。下面通过一些经典案例来进行说明。

1. 头像

2008 年 4 月 16 日，MSN 中文网发起"我爱奥运"红心签名活动，一夜之间，大家登录 MSN 时发现"红心"一片，许多不明真相的群众还以为电脑中毒了，此热潮甚至还一度蔓延到了 QQ 当中。MSN 用实际行动证明了 IM 营销的威力，同时也狠狠地营销了自己一把。

在网民爱国情绪完全被激发的时候，一场从 100 万人到 230 万人到 600 万人到上千万人的轰轰烈烈的签名活动，在全中国乃至全世界的华人圈中掀起一片"红心"热潮，修改签名的号召如同火炬一样被传递着。在这个过程中，MSN 中国的品牌影响力与正面友好形象得到了大幅度提升。

2. 签名

2006 年赛我网拿出 25 万元现金试水"MSN 签名传播"，结果有 5 万多名用户将广告语放进了自己的签名中，"挂签名送现金"成了 MSN 用户之间热议的话题，此活动收到了非常好的效果，该模式也由此席卷全国。两个月后，全球顶级在线口语服务厂商 MyET.COM 宣布用 3000 万元购买 10 万个 MSN 用户的签名，只要在签名中插入 MyET 的宣传语，挂 10 天就可以获得价值 300 元的白领套餐服务；中国俱乐部联盟网也拿出价值 50 万元的会员卡吸引 MSN 用户来挂签名交换。

3. 表情

现在许多企业都针对即时通信工具制作了自己的表情包。比如康师傅绿茶的 MSN 表情包，深受用户喜爱，用户在使用这些表情的同时，也无形之中帮康师傅打了广告。

4. 小 I 机器人

小 I 机器人是一款功能插件，可以运行在 IM、Web 以及移动平台上，机器人提供的服务包括信息、服务、娱乐、电子商务等。其中大家最熟悉的就是 MSN 上的机器人了。

"妈富隆营销机器人"是最为成功的小 I 机器人之一。妈富隆是口服避孕药，因其涉及个人隐私，所以受到许多 MSN 白领用户的欢迎。据悉，至少有 10 万 MSN 用户添加了"妈富隆机器人"，并同机器人交流相关问题。而在这个交流的过程中，也自然地成为了妈富隆的忠实用户。

5. 可口可乐的奥运火炬传递

2008 年的北京奥运会，牵动着全球亿万人的心，3 月 24 日，北京奥运圣火在奥运会的发源地——距离雅典 370 公里处的古奥林匹亚遗址上正式点燃。而就在同一天，QQ 上也进行着一次特殊的火炬传递。

活动的具体内容是：网民在争取到火炬在线传递的资格后可获得"火炬大使"的称号，本人的 QQ 头像处也将出现一枚未点亮的图标。如果在 10 分钟内该网民可以成功邀请其他用户参加活动，图标将被成功点亮，同时将获取"可口可乐火炬在线传递活动"专属 QQ 皮肤的使用权。而受邀请参加活动的好友就可以继续邀请下一个好友进行火炬在线传递，依此类推。当 QQ 用户习惯性地打开 QQ 时，会惊奇地发现若干网友已经悄然成为奥运火炬在线传递形象大使，他们的 QQ 秀也戴上了可口可乐颁发的丰功伟业勋章。越来越多的 QQ 用户参与到争夺 300 多个形象大使名额的活动中。只要鼠标轻轻一点，QQ 用户就可以实现自己参与奥运火炬传递的梦想。而且，这个资格将会作为 QQ 秀标签，一直保持下去。

据活动方提供的数据显示：在短短 40 天之内，该活动就"拉拢"了 4 千万人参与其中。平均起来，每秒钟就有 12 万多人参与。网民们以成为在线火炬传递手为荣，"病毒式"的链式反应一发不可收拾。不得不承认，这一活动的确是神来之笔。可口可乐公司也因此获得了巨大的回报。

以上几个案例，只是起到一个抛砖引玉的作用，IM 营销的方式远不限于这几种形式，希望大家在实际操作中能够打开思路，充分发挥自己的想

象力，策划出更多、更好、更经典的案例。

2.2.16　应用案例4则

案例1

笔者有一名学员叫小A，自建了一个工作室专为企业做增值服务。由于其资金有限，所以主要是通过网络拓展业务。小A曾经尝试过很多低成本的网络推广方法，包括QQ推广、论坛推广、SEO等，但是都没有取得理想的效果。为了找到原因，他参加了推一把网络营销学院的培训学习。

推一把学院网络推广课程的第一节，就是QQ推广。结果小A在听完课后的第二天，就兴冲冲地对笔者说，他用学到的方法，一天时间就把学费赚回来了。原来小A以前做QQ推广时，只是一味地群发广告，效果可想而知，收效甚微。而听了QQ推广一课后，当天晚上他就把QQ资料重新设置了一番，包括通过修改头像、名字、资料增加信任感，通过特殊字符提升QQ排名等。由于他之前已经加过许多群，所以当QQ排名上来后，第二天就有人主动找他洽谈业务，并且签单。而且一直到现在，都还经常有人通过群来与他洽谈。

像小A这样的案例有很多。在《网络营销推广实战宝典》第1版上市后，不少读者向我反馈，通过QQ优化这个方法，都获得了订单。

案例2

推一把论坛有一位版主小B，在论坛学习久了后，就想利用掌握的知识赚一点外快。小B在江浙一带，那里的小产品市场特别繁荣。所以他利用地域优势，整合了一部分当地的货源渠道，搭建了一个淘宝货源批发商城。

由于是利用业余时间操作，所以小B选择了相对较简单的QQ推广。他的操作方式很简单：先加入很多优质的淘宝QQ群，然后经常参与群内的讨论，帮助大家解决一些问题。最重要的一条是，保持在群内的排名。通过这个方法，他在第一个月就赚到了2000多元的纯利润。

案例3

我有一位朋友老C，40来岁，在北京某高校心理教育研究中心任对外合作部部长。该中心的主要任务是通过组织心理培训为学校创收。老C的主要工作就是宣传培训课程，对外进行招生。

由于此学校人员的年龄普遍偏大，对互联网不了解，所以他们最初采

用的还是传统的营销手段，比如打广告、发传单等。但是由于该领域竞争比较大，传统的营销成本也比较高，所以效益一直一般。后来老C了解到网络营销的概念后，决定通过互联网拓展业务。鉴于他的年龄偏大，太技术的方法操作起来有难度，所以最终也选择了QQ推广。

老C是个非常专注的人，只要决定做一件事，就会努力去研究与实践，结果很快老C就通过网络招到了第一个学员。

当老C通过QQ推广尝到甜头后，变得一发不可收拾，又将目光瞄向了其他IM工具，如MSN、飞信、阿里旺旺等。上次见到老C时，他告诉笔者已经控制了上百个QQ群、十几个MSN群，还有旺旺群、YY群等。甚至为了注册更多的飞信号（一个飞信号最多加500个好友），他已经办理了5张手机卡。

当资源越聚越多后，他又开始深入挖掘这些资源价值，为自己也搞起了创收。因为参加心理培训的人，年龄都偏大，条件都比较不错，所以老C就利用暑假时间，开办各种夏令营。由于之前通过各种IM工具，已经积累了几万个优质的高端用户，所以夏令营的生源就有了保障。2014年暑假期间，他的夏令营净赚了几十万元。

案例4

QQ推广的适用性非常强，笔者在这方面的案例也特别多。在这里说个团购的案例，笔者有两个不同地区的学员，用QQ营销，都将其团购网站做到了本土第一。

先说第一个学员。这个学员的团购网站是加盟的某知名团购平台，作为其城市分站的形式推向市场。而这个学员在本地推出其团购网站之前，已经有好几家知名团购网站在当地开设了分站，而且做得都不错。

从理论上说，在这种情况下，就需要加大推广力度，奋起直追，但要命的是，这个学员的资金有限，不但起步晚，而且还没法和人家硬拼。

鉴于此，该学员进行了聚焦，重点只用了QQ这一招。应该说，在这种情况下，选择QQ作为主要推广手段是明智的，因为第一，QQ免费，适合在缺少资金的情况下操作；第二，QQ操作简单，不需要太多的人力；第三，QQ的普及率高，覆盖的人群广；第四，在团购发展初期，其使用群体主要以80后、90后群体为主，而这个群体在QQ上的活跃度也是偏高的。

方法确定后，开始组建团队。为了支持公益事业，也为了保证团队的稳定性，其与当地残联联系，招了4名残疾人。经常有人和笔者说，网络

营销人员难招，有经验的太少了。其实对于执行层面的人来说，有没有经验无所谓，关键在于执行力。

团队组建完成后，开始工作，具体用的方法其实就是本节讲过的：每天添加本地的 QQ 群，然后在群里与大家互动交流感情，当交流得差不多时，开始植入广告，引导大家到团购平台来团购。

另外，对于一些在本地互联网上有一定影响力、手头有大量 QQ 群的群主，直接去建立关系谈合作，比如赞助一些优惠券、在他们的群里搞活动等。

就是用这种最简单的方式，这个团购网站后来者居上，在当地第一个突破了月销售额百万，而且之后一直处于领先地位。

至于第二个学员就不细说了，因为第二个学员在参加笔者的培训时，学习了 QQ 营销，同时听笔者详细分享了第一个学员的操作方法后，回到老家，直接将这些方法复制过去，也做到了第一。

其实这个案例中用的方法，没有太多的技术含量，也没有太复杂的策略，非常简单，如果要说关键点的话，就一个：执行力。但是越是简单的，反而越不容易被重视。

例如，笔者接触过很多企业，不少企业尤其是大公司在找策划公司做策划时，或者审核营销人员提交的方案时，总是追求所谓高大上的策略。其实越是复杂的策略，可能越容易出问题，因为其环节多，不可控的因素就多。

所谓大道至简，往往越简单的越有效。像 QQ，真的很简单，而且适用性还非常强，甚至有的时候照搬照抄都有效果。比如笔者的另外一个学员，将上面案例说的方法应用到了他的淘宝店上（他的淘宝店是卖玉石的），结果两个月业绩翻了 4 倍。

2.2.17 本节任务

任务 1：结合本节所讲的内容，修改自己的 QQ 资料，对自己的 QQ 进行排名上的优化。

任务 2：结合自己的职业或行业，在一周内，至少加入 30 个目标用户集中的精准群。

任务 3：围绕自己的行业、职业或工作，建立一个 1000 人的高级群。

在 30 天内，通过各种宣传手段，将 QQ 群内的人员加满，并维护好这个群的活跃度，增加凝聚力。

2.3 友情链接

友情链接大家都不陌生，这是最古老的推广方法之一，大部分人的网络推广生涯，都是从交换第一个友情链接开始的。友情链接的操作方法很简单，两个网站相互进行链接，即告完成。但是千万不要被其简单的外表所迷惑，想做好它，并不容易。

2.3.1 友情链接的作用

首先让我们一起来了解友情链接的作用，不明确作用，就无法把工作做好。

1. 提升 PR 值

世界上的网站有千千万，如何判断自己的网站达到了什么级别标准？当我们与其他网站合作时，又如何快速判断对方网站是否优质？有没有一个可以量化的评判指标？答案是肯定的，这个指标的名字叫 PR 值。

PR 值是最常见的营销术语之一，它的全称为 PageRank，是 Google（谷歌）公司发明的一种网页评级技术，是用于评测网页重要性的一种方法，级别从 1 到 10 级，10 级为满分。PR 值越高说明该网站越受欢迎，也越容易在搜索引擎中取得更好的排名，一般 PR 值达到 4，就算是一个不错的网站了。

而想提升自身的 PR 值，最有效的一个方法就是与 PR 值高的优质网站交换友情链接。

除了谷歌的 PR 值外，百度权重也是一个重要的指标，其原理与谷歌的 PR 值类似。不过目前百度官方不提供百度权重的查询，可以在第三方网站比如爱站网查询。

2. 提高关键词排名

随着搜索引擎的普及，通过搜索引擎推广已经成为最重要和最受欢迎的推广手段之一，这种手段的专业叫法为 SEO（Search Engine Optimization），翻译成中文即搜索引擎优化。它的主要原理是通过提高目标网站在搜索引擎中的排名来达到推广目的，其效果立竿见影。

比如一个销售太阳镜的网站，肯定希望用户在搜索引擎中搜索"太阳镜"时，该网站能出现在自然结果第一页，甚至是第一位，因为这样会极大地提升销量。而通过 SEO，就可以实现这一排名效果。

关键词排名的原理，可以简单地理解成投票原理，一个网站想获得好的排名，就需要有很多网站对它进行投票。专业术语称为外部链接（也称外链）。而友情链接是最优质的外链形式之一。

举个例子：公司新来了一位领导张三，他想了解一下谁是公司内最勤奋的人，于是针对全体员工进行不记名投票，结果李四的得票最多。于是张三将李四提拔成为助理。

在这个过程中，张三相当于向搜索引擎发出了一个搜索指令，关键词为"谁是最勤奋的人"。而公司内的每一个员工，就相当于一个独立的网站。由于有大量的网站（即员工）将链接（投票）给了名为李四的网站，所以李四在该词的搜索结果中排在了第一位（即投票结果）。

所以，我们若想在搜索引擎中获得更好的关键词排名，寻找优质的友情链接是必不可少的一步。

3. 提高网站权重

网站权重也是常见的营销术语之一，特别是做 SEO 时，会经常提到这个词。那什么是网站权重呢？网站权重主要是指搜索引擎对一个网站的重视程度，可以简单地理解为搜索引擎对网站的喜欢程度。搜索引擎越喜欢一个网站，这个网站从搜索引擎中获取到的流量就越多。

那如何让搜索引擎喜欢自己呢？主要分为两方面：对内，需要网站结构合理，页面漂亮美观，符合用户的使用习惯，并且每天要多多更新优质内容；对外，则需要大量获取优质的外部链接，当我们与大量的优质网站交换链接时，搜索引擎就会增加我们的网站权重。这就好像学校里的孩子：如果一个孩子总是和学习好、听话的小朋友玩，家长和长辈肯定非常高兴，认为这个孩子有出息，是个好孩子；反之，如果总是和学习成绩差、不听话的小朋友玩，则家长和长辈认为这个孩子不长进、变坏了。

4. 提升知名度

在特定情况下，友情链接还会增加网站的知名度。比如一个新上线的网站，若能获取到腾讯、新浪、网易等知名大网站的首页友情链接，知名度肯定会在短期内得到大幅提升。再比如一个行业网站，若能得到该行业

所有知名网站、名博的链接，也会达到提升知名度的效果。

5. 关于提升流量

很多刚入行的新人，认为友情链接可以大幅度提升流量，这是不正确的，友情链接并不能达到大幅度提升流量的效果。友情链接的主要作用还是体现在以上 4 点。

2.3.2　什么是优质的链接

前面反复提到了要与优质的网站交换链接，那具体在交换的过程中，如何衡量对方是否优质呢？有没有一些评判标准和指标呢？下面让我们一起来了解一下。

1. Alexa 排名

Alexa 是一个专门发布网站世界排名的网站，这家公司每天会监测分析互联网上各个网站的流量数据，然后根据这些数据，为全世界所有的网站排定名次。目前它是公认的、最权威的网站排名系统。

根据 Alexa 的原则，排名越高的网站，就意味着流量越高；网站流量高，则代表用户喜欢这个网站；而用户喜欢的网站，搜索引擎也会喜欢。这样的网站，往往就是传说中的优质网站。

所以，我们在交换友情链接时，第一个参考的指标就是 Alexa 排名。从理论上说，对方网站的 Alexa 排名越高越好，至少不能比我方的低太多。

2. PR 值

关于 PR 值的概念，前面已经解释过，PR 值越高说明该网站越受欢迎。而且 PR 值的判断方法简单、标准明确，所以通过 PR 值来判断网站质量是最快的方法之一。在通常情况下，不要与比自己的 PR 值低的网站交换链接，至少要与我方的 PR 值持平。

3. 知名度

若对方网站具有一定的知名度，或者在行业内具有一定的影响力，则 PR 值低一点也可以交换。

4. 关联性

尽量和主题、内容与我方关联性强的站点交换链接，因为关联性越强，

搜索引擎越重视。这就好比我们要进行电工技艺大赛,但是却找了一群搓澡的来做评委,最后评出的结果一定不专业。同理,与大量关联性弱的网站交换链接,搜索引擎也会认为链接的结果不专业、不真实。

5. 搜索引擎收录数量

做网站,都希望能够被搜索引擎大量收录内容。收录内容越多,意味着搜索引擎越喜欢自己,因为只有搜索引擎认为不错的内容,它才会收录。同时被收录的内容多了,还说明将会在搜索引擎中获得更多的展示机会,被展示的多了,带来的流量自然就多。

而能够被搜索引擎喜欢、被搜索引擎频繁展示的网站,往往都是优质的。所以交换友情链接时,第五个考虑的因素就是搜索引擎收录数量。具体收录数量的查询方式是通过"SITE"查询命令,格式为"SITE+冒号+域名"。比如我们要在搜索引擎中查询推一把论坛的收录数量,即在搜索引擎搜索框中输入"site:bbs.tui18.com"。

注意:在查询到对方的收录数量后,要拿此数据与其网站的内容数量进行对比,比例越小,证明该网站的内容越受欢迎。

6. 网站内容更新速度

长期不更新的网站,不会获得用户和搜索引擎的认可。只有那些天天更新优质内容的站点,才会被青睐。所以在寻找友情链接的过程中,对方网站每天更新的内容数量,也应该作为评判标准之一。

以上即为交换友情链接时,可以参考的几条标准。但是注意,不要死搬教条、照本宣科般地使用,要根据自己网站的实际情况灵活判断。

2.3.3 坚决不换的链接

交换友情链接时,除了以上几条判断标准外,还有几种情况是坚决不交换的。在交换过程中,只要出现以下任意一种情况,就直接停止合作。

1. 虚假的 PR 值页面

前面反复提过 PR 值的重要性,但是想获得高的 PR 值并不容易,需要努力才会有回报。而一部分人为了达到不劳而获的目的,却利用一些技术手段,取得虚假的 PR 值。不管从效果还是道德上,这样的链接都是要避而远之的。

识别 PR 值真假很容易，网络上有很多识别工具，比如打开 http://pr.links.cn/ 这个地址，在其网页的输入框中输入想查询的网址，会直接提示 PR 值是否真实。

2. 导出链接太多

导出链接，是指网站中指向其他网站的链接。前面讲解友情链接的作用时，曾经讲过其中的两条是提升 PR 值和提升网站权重。而在交换友情链接的过程中，对方站点的导出链接过多，则分给我们的 PR 值及权重就会减少。

比如对方的 PR 值是 10，从 PR 值的角度说，这是一个非常优质的友情链接。但是对方的导出链接却有 200 个，那平均分给我们的 PR 值仅为 0.05（具体的计算公式比较复杂，所以为了行文方便，用最简单的除法举例）。通常来说，对方的导出链接数高于 40，即不予考虑。

我们可以用一个小工具来查询对方的导出链接数，打开 http://check.linkhelper.cn/ 这个地址，在该页面的输入框中输入要查询的页面地址，在结果页中会列出该页面所有的导出链接地址。

3. 专门的友情链接页

有的网站会建立一个专门的友情链接页，此页面除了链接外，什么都没有。若对方要求用这样的友情链接页与我们交换，应坚决拒绝。因为没有实质内容的页面没人喜欢，用户不会关注，搜索引擎同样也不会关注。

4. 无效链接

刚刚在第二种情况中提过，不要与导出链接太多的站点交换链接。但是有些站点为了既能多增加友情链接，又能减少导出链接数，动起了歪脑筋，采用一些技术手段（如 JS 链接、Iframe 框架链接等），使链接在前台页面中能看到，但在页面源代码中却找不到（搜索引擎只能识别页面源代码中的内容）。这样的友情链接，交换后也无效果，因为在搜索引擎眼中它是无效的。

如何识别无效链接呢？同样可以用工具来完成。当我们与对方交换友情链接后，打开 http://check.linkhelper.cn/ 这个地址，在该页面的输入框中输入我们的地址，在结果页中显示"首页有本站链接"的，即为正常链接；若显示"首页无本站链接"，即为无效链接。

5. 无 PR 值页面

许多刚入行的新手有个误区，以为 PR 值是代表整站的，其实不是这样

的，PR 值是针对具体的某个页面而言的。比如一个网站首页的 PR 值是 5，但是不代表全站所有的页面 PR 值都是 5，该网站其他页面的 PR 值可能是 4、3，甚至是 0。所以在交换友情链接时切记，一定是与拥有 PR 值的页面交换链接。

2.3.4 交叉链

友情链接属于双向链接，即我方网站链接对方网站，对方网站同样链接我方网站。但是从实际效果出发，双向链接的效果远不如单向链接。单向链接即指对方网站链接我方网站，但我方网站不链接对方网站。为什么双向不如单向好呢？

这就如两个人之间互相称赞对方，旁观者会认为这是好友之间在互捧。若是一个人单方面赞扬、肯定某一人，则大家会认为这个评价应该比较中肯、可信。同理，友情链接就好比是两个人互捧，而单向链接则相当于单方面肯定另一方，后者更可信。

那有没有一种方法可以让友情链接实现单向链接的效果呢？有，这种方法就是传说中的交叉链。它的操作方法主要有三种。

第一种是双方均拥有两个网站：甲方拥有 A、B 两个网站，乙方拥有 C、D 两个网站。则甲方用 A 网站链接乙方的 D 网站，乙方用 C 网站链接甲方的 B 网站（如图 2-28 所示）。

第二种是双方共拥有三个网站：甲方拥有 A、B 两个网站，乙方拥有 C 网站。则甲方用 A 网站链接乙方的 C 网站，乙方用 C 网站链接甲方的 B 网站（如图 2-29 所示）。

图 2-28

图 2-29

第三种是双方各拥有一个网站：甲方网站有 A、B 两个子频道，乙方网站有 C、D 两个子频道。则甲方用频道 A 链接乙方的频道 D，乙方用频道 C 链接甲方的频道 B（如图 2-30 所示）。

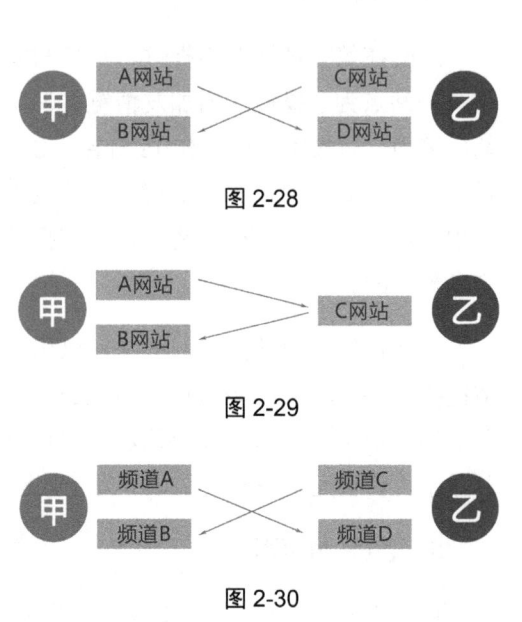

图 2-30

2.3.5 获取链接的渠道

1. QQ 群

互联网从业人员都喜欢在 QQ 群中交流，而且网络上还有很多专门以交换友情链接为目的的群，所以通过加群寻找友情链接是比较便捷的方法。特别是对于新站，各项数据指标不高，别人不肯交换时，可以先通过群与大家成为朋友，然后再谈合作。

2. 链接交换平台

互联网上有许多专业的友情链接交换平台，同时许多相关的论坛也开设有专门的友情链接版块（比如推一把论坛），可以尝试到这些平台中寻找合作伙伴。

3. 资源互换

在实际操作中，若对方网站的权重、质量、排名、PR 值等数据比我方高出太多时，往往都不会同意交换。在这种情况下，我们可以考虑用资源互换的形式进行合作。比如在正常交换的基础上，我方再给对方提供一个网站广告，或者在网站中为对方免费发布 10 篇软文等。

4. 购买链接

如果通过以上几种方式都换不到链接（比如刚上线的新站），那么只能让 RMB 出马了。实际上链接买卖已经形成了一条完整的产业链，甚至有些网站专门通过出售自身的友情链接来盈利。比如一个优质的 PR8 友情链接，最高可以卖到千元以上。购买链接时需要注意以下几点。

- 不要一次购买太多的链接，这样容易被搜索引擎惩罚。可以一点一点地增加，比如每周购买三五个链接，这种频率才比较符合常理。
- 便宜没好货，不要贪图便宜。对于优质的链接，是不愁销路的。在不缺买方的前提下，怎么可能会低价？比如一个优质的 PR5 链接，可以卖到百元左右，但是却有人打出 1 元/月的旗号，怎么会靠谱？
- 参考"什么是优质的链接"以及"坚决不换的链接"中的介绍，对于不优质的甚至是无效链接等，坚决抵制。

5. "磨"字大法

当网站数据极低，实在换不到链接，且又不想花钱时，那只有动用最后一招："磨"字大法了。本法没有什么技巧，靠的就是不停地"磨"。

注意，这个"磨"的过程一定要客气，要注意交流和积累感情。假如中国 PR7 的网站有 1 万个，那么从理论上说，咱们去"磨"一圈回来，怎么也能换个十几二十来个吧。笔者就见过一个个人网站，PR 值居然达到了 8，而其制胜的法宝，就是此法。

2.3.6 建立友情链接管理表

当交换的链接越来越多时，应建立一个友情链接管理表。这样做一来可以方便链接的管理，若链接出现异常，则可以及时与对方沟通；二来这样的信息积累多了，本身就是宝贵的资源。特别是对于公司，此举不但可方便新旧员工交换工作，同时还可避免公司资源流失。

友情链接管理表的建立并不复杂，建立一个 Excel 表，然后将链接信息记录下来就 OK 了（如图 2-31 所示）。

图 2-31

2.3.7 本节任务

根据自己网站的实际情况，制订友情链接交换标准，然后根据标准，在一个星期内交换 10 个优质的友情链接。

2.4 论坛推广

2.4.1 什么是论坛推广

以论坛、社区、贴吧等网络交流平台为渠道，以文字、图片、视频等

为主要表现形式，以提升品牌知名度、口碑、美誉度等为目的，通过发布帖子的方式进行推广的活动，就叫作论坛推广，也被称为发帖推广。

先来普及一下论坛知识，说说论坛的起源。

论坛叫 BBS。在网络上 BBS 的英文全称是 Bulletin Board System，翻译成中文就是"电子公告板"。BBS 最早是用来公布股市价格等分类信息的，当时 BBS 连文件传输的功能都没有，而且只能在苹果计算机上运行。早期的 BBS 与一般街头和校园内的公告板性质相同，只不过是通过计算机来传播或获得消息而已。一直到个人计算机开始普及之后，有些人尝试将苹果计算机上的 BBS 转移到个人计算机上，BBS 才开始渐渐普及开来。

在中国，1991 年即有了第一个个人 BBS 站点，当时是通过调制解调器登录并发表帖子的，但是用户极少。1995 年是中国 BBS 历史上最重要的里程碑的一年，这一年，个人搭建的业余 BBS 网渐渐地形成了一个全国性的电子邮件网络 China FidoNet（中国惠多网）。这个网的一些使用者现在已经是业界的精英，比如腾讯的 CEO 马化腾等。而第一个建立在全国公众网络（CERNET）上的 BBS 站点——清华大学水木清华站也在该年正式开通。

之后，随着互联网的发展，特别是各种免费论坛程序的出现，BBS 逐渐成为互联网上最受欢迎的应用之一，并一直发展到今天。

2.4.2 论坛推广的几个阶段

由于论坛的历史悠久，所以发帖推广是互联网上出现较早的一种推广手段，也是目前普及率比较高的一种方法。但是根据笔者的调查情况来看，有相当一部分朋友，没有掌握这种推广工具的正确使用方法，结果导致没效果。让我们一起来看一下学习和实践论坛推广时，通常要经历的几个阶段。

1. 论坛群发器

所谓有得必有失，人类在享受高科技带来的便捷的同时，也让自己变得越来越懒。网络推广是个力气活，为了省力气，于是就有了各种群发软件。在论坛方面也不例外，BBS 群发器早在八、九年前就已经大行其道，相信运营论坛的朋友对此应该深有感触，甚至深受其害、深恶痛绝。虽然管理论坛的人讨厌它，但是很多新手却对其喜爱有加，省事嘛！甚至很多新人将论坛推广直接理解成论坛群发。

论坛推广在于质，不在于量。就算群发的数量再多，若是没效果还是等于做无用功。我们做推广也不是为了走过场亮亮相，而是为了追求效果。

单从这两点来说，用论坛群发工具做推广实在不是明智之举，因为群发出来的垃圾信息就像"过街老鼠，人人喊打"。谁能告诉我，有哪个论坛不删广告？不打击论坛群发器？如果真的有这样的论坛，那它得烂成什么样！在这样的论坛发信息有意义吗？

当然，还有一部分人用群发器是为了辅助 SEO，增加网站外部链接。对于他们来说，不管论坛好坏，只要不删除即可。但是外链还分质量好坏，留在这种垃圾论坛的链接，效果甚微。而且具体操作的时候，还要注意规避风险，如果突然之间增加大量的外链，是很容易被搜索引擎惩罚的。

还有一种人，用群发工具是为了宣传一些违规信息。因为没得选，那些信息无法通过正常渠道推广，他们只能用这种手段。

所以在做推广的时候，不要盲目，不要看到人家用，就跟风随大流。关键要弄清楚自己的需求，要知道为什么这样做。

2. 手动群发广告

很多朋友发现了群发器的弊端：群发软件无法识别论坛类型和版块主题，导致发的论坛或版块不精准；而且胡乱群发会导致账号经常被封，甚至帖子几乎是发一篇删一篇。于是他们开始改用人工操作，有选择性地去发。这也是目前比较主流的一种推广方式。

但问题是虽然意识上升了，但本质没变，发送的内容还是广告，只不过由群发器无节制地乱发广告变成了由人工有选择性地发。最后的结果还是被删帖、封 ID，甚至直接封 IP 地址。

3. 手动发软文

到了此阶段，才算是真正步入论坛推广的大门。能将发广告升级到发软文，说明营销意识已经越来越强。这个阶段的核心是"软文"，帖子发出去后会不会被删除、会不会产生效果，在很大程度取决于软文的质量和力度。所以前面笔者反复强调，软文在网络营销中非常重要，一定要注意软文能力的提升。

除此之外，还要看发布的渠道是否精准匹配，以及相关论坛管理员的监管力度。通常越老的论坛，对于软文的敏感度越高。

4. 边互动边发软文

虽然将广告换成软文会降低被删除的概率，但是在论坛中发完软文就走，不与坛友互动，效果还是会大打折扣。因为论坛推广的本质是互动，

不是一个人自言自语。论坛的圈子文化决定了只有与论坛里真实的人产生互动，才会有效地将信息传递出去。

能达到这一境界的朋友，应该说对论坛推广已经有了深刻的认识，并具备了一定的经验。最重要的是说明他的执行力非常强，因为和坛友互动，并不是一项轻松的工作。

5. 真正的论坛推广

那到底如何做才算是达到了最高境界呢？一切用效果说话。如果推广能同时达到以下几个标准，则说明你已经跻身顶尖高手之列。

第一，不被删除。这是基本条件，如果帖子发完即被删除，则一切都是空谈。

第二，吸引眼球。即使帖子不被删除，但是若没人看，也是在做无用功。所以内容质量是关键。好好练练你的"笔"吧。

第三，打动用户。帖子能吸引用户围观，但是触动不了用户的那根神经也属失败。我们最终的目标是要影响用户的选择和行为。

第四，有人互动。若是大家都看帖不回帖，那么帖子很快就会被淹没。没有机会被更多展示，自然影响的人群就非常有限。

第五，加精推荐。如果帖子能被论坛内的版主给予加精、加红，甚至推荐，那么说明你的功力已经相当深厚了。

第六，有人转载。如果帖子能被用户主动转载到其他论坛或网站，那么恭喜你，说明你已经大功告成了。

2.4.3 论坛推广第一步：了解需求

前面说了那么多，下面开始进入正题，为大家一步一步讲解如何操作论坛推广。

第一步是进行准备工作。我们先要弄清楚几个问题。

1. 了解目的

很多人在做推广时，根本不知道自己想要什么，听到人家说哪种方法好，就盲目跟风上项目，最后没结果是必然的。在做任何推广活动之前，都先要明确目的。

首先要明确具体推广的产品是什么！是虚拟物品还是实物？是萝卜、土豆还是内裤或胸罩？

其次要明确推广的目标是什么！是为了增加流量、注册量，还是增加品牌知名度，抑或是带动销售？

2．了解产品

了解完目的后，还要了解产品，这样在后期的推广中，才可以将产品完美地展现给用户。要弄清楚以下几个问题。

产品的优势是什么？劣势是什么？

产品的用户是哪群人？

产品的亮点是什么？那些亮点能够打动用户吗？

我们的产品能帮用户解决什么问题？

3．了解用户

了解用户，只有把用户摸透了，才能做到有效推广。在网络营销中，用户是真正的核心。就好像你去追一个女孩子，如果不先把女孩子了解透，然后对症下药，那么一定很难追到手。

用户聚集在哪些论坛？

用户在论坛里做什么？

用户喜欢什么样的话题、什么样的资源、什么样的内容？

用户群中最有共性的问题有哪些？哪些问题是最需要解决的？我们又能解决其中的哪些问题？

4．了解对手

所谓知己知彼，百战不殆。只有将竞争对手也了解透了，才能做到进可攻，退可守。同样，我们在推广前，也要摸透竞争对手。

竞争对手有没有做过类似推广？

如果做过，效果如何？大概是如何操作的？

整个过程投入了多少人力、物力？

其中有没有值得我们借鉴和学习的地方？

2.4.4　论坛推广第二步：寻找目标论坛

当把上面的问题都想得清清楚楚、明明白白之后，开始寻找目标论坛。对于论坛的选择，要注意以下几个原则。

首先，目标论坛不一定越多越好，关键是质量，而不是数量。同时要量力而行，视自身的人力、物力而定；否则太多的论坛，反而应付不过来。

其次，目标论坛也不一定越大越好，有时候大论坛，监控反而严。最关键的是论坛氛围要好，用户群要集中、要精准。比如我们要推广手机，那么就只找手机类论坛。

最后，就是要尽量找内容源论坛。内容源论坛与前面说的内容源网站的含义一样，如果能在内容源论坛炒红一个帖子，则会被大量的第三方论坛转载。

2.4.5　论坛推广第三步：熟悉目标论坛

论坛确定后，先不要急于注册账号发广告，因为这是很不明智的做法。所谓国有国法，家有家规，每个论坛的特点和规则都各不相同，如果贸然行事，很容易被禁言封号。

首先，我们应该了解一下论坛的规则。要知道该论坛的管理尺度有多大，允许做什么，不允许做什么，对于广告信息的监管力度如何，有无特殊说明。比如有些论坛，会设置专门的广告外链区。

其次，要了解一下论坛内各版块的特点和差异。比如每个版块的主题特色是什么，哪些版块最火，将信息和产品发到哪些版块最适合等。同样的内容发到不同的版块，效果可能会相差甚远。比如发到 A 版块，可能会被删帖、扣积分；而发到 B 版块，却又可能被加精推荐。

最后，要了解一下论坛用户的特点是什么。即使同样主题的论坛，其用户群的喜好和风格也可能完全相反。所以我们要先了解透坛友们喜欢什么样的话题内容，喜欢什么样的主题和资源。这样才能投其所好，赢得用户。

2.4.6　论坛推广第四步：注册账号，混个脸熟

现在到了关键的一步。想做论坛推广，首先要有账号，而且有时数量少了还不行，需要大量马甲集团作战。所以对于准备长期驻守的论坛，平

常要注意多多注册积累账号。而且对于论坛来说，最重要的资源就是账号资源。假如你手头有大量各大论坛的高等级账号，那完全可以开公司接业务了。

注册账号时，千万不要用相同的 IP 地址大量注册。在注册之外，还要注意以下 4 个要点。

1. 账号用中文，要有特色

前面介绍 QQ 推广时，曾和大家强调过名字的重要性。在论坛推广中，账号名字也同样有着举足轻重的作用。

如果名字简单易记、富有特色，并且具有亲和力，则能让论坛管理人员及坛友快速记住你。因为中国是人情社会，当大家对你产生足够的印象，特别是好印象时，即使纯粹地发广告，也会被网开一面。

尽量不要用晦涩难记的名字，特别是不要使用看起来像群发工具注册的广告 ID。比如像"爪全日舟"、"花妖灼"一类的，连火星人都不明白是什么意思，怎么可能不被"特殊关照"。

最不推荐的是英文名或纯无意义的字母组合。像笔者创建的推一把论坛，目前已经有 8 万多会员，但是笔者能够记住的英文名字不足 5 个。有些论坛老会员，都已经到了非常高的级别，但是笔者还是经常误以为他们是新人。

对于长期使用的主账号，建议大家实名，原理与 2.2.12 节中阐述的一样。

2. 及时完善个人资料

账号注册成功后，应第一时间更新完善论坛内的个人资料。比如性别、联系方式、个人介绍、个性化签名等，越丰富越好，并且要显得真实，写得有亲和力。个人资料越真实、丰富，就越容易让大家对你产生好感与信任感。

其中最重要的是头像，用一张个性而富有魅力的图片做头像，会让大家对你的印象及好感度再升一步。如果能用真人照片最佳，切忌不要使用可能引起别人反感和抵触情绪的头像。

3. 让大家记住你

账号资料准备妥当后，先不要急于发广告，因为还需要一些前期的铺

垫工作。先用一到几个星期的时间，在论坛里适当地活跃一下，提升等级，同时和版主及坛友混个脸熟。中国传统文化很讲究人情学和关系学，所以一定要先打感情牌。但是注意，不要单纯地为了互动而互动，为了等级而灌水，单纯地追求等级没意义，关键是要融入。

快速融入新论坛的最好方法是制造话题或适当地制造争议。比如发主题帖夸赞某某女会员（或版主）漂亮，索要她的资料甚至表示要追求她等。这样的帖子，往往都会引起非常大的反响，同时也会让大家快速地认识你和记住你。当然，要注意尺度的把握，不能把争议变成争吵。

2.4.7 论坛推广第五步：准备内容

现在万事俱备，只欠东风，开始着手准备素材内容。关于内容的具体写作方式和技巧等，请参考 3.3 节软文营销的内容。这里重点强调两个问题。

1. 在产品卖点与用户需求中找平衡

推广帖子的内容不管怎么写，但是其具体切入点一定要在产品卖点与用户需求中找平衡，既能展现产品的亮点，又能满足用户的需求，将二者有机结合起来。

比如我们推广的是减肥产品，目标用户的需求包括：安全、无毒、不反弹、纯天然、快速等。而我们的产品最大的卖点是绿色、安全、不反弹，且三个月无效全额退款。那么在操作时，将产品的卖点及用户的需求和期待相结合，炮制文章。

比如先用恐吓手法，向大家展示乱减肥的严重后果。然后再以知识普及的形式向大家阐述所谓快速减肥的弊端和害处，讲解不良减肥产品引起的不良反应及后遗症，以及如何安全、健康地减肥等。在这个过程中，将产品一步一步引入。

说起来容易做起来难，可能有的朋友苦于不知如何在产品卖点与用户需求中寻找这种平衡。这里告诉大家一个方法。

大家拿出一支笔，先把产品所有的特色、优势、亮点写出来，并列好优先级。然后再把目标用户与所有的需求、期望、需要解决的问题写出来，也列好优先级。最后两相对比，看看这些卖点能帮用户解决哪些问题。先以解决优先级高的为主，能够抓住一个重要需求就足矣。

2. 吸引眼球和互动是关键

前面说过,论坛推广的本质是互动,所以内容一定要足够吸引眼球,同时能够引起用户的互动。具体的写作形式,除了结合第 3 章中软文营销的内容外,针对论坛的具体特点再补充几条。

第一,娱乐题材。不管是什么类型的社区,往往最终都要回归娱乐,因为用户上网最大的目的是娱乐。过于严肃而没有趣味的论坛,黏性往往都比较差。所以娱乐题材,是比较受坛友欢迎及关注的一类内容。具体表现形式可以是充满娱乐味的帖子,也可以是结合娱乐新闻、事件等吸引眼球。

第二,社会热点。热点新闻或事件都是全社会关注的焦点。如果能与这些热点有效融合,效果是非常明显的。比如 QQ 大战 360 期间,凡是论坛内出现与之有关的内容,坛友都反响热烈。

第三,引发争议。泡论坛的最大乐趣之一,就是与人辩论拍砖,可以说争议是论坛最大的卖点。此类内容最容易触动用户的神经,也最容易吸引用户参与。笔者曾经推广过一个新上线的手机社区,走的就是争议路线。其中一篇题为《百度网友评出十大最烂最恶心手机》的论坛推广帖,当天就为我们的新社区带来了 100 多个注册用户。

第四,产生共鸣。对于能够让用户内心深处产生共鸣的内容,都会被热捧。比如网络上 80 后怀旧一类的帖子,经久不衰。在笔者创建的推一把论坛中,也经常有人跑来推广。其中比较成功的一个是某网校的推广帖,其标题为《80 后毕业生十大尴尬之事》,走的就是此路线。由于该帖说出了 80 后的痛处与心声,看完后感同身受,坛友回复异常踊跃。

第五,分享互助。在任何时候,如果你愿意帮助别人,或者将好东西与大家分享,都会赢得大家的信赖与认可。论坛推广也一样,如果能在坛子里经常帮助用户解决问题,或者分享一些好的资源、经验,必将取得佳绩。

2.4.8 论坛推广第六步:马甲来炒

即使内容再好,也有可能受冷落。所以我们要做好两手打算,提前准备好充足的马甲。一旦帖子没人关注,赶紧上马甲,先自行制造话题。

在具体操作时,马甲也不要只是一味地回复一些"顶"、"路过"之类没有营养的话。要提前设计好对白,且对白要有看点,要能激发用户的参与热情。

以上就是论坛推广的主要 6 个步骤。除了以发帖的形式推广外，还要利用一切可利用的资源进行辅助。比如在平常与坛友的互动聊天中，融入广告信息；直接通过论坛内置的站内短信功能，给用户推荐产品；在签名当中插入广告等。

2.4.9 应用案例 1 则

刚刚笔者和大家提到曾经推广过一个手机社区的实操案例，下面详细介绍一下操作的过程，希望能给大家一些启发。

当时这个社区刚上线，投入了不少的人力和物力，但是做了几个月，却一直没有起色。每天的注册用户仅二三十人，每天发帖量仅 100 左右。由于当时资金全部投入到了产品开发等环节，在推广方面没有什么预算，所以希望能够在不花钱或者少花钱的情况下进行推广。鉴于此情况，笔者决定用性价比比较高的"论坛推广"进行操作。

按照论坛推广的步骤，首先开始分析该社区的特点。但是发现该社区真的没什么优势和特色。不过没关系，特色是有办法弥补的。这个暂且搁置一旁。

然后分析目标用户群。从表面上看，手机社区的目标用户很宽泛，只要有手机的人，都是目标用户。但实际上并不是如此，有手机的人，不一定上社区。经过深入分析发现，喜欢上手机社区的以年轻人为主，他们比较有时间、有精力，喜欢追逐潮流，玩转数码产品。其中又以智能、娱乐型手机用户居多，因为此类手机可玩的东西比较多。

再来分析一下用户的行为。经过调查与观察发现，这些用户上手机社区，主要是以下载各种资源为主，比如歌曲铃声、主题背景、游戏、电影视频、刷机包等。

经过以上分析和调查后，笔者向社区管理团队提出一个需求：马上开始充实论坛的内容，在最短的时间内，将论坛内的资源丰富起来；否则即使通过推广带来用户，也留不住。

把论坛自身缺乏特色和黏性的问题解决后，继续分析目标用户。上面仅是分析了目标用户在论坛中的行为和需求，接下来还要分析他们的特点。那年轻人有些什么特点呢？最重要的就是这几个关键词：愤青、冲动、热衷游戏、追逐明星等。OK，笔者决定从用户这些性格上的特点入手，在内容上主打争议牌，用争议去吸引他们。

接下来笔者开始筹备内容，当时一共策划了10多篇帖子，其中以《百度网友评出十大最烂最恶心手机》一文最为成功。由于该文列出的10款手机都是比较有代表性的机型，特别是其中一款叫"小兔"的手机是很多年轻人的最爱，所以此文发到其他论坛后，反响强烈。当天就为我们的新社区带来了100多个注册用户，当天的发帖量逼近1000大关。而且这篇文章的影响力持续了1个月。

此推广项目持续了1个月，最后算下来，一共才花费了不到500元。费用的主要支出为兼职费。

2.4.10　本节任务

根据自己的实际情况和产品特点，策划一个小型的论坛推广活动。至少要覆盖到三个论坛以上，至少要策划两篇以上推广帖。

2.5　SNS 推广

2.5.1　什么是 SNS 推广

通过 SNS 网站这种网络应用平台，利用其各种功能进行宣传推广，从而达到提升品牌知名度，促进产品销售为目的的活动，即称之为 SNS 推广。先来和大家解释一下 SNS 的含义。SNS 有如下三层含义。

Social Network Service：中文直译为社会性网络服务或社会化网络服务，意译为社交网络服务。

Social Network Software：中文译为社会性网络软件，依据六度理论，以认识朋友的朋友为基础，扩展自己的人脉。并且无限扩张自己的人脉，在需要的时候，可以随时获取一点，得到该人脉的帮助。

Social Network Site：就是依据六度理论建立的网站，帮你运营朋友圈的朋友。知名的 SNS 网站有开心网（www.kaixin001.com）、人人网（www.renren.com）、腾讯朋友（pengyou.qq.com）、搜狐白社会（bai.sohu.com）等。

我们平常说的 SNS，主要是指 SNS 网站。再说一下什么是六度理论（也被称为六度空间理论、六度分割理论、小世界理论）。

1967 年，哈佛大学的心理学教授 Stanley Milgram(1934—1984)创立了六度分割理论，简单地说，"你和任何一个陌生人之间所间隔的人不会超过六个，也就是说，最多通过六个人你就能够认识任何一个陌生人"。按照六度分割理论，每个个体的社交圈都不断放大，最后成为一个大型网络。

由于六度理论的这个特性，使得 SNS 网站中信息传播的速度特别快，也更容易让人信任与接受。

在写本书第 1 版时，SNS 正值如日中天之时，但是随着微博、微信等平台的出现，SNS 已经不复当年的风采。虽然 SNS 已经颓势尽显，可俗话说得好："瘦死的骆驼比马大"，目前 SNS 网站的用户数，还是不可小觑。

和头几年相比，SNS 领域的格局也发生了变化——想当年开心网（kaixin001.com）横空出世，短短几个月火遍大江南北，引爆了 SNS 行业，并独领风骚，成为行业领头羊；而风水轮流转，几年后人人网又后来居上。

2.5.2 应用策略

目前，将 SNS 当成营销主战场的企业越来越少，大部分企业还是将它作为辅助渠道来使用。目前，SNS 主要有以下几种应用策略。

1. 官微策略

此策略是企业以官方名义开通 SNS 账号，作为在 SNS 平台中的官方对外窗口来使用，与企业开通官方微博的性质和目标一致。

2. 大号策略

此策略与微博、微信中的大号策略一致，就是针对用户喜欢的主题和内容，开通有针对性的账号，通过优质的内容来吸引大量用户关注，继而进行营销的方式。比如笑话类的账号、星座类的账号、情感心理类的账号等，都是比较容易聚集粉丝的账号类型。

3. 号群策略

此策略是指在 SNS 中，开通数个乃至大量的账号，用集群作战的方式进行营销的手段。

4. 传播策略

此策略是指将 SNS 作为一个传播渠道，将企业的新闻、软文、活动等，通过 SNS 中的大号进行传播，与通过微博、微信大号传播原理一致。

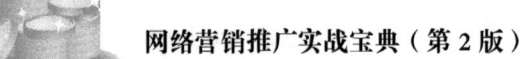

2.5.3 添加好友

好友的数量和质量，是 SNS 推广成功与否的关键，只有好友基础数够了，传播的效果才能达到最佳。大家可以看一下那些开心网、人人网内帖子转载量很高的发起人，其好友数量少则几千，多则几万甚至几十万。那如何积累好友呢？主要有以下几种方法。

1. 通过朋友找

这是最基础的方法，但是比较费时费力，因为此法需要我们像挖土豆一样，不停地顺着好友的线索一条一条找下去。挖的时候要注意，第一，要先从那些精准人群着手。比如想找魔兽世界的玩家人群，那就要先从魔兽世界的资深玩家那里找起。第二，尽量找那些在目标人群中有影响力的玩家。因为他们的好友数量非常庞大，而且精准。

2. 通过搜索找

通过 SNS 网站的站内搜索查找好友，是一种比较快捷和省力的方法。一般可以按照地区、年龄、性别、毕业院校等进行精准查找。比如我们要找体育爱好者，就可以先确定国内知名的体育院校名称，然后以院校为检索条件进行查找。

3. 通过内容吸引

我们可以撰写优质的内容，或者在互联网上精选优质的内容发布在账号中，这个内容可以是文字、图片、视频。内容发布后，引导好友们去转载和传播，如果内容足够优质，就有可能吸引别人来关注我们的账号。

4. 其他

除了以上说的几种 SNS 本身的方法外，还可以通过其他各种推广手段辅助，比如软文、QQ 等。

除了好友数量外，还要注意质量。并不是说好友数量足够多，就一定会有好的效果。最喜欢的好友有两种。

第一是活跃度高的人。热衷于玩 SNS 网站的人，往往意味着好友比较多。同时只有经常上线，才能看到我们要推广的信息，甚至帮助我们传播。

第二是好友数多的人。前面说过，SNS 基于六度理论，SNS 推广的最大魅力也是通过里面用户的不停传播，达到快速推广的目的。而如果对方

的好友数过少，则意味着信息传播不下去，也就无从谈及效果了。

2.5.4 SNS 推广的终极方法

除了转帖这个功能外，SNS 还有很多其他丰富多彩的组件可以利用。再给大家推荐 11 个可以利用的功能模块。

1. 公共主页

公共主页最早是人人网推出的一款产品，主要是针对公众人物、媒体机构、企业品牌与好友的沟通平台。其除了具备个人主页的所有功能外，还具备个性化展示、数据分析平台等特殊功能。

通过完善的好友管理和分析工具，让企业不仅了解好友的数量，更重要的是知道好友的来源、他们都是谁、他们的影响力，以及他们喜欢什么样的内容和形式，以更好地运营公共主页。

而开心网随后也推出了公共主页，二者总体上很像，只是在表现形式和功能上略有差异。

2. 转帖/分享

这个功能在开心网中叫"转帖"，在人人网中叫"分享"。"转帖"是 SNS 中最早火起来的应用，尤其是开心网，用户的转发热情特别高。由于其是通过网友转发的形式传播的，能够像病毒一样快速蔓延，所以成为了 SNS 网站中最有效的推广手段。

转帖的主体内容可以是文字，也可以是视频或图片。形式不重要，关键要吸引人，只有优质或有趣的内容才会更容易被转载。比如各种热点新闻、热门事件等，热点最容易吸引眼球，大家也更愿意参与。最重要的是，一定要起一个能够引起用户单击欲望的标题。

对于转载而来的内容，最好能适当地增加一些趣味性的描述或点评。比如我们发布一组普通的丑女照片，可能会应者寥寥。但是若在图片中加上这样的文字说明："这是姐昨天刚拍的写真，摄影师说我是他拍过最漂亮的 MM，大家看我美吗？"，可能就会被疯狂转发。

在组织内容时，可以适当将欲推广的信息植入到内容当中。但是注意，植入要巧妙，不露痕迹，否则会适得其反。

3. 人人网公众账号

这是人人网独有的产品，是模仿的微信公众号，与微信公众号一样，人人网公众号也分订阅号和服务号。不过，由于微信公众号过于强大，所以此产品并不是特别火。

4. 人人网小站

这是人人网独有的产品，大家可以理解成一个迷你的个人主页或个人空间，此产品主要是针对个人用户。

在推广层面，可以在小站模块中建立主题网站，用优质的内容吸引用户关注。也可以作为辅助推广手段来使用，将软文、新闻、宣传视频等在这里发布传播。

5. 日记/日志

这个模块在开心网中叫"日记"，在人人网中叫"日志"。日记模块不但可以写日记，还可以发软文。此方法可以与软帖功能配合使用，即在发布完软文后，再将软文进行转帖。

6. 我的记录/状态

在开心网中管这个功能叫"记录"，在人人网中则叫"状态"。此位置最显眼，简直就是专门为大家发布一句话广告而打造的。

7. 群组/小组

此功能在开心网中叫"群组"，在人人网中叫"小组"，其表现形式和百度贴吧很像，是社区论坛类产品，用户可以在里面发帖、讨论等。所以针对这个功能的推广方式，可以参考本节论坛推广和第 3 章中论坛炒作部分的内容。

8. 好友印象

此功能可以直接将你的好友打上广告标签！

9. 圈子/小群

在 SNS 网站中，也可以像 QQ 一样建立群。这个功能在开心网中叫"圈子"，在人人网中叫"小群"。不过开心网和人人网的产品有一定差异，人人网的"小群"是开放的，用户可以看到其他人建的群，并可以申请加入；而开心网的"圈子"相对封闭，用户并不能看到其他人的圈子。

我们可以在其中建立自己的群，通过群去聚集目标用户进行推广，也可以加入人气高的目标群，借助他们的人气进行宣传。

10. 社团人

这是人人网独有的模块，主要是针对校园社团。如果你是社团负责人，则可以在此申请社团主页，同时你也可以加入其他社团。

如果你不是社团负责人和学生，也没关系，任何用户都可以在这里发布线下活动信息。

对于目标用户是校园的企业来说，此模块非常有价值。企业可以与人人网官方合作，联合这些社团进行活动营销。

11. 在游戏中推广

SNS 网站实际上身兼社交与娱乐两大功能，当初 SNS 的火爆，带火了相当一部分休闲小游戏。而通过 SNS 中的游戏推广是非常不错的手段，曾经也涌现出了许多成功案例。下面给大家分享几则。

2.5.5　应用案例 3 则

1. 悦活玩转开心农场（见图 2-32、图 2-33）

图 2-32　　　　　　　　　图 2-33

对于开心网的老用户，对"悦活"这个品牌一定不陌生。因为悦活种子曾经是开心农场中最热门的种子，榨"果汁"送网友，也是当时的热门话题之一。大家可能已经意识到了，这是悦活利用开心农场进行的一次 SNS 植入营销。

悦活是中粮集团旗下的首个果蔬汁品牌，在其上市之初，受客观经济影响，并没有像其他同类产品那样选择在电视等媒体密集轰炸，而是独辟

蹊径，选择了互联网。当时开心网正火，于是在2009年，中粮集团与开心网达成合作协议，以当时最火的开心农场游戏为依托，推出了"悦活种植大赛"。

只要用户直接在农场道具商店内领取悦活产地场景卡，安装后再到种子商店中购买悦活种子，即开始参赛。游戏中一共有4个不同的悦活场景卡，代表了4个不同的产地，同时也通过这些场景向用户传递一个信息："悦活果汁的生产原料绿色、天然、安全、新鲜"。同时游戏中还有5种悦活种子，分别代表了其5款不同的产品：红色5+5、橙色5+5、悦活石榴、悦活番茄、悦活橙子。通过这些果实饱满的形象表现及开心网花园场景卡，悦活新鲜自然无添加的产品概念被巧妙植入。

另外，在游戏过程中，用户不但可以选购和种植"悦活果种子"，还可以将成熟的果实榨成悦活果汁，并将虚拟果汁赠送给好友。系统会每周从赠送过虚拟果汁的用户中随机抽取若干名，赠送真实果汁。把虚拟变成现实，为游戏增加了趣味性，提升了用户的积极性。

在这个活动的基础上，悦活又在开心网设置了一个虚拟的"悦活女孩"，并在开心网建立悦活粉丝群。通过这个虚拟MM，向用户传播悦活的理念。

由于该活动植入自然巧妙、生动有趣，所以活动刚上线便受到追捧，两个月的时间，参与悦活种植大赛的人数达到2280万，悦活粉丝群的数量达到58万，游戏中送出的虚拟果汁达1.2亿次。根据斯戴咨询公司调研报告显示，悦活的品牌提及率短短两个月从零提高到了50%多。

2．"乐事薯片"把产品卖进虚拟农场里（见图2-34）

图2-34

看着同行们借着SNS热潮都成功地营销了自己，乐事公司也不甘落后。

在2009年，乐事公司联合人人网推出了一款以其品牌命名的社交网络游戏"乐事农场"。这款游戏模仿了当时火遍全国的"开心农场"，游戏内容就是种土豆、挖土豆，然后将土豆加工成薯片，再将薯片销售出去。在游戏过程中，乐事的品牌概念就被潜移默化地植入到了用户心中。该游戏不仅巧妙地满足了用户的娱乐需求和好奇心，而且宣传了其100%天然的特点。

从具体数据来看，乐事开心农场植入活动取得了非常好的效果。截至活动结束，种植土豆人数达到了 5 300 759 人次，购买工厂人数达到了 3 853 294 人次，生产薯片人数达到了 3 681 176 人次，拥有TVC背景人数达到了 3 312 241 人次。虽然乐事品牌在薯片消费市场已经足够成熟，但此次推广还是使其在知名度方面有了更好的提升，从活动之前的90.8%提升到95.1%。

3. 人人网的排队营销

注：此案例摘自互联网，但因为没有找到出处和原作者信息，所以无法在此署原作者大名，在此先向原作者致敬并道歉！

2010年12月10日，一场疯狂的虚拟排队在中国内地悄然开展，迅速引发网络热潮。这是著名的日本休闲服装品牌优衣库与人人网独家合作推出的"Uniqlo lucky line"网上排队活动，网友在优衣库网站Uniqlo店铺虚拟排队购物，即有机会获得iPhone4、iPad、旅游券、特别版纪念T恤、9折优惠券等精彩礼物。这是优衣库在中国内地开展的又一次"全民排队乐"，沿用的是先前在日本和中国台湾地区分别创下14万与63万参与人次纪录的活动概念。

在网络商业盛行时代，一股全新的营销浪潮迎面来袭，营销传播开始迈向崭新的3.0时代——核心就是注重媒体渠道的创新、体验内容的创新以及沟通方式的创新，强调虚拟与现实的互动、社会化媒体的运用。

在网络经济时代，创意成为营销不可或缺的驱动力。众多商家充分运用创意营销，彻底颠覆传统营销的思路，让消费者在互动中感受企业理念，在主动中感知产品信息。

创新营销浪潮袭来

早在2010年12月初，优衣库便已开始活动预热；12月2日建立人人网公共主页吸引大量粉丝；12月3日，优衣库在视频网站上放出活动广告；12月6日，所有线下实体店开始使用宣传册和展板海报进行预告。

"一起上网排队吧！"

在面向广大网络排队族"一起上网排队吧！"这一口号的带领下，各路网友纷纷响应。在活动过程中，排队游戏的界面底部不停地滚动播出中奖者的名单公告，大奖得主的照片也公布在优衣库人人网公共主页的相册里。除了每天的随机大奖和幸运数字纪念奖，还评选出踊跃参与大奖得主，来自沈阳的杨威成为第一个完成排队500次的粉丝，获得了包含20件摇粒绒衣服的大礼包。

此外，可在为期14天的活动期内使用的9折优惠券数量很大，排队的粉丝几乎都能领到一张，这不仅使优衣库人人网的粉丝激增，更为优衣库线下实体店的圣诞促销带来更多的客流，刺激了实体店的销售。

本次活动共吸引了超过133万人次参与排队，无疑成为2010年年末最具影响力和话题性的线上活动。线上的火热与线下的促销相结合，线上的传播与线下的销售相促进，整合线上线下资源，通过长达两个星期的在线活动宣传，将优衣库这一品牌进行全方位立体包装、传播、推广。

优衣库之所以选择人人网作为独家合作商，不仅仅在于人人网拥有更加灵活开放的合作态度，更在于人人网的用户普遍为年轻学生、白领，喜欢新鲜好玩时尚的创意，和优衣库的定位相契合。

"排队营销"是优衣库一大法宝，把"排队"这一现实生活中"烦闷"、"无聊"的活动平移到网络上，冠以"Luckline"之名，立即形成鲜明的反差。在排队活动中，网友还可以选择自己喜爱的动物、场景，对年轻人极具吸引力；在"好玩"的同时添加了激励因素，形成了网友自发参与活动的原动力，众多丰厚大奖使网友们跃跃欲试；同时，"排队"的概念运用巧妙，其本身带有的"因为吸引人所以很多人排队"的理念也逐渐传播出去，形成"排队效应"，如同石头投入湖中心泛起的涟漪，吸引了越来越多慕名而来的潜在消费者。

新年伊始，优衣库又在人人网上隆重推出"2011人人试穿第一波"，优衣库粉丝们可以通过在优衣库公共主页上留言，申请成为优衣库试穿者，收到免费获赠的商品后在人人网的个人主页上发表试穿日记和试穿照片，动员网友对日记进行投票，票高者则可得到优衣库的礼券。无疑，优衣库新年试穿第一波再次引发网络热潮，借用网民的力量主动推广优衣库品牌，延续"排队热"后的营销效应。

无论是线上的网络虚拟排队，还是线下的实体店排队，抑或是新年新衣试穿，优衣库都紧紧抓住消费者的心理。由于更多的激励因素、传播因素和新鲜创意，线上虚拟排队和新衣试穿活动带来更大的网络轰动和社会效应，更是结合网络媒体的一次成功的创新营销。

2.5.6 本节任务

在开心网、人人网或腾讯朋友中建立一个账号，并且通过各种手段，将好友数增加至 500 人。

2.6 问答推广

2.6.1 什么是问答推广

利用问答网站这种网络应用平台，以回答用户问题，或者模拟用户问答的形式进行宣传，从而达到提升品牌知名度，促进产品销售为目的的活动，即称之为问答推广。主流的问答平台有百度知道、新浪爱问、天涯问答、搜狗问答、SOSO 问问等。其中百度知道的市场占用率最高，所以本节主要以百度知道为例进行讲解。

问答推广之所以被大家认同和广泛使用，主要是因为以下三个特点。

1. SEM 效果好

由于问答类平台权重都比较高，往往都能在搜索引擎中获取到非常好的排名，所以问答类网站是搜索引擎营销（SEM）的重要辅助手段之一。

2. 精准

通过问答类网站寻求帮助和找答案的用户，往往都是对相关问题涉及领域感兴趣或者有需求。比如想知道"如何减肥"的人，基本上都是想给自己或者身边的朋友寻求减肥方法。所以通过问答推广吸引来的用户，精准度比较高。精准度高就意味着转化率高、效果好。

3. 可信度高，口碑效果好

在问答类平台中，用户与用户之间相互回答和互助，其中不夹杂任何利益关系，完全是普通用户之间的观点与经验交流，所以里面产生的信息

可信度高，也更容易在用户中间形成口碑效应。

2.6.2 自问自答的操作步骤和要点

问答推广的方式有两种：一种是自问自答，即用自己的账号提问，用自己的账号回答；另一种是回答别人的问题。这两种方式的偏重点不同。

自问自答的好处是都由我们自己操作，内容可控性强，可以根据我们的需要来制造内容、制造口碑、优化排名。

回答别人的相关问题，虽然不如自问自答可控性强，但可以引导真实用户的认知和营造口碑氛围，因为那些都是网友真实的提问。

接下来说一说自问自答的操作方法。

第一步：注册账号

首先我们要拥有百度的账号，才可以发布百度知道等。应至少注册 10 个以上的账号，保障随机操作，避免后期操作频繁被删号。

注意：注册账号的时候，不要用同一台电脑和 IP 地址重复注册，建议使用不同的电脑和不同的 IP 地址注册。如果用同一台电脑，则一定要换 IP 地址。具体换 IP 地址的方法，请参考后面 2.6.5 节的内容。

第二步：策划标题

自问自答，主要是为了让用户在百度知道及搜索引擎中搜索相关关键词时，我们制造的内容能够出现在结果页中，所以接下来我们围绕关键词来策划标题。

有了关键词后，围绕关键词拓展不同的标题。标题要围绕用户的需求和搜索习惯来策划，比如我们要围绕"网络营销"来策划一系列标题，则可以拓展的标题有：

网络营销应该怎么做？

企业如何开展网络营销？

哪种网络营销方法比较好？

……

注："关键词"是 SEO 当中的术语。关于 SEO 的内容，请参阅第 5 章。

第三步：策划补充问题

在百度知道中提问时，下面还有一个"问题补充"框，这是对问题的详细描述。

策划问题补充时的注意事项如下：

（1）描述中至少包含一次要优化的关键词，但量也别太多，关键词出现两次足矣。

（2）问题描述一定要用大白话，要看着真实客观，千万不要有广告，如图 2-35 所示。

图 2-35

第四步：策划回答内容

标题有了后，围绕标题来策划回答的内容。注意，在内容里千万不要放硬广告，应该看起来真实客观、实在可信，像真实网友的回答。

在准备内容时注意：

（1）可以模拟不同的角色，从不同的角度来回答，这样显得内容丰富、观点多、可信度更高。

（2）要用大白话回答，这样才显得自然、真实、可信，甚至可以适当加些错别字。因为普通用户不可能说话文绉绉、一板一眼的，甚至用书面语。

（3）不要写太专业的术语。

（4）内容倾向性不要太强，可以适当说一些我们的不好，但这个所谓

的"不好",一定是无关紧要的。比如"这个产品效果还不错,就是价格有点小贵"这类回答,虽然看起来好像是说不好,但实际上没影响。

(5)在内容里一定包含要优化的关键词,关键词最多出现两次即可。

第五步:发布问题

本环节的注意事项如下:

(1)准备了许多问题,但不要用同一账号发布。因为真实的网友,不可能每天连续不断地提问,而且问的问题还都是同一类型的。

比如我们准备了 10 个账号,然后准备了 10 个问题,那就用一个账号问一个问题。而且用不同账号提问时,一定要用不同的 IP 地址。具体换 IP 地址的方法,请参考后面 2.6.5 节的内容。

(2)不要用 10 个账号在同一时间段提问,要分开提问。比如上午 9 点问一个问题、10 点问一个问题。

(3)如果是长期做自问自答,那么每周的问题量应该差不多。比如每周都是自问自答 50 条,千万不要是这周做了 500 条,然后剩下的三周不做了。因为这些都不符合真实网友的行为特点,容易被百度惩罚。

(4)对于同一类型的问题,不要总用同样的标题去提问,应结合用户的用语习惯,多用不同的问法去提问。比如关于网站推广这个问题,就可以反复地用"如何推广网站""怎么推广网站""新网站怎么推广"等不同的问法反复提问。长此以往,经过积累之后,只要用户搜索这方面的答案或内容,就有可能看到我们的帖子。

(5)一定进入到与问题匹配的相关分类中提问,不要乱提问。比如减肥类的问题,一定是要到"减肥/塑身"等相关分类中提问,而不是到什么手机数码中提问。

第六步:回答问题

回答问题的注意事项如下:

(1)自问自答,一定是多个账号进行,比如用 A 账号提问,用 B 账号回答。千万不要使用两个固定的马甲,不停地问答。因为这么做意图太明显,任谁都能看出来是两个人在唱双簧。

(2)如果策划了很多条内容,那么一定要打乱顺序。不要每次都是用 A 账号提问,用 B 账号回答。下次可以是用 A 账号提问,用 D 账号回答。

（3）当用 A 账号提问完之后，不要马上用 B 账号回答。要相隔一段时间，比如几小时，甚至 1、2 天。

（4）如果是用同一台电脑操作，则一定要换 IP 地址。具体换 IP 地址的方法，请参考后面 2.6.5 节的内容。

百度知道问答规范参照：http://zhidao.baidu.com/s/guideline/index.html。

第七步：设置最佳答案

用 B 账号回答完之后，再隔两天，用 A 账号登录，将 B 账号的回答设置成最佳答案。

注意：不需要每一个自问自答都这么操作，在下面几种情况下可以这么操作。

（1）重点打造的内容。
（2）回答中有一些网友来捣乱。
（3）后面跟着的回答很多，但观点不一致，甚至有冲突。

注意：A 和 B 账号每次切换时，一定要记得换 IP 地址。

2.6.3　回答别人的问题

说完了自问自答，下面再说一下如何回答别人的问题。

第一步：找问题

回答别人的问题，一是为了引导真实用户的需求；二是营造良好的口碑氛围。所以找问题一定是与产品相关的。

具体找问题时，有三种方法。

第一种，搜索问题。这种方法是直接在百度知道的搜索框中，用关键词搜索的方式去寻找问题回答。

第二种，按照问题分类找问题。这种方法是直接在百度知道首页单击"问题分类"，然后按照分类来找问题。

第三种，设置兴趣标签找问题。这种方法是直接通过关键词标签的方式，让系统自动为我们推送感兴趣的问题。具体方法如下。

首先，在百度知道首页单击"个人中心"，如图 2-36 所示。

图 2-36

然后，单击"添加"，如图 2-37 所示。

图 2-37

在弹出来的搜索框中输入兴趣标签，比如"网络营销"，然后单击"搜索兴趣"按钮，再单击"网络营销"这个标签，最后单击"完成"按钮，如图 2-38 所示。

图 2-38

设置完成后，每天进入个人中心，系统都会把与此关键词相关的问题自动推送给你，如图 2-39 所示。

注意：每个账号可以设置多个标签。如果标签设置得精准，则推送的问题精准。在上述找问题的三种方法中，最推荐的就是这种方法，因为可以省去很多时间。

图 2-39

第二步：回答问题

回答问题时的要点如下：

（1）同一账号，每天回答的问题不要太多，5 个以内为宜。回答得太多，容易被封号。因为系统评判是不是作弊或发广告的重要标准之一就是用户行为，若账号的表现与正常用户的差异太大，就会容易出问题。比如一个正常用户，一天大概能回答 10 来个问题；而你的账号一天却能做上千次解答，明显不正常。

（2）同一账号，不要在同一时间段内回答大量的问题。原理同上。

（3）换账号时，一定要换 IP 地址。

（4）回答的内容要靠谱。虽然我们是为了推广，但是也不能忽略答案的质量，回答的内容一定要靠谱。只有好的内容，才能打动和影响用户。同时切记，在正文内一定不要带网址，带网址的结果就是被封号，甚至网址被屏蔽。我们可以用启发的形式推广，比如在答案里留下产品名字或网站名字等，引导用户到搜索引擎中去搜索。

2.6.4 关于养号

用百度知道推广的效果好坏，和账号的等级有一定关系。因为账号等级高，就不容易被删除。同时账号等级高，可信度也高。

而账号的等级和回答问题的数量有关。所以在做百度知道推广的过程

中，要适当养号。

（1）至少重点培养 10 个以回答问题为主的账号。而提问的账号，不用养，反而要经常换。因为真实的用户，不可能总是就一个问题反复问。

（2）养号其实很简单，就是在推广过程中，提问一些正常和回答一些正常的问题。比如经常回答一些关于中医养生类的问题，主要以冬虫夏草为主；同时再适当夹杂一些不相关的，比如篮球的等，这样才显得真实。

（3）加入问答团队。如果有机会，则可以加入问答平台内的团队，加入团队可以提升答案的可信性，同时也会减少被查封的几率。

2.6.5　如何换 IP 地址

前面反复提过，在同一台电脑中登录不同账号时，要换 IP 地址。具体操作流程如下。

注意：在进行网络推广时，很多方法都会涉及换 IP 地址，只要是涉及同一台电脑换 IP 地址，本方法都适用。

1. 准备工作

如果在同一台电脑上操作，则最好准备两个浏览器，而且带自动删除 cookie（网站内容缓存记录）的，还有一个 VPN（更换 IP 地址）代理。

网络上的 VPN 软件非常多，有免费的，也有付费的，付费的要比免费的好用一些，大家可以在百度中搜索自行选择。

2. 在 A 浏览器中登录 A 账号

在具体工作时，流程是这样的。先在其中一个浏览器（A 浏览器）中登录第一个操作的账号（A 账号），然后正常操作。

3. 清除缓存

A 账号操作完成后，关闭 A 浏览器，打开第二个浏览器（B 浏览器），然后清除缓存。

清除缓存的方式是单击浏览器导航中的"工具"（通常都在这个位置），然后单击"清除上网痕迹"，如图 2-40 所示。

接下来勾选"Cookies 和其他网站数据"，勾选"退出浏览器时完全清除勾选的痕迹"，然后单击"立即清理"按钮，如图 2-41 所示。

图 2-40 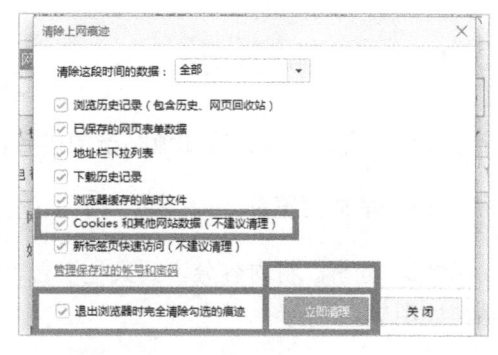　　　　　　　　　　图 2-41

注意：不同的浏览器，具体的界面可能有差异，但是流程和选项名称都是差不多的。

4. 用 VPN 更换 IP

清除完缓存后，安装之前下载的 VPN 软件，然后打开 VIP 软件，按照软件的说明，更换电脑 IP 地址。

不同的 VPN，具体操作界面不同，请直接参看软件自带的说明。

用 VPN 软件更换完 IP 地址后，再检查确认 IP 地址是否真的有变化。方法是在百度中搜索关键词"ip"，看我们的地址是否有变化，如果有变化，则说明成功，如图 2-42 所示。

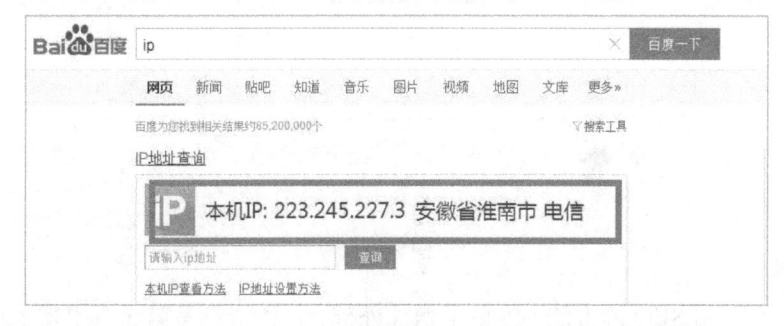

图 2-42

5. 在 B 浏览器中登录 B 账号

更换完 IP 地址后，在 B 浏览器中用第二个账号（B 账号）进行正常操作。

6. 重复上述步骤

B 账号操作完成后，重复上述步骤，关闭 B 浏览器，打开 A 浏览器，然后清除缓存，换 IP 地址，再换新的账号操作。操作完成后，继续重复。

2.6.6 百度知道优化

如果想增加某条百度知道帖子的排名，则方法如下。

（1）增加浏览量。

（2）分享。将内容分享到其他平台，分享时，多分享到百度自己的网站，如图 2-43 所示。

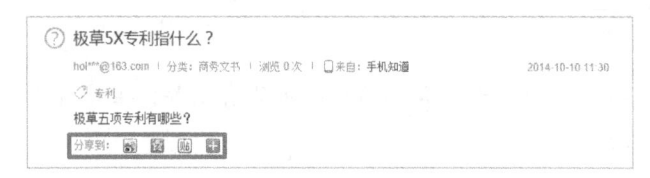

图 2-43

（3）点赞。就是图 2-44 中的小手图标。

（4）增加评论数。如图 2-44 所示。

图 2-44

（5）用 SEO 的方法，为帖子增加外链。具体请参考第 5 章中增加反链的内容。

（6）靠量取胜。现在百度知道单帖是非常难优化的，上面的方法越来越难操作。所以现在最常用的方法是靠量，比如做 500 条，其中可能会有 5 条有排名。

2.6.7 成功案例 1 则

问答推广虽然操作简单，但是应用得当，效果却非常好，是一种以小

博大的方法。尤其是产品的销售，效果非常好。笔者的一位做减肥产品的朋友，每个月仅靠百度知道，就能产生 5 万元左右的纯收入。而笔者的一位学员，利用问答推广销售茶叶，也取得了非常好的业绩。问答推广最经典的案例应该算是上海团购网了，甚至因为此事，还惹了一场官司。

2010 年 5 月，一位名为"十字架在哪里"的网友因家庭装修需要团购建材，便通过百度知道查询和了解相关信息，经过几天的研究和分析，发现诸多知道用户纷纷推荐上海团购网，称其为该行业中价钱最低、服务最好的网站。但是事后该网友意外在另一家人气团购网站我爱我家网以更优惠的价格买到了同类产品，后来该网友经过调查做出判断：凡是在百度知道里推荐上海团购网好的用户几乎全部是商家的职业托儿，这些职业托儿 ID 数量非常巨大，反复发布和回答相同的问题全部指向上海团购网。因此，一纸诉状将该网站告上了法院。

不过，不管此事孰是孰非，从中我们可以看到，问答推广的威力真的是非常大。

除了推广产品外，还可以通过问答类平台提升网站流量。比如在 2010 年春节晚会中，刘谦的魔术受到了全国观众的欢迎和热捧，大家看完节目后，都迫切想知道其原理。某站长看到了这个机会，马上到问答网站通过自问自答的方式，围绕"刘廉魔术揭秘"制造了若干问题，并将自己的网址留在了答案中。结果第二天，这些问题就为该网站带去了几千访问量。

2.6.8 本节任务

尝试通过自问自答的方式，制造 10 个问答页面。

2.7 百科推广

2.7.1 什么是百科推广

利用百科网站这种网络应用平台，以建立词条的形式进行宣传，从而达到提升品牌知名度和企业形象为目的的活动，即称之为百科推广。主流的百科有百度百科、互动百度、腾讯百科等。其中以百度百科的市场占用率最大，所以本节以百度百科（baike.baidu.com）为例向大家讲解。

百科推广主要有三个特点和作用。

第一，辅助 SEM。如果大家经常在百度中搜索各种名词（包括人名、企业名、产品名、概念术语等）时就会发现，往往排在搜索引擎结果页第一位的，都是百科网站中该词条的页面。

第二，提升权威性。互联网上的百科网站，源于现实中的百科全书。而在传统观念中，能被百科全书收录的内容，一定是权威的。这种观念也同样被延伸到了互联网中，大部分用户都认为百科收录的内容比较权威。

第三，提升企业形象。随着互联网的普及，许多人在接触到陌生事物时，会先到互联网上进行检索。比如与一家陌生的公司接触洽谈时，会先上网搜索一下该公司的背景、实力、口碑、信任度等。而如果我们的公司能被百科收录，则会大大提升企业形象，增加客户对我们的信任感。

综上所述，虽然小小的一个百科词条简单而又不起眼，但是却能在关键时刻起到举足轻重的作用。

2.7.2　百科推广的操作流程和要点

百科推广的操作非常简单，第一是建立新的词条；第二是编辑已有词条。不管是建立还是编辑，其流程和要点都差不多，只不过一个是新建词条，一个是在原有基础上编辑。

下面以新建词条为例，说一下操作流程和要点。

1. 创建词条

图 2-45

首先要明确给哪些词创建词条，通常都是围绕要优化的品牌词来创建。确定好关键词之后，直接在百度百科中搜索要创建的词条是否已经存在，如果已经存在，只能在此基础上更改添加；如果不存在，则可直接单击"我来创建"建立词条。

如果是新手，则可以按照网站的提示进行词条的创建，同时百度百科也提供了许多词条模板，可以直接在模板的基础上创建，如图 2-45 所示。

2. 编写百科内容

词条想创建成功，最关键的是内容。编写内容时的注意事项如下：

（1）词条内容要有可读性。对于原创词条，一定不能是毫无意义的词汇，且词条的语言文字要具有一定专业性，充满可读性。要尽量制作一些知识性的内容信息。一般公司名称、人名、产品名称都比较好编辑。百科词条需要注重价值，切忌不要胡编乱造。对于粗制滥造的词条，一定不会通过。

（2）内容中不要有主观性描述，一定要客观。

（3）内容中不能有广告信息。词条内存在明显的广告信息或者疑似广告信息，几乎都不会被通过。注意，只要会被管理员误解的信息都不行。比如过分地强调公司名称、产品名称、人名等。

实在要做广告时，要不露痕迹地植入，不要过于明显。也可以在词条的"参考资料"或者"扩展阅读"中加入链接，但是链接的内容需要是与词条高度相关的。同时还要注意描述的填写，这些很重要。

（4）若是编辑已有词条，内容应该是对原有词条的补充，如修改过时的内容、添加新的内容，并且要比原内容更专业，更具有可读性。千万不要写一些与词条关联性差，甚至是风马牛不相及的内容。

如果词条中没有较明显的错误，那么通过率是非常高的。最容易挑错的地方有两个，一是找错别字，这个关键要心细，需要专心认真地检查词条内容，哪怕只是修改一个标点，也可能通过审核；二是排版问题，对于那些通篇字体一样，甚至不分段落混乱排版的词条，重新正确编辑后通过率几乎是百分之百。

如果词条中没有图片，则可以为其添加相关图片，一般都会通过。若有一定的美编功底，可以在图片中植入广告。注意，如果是修改词条中已有图片，则其通过率会降低。

另外还可以添加词条链接，即在内容中添加指向其他百科词条的网站内部链接，这种方式的通过率也很高。

3. 引用参考资料

在撰写百科内容的同时，还需要为撰写的百科内容提供相应的参考资料。添加资料一是为了保证百科的通过率；二是为了为企业增加流量，在

参考资料里加入企业的相关链接，利用百科这个权威平台为企业引流量。

注意：添加的参考资料，应该是被大众承认的，具有真实性保证的内容来源，如图 2-46 所示。

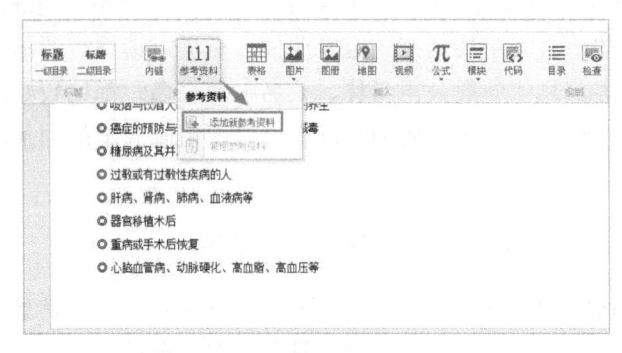

图 2-46

4. 发布

最后编辑完百科内容时可以单击工具栏右侧先预览，在确定没有问题时单击"提交"。

如果遇到未通过的情况，大家应看清是什么原因导致没有审核通过，进行修改继续提交等待百度审核。如果这个关键词创建百科的难度特别大，我们可以找相应的专业团队为企业创建百科。

5. 培养账号的等级和通过率

对于高质量的词条，只有等级和通过率达到了一定的指标后才可以编辑（见图 2-47）。所以平常注意多培养几个高级账号。

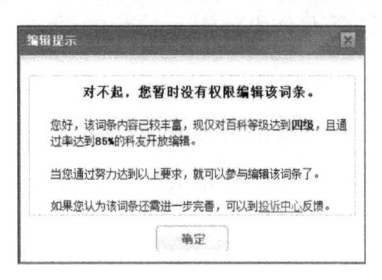

图 2-47

培养的方法也不难，就是多去编辑正常的词条，以此来参加等级和通过率的培养。如果一个词条编辑三次都通不过，那么最好换账号、换方法来进行编辑。

2.7.3 本节任务

建立一个新的百科词条，可以是自己的名字、公司的名字，也可以是一些专业术语。

2.8 分类信息推广

2.8.1 什么是分类信息推广

利用分类信息网站这种网络应用平台，以发布信息为主要宣传手段，从而达到提升品牌知名度和企业形象为目的的活动，即称之为分类信息推广。网络上各种各样的分类信息平台有很多，且绝大多数是免费使用的。主流的分类信息平台有 58 同城、赶集网、口碑网、百姓网等。除了这些专业的分类信息网站外，许多门户网站还开设有分类信息频道，比如天涯（最大的中文社区之一）、中关村在线（中国最大的 IT 门户之一）等。由于通过分类信息网站进行推广成本低廉（除了人工成本外，其他投入几乎为零）、效果明显，所以受到了很多企业的欢迎。

分类信息推广是 SEM 和 SEO 重要的辅助手段之一，对于 SEO 来说，它是免费增加网站外部链接的重要渠道之一；对于 SEM 来说，分类信息是抢占搜索引擎的主要手段。

2.8.2 分类信息推广的要点

1. 分类信息平台的选择

网络上的信息平台有很多，大大小小的加起来有几百个。面对数量如此庞大的平台，我们该如何选择呢？首先要根据自己的业务需求，比如是地方性产品或网站，则首选针对本地的平台，如 58 北京等；如果是行业性比较强的产品，则首选那些行业平台，比如慧聪网等。其次是根据时间和精力来确定平台的数量。

初步确定好平台后，先测试几天，每天记录在各平台的发布情况，同时观察搜索引擎的收录情况及排名情况。将那些收录好、排名高的优质平台筛选出来，将那些质量较差的平台剔除。如此反复，直到积累到足够数

量的优质平台。

2. 标题要符合用户搜索习惯

分类信息推广的原理是利用权重高的分类信息平台做跳板，发布海量的信息从搜索引擎吸引客户与流量。而其中决定效果的关键之一就是标题。只有保证标题符合用户的日常搜索习惯，标题是客户想要搜索的信息时，才有可能从搜索引擎中截取到流量。

所以我们需要花费一定的心思来研究目标用户的搜索习惯，要知道他们关心些什么，比如产品的价格、质量、售后服务等。然后把这些用户可能搜索的词汇融入到标题中。注意，标题不要过长。

一般一个不是特别热的关键词或关键短语，很容易就能排到搜索引擎第一页。

3. 信息一定要原创

发布的信息内容一定要原创。因为搜索引擎喜欢原创的、有特色的、有价值的内容。对于这样的优质内容，会更容易获得排名。切忌用同一篇内容反复地发，比如做一年的分类信息推广，内容却还是老三样，从来都不更新。

内容围绕企业、产品或服务来写是最容易的，比如产品特点、企业优势、应用方法、使用技巧、注意事项、知识普及、选购技巧等。

而且要注意信息的针对性和专业性。不能为了充数，随便拼凑内容。因为推广转化效果如何，在很大程度上取决于信息内容能不能影响用户。比如我们宣传的是针对中小企业的加工设备（如车床等），那么内容只针对中小型加工企业撰写即可，如详细介绍利用产品时的加工过程、机器的特点、能帮他们解决什么问题等。这期间可以夹杂一些用户所不熟知的专业知识，而不要为了凑数，随便找一些大家熟知的概念发布。

这样做的好处是，首先显得你很专业，提高行业知名度；其次会让用户了解产品特点和能帮他们解决的问题；最后会提升转化率。

4. 抢占所有频道

对于大型分类信息平台，网站内部会有很多频道，比如地方频道等。为了保证提升效果，我们发布信息时，可以在所有频道都发布一下，这样才能增加在搜索引擎结果中的命中率。

5. 分时分段发布

分类信息平台本身的流量也不可小觑，所以我们也要注意在其平台本身的宣传。信息平台内流量比较集中的地方就是各信息频道或栏目的首页，所以我们可以在每天不同的时间段发布信息。这样可以保证不同时间登录的用户，都有可能在频道或栏目首页看到我们的信息。

6. 关于留链接

对于权重高的分类信息网站，我们可以在帖子中留下链接，这样不但可以有助于流量的提升，还可以提升网站的权重。注意，留下的链接不要都是首页链接，最好是对应到相关的产品页面，这样有利于整站权重的提高。另外，分类信息网站中的链接一般不会被惩罚，所以可以放心大胆地留，只要不过分、不引起用户反感就没问题。

7. 遵守平台规则

各个分类信息平台都有自己的规则，所以发布信息时一定要先弄清这些规则，否则会得不偿失。比如信息类别一定要选对，类别不对不但会被删帖，还可能会被惩罚。某些网站还会规定发链接的具体位置，若不按要求来做，也会被处理。另外，一定不要发重复的内容和没有意义的垃圾信息，这些内容即使不被删除，在搜索引擎中也不会有好的排名。

8. 长期坚持，量要大

因为分类信息网站每天产生的内容量极为庞大，所以搜索引擎中的结果排名会频繁变化。同样的信息，可能今天有排名，明天就换成别人的了。所以想保证分类信息推广有好的效果，就需要坚持每天发布信息，且量越大越好。

2.8.3 成功案例 1 则

分类信息推广虽然操作简单，但是使用得当效果却非常好。推一把论坛有一位版主叫小 T，其所在公司专门销售二手笔记本电脑。由于公司资金有限，所以负责推广的只有小 T 一个人，且没有多少预算。结合实际情况，经过深思熟虑，小 T 决定把重心放到分类信息推广上面。

他先在某著名 IT 网站申请了认证商家，然后根据该网站的特点，每天在不同的时间段登录到该网站发布信息。小 T 的原则是保证分类信息频道首页，至少有一半信息来自他们公司（首页最新信息为 15 条）。通过这种

方法，小 T 的公司很快就成长为该网站销量第二的商家。

2.8.4 本节任务

根据自己的实际情况和产品，结合本节提到的方法，选定 10 个效果最好的分类信息平台。

2.9 RSS 推广

2.9.1 什么是 RSS

RSS（Really Simple Syndication）是在线共享内容的一种简易方式（也叫聚合内容）。通常在时效性比较强的内容上使用 RSS 订阅能更快速地获取信息，网站提供 RSS 输出，有利于让用户获取网站内容的最新更新。网络用户可以在客户端借助支持 RSS 的聚合工具软件（如 SharpReader、NewzCrawler、FeedDemon），在不打开网站内容页面的情况下阅读支持 RSS 输出的网站内容。（摘自百度百科）

新闻和网络博客对 RSS 的应用是最广泛的，也是用户最喜欢订阅的内容形式。如果你足够仔细，一定会发现每一个 Blog 站上都会有一个类似 RSS订阅 这样的图标。这个图标表示该博客支持 RSS 功能，即所谓的新闻聚合功能。单击该图标，会进入一个以 XML 格式显示的页面，比如 http://www.55blu.com/rss.xml 这个地址，只要把这个地址添加到在线 RSS 阅读网站或 RSS 客户端软件中，就可以不必使用浏览器而在软件中直接看到你更新的 Blog 了。当然，你还可以订阅全世界提供 RSS 功能的网站新闻或者 Blog。

通过 RSS 订阅相关内容，主要有以下几个优势。

1. 只显示标题与文章概要

在通过 RSS 订阅到的内容中，会自动过滤广告等垃圾信息，只呈现标题和文章概要。这样既可以避免用户被垃圾信息骚扰，又可以在不阅读全文的情况下了解文章的内容，节省了大量的时间。

2. 自动更新定制的网站内容

RSS 阅读器会自动更新我们定制的网站内容，保持内容的及时性。比如我们要看新闻，又不想天天到网站上去查阅当天的最新消息，那么就可以通过 RSS 阅读器到相关新闻网站进行订阅。以后每天只要打开本地的 RSS 就可以浏览最新新闻，而不必打开网页了。

3. 同时定制多个内容源

如果我们经常浏览的网站有很多家，那么每次一家一家地去查找内容是件很费时费力的事情，非常痛苦。而 RSS 就可以完美地解决这个问题。比如你是个体育迷，经常到新浪体育、SOHU 体育、网易体育等相关的网站看新闻，那么就可以使用 RSS 将上述网站的内容全部订阅。以后每天 RSS 就会将这些网站的最新内容汇总，一并呈现到你的面前。

2.9.2 什么是 RSS 推广

RSS 推广即指利用 RSS 这一互联网工具传递营销信息的网络营销推广模式。RSS 推广通常与 EDM（电子邮件营销，详细内容见第 3 章）配合使用。因为 RSS 的特点，使它比 EDM 具有更多的优势，可以对后者进行替代和补充。不过，由于 RSS 推广的应用还处于初级阶段，还是一种相对不成熟的营销手段，所以一些深入的方法和应用还有待大家共同来研究与实践。

RSS 和 EDM 相比，主要有以下几个优点。

（1）做过电子邮件营销的人都知道，发送邮件时，有个重要的数据指标叫送达率（指有多少人正常收到了邮件），而不管用什么样的 EDM 营销系统，送达率都不可能达到 100%的效果。而 RSS 的送达率几乎为 100%，这点是电子邮件营销所无法比拟的。

（2）我们在日常生活中会经常收到一些带有图片的电子邮件，但是因为种种原因，这些图片可能会经常被邮箱系统阻止。而 RSS 则没有此问题，可以完美地呈现所有图片。

（3）不管是 EDM 还是 RSS，都有一个单击率的问题。而由于电子邮件内容上的局限性，使得其单击率远不如 RSS 高。

（4）从营销成本来看，RSS 也要比 EDM 低很多。最起码的是，做 EDM 时，我们是主动推送内容，所以每发送一封营销邮件，都需要付出相应的成本。而做 RSS 推广时，用户是通过 RSS 阅读器主动收阅内容的，在这个

过程中，我们是不需要付出任何代价的。

虽然 RSS 的优点很多，但是缺点也很明显。RSS 营销的定位性不如电子邮件营销强，我们很难主动选择让谁订阅我们的 RSS，因此 RSS 很难实现个性化营销。同时 RSS 也不容易做到像 EDM 那样跟踪营销效果。

最重要的一点是，想订阅 RSS，必须要多做一件事情：下载 RSS 阅读器。而这个门槛就会将大批用户拒之门外，这也是 RSS 阅读不流行的重要原因之一。

2.9.3 RSS 推广的方法

由于 RSS 推广的应用还处于初级阶段，所以其具体手法也比较简单，主要有以下几种。

1. 将 RSS 链接提交到 RSS 搜索引擎及 RSS 分类目录

网络上有很多专门针对 RSS 的搜索引擎及 RSS 分类目录，我们可以将网站的 RSS 链接提交到这些站点。这样不仅能够直接增加 RSS 曝光度，还能为网站增加链接广度。既可以带来流量，又能加快搜索引擎收录与信息的推广。比如雅虎的提交地址为：http://www.yahoo.cn/ex/blog_rss/rss_input.php。

2. 为网站增加 RSS 订阅图标

在有条件的情况下，可以考虑为自己的站点添加 RSS 订阅功能，并在网站的显要位置增加醒目的订阅图标。这是一种一劳永逸的方法。

3. 制作专门的 RSS 资讯

如果想获取到更精准和有针对性的用户群，那么可以考虑像邮件订阅那样，针对某一类人群的需求，为他们量身打造内容专题，然后让用户进行订阅。

4. 在邮件中增加 RSS 订阅方式

在发给用户的电子邮件中，可以将 RSS 通知也包括进去，这是对 EDM 的一个补充，或许不少人会考虑采用 RSS 订阅方式替换传统邮件订阅方式。

5. 其他应用

除了以上应用外，RSS 还有许多广阔的空间供我们自由发挥，在

这方面我们可以多去研究与借鉴国外的应用。比如让用户通过 RSS 订阅的方式获取天气预报、订阅感兴趣的分类广告信息，网络商城可以通过 RSS 向用户提供商品货运跟踪、传递商品打折通知、拍卖商品跟踪与通知等。

2.9.4 其他聚合式推广

除了 RSS 这种利用内容聚合服务进行推广的方式外，互联网上还有很多聚合式平台供我们利用。下面将互联网上常见的聚合平台形式介绍给大家。

1. 网摘站

网摘类站点本身不提供内容，只提供内容摘要与地址，且这些地址均来自于用户的推荐。当用户单击这些内容标题时，会直接跳转到原内容的网址。网摘站曾经一度非常流行，但是现在已经变成了非主流。我们可以通过向网摘站提交网站内容链接的形式进行推广。请尝试到 http://www.wozhai.com/这个网摘站提交自己的内容链接。

2. Digg 站

Digg 站（也叫顶客、掘客），与网摘站类似，其本身也不提供内容，所有的内容也来自于用户的推荐，但是它与网摘站所不同的是用户需要提交完整的内容。同时 Digg 站内的内容排序方式，也与一般站点不同，它是以用户的投票数（即顶的次数）为内容排序的。我们可以通过向 Digg 站投递内容的方式进行推广，可以配合软文使用。请尝试到 http://www.diglog.com/这个 Digg 站提交内容。

3. 收藏夹网站

收藏夹网站主要是为用户提供网址收藏服务，让用户随时随地可以访问自己感兴趣的网站。对于用户关注度高、收藏数多的网址，平台会重点推荐。目前提供这种服务的网站有很多，比如腾讯、新浪等也均有相关功能。我们可以以引导用户收藏的方式来增加曝光度，达到宣传推广的目的。请尝试到 http://vivi.sina.com.cn/这个收藏夹网站提交自己的网址。

4. 新闻聚合站

目前中国最大的新闻聚合类网站是百度新闻，它本身不提供内容，其站点所有的内容均来自于与它合作的新闻源站点。若我们能够成为百度新闻等聚合站的新闻源，则会获取到大量的流量。关于百度新闻源网站的申

请办法及标准，请参看：http://news.baidu.com/newsop.html。

5. 论坛联盟

与新闻聚合站一样，论坛联盟类网站本身也不提供内容，其内容也来自于合作的内容源网站。在奇虎网没有转型为问答网站之前，曾经是国内众多论坛的重要流量来源之一。目前国内最大的论坛联盟类网站为大旗网。

6. 博客联盟

博客联盟类站点汇集了成千上万个博客的内容于一身，是推广博客的好去处。目前主要的博客联盟类网站有博啦网（http://www.bolaa.com/）、我烧网（http://woshao.com/）。

聚合类平台推广，可以作为辅助方法使用，并不需要投入太多的时间和精力。另外有许多平台提供了相应的提交代码，只要我们在网站内容页放置相应的提交按钮，然后引导用户去自行提交即可（如图 2-48 所示）。在这里向大家分享一个专门制作网站收藏推荐代码的网站：http://www.jiathis.com/。这个站点汇集了上万个聚合类平台，大家可以根据自己的实际需求，制作个性化代码。

图 2-48

2.9.5　本节任务

为自己的站点添加 RSS 订阅功能，以及添加收藏代码。

2.10　电子书（电子杂志）推广

2.10.1　什么是电子书推广

电子书推广就是指以计算机技术为基础，借助电子书这种形式和手段进行宣传活动的一种网络营销推广形式。它主要具有以下 6 个特点。

1. 绝对长尾

电子书推广是一种非常长尾的推广方式，这个"长"主要体现在两方面。首先是传播的时间长。电子书往往不具备时效性，只要内容优质，就会被网友不停地传阅下去，能够在互联网上流传十几年甚至几十年。其次是在用户电脑中保存的时间长，可以长期影响及引导用户，提高转化率。

2. 离开网络一样可以传播

大部分网络推广方式，都需要借助互联网来进行。而电子书离开互联网一样可以传播，比如 U 盘、移动硬盘、软件甚至手机等。

3. 可以实现精准推广

电子书都是被目标客户主动下载的，也就是说，如果用户选择下载某本电子书，一定是对书的内容感兴趣，有相关需求。所以只要电子书的主题与企业欲推广的产品信息调试融合，那么吸引来的人群就是非常精准的用户群。

4. 适用性广

电子书推广适合大部分行业、企业、网站及产品，比如商城网店、医疗保健等都非常适用。

5. 比软文生命力强

软文的隐形传播效果好，但是生存周期太短，当新的文章出来后，老文章就会淡出用户的视线。而电子书可以说是软文的升级与延伸，由于里面的内容量非常庞大，用户需要时间来消化和吸收，而在这个过程中，就可以通过书中的内容慢慢地影响与引导用户。

6. 制作简单，成本低廉

电子书的制作非常简单，甚至不需要懂任何专业的计算机技术。而且它的成本也非常低廉，只需要上网下载一个免费的电子书制作软件就可以操作。

2.10.2 电子书的制作

我们可以把电子书当成一个迷你的个人网站来策划，其具体的制作非常简单，就三步。

1. 确定主题

首先确定主题定位等。这个主要根据目标用户需求或产品来做。比如我们的目标用户是女性，那么制作美容、瘦身类的书会比较受欢迎。再比如销售减肥类产品，电子书的主题则应该围绕减肥的经验、技巧来进行。

2. 确定内容

电子书的内容以知识型、经验分享型文章集合最佳，此类型是用户最喜欢的内容之一。名字要起得醒目、诱人一些，比如《XX 宝典》《XX 秘笈》《XX 攻略》《XX 手册》等。

假如是减肥类产品，那么可以取名为《30 天立瘦 10 斤的秘笈》；家装类产品，可以取名为《X 万元以下家装宝典》；美容类产品，可以取名为《当红明星的保养手册》等。

总之，名称要取得既专业又有针对性，让人一看就知道是做什么的。并且要具备很强的吸引力，让有这方面需求的用户看到后就忍不住主动去下载。

3. 搜集内容

电子书的内容可以是原创，也可以是从网络上搜集的。具体操作时应该本着 20 字方针，即"人无我有，人有我全，人全我精，人精我专，人专我独"。

人无我有：若网络上相关的内容很少，甚至没有，那么只要我们能够找到一定数量的内容并制作成书，就会大受欢迎。

人有我全：若网络上相关的内容已经有很多，那么我们应该做到全。将这些内容尽可能地全部搜集起来，将之整理成系统而完整的教程。

人全我精：若网络上的内容已经很系统和完整，那么我们可以将这些内容去粗取精，只保留精华。

人精我专：若网络上的内容已经足够精粹，那么我们可以往专业化上发展。只围绕一个点或领域，做一本具有专业性级别的书。

人专我独：若网络上的内容已经非常具有专业性，那么我们可以以特色取胜，制作具有独特风格和特色的内容。

在整理内容的过程中，根据产品的特点和内容定位，适当地将产品及广告信息有机融入。注意，植入一定要自然，让人不易察觉。

4. 制作成书

内容全部整理完后，就到最后的成书阶段了。网络上制作电子书的软件有很多，其中免费的也有不少。用法都非常傻瓜，通常是要求我们先将内容在本地整理好（本地内容格式一般为 html 或 txt，一篇文章即一个文件），然后直接用软件生成即可。具体的请大家参看相关软件的使用帮助。

2.10.3 电子书的传播

电子书制作完成后，并没有完事大吉，我们还需要对它进行传播。这也是电子书推广中最重要的一环。

1. 相关行业网站、论坛

电子书制作完成后，先到相关的行业网站、论坛发布，因为这些网站都聚集了大量的目标用户。而且对于这些网站来说，也欢迎此类电子书资源。比如与女性有关的论坛，就可以到 55BBS、瑞丽女性网；与网络营销推广有关的，就可以到推一把。

2. 提交到下载站

很多下载站都有电子书频道，这么好的渠道当然不能放过。我们先把可以提交电子书的下载站地址搜集起来，然后一家一家发布。

3. 在 P2P 平台传播

网络上有很多 P2P 平台与软件，比如电驴等，我们可以将电子书制作成种子文件，在这些平台上传播。

4. 提交到专门的电子书网站

网络上有许多专门的电子书及电子杂志网站，对于这类站点来说，我们手中的书就是它们迫切需要的优质内容。

5. QQ 群推广

QQ 群推广虽然简单，但是效果却非常好。我们可以多加目标用户集中的群，然后将电子书上传到群共享里面。

6. 邮件推广

邮件群发这种方法虽然古老，但是却比较适用。对于有需求的用户来说，如果邮箱中能够出现一本对他有帮助的电子书，当然是求之不得。

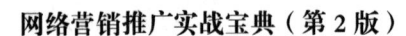

2.10.4 电子杂志

电子杂志是电子书的延伸与升级，它们之间的差别就同传统的杂志与图书的差别一样。电子书往往只是简单地将内容聚合，内容上不具有连贯性；而电子杂志制作精美、图文并茂，并且像传统杂志一样，电子杂志会定期连续出版。

从成本上说，电子书制作简单，成本低廉；而电子杂志的编撰过程比较复杂，需要有专业的团队来制作，成本较高。

由于电子杂志营销的性价比不是很高，所以采用这种手段进行营销的公司较少，也只有出版企业比较钟爱它，比如瑞丽等（见图2-49）。

图2-49

2.10.5 成功案例 1 则

电子书推广这种方法，大小企业及个人都适用。在企业中，阿里巴巴是最擅长使用电子书推广的公司，其陆续制作发布过《外贸网络营销手册》《阿里巴巴：让天下没有难做的生意》《外贸操作手册》《如何识别真正的买家》《与外商沟通33招》《如何尽快让网上询盘变成订单》《外贸寄样全攻略》《电子商务写作教程》等。这些书在网络上流传的同时，也为阿里巴巴带来了大量潜在用户。

在个人方面，做得成功的也不在少数。比如笔者认识的一位做淘宝客的朋友，利用电子书推广曾一度月入过万元。他的方法是先根据淘宝的销售数据，圈定那些销量最大的产品类别，比如减肥产品及美容美肤、化妆产品等。然后在商品质量、功效、品牌有保障的基础上，选择那些佣金高

的产品，以及信誉高、好评多的淘宝卖家。产品确定后，开始围绕这些产品及用户需求，搜集内容制作电子书，比如《XX减肥宝贝》一类的。电子书制作完毕后，开始大力传播。

由于其制作的电子书内容全面、系统、实用，书中植入产品的方式自然、友好，且都是非常靠谱的产品和卖家，所以他通过这种方法获得了非常好的收益。

2.10.6　本节任务

根据自己的实际情况，制作一本电子书，并且将它传播出去。

2.11　图片推广

2.11.1　什么是图片推广

将企业的产品、服务等信息以图片的形式进行包装，然后通过各种互联网平台传递到用户手中，以此达到宣传推广目的的活动，就叫图片推广。这种推广方式源自传统的图片广告，比如车身广告、路牌广告等。但是传统的方式形式单一，广告意图太明显，投资大，效果差。而互联网的出现，让图片广告焕发了青春，拥有了更多的表现形式。而且也让它的广告味越来越淡，使之更容易让用户接受。总结起来，图片推广具有以下几个特点。

第一，成本低。图片的制作非常简单，无须掌握太高深的技术，也不需要额外的投资，一个没有电脑基础的人，经过简单的培训，也可以做出精美的图片。所以图片的制作成本非常低廉。

第二，应用广。不管什么样的网络平台，都离不开图片。比如我们看文章时，一定更喜欢看图文内容。尤其是在以互动为主的平台（如QQ、MSN、论坛、SNS、微博等），大家特别喜欢用图片进行交流与沟通。一张好的图片会被反复传播，奉为经典。

第三，传播快，范围广。由于网络用户遇到好的图片都喜欢和别人分享，所以在有好素材的前提下，图片推广的传播速度是非常恐怖的，而且覆盖的范围也非常广。

第四，记忆深刻。 由于图片本身就具有较强的感性认知，具有丰富的冲动力，所以好的图片会给用户留下非常深刻的印象，久久难忘。特别是那些经典的图片，还会被长时间传播，经久不衰。

2.11.2 图片推广的形式

图片的表现形式非常丰富，但是总结起来，常用的推广形式或者说应用比较成熟的方法，也就如下几种。

1. 图片水印

这是最基本的图片推广方法之一，操作很简单，在图片上面加印自己的水印即可。比如常逛论坛的朋友，一定不会对猫扑这个名字陌生，因为很多论坛里的图片上面都有它的水印（见图 2-50）。如果企业制作大量带水印的图片在网络上传播，则会得到非常好的宣传效果。特别是对于一些图片比较多，或者以图片为主的网站，这是非常好的推广方式。注意，水印应该制作精美、醒目，这样才能引起别人的关注。同时水印放置的位置要以不影响图片整体的效果为宜，否则容易引起用户反感。

2. 搞笑、搞怪型

轻松幽默的图片是最受用户欢迎的，也是用户最爱传播的图片类型。比如在 QQ 群中经常被分享的图片，大多以此类为主。如果我们能将图片做得足够搞笑，能够触动用户的笑神经，那么将会被用户广泛传播。在这方面，最典型的成熟案例就是"百变小胖"（见图 2-51）。他仅仅靠一张照片，就红透了互联网，而且一直红到现在。

图 2-50

图 2-51

3. 故事漫画型

我们小时候，基本上都是从看图识字开始的启蒙教育，然后又从看图写话开始学习作文。连环画、漫画是我们小时候的最爱，甚至很多人成年以后还对它们情有独钟。可以说从骨子里，我们就喜欢这种以图为主的内容。做图片推广时，也可以考虑融入这种形式，将图片用故事漫画的形式表现出来。比如著名的"非常真人"，就是利用这种方式成名的（见图 2-52）。他们用真人照片+旁白的形式，制作了许多真人四格漫画在网络上传播，由于这些漫画形式新颖、内容搞笑，因此获得了巨大的成功。

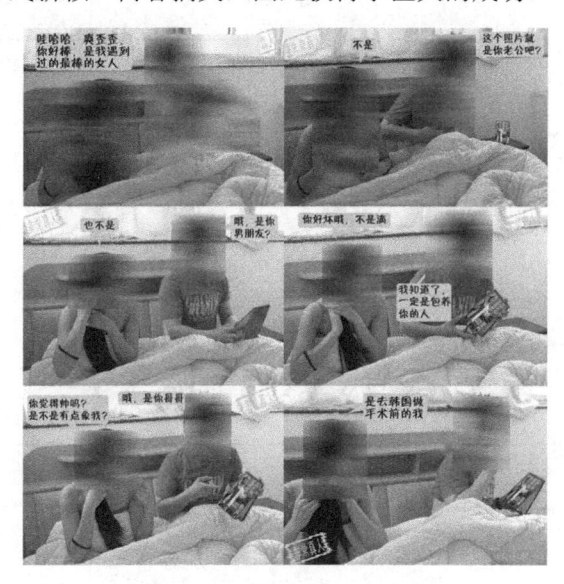

图 2-52

再给大家举一个产品推广的例子。下面这组漫画图（见图 2-53 至图 2-61），是比亚迪汽车的论坛推广帖，该帖全部由图片组成，其内容搞笑幽默，广告植入方式友好。让人在轻松一笑中，记住了比亚迪的品牌和产品。

图 2-53

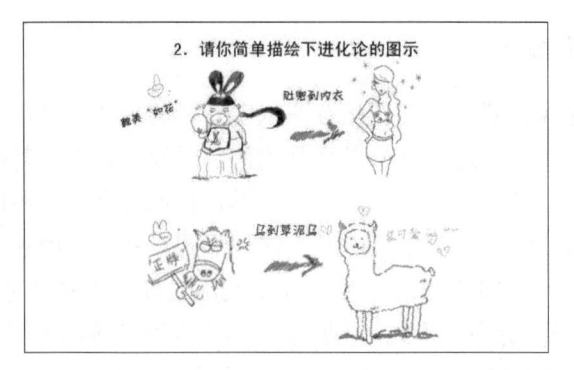

图 2-54

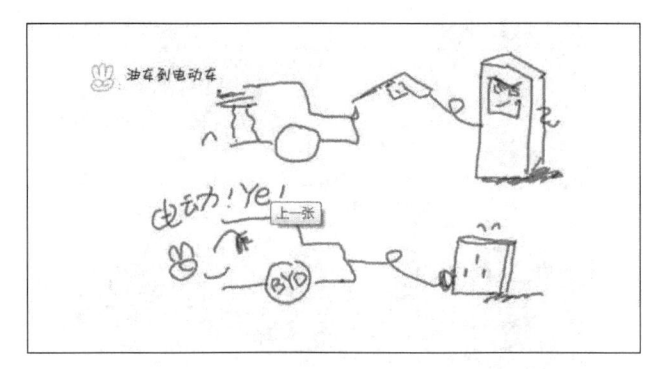

图 2-55

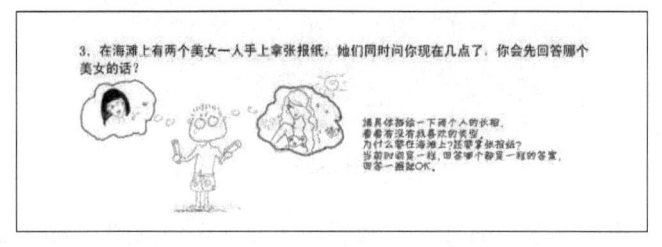

图 2-56

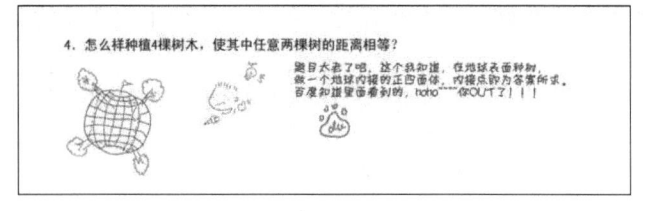

图 2-57

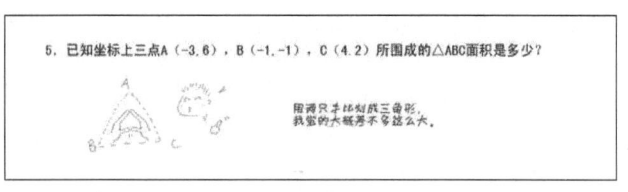

图 2-58

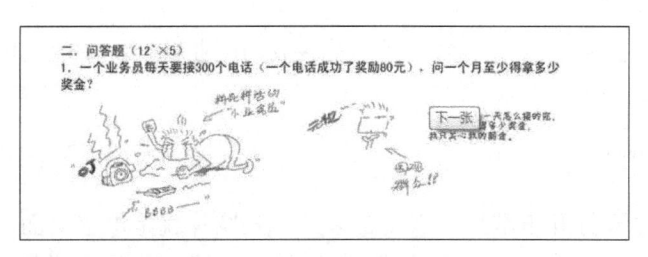

图 2-59

图 2-60

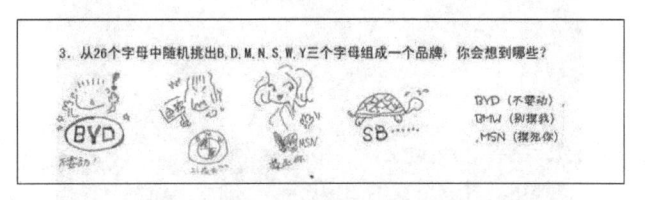

图 2-61

4. 表情型

随着 QQ、论坛等网络交流工具的发展，网友相互之间的交流形式也越来越丰富，已经不仅仅局限于纯文字。比如表情，就是大家聊天时最常用的沟通形式之一。一个好的表情不仅能够恰当地表达出我们的心情，传递我们的思想，还能让枯燥的文字顿时变得生动起来。而如果我们能将企业或产品信息制作成丰富可爱的表情，则会取得非常好的宣传效果。实际上很多企业已经在做这方面的尝试，且做得非常深入。比如 915 手机网发布了他们精心打造的系列表情包（见图 2-62）。

图 2-62

甚至一些好的表情形象，已经发展成为产业链，比如著名的泡泡兵、兔斯基等。

5. 壁纸型

我们每天打开电脑后，看得最多的一张图片就是电脑桌面，可以说是对它记忆深刻。而如果能让用户将我们的企业或产品信息设置成桌面，天长日久一定会让用户深深记住我们。而且好的壁纸，也会被各种相关网站及用户主动传播。

在这方面，网络游戏公司和许多大的企业已经走在了前列。比如网络上每出现一款游戏，相关的壁纸一定大行其道（见图 2-63）。

图 2-63

6. 企业 LOGO

每个企业都有自己的形象 LOGO，但是有没有人想过，这个 LOGO 本身也可以作为素材来推广呢？如果大家经常用搜索引擎的话，一定对 Google 和百度的 LOGO 不陌生，如果你足够仔细，就会发现它们的 LOGO 在遇到重要节日或事件时就会改变，而且每次都不一样。由于这些 LOGO 制作得都非常精美和有创意，所以其本身就已经成为一种推广素材，被网友广泛传播，甚至有人以搜集这些 LOGO 为乐（见图 2-64 和图 2-65）。

图 2-64　　　　　　　　　　图 2-65

2.11.3　成功案例 1 则

如果要盘点 2010 年的网络热词，"凡客体"这个名词一定榜上有名。凡客体源自凡客诚品的路牌广告。2010 年 7 月以来，中国青年作家韩寒、演员王珞丹出任凡客诚品（VANCL）形象代言人，各种性质的广告也铺天盖地地出现在公众的眼前。为了彰显凡客诚品的个性特点，韩寒、王珞丹的广告词采用了 80 后特有的口吻调侃社会，戏谑主流文化，广告图片也是简单明了，从生活上彰显 VANCL 个性品牌形象。

这种剑走偏锋、打破常规的另类手法也招致不少网友围观，网络上就出现了大批采用 VANCL 体恶搞的帖子，代言人也被掉包成芙蓉姐姐、凤姐、小沈阳、犀利哥、李宇春、曾轶可、付笛生、赵忠祥、成龙、郑大世、C 罗、卡卡、贝克汉姆、余秋雨、多啦 A 梦等。广告词更是极尽调侃，令人捧腹，随即也被众网友恶搞称为"凡客体"（见图 2-66）。

图 2-66

2.11.4　本节任务

以自己的照片为素材，参考 QQ 表情图片，制作几个幽默搞笑的表情图片，并在网络上传播。

2.12　活动推广

2.12.1　什么是活动推广

通过策划组织各种活动吸引用户参与关注，以此达到宣传推广目的的手段，即称之为活动推广。活动推广是一种非常好的方法，因为其适用性强，任何企业或个人皆适用。活动规模和投入也可大可小，甚至普通网民在不投

一分钱的情况下，也可以组织出有声有色的活动。最重要的是它的效果和作用甚佳：往小里说，可以提升用户满意度，增加用户黏性；往大里说，可以直接带动业绩与品牌的增长。总结起来，主要有 7 个方面的作用。

1. 带动流量

流量是网站的命脉，如何提高流量，是许多网站管理人员苦苦追寻的答案。而好的活动，可以对流量起到非常大的促进作用。笔者曾经就职的公司旗下某杂志搞过一次历时近半年的"封面精灵"评选活动，活动主要是通过网络进行的。结果在活动期间，网站的日流量翻了几十番。

不过注意，活动所带来的流量，通常只是暂时性的，往往活动一结束，流量就会回落。所以通过这种方式让流量持续增长，就需要保持活动的连贯性。

2. 带动销售

在传统营销方式中，活动营销、会议营销被很多销售人员奉为制胜法宝。一场好的活动或会议，能带来几十万、几百万甚至上千万的订单。而在网络上也是如此，好的活动对销售也会有极大的帮助（见图 2-67）。比如在 2010 年淘宝商城光棍节活动当天，单日交易额达到了 9.36 亿，2014 年的光棍节则达到了 571 亿。而像秒杀活动，更是网店和商城的促销利器。

图 2-67

3. 带动注册

对于互动型网站、网络商城等，用户注册量是重要的考核指标。但是提升注册量要比提升流量难得多，因为想提升流量，只要让用户来浏览页面即可；而想提升注册量，却在这个基础上增加了一个让用户注册的动作，这个小小的门槛，会让很多人望而却步。而有效的活动会刺激用户的积极性，让他们主动来注册。比如著名的团购网站美团网刚上线时，举办的愚人节活动，为该网站增加了 13468 个注册用户（见图 2-68）。对于当时上线还不足一个月的美团网来说，这是一笔不小的用户资源。

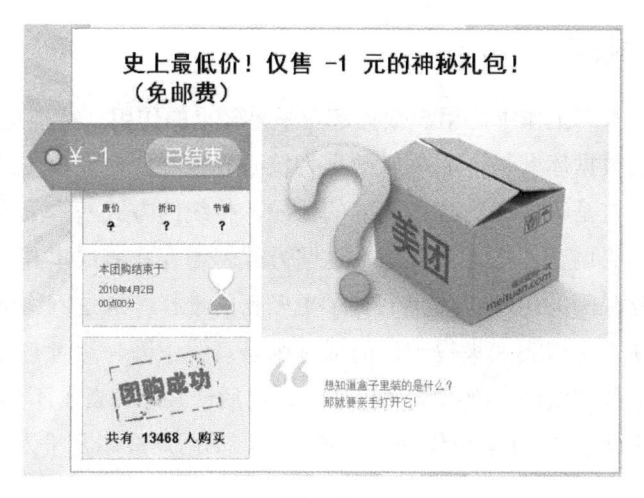

图 2-68

4. 提升品牌知名度

对于大型的活动，会在行业及用户中引起非常大的反响，成为被关注的焦点。在这个过程中，品牌知名度及权威性自然也就建立起来了。比如悦活果汁这个名字大家一定不陌生，而大多数人都是通过开心网中的活动认知这个品牌的。

再比如对于网站站长，一定对康盛创想一年一度的站长大会非常向往；IT 圈人士，一定听说过计算机世界的 IT 两会；SEO 界的同志，也肯定对 Admin5 的 SEO 大赛不陌生。注意，想通过活动带动品牌，活动的规范和覆盖范围不能过小，而且活动最好有一定的持续性，比如说每年一届。

5. 带来内容

对于网站来说，如何获取优质内容（如文章、图片、视频等），是个比较令人头疼的问题。不仅是网站，对于产品也是如此，比如如果能让用户在网络论坛或博客中写一写使用产品的感受，做一些评论，一定会引发非常好的口碑效应。那如何才能有效地获取到这些内容呢？活动是个不错的选择，比如最传统的网络征文大赛。这里说一个案例：

某作文网站上线初期，想获得一些优质内容，但是网络上的内容同质化非常严重，而其本身又是个人网站，不可能投入巨大的资源做原创。思来想去，其站长决定以活动为切入点，举办作文大赛来搜集内容。结果在活动中，一共征集到了万余篇原创内容，而最后算下来，花费仅仅几千元，平均每篇内容才几毛钱。

6. 搜集数据

在营销推广工作中，用户数据起着举足轻重的作用，特别是第 3 章中将要讲到的数据库营销，更是以数据为核心。但是如何能搜集到更多的有效数据呢？这是很多人一直在研究的课题。传统的方式基本上还是一对一的，比如街头调查、电话调查等，这些方式普遍存在着成本高、效果差等弊病。而互联网的出现，让我们有了更多新的选择。通过网络活动来搜集数据，将使效果得到大大提升，而成本则呈直线下降。笔者曾与某游戏公司合作在某网站做过一次有奖调查活动，前后一共才花费了不到 200 元，但是却搜集到了 5000 余份详细的用户数据，单用户成本几乎为零。

7. 提升用户忠诚度

丰富多样的活动，会极大地提升用户的忠诚度。尤其是对于网站，黏性很重要，只有黏性高的网站，用户才会喜欢，也更容易盈利。而活动是提升网站黏性、增加用户活跃度的良药。

2.12.2　策划活动的要点

策划组织网络活动，要比策划组织传统活动的门槛低很多，因为依托于互联网，可以让我们省去很多烦琐的环节，活动的可控性也更高。普通的网络活动，策划起来非常简单，关键掌握好其中的几个要点即可。

1. 活动的门槛要低

不管什么样的活动，门槛都不要设得太高，如果门槛过高，就会影响到最终的活动效果。这个门槛有两方面的含义。

第一是指活动的目标人群。活动面向的人群越初级越好，因为越是高级用户，用户群越少。而且高级用户，对于活动的热衷度远不如初级用户。

第二是指活动规则。规则应该越简单越好，规则越复杂，用户的参与度就会越低。

2. 活动的回报率要高

活动一定要让用户受益，要让用户得到足够的好处，只有活动的回报高、奖品丰厚，用户的积极性才能被调动起来。活动奖励可以是物质上的，比如手机、电脑、相机等；也可以是精神上的，比如荣誉、奖杯、名人的签名等。

但是注意，奖品在丰厚的基础上，还要有一定的特色和吸引力，不要总是千篇一律，和以前的活动一样，或者和其他的活动类同。笔者以前工作过的网站，经常搞各种实物活动，而且奖品还很丰厚，比如音箱、高级鼠标、键盘、显卡、声卡、主板等，甚至还有手机、MP4。但是由于每次活动奖品都是老三样，结果最后几百元一套的高级音箱，都没人愿意要了。

同时还要注意提升奖品的回报率，大奖固然重要，但是如果一次活动只有几个人有机会得奖，也会打消用户的积极性。所以在大奖有保障的基础上，尽量多设一些小奖，尽可能让更多的人拿到礼品。

3. 趣味性要强

活动的趣味性越强越好，只有活动好玩有趣，参与的人才会多，活动的气氛才能烘托起来。如果活动足够有趣，甚至在没有奖品的情况下，大家都会积极参与。毕竟上网娱乐，才是大家最终的目的。

4. 活动的可持续性

如果想让活动的效果放大，能够持续地发挥作用，那么最好将活动固定化，比如搞成系列活动，一月一次、一季度一次或一年一次。甚至经过长时间的积累，活动本身也会成为品牌

5. 多多邀请合作单位

对于非封闭式的活动，可以多找相关的单位合作，比如各种网站、媒体。因为这些平台本身都拥有一定的用户群，拥有各自的渠道和影响力。通过活动的形式将大家的优势资源融合，可以发挥更大的效力。

2.12.3 活动的形式

互联网上各种各样的活动有很多，但是不管活动形式如何，万变不离其宗，总有规律可循。归根结底，常见的网络活动形式可以分为以下 14 种类型。

1. 征集类

比如征集企业或产品名称，征集 slogen、宣传语，征集 LOGO 设计等。其实征集作品不是重点，通过活动扩大知名度和影响力才是关键。

2. 评比类

比如各大 IT 网站及媒体，每到年底就喜欢评选十佳软件、十佳厂商等，

此类活动是厂商及媒体的最爱。对于厂商来说,又增加了一份荣誉,提升了产品说服力;对于媒体来说,在通过活动提升品牌知名度和权威性的基础上,还创造了经济效益。

3. 调查类

此类活动通常是为了搜集各种数据,辅助其他营销推广活动。比如搜集用户的 E-mail 进行电子邮件营销,搜集用户的手机号进行短信营销等。

4. 竞赛类

竞赛的目的是通过荣誉感激发用户的积极性,比如通过征文大赛,让用户为网站创造内容;通过软文大赛,让用户帮助推广等。在这方面做得比较到位的是 Admin5 站长网每年一度的 SEO 大赛,该活动不仅提升了 Admin5 的品牌影响力与权威性,同时参赛选手在参与活动的过程中,还变相为 Admin5 做了大量推广工作。

5. 游戏类

游戏本身充满着娱乐性与趣味性,所以好的游戏人人爱玩,因为它能给人带来快乐,大家愿意为快乐买单,这也是游戏行业为什么如此火爆和赚钱的原因。而游戏类活动,同样可以达到这样的效果,甚至能够让参与的人趋之若鹜。

6. 公益类

公益类活动最大的意义是能够树立企业正面形象,增加美誉度。比如网络公益拍卖、公益募捐、公益培训等,都是大家喜闻乐见的形式。

7. 注册类

注册类活动往往都是为了提升用户注册量,或者搜集销售线索。常见的形式有有奖注册,如注册后就可参与抽奖,且奖品大都非常丰厚;注册送礼,如注册即送积分、金币;介绍注册送大礼,如成功介绍一个注册会员,即送积分或抽奖机会等。

国内著名的团购网站糯米网上线第一天即获得 15 万余单的好成绩,其成功的因素之一就是推出了"邀请好友购买返 10 元"的举措(见图 2-69)。

图 2-69

8. 投票类

投票类活动在拉动流量方面的效果是非常明显的，如果你的网站想在短期内大幅度提升流量，那么就搞投票类活动吧。因为基于荣誉感及人的显摆心理，大家会疯狂宣传拉票。注意，投票往往是与其他活动形式配合使用的，比如评选活动、竞赛活动、选透活动等。

笔者曾在媒体上看到一则消息，一所小学进行大队委员竞选，最后一个环节是网络投票。结果在 25 个候选人中，有 19 个人的得票数超过了 1 万，最高的一人达到了 7 万多票，而实际上这所学校一共才 1100 多个学生。原因不言而喻，都是这些候选同学家长疯狂拉票的结果。虽然这些家长的行为不可取，但是这种投票形式的威力却可见一斑。

9. 试用类

试用类活动非常适用于产品的推广，特别是新推出的产品。具体操作时一般都是与相关的社区或网站合作开展，借助它们的人气与渠道来宣传产品。消费者对此类活动还是非常感冒的，参与的积极性也非常高。甚至网络上还有许多专门的试用类网站，流量大都不菲。

10. 团购类

广大消费者与用户非常喜欢团购活动，这点从 2010 年火爆的团购大战就能看出一二。团购活动对于商家来说，能够提升销售业绩，增加知名度；对于网站来说，能够增加平台对用户的黏性，甚至还有创收，实在是一举两得的事情。

11. 促销类

前面说的淘宝网 2010 年光棍节活动，就是典型的促销类活动，通过低折扣刺激消费者的购买欲，单日交易额逼近 10 亿元。除此之外，像买一赠一、网络拍卖、网店秒杀、网络商城里的积分换礼品等，也都属于此类活动。

12. 选秀类

人的骨子里都有一种表现欲，这是人的基本欲望，是个性突出、有生命力的表现。特别是当互联网将信息传播的门槛拉得越来越低后，人们潜意识中的表现欲被充分释放，发挥得淋漓尽致。看看这几年层出不穷的网络红人就能看出，为了出名，什么都敢做，套用一句广告词，就是"一切皆有可能"。

而选秀类活动，就是让人们充分发挥表现欲，在这种活动中，不怕你表现，就怕不表现。特别是配合投票等环节，其传播的效果威力无穷，参与活动的人，就会主动地想尽办法去帮我们推广。

13. 学习类

虽然目前互联网的主流是娱乐，但是它最大的作用其实体现在学习上。由于互联网的便捷性，我们可以坐在家中足不出户就能学到任何知识。对于能够传播知识的活动，用户是非常欢迎与喜欢的。典型的活动形式有 QQ 群讲座、视频培训、网络访谈、论坛版聊等。

14. 线下类

除了以上介绍的线上方式外，最后一种就是传统的线下活动了。互联网毕竟是虚拟的，走到线下，才能真正落地。比如聚餐、爬山、K 歌、交流沙龙等，都是非常好的活动形式，可以增加用户之间的了解，拉近用户与我们的距离，提升凝聚力。

2.12.4 撰写活动方案

经常在论坛及 QQ 群中看到有人求方案，其实一份好的方案不是靠写出来的，不是说格式漂亮、模板好就叫好方案。好的方案，主要是体现在内容和创意上，要有可执行性。活动方案也是如此，一份好的活动方案，不在于写了多少页文字，用了多少华丽的辞藻，关键是活动本身的创意和内容是否好，是否容易执行，是否能达到预期效果。活动策划书根据企业

具体情况的不同而有较大的灵活性，因此这里重点和大家说说策划方案时要体现的几个要点。

1. 活动介绍

活动介绍包括活动主题、活动时间、活动地点、目标人群、活动目的、活动背景介绍（如主办方、协办方）等。

2. 活动规则

活动规则包括活动具体的参与办法、面向人群、具体的奖项设置、评选规则和办法等。

3. 活动实施

活动实施要说明活动的具体实施步骤、具体时间及大概人员安排、应急预案等。如果活动规模比较大、周期比较长，还要设计好不同阶段的不同方案。

4. 效果预估

效果预估要大概说明活动最终会获得什么样的效果，达到什么样的目标。注意，这些数字指标一定是要可以量化的。不能只是说提升了品牌知名度，要落实到具体的数字，如活动页面浏览人数 XXX 万、参与人数 XX 万、被 XXX 家媒体报道、覆盖到了 XX 万人群等。

5. 活动预算

活动预算要将活动的支出项目及大概的预算写明。注意，这个预算是和效果及目标匹配的，不能说花了钱却没有任何效果。

2.12.5　方案范文

下面向大家分享一个某 IT 论坛的活动方案策划书，该方案虽然简单，但是却非常实用。而且由于活动是社区必不可少的一部分，所以该方案对于大家的实际工作非常有参考价值。

迎奥运，XXX 网攒机大赛活动方案

一、活动主题

迎奥运，XX 网攒机大赛。

二、活动目的

将公司旧网站会员吸引到新网站。

三、活动简介

由于公司战略调整，决定废弃旧网站 AA 网，未来的重点和精力将转移到新社区 BB 网。但是由于 AA 网已经成立 X 年，用户对其已经有了一定的感情，所以强行将 AA 网会员转移到 BB 网，容易让用户产生抵触心理，引起用户流失。所以我们决定用活动的形式，将用户一步一步引导到 BB 网。

由于我们是 IT 网站，社区内的计算机爱好者非常多，而 8 月期间又是攒机高峰，所以第一次活动的形式为攒机大赛。

四、参与人群

所有 AA 网与 BB 网会员。

五、参与办法

在 BB 网活动专区发帖。（具体发帖格式略）

六、活动阶段与作品要求

第一阶段：家用型电脑阶段　时间：8 月 1 日—8 月 15 日

参赛作品要求：

1. 整机预算不超过 3500RMB（配件价格以 BB 网报价为准）；

2. 配置要求为家用型电脑；

3. 不少于 200 字的配置说明及点评。

第二阶段：游戏型电脑阶段　时间：8 月 16 日—8 月 31 日

1. 整机预算不超过 5000RMB（配件价格以 BB 网报价为准）；

2. 配置要求为游戏型电脑；

3. 不少于 200 字的配置说明及点评。

七、奖项设置（每阶段各一套）

一等奖一名　康舒 F1 350 一台　　　　　　　　　价值 199RMB
二等奖两名　罗技 G1 鼠标一个　　　　　　　　　价值 149RMB

三等奖五名　金士顿 DataTraveler（逸盘）（1GB）　　价值 45RMB

八、评选办法

第一阶段（9月1日—9月3日）：由评审团（超版、版主组成）对作品进行初评，评选出 20 套符合要求的配置；

第二阶段（9月4—9月9日）：对初评的配置进行公示；

第三阶段（9月10—9月28日）：针对以上 20 套作品进行网络投票，以此排定最终名次。

九、评审标准

1. 配置合理性：各硬件之间搭配是否合理，是否存在兼容性问题。要注意配置是否冗余，如整合主板配独立显卡、声卡就会造成投资浪费。

2. 市场敏感度：尽可能选择市场上的促销产品和市场上容易买到的产品。奇货可居必然造成价格的提升。对一些过气的产品，一定要选择在市场上可以买到的。

3. 性能价格比：在性能相同的情况下，价格的优势将为你的配置带来更多的分数。像一些隐含的性能我们也要考虑在内，比如配置的超频能力如何，也是对性价比评估的标准之一。

4. 个人创造性：DIY 就是要突出个性，针对不同层次的应用，配置也不会相同。我们希望大家尽可能为不同类型的应用推荐各种配置，对应用有自己的真知灼见，将是得到最高分的捷径。

5. 网友人气度：网友的评价与投票也会成为此次大赛评奖考虑的因素，所以希望大家在自己提交方案的同时，也多多参与评论其他网友的方案，提出中肯的建议或意见。

十、效果预估

获得有效作品 XXX 份，活动总参与人数 XX 万，论坛活动期间日发帖量达到 XXXX 帖，论坛注册人数达到 XX 人。

十一、活动预算

1500 元。

附注一：注意事项

1. 每个会员每阶段只能发一套配置，主楼发配置，2 楼发点评，配置不允许编辑，否则取消比赛资格。

2. 禁止论坛管理人员参赛（版主、分区版主、超版、副管和管理员），禁止会员马甲同时参赛，否则取消比赛资格。

3. 作品内容要客观真实，不得含有恶意诋毁、投诉等语言。不得大量重复发表相同的作品内容，发现后取消比赛资格。

4. 投票期间如发现马甲投票或 IP 地址相同的多次投票，均取消比赛资格。

5. 复制粘贴的配置、与之前参赛会员配置相同（不同配件少于 3 个（含））的配置，均取消比赛资格。

6. 凡在参赛非规定时间内发配置参赛的都不具备参赛资格。

7. 由于参赛期为一个月，IT 市场价格波动比较大，可能会在中途对预算进行适当调整，以示公正。

8. 配置点评是我们重要的考核环节，配置合理、点评出色的作品才是我们心中的优秀作品。

9. 针对配置相似、内容质量相仿的配置方案，我们优先选择发帖时间靠前的方案。

10. 对于一些不合理的配置我们将会进行过滤，去除不符合参赛标准，如有严重搭配错误的攒机配置。

2.12.6　本节任务

策划实施一次小型的网络有奖调查活动，要求在一星期内，通过活动搜集到至少 500 份有效的调查问卷。

2.13　资源合作推广

2.13.1　什么是资源合作推广？

企业之间通过交换各自的优势资源，以此达到相互宣传推广效果的活

动,即称之为资源合作推广,比如典型的广告互换、流量互换等。

这种方式最大的特点和优势是能够在投入资金的情况下,利用自己手中已有的资源实现营销推广、扩大收益,让手中的资源发挥最大的效用。它适合于任何规模的公司、单位,甚至个人。

但是它的难点也非常明显,其成功的关键是如何深入挖掘自身资源,有效扩大资源价值。所以这就需要我们在实际操作时充分发挥想象力,合作方式不要拘于一格,好的合作创意将能带来更佳的效果。

由于资源合作有着化腐朽为神奇的效果,所以各大公司对它越来越重视,甚至已经演变成了一个专门的部门和职位,它的名字叫 BD,即 Business Development,翻译成中文为商务拓展。在一些公司中,BD 部门的重要性已经超越了传统的市场部。

2.13.2 资源合作推广的基本步骤

资源合作的基本流程和步骤非常简单,对于有经验的老 BD,谈成一个合作可能只需要 10 分钟,因为只有简单的三步。

第一步:确定自身的资源与需求

在寻求各种合作之前,先要弄清我们自身有哪些资源与优势可以利用,也就是说,先要最大化地挖掘我们自身的资源。同时要明确我们想通过对外的合作得到什么,我们想要的资源有哪些。最好把这些资料整理成一个简单的文档或 PPT,方便向合作伙伴介绍。

第二步:确定对方的资源与需求

明确好自身的资源与需求后,开始踏上征程,通过各种方式寻求适合的合作伙伴。一般 BD 人员的工作在外人眼里看起来都很悠闲,貌似就是在网上聊聊天,在线下参加各种活动,没事打打电话找人吃吃饭。其实事实并不是如此,做这些事情都是为了能够接触到更多的潜在合作方。

在这个过程中,一旦遇到有合作可能的公司后,先不要急于谈合作,应该先大概了解一下对方有哪些资源有优势,这其中有没有我们想要的。然后再初步思考一下我们的资源中有没有对方感兴趣的,我们能给对方什么!如果能直接找到靠谱的合作模式最好。

第三步：找出双方的结合点

当确定和对方有合作的可能后，双方再正式接触和洽谈。这步很简单，只要能够找出双方的结合点，合作基本上即成了一大半。注意，洽谈时要本着求同存异、相互共赢的原则。我们提出的方案和建议，一定是对双方均有好处，特别是一定要让对方受益。千万不能只是单方面对我们有好处，却忽略了对方的利益。

在这里重点提示一下，如果与对方是初次建立联系，那么在前期一定要向对方明确 4 件事：①你是谁；②你是做什么的；③你能给对方什么；④你想要什么。只要让对方明明白白知道了这些问题，对方才会有兴趣坐下来和你谈，而且这样也节省了时间，提升了效率；否则要么是对方直接拒绝你，要么是谈到最后，发现根本没有合作点，是在浪费时间。

笔者就遇到过这么一位朋友，从年初到现在，已经通过 QQ 与电话找了笔者无数次，希望约笔者出来谈合作。但是笔者至今都没有答应与他见面。因为都接触大半年了，对方一直都没说清楚到底想进行怎么样的一个合作，也从来没提过能给双方带来什么好处。甚至在初步接触的几次，他都没说明白自己是做什么的。还是笔者反复追问了几次后，才大概弄清楚对方是个什么公司。

2.13.3　如何挖掘资源

在实际工作中，最令人头疼的问题是没资源怎么办？特别是对于一些小企业及个人，他们不像大公司那样资源丰富，如何有效地挖掘资源是他们进行合作推广时最大的壁垒。下面重点说一下对于个人及一些小企业如何挖掘资源。

1. 自造资源不求人

任何公司或个人的资源都不是凭空出现的，都是经历了从无到有的过程。没有资源不可怕，关键是有没有一颗敢于想象和创造的心。所谓有条件要上，没有条件创造条件也要上，我们完全可以根据自己的需求，创造一些资源出来。

如果有心，结合前面讲过的内容和知识，就可以创造出好多资源。比如针对某一具体领域的知识与技巧，完全可以将网络上相关的内容整理成一本系统、全面、完善的系列电子书或电子杂志，然后通过此资源与人合作。

再比如将网络上可以免费找到的相关媒体通讯录、用户名录全部下载，然后重新进行分类、筛选及校正。这又变成了非常有价值的媒体资源、用户资源。

其实网络上的免费资源很多，只要我们用心，将这些免费的资源有效整合并加以利用，就能够发挥非常大的作用，甚至其本身就能够产生非常大的经济效益。像笔者在 20 岁左右的时候，曾经在网络上贩卖过营销软件。其实这些软件都是在网络上找的免费版或破解版程序，但是由于网络上的免费软件不集中，而且其中隐藏着大量的木马、病毒，所以很多人没有条件一点一点搜集。于是笔者将那些可用的、安全的软件全部搜集起来之后，便成为了紧俏的资源。当时生意好的时候，每个月可以达到上万元的纯利润。

2. 整合资源好乘凉

俗话说，找棵大树好乘凉，如果能将一些优质的公司或名人资源整合起来，将会对我们形成非常大的助力。

而人物访谈，就是一种简单而有效的整合方法。首先，所有参与到访谈节目中的嘉宾，都是优质的人脉资源。其次，当开始对外发布访谈内容时，这些发文渠道又会慢慢积累成为媒体资源。而且我们还可以找一些媒体、单位作为访谈的合办单位、支持媒体，增加访谈的权威性与影响力。最后，随着时间的积累，当访谈的知识度越来越高、影响力越来越大时，这个访谈本身就会成为一个品牌。关于人物访谈的操作要点，请参考 3.3.7 节的相关内容。

再比如线下的行业沙龙、交流会，也是整合资源非常好的方法。通过沙龙和交流会，可以积累很多人脉资源，而随着时间的积累，沙龙本身也会慢慢形成品牌效应。

再说一个朋友的例子。笔者有一位朋友，本身的资源很少，除了在行业里认识的人稍微多些外，再没什么太大优势了。但是他很聪明，联合认识的一些朋友，在互联网上面建立了一个针对行业的联合会，然后又邀请行业内比较有影响力的人来做名誉会长、副会长等，他自任理事长。一个人的知名度和影响力有限，但把这么多人聚集到一块后，联合会的地位和权威性一下子就建立起来了，而作为发起人，笔者的朋友自然也是水涨船高。

3. 善用朋友的资源

我们自身的资源有限，但是朋友的资源是无限的。而且作为朋友，有

深厚的感情做基础,在他们力所能及的范围内帮我们介绍一些人、做一点小事情也肯定会义不容辞的。所以要学会广交豪杰,并弄清每个朋友的优势和资源。这对于个人、对于公司,也是同理,对于关系好的合作单位,要深入挖掘利用,不要客气。

其实很多人身边不是没有资源,只是缺少一双善于观察和发现的眼睛。比如笔者认识的一位应届大学生,一直在为工作的事奔波。但是据我所知,在这位同学的朋友圈中,有几个人的资源是非常多的,至少帮他找份好工作没问题。但是可惜的是他本人并不知道他的朋友有这些优势,也从来没有留意过这些问题。

4. 巧用特长做资源

每个人都有一些特长和爱好,比如唱歌、跳舞等。但是你有没有想过,这些不起眼的爱好和特长,也可以作为资源来用呢?1989年的春节联欢晚会上,有一个小品叫《招聘》,讲的是一家公司招员工,其中最重要的一个要求就是要能喝。虽然只是一个小品,但是却很能反映问题,有些特长和爱好,不仅能够作为资源使用,还能够发挥非常大的作用。

比如对于能写的人,可以通过文章交换或聚集资源,甚至直接打造一个名博。再比如对于善于组织和策划的人,可以通过策划和组织各种活动来拓展资源。甚至时间多也是一种优势,可以利用空余时间,建立和发展一个微博,当粉丝超过100时,就相当于拥有一本内刊;超过1000,是布告栏;超过10000,是杂志;超过10万,是都市报;超过100万,是全国性报纸;超过1000万,是电视台;超过1亿,就是CCTV了。

5. 人脉是最好的资源

不管做什么事,都离不开人,人是社会网络的基本构成要素。所以人脉才是最好的资源。包括上面说的几条,也都与人脱不开关系。最简单的一个例子是,如果你认识的人少,找工作都困难。比如在互联网行业中,网编相对来说找工作是比较困难的,很重要的一个原因是这个职业接触的人相对较少,每天就是坐在电脑前更新文章。而市场推广人员相对来说找工作是最容易的,因为他们的工作性质决定了要接触大量的人,认识的人多了,机会也多。

6. 品牌是最大的资源

当我们说某某人比较牛、某某公司比较牛时,往往都是因为他们比较有背景、有知名度、有影响力。也就是说,只要是具有品牌的人或公司,

我们都认为是优质资源。由此可以得出这么一个结论：如果我们自身的品牌提高了，也是一种资源优势。当然，建立公司大品牌是个长期过程，但是我们却可以在一定范围内先建立一些小品牌，积少而成多。

比如打造品牌活动，如业内的沙龙、交流会、年会等；再比如打造名博，在媒体上开通品牌专栏。也可以是推人，比如将公司的创始人、管理层、优秀员工等打造成行业明星。

7. 好的资源靠积累

所谓十年树木，百人树人，成功没有捷径，好的资源同样不是一蹴而就的。哈佛商学院杰弗里·蒂蒙斯的统计显示，创立高潜力企业的创业者平均年龄在 35 岁左右。为什么 30 来岁的人创业容易成功？原因就是这个年龄段积累的各种资源比较丰富和成熟，比如经验、人脉、背景、关系等。

所以想拥有好的资源，最关键的是要注意平常的积累与维护。比如笔者的几位朋友有这么一个共同的习惯：参加完聚会回到家，会第一时间给聚会中新认识的朋友发个短信或邮件建立联系。并且他们还会建立一个Excel 表格，把认识的人都记录起来，比如他们的年龄、生日、工作信息、特长资源等。而且每到过年过节，一定会通过短信等方式送上祝福。而凡是有这种习惯的人，资源都非常丰富，职位和成就也都比较高。

2.13.4　资源合作的形式

在洽谈合作时，形式不需要拘于一格，只要能够达到共赢的目的，任何形式都可以。甚至必要时还需要充分发挥我们的想象力，去主动想一些创意方式。在这里和大家介绍一些常见的互联网合作方式，希望能起到一个抛砖引玉的作用。

1. 友情链接

这是最古老、最基本的一种互联网合作模式。关于友情链接的内容，前面章节中有详细介绍。

2. 广告互换

每个网站都有自己的广告位，但是有的时候，这些位置并不一定都会全部售完。而广告位空在那里又是一种资源的浪费。所以这时候我们就可以找一些关系性强的网站，将双方空余的广告位进行互换，以此达到相互宣传推广的目的。

3. 流量互换

流量是网站的命脉，也是网站推广人员的任务指标之一。但是想大幅度提升流量并不容易，特别是对于流量基数比较大的站，提升起来非常困难。比如对于一个日 IP 量 500 万的站，一些普通推广方法带来的效果简直就是杯水车薪。那么在这种情况下如何才能快速提升流量呢？方法就是流量互换。

在理想状态下，如果网站每天的 IP 量是 10 万，那么通过一对一的互换，马上就能达到 20 万。当然，这只是理论，在实际操作时，并不一定能导出去那么多的流量。在这里和大家分享一个换流量的秘籍，用这种方法，甚至在自身没有多少流量的情况下，也可以换来大量 IP。笔者曾经用这种方法，帮助一个日 IP 量 5 万左右的网站，翻了十几番的流量。

方法很简单，首先要建立一个专门的流量交换页面，然后开始寻找合作伙伴。比如找到 A、B、C、D 四家网站，与他们谈的条件是每天交换 1 万 IP 的流量，即每天我们给他们每家网站各带去 1 万 IP，他们四家网站每天各自给我们带来 1 万 IP。具体换多少无所谓，但是注意一个关键问题，对方带给我们的流量，一定全部指向到这个流量交换页面。

接下来将这个页面分成五份，其中一份放置我们网站自身的内容，剩下四份放置四家合作网站的内容。同时我们网站内部的流量，也尽可能地引入到这个页面。比如在最终内容页、文章列表页等流量集中的地方，放置该页面的链接。

这个时候，该流量互换页面每天至少会有 4 万 IP，而四家合作网站每家每天的需求是 1 万 IP，只要里面的内容足够吸引人，能够引起用户的单击欲望，那么满足他们的要求是非常容易的，甚至超额完成。

其实这种方法相当于我们做了个流量中转页，帮助他们四家完成了流量的交换，而我们从中截取一部分流量做回扣。这算是一种取巧的方法，但是却非常实用（见图 2-70）。

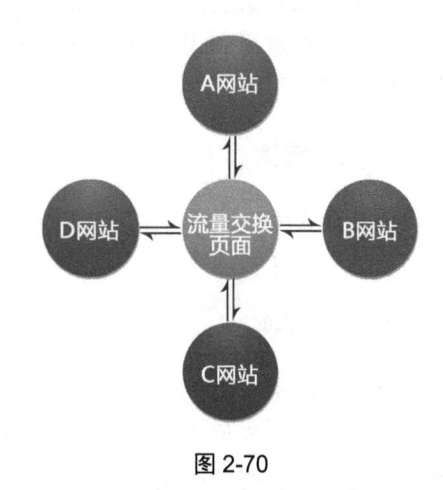

图 2-70

4. 内容转载

如果我们能够生产足够的原创内容，那么进行内容转载合作是个非常不错的选择。通常的模式是对方转载我们授权的原创内容，并在内容页面注明内容来自我方网站，同时还要加上我方网站的超级链接。

对于对方来说，增加了许多优质的内容；对于我们来说，提升了知名度，增加了流量，而且还额外获取到了许多优质的外部链接。

5. 专题共建

这种方式与流量交换有点像，但是又不太一样。先来了解一下网络专题的概念。网络专题是网络媒体的一种重要表现形式，通常围绕某一特定主题（如突发事件或宣传主题），设计固定的专题页面，进行图片与文字、即时新闻与相关资料的集中报道。一个专题就相当于一个迷你的独立主页，里面的内容也都是精挑细选的，非常具有针对性。所以一个好的专题，能够为网站带来大量的流量。一个网站如果能经常组织优秀的专题，也会大大提升网站的黏性与形象。

但是不是所有网站都有能力经常组织优秀的专题，同时我们也希望能够让已有专题发挥更大的作用，为网站带来更多的用户。这时候，我们就可以通过专题共建的方式达到这些要求。

比如新年将至，我们联合包括自己在内的五家网站合作共建一个迎新年专题。专题的页面分成五份，每家网站负责其中一份的内容建设。专题制作完毕后，在五家网站同时上线，五家网站也同时推广这个专题。从理论上说，我们只做了五分之一个专题，但是却在五家网站同时得到了展示。这比我们自己独立完成一个专题，然后在自家网站展示的效果提升了数倍。

6. 频道共建

经常上 MSN 官方网站的朋友，如果细心的话相信会有一个小小的发现：MSN 网站上面的频道和内容虽然很丰富，但是全都不是自己的东西。比如交友频道的内容来自世纪佳缘、资讯频道的内容来自北青网、房产频道的内容来自搜房网。这是怎么回事？难道看花眼了？你没有看错，MSN 网站本身不提供内容，它的频道全部是与外部网站通过合作共建的形式来完成的。

频道共建这种模式对于网站方来说，既节省了成本，不需要投入大量的资金去建设网站频道，又能够创收，因为频道承建方需要缴纳一定的费用。而对于承建方来说，也同样节省了成本，因为只需要缴纳一点点的费

用，就可以直接获取到大量的用户，而且还可以借助对方的品牌快速提升自身的影响力。

7. 活动合作

活动推广的效果固然好，但是实施起来也较为麻烦，从活动的策划、活动的组织，到活动的实施、活动的推广，都是比较耗费人力、物力和精力的事情。但是如果别人在做活动时，我们能够搭个顺风车，那就会起到事半功倍的作用。活动的合作模式大概有三种。

一是活动协办。我们以协办方的身份出现，与主办方一同来完成这个活动。通常需要我们出一些资源，比如人力、物力等。

二是活动支持。如果我们本身是网站，那么可以给对方一些媒体支持，比如给对方发布活动新闻稿，在网站上为对方提供广告位等。

三是活动赞助。这个比较直接，直接为活动赞助资金或礼品。

8. API 合作

什么是 API 合作呢？简单地说，就是基于其他平台（比如网站等）开发相关的应用程序，借助对方的品牌、人气来提升我方的知名度，从中获取流量或收益。比如在人人网中火爆异常的开心农场（俗称偷菜游戏），并不是人人网自己制作的，而是由一家叫五分钟的公司开发而成的，之后通过合作的方式，将此游戏植入到人人网中。此游戏一经推出即风靡网络，五分钟这个名不见经传的公司，也因此一夜成名。

当然，像开心农场这种程序，比较复杂，需要具备一定的技术实力才可以。对于技术实力不是很强的公司，可以选择一些较为简单的方式，比如针对 discuz!、phpwind 等社区程序，开发相关的论坛插件。或者再简单一些，直接针对各种主流的建站程序，制作免费网站模板在网络上传播。

9. 数据互换

在实际工作中，我们经常需要获取各种各样的数据，比如用户名录、销售线索、邮件地址库等，但是想大量获取这些有效数据，是一件比较费时、费力的事情，而且往往要付出一定的代价。有没有折中的解决方案呢？其实我们在头疼这个问题时，其他公司也在为此苦恼。如果我们能找到这些公司，直接同他们交换数据，那么大家的问题就都迎刃而解了。从理论上说，如果你有 100 万用户数据库，那么通过一对一交换的方式，马上就能变成 200 万，却不需要付出任何代价。

10. 联合运营

联合运营源自网络游戏，是游戏行业中出现的一种全新的合作模式。游戏厂商将游戏的运营权开放，媒体、渠道推广商、公会、网吧等所有产业链上的企业或个人都可以参与运营，并共享利润空间。

比如我们利用业余时间做了一个游戏方面的个人网站，经过辛勤的推广与运营，网站拥有了非常高的人气与流量。众所周知，网络游戏是互联网上最赚钱的产业，而我们的网站聚集了大量的游戏用户，如果能够运营一款游戏，肯定是非常赚钱的。但问题是开发和运营游戏，需要投入大量的资金，这显然是不现实的。而通过联合运营就可以打破这种壁垒，在这种合作模式下，由游戏厂商提供游戏服务器、客户服务、各种技术支持等，而我们只需要负责吸引玩家来玩游戏就行。当玩家产生消费时，与游戏厂商进行分成。

这种方式突破了传统的媒体广告合作方式，让渠道商直接进入产品运营体系，降低了风险和成本的投入，同时获得了运营所得的高额收益。

2.13.5 合作的心态很重要

在笔者从业的 9 年中，曾经与许多家网站、公司及个人洽谈过合作，也曾经见证过许多合作的失败与成功。总结这些经历，笔者最大的感悟就是：能不能顺利达成一个合作，合作能不能持续，与经验、技巧没有太大关系，最关键的是合作者的心态。其实合作就是在与人打交道，所以合作想顺利，就先要把人搞定。但是如果我们抱着一种不好的心态去面对别人，则很难得到对方的认可，合作也就无从谈起。下面说说在实际工作中，大家最容易忽略的五个问题。

1. 诚实

合作的时候一定要本着诚实的原则，千万别忽悠。比如在换流量的时候，虚报数据、弄虚作假等，都是不可取的行为。对于有经验的老手，这点小把戏在人家眼里很幼稚，人家会直接将你拉入黑名单。而对于那些新手菜鸟，可能因为什么都不懂会被你一时蒙蔽，但是早晚有一天人家会成为老鸟，当人家明白过来时，会对你倍感厌恶。俗话说得好，买卖不成情义在。只有当你真诚地与人洽谈时，才能够建立良好的关系，此时即使合作不成，但感情有了，以后不愁没有合作机会。

虚报点数据还说得过去，最忌讳的是用言语忽悠人家。在这里给大家

看一个前段时间某人找笔者合作时，发的消息记录。

　　XX 网：你好，我是 XX 网的，想跟贵站合作，请问可以吗？

　　笔者：你好，想怎么合作呀？

　　XX 网：我想把我们的文章发到你们网站。

　　XX 网：带有我们主站的链接。

　　XX 网：这样一来，我们的文章被百度收录的话，你们网站也增加了内容收录数量。

　　XX 网：大家互惠互利。

　　XX 网：你看行吗？

　　大家看明白了吧，这个 XX 网，其实就是想在笔者的网站免费发布软文，而且还是带外部链接的软文。稍微对互联网行业了解一点的朋友都知道，发软文是要收费的，而且对于一些大网站，有钱人家也未必给你发，还要看文章的内容质量。而这位朋友却很牛，把请人帮忙发软文这件事，愣给说成了是在帮别人的网站增加收录数量，愣说是在帮别人的忙。

　　再来看看下面这位。

　　JA：你好，我是 XXX 网站，想在你们网站上做一个关于我们平台的测试活动。你们的会员可以参与我们平台的有奖测试活动。

　　JA：我待会把帖子发上去，你给置顶了，然后可以的话在首页加个专题通道，也算是会员活动了。

　　这位叫 JA 的朋友，与上面的那位朋友有一拼，同样是想在笔者的网站发布广告帖，却硬是说成了帮笔者的网站增加会员活动，而且还以强势的口吻要求给予置顶。

　　从辩论的角度说，这两位朋友是辩论的好手，可问题是职场不是辩论场，用这种态度找人合作，是在忽悠别人还是在忽悠自己？

2. 平等

　　在合作的时候，要牢记平等互利原则，不能因为对方是大公司，就自贬身份，也不能因为对方是小公司，就趾高气扬。一味地巴结对方，人家并不会就此而高看你，相反会鄙视你。而且从合作的角度说，此时你已经

处于被动的地位，对以后的合作非常不利。而仗着背后的公司雄厚，一味地抬高自己，贬低别人，表面上看别人对你笑脸相迎，其实心里已经厌恶到了极点。即使合作成了，但是你也丢了人脉与口碑。

说一个现实中的例子。笔者认识的一位朋友小 A，在国内某著名公司工作，由于该公司实力雄厚，所以平常小 A 与人洽谈合作时总是非常强势，甚至找人帮忙发个新闻稿，都是以命令的口气。人家发得晚了，还要找对方领导告状。但是由于碍着他背后的公司，没人敢得罪他。

由于经济危机，小 A 也面临失业的危险，所以准备为自己找一个下家。结果找了大半年都没有结果。小公司他看不上，稍微知名的公司，没有一家录用他。原因很简单，稍具规模的公司，招人时都会做背景调查。而凡是被调查到的人，没有一个人为小 A 说好话。

所以与人合作时，不管对方公司大小，都要一视同仁。合作事小，失了人心事大。

3. 礼貌

礼貌，是人类为维系社会正常生活而要求人们共同遵守的最起码的道德规范；礼貌，是一个人的思想道德水平、文化修养、交际能力的外在表现。在与人合作交往的过程中，要尊重对方，不卑不亢，有礼有节。多用"谢谢你"、"对不起"、"请"这些礼貌用语，它们对调和及融洽人际关系会起到意想不到的作用。记住，任何时候都不要用命令的口吻与对方交流。

其实说起礼貌的重要性，都明白。但是在实际操作时，笔者发现真正能做到这些的并不多：要么是过于礼貌，显得太做作、太虚伪；要么是礼貌得很机械，显得太生硬；要么就是该礼貌的时候不礼貌，不该礼貌的时候瞎客套。

那么到底怎么样才能做到自然洒脱、游刃有余呢？很简单，发自内心地尊重每一个人，把对方当作多年的好朋友去交往。

4. 感恩

在这个世界上，没有绝对公平的事情。合作的时候，双方得到的利益不可能绝对的平衡。但是不管谁的受益大，谁的受益小，一定不要去计较。合作是互利共赢的事情，不论受益大小，都是赢家。如果过于和对方强调谁吃了亏、谁占了便宜，那么很可能合作就此一次，以后再没有合作的可能。因为谁也不愿意与一家目光短浅、斤斤计较的公司合作。

如果实在要计较，那么就抱着一颗感恩的心，真诚地谢谢对方：谢谢对方愿意和你合作，谢谢对方使你从合作中获得了好处。不要计较对方得到了多少，重要的是自己得到了什么。

5. 为对方着想

在合作的时候，要处处为对方着想，处处想着对方的利益，这样合作才能长久，关系才能稳固。从大的方面说，在合作过程中我们可以多出些资源，让对方多得些好处；从小的方面说，在洽谈交流时，多注意对方的感受，尽量为对方节省时间。

比如我们请媒体帮忙发新闻稿时，至少应该准备三种格式的稿件：一是 Word 格式；二是 txt 格式；三是在线新闻链接。因为不同的媒体，工作方式不同。有的媒体可能发布 Word 格式的稿件最省时，一分钟就搞定；而有的媒体可能用 Word 方式最麻烦，要花十几分钟才能发布成功。比如笔者原单位的网站后台，操作起来很烦琐，不管是 Word 格式还是 txt 格式，都非常费时间，只有直接复制粘贴别人网站现成的内容时，才最方便。

再比如打电话，笔者与人谈业务时，通常只在上午 9 点 10 分至下午 11 点半及下午 1 点 10 分至 5 点这两个时间段主动给人打电话。因为在 9 点以前，对方很可能正在挤公交赶着上班；11 点半到下午 1 点之间，不是吃饭，就是在休息；5 点以后，不是等着下班，就是在下班的路上。这些时间段给别人打电话，很可能会给对方带来不便。

最忌讳的是在大早晨（特别是周末的早晨）及半夜打电话谈业务，在这两个时间段给人打电话，大部分人都会在心里将你家直系亲属全部问候一遍。

2.13.6　成功案例 1 则

笔者有一位朋友小 C，是一名个人站长，想通过网赚培训的方式赚钱。但是他没有任何资源：自己的网站没有流量，也没有知名度；互联网经验也不是很多，才入行不久；也没有资金与背景；甚至本人也一直在家做 SOHO，连职场经验都没有，更不要说个人品牌。虽然一无所有，但是他却非常聪明，用自造资源和合作的方式，很快就挖到了第一桶金。

虽然小 C 一穷二白，没有任何资源，但是他有一个特长，就是口才比较好，会做培训，这也是他想涉足网赚培训的原因。前面我们讲过，特长也是一种资源，要学会自造资源。所以首先，小 C 先录制了一套系统而完

整的网赚视频教程，一共100集。因为互联网上的网赚培训机构虽然很多，但是全部是收费的，网络上根本找不到系统的、完整的网赚培训教程。所以物以稀为贵，他的这套教程就成为了非常好的稀有资源。小C就这样巧妙地将自己的长项，变成了有形的资源。

虽然资源有了，但是还要让它发挥更大的作用。于是小C又开始到处寻找相关的大网站进行合作。合作的模式为这些网站强推小C的免费网赚教程，而小C在教程视频中，植入合作网站的广告。

合作洽谈得很顺利，因为对于这些网站来说，即使在不合作的情况下，他们也可能会主动将小C的视频放到网站上供用户下载，因为他们非常需要这样的优质内容。而此时，小C不但主动为他们提供优质内容，而且还要在视频中为他们做广告，他们当然求之不得。

由于直接借助了这些知名网站的品牌与流量，小C很快就声名鹊起。随后，小C推出收费培训，并顺利地挖到了第一桶金。

2.13.7　本节任务

思考题：某网站找到笔者，要与笔者创建的推一把网络营销学院合作。对方是一家在线视频学习网站，合作模式是他们负责将推一把学院的课程录成视频，然后放到网站上供人浏览，一旦有人付费观看，即与推一把进行分成。书前的你帮忙分析一下，这种合作模式好不好？笔者应不应该接受？理由是什么？

2.14　陌陌营销

本章的2.2节向大家介绍了IM营销，其中主要介绍的是QQ营销。实际上IM的工具非常多，许多IM工具都可以被利用进行营销和推广。本节就向大家介绍另外一种IM营销方法，这种方法是利用手机上非常火的IM工具陌陌来实现的。

注：本节内容由国内著名网络营销专家门雨老师友情提供，感谢门雨老师对本书的支持！

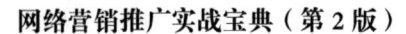

2.14.1　什么是陌陌营销

陌陌是基于移动互联网下专注于 LBS 的陌生人之间的社交媒体软件，现已发展为全国排名前三的移动社交软件，仅次于腾讯 QQ 与微信（如图 2-71 所示）。现陌陌注册用户已经超过了 2 亿人，同时月活跃用户高达 6500 多万，是国内移动互联网用户每日打开率排名第二的社交媒体软件。因为是基于附近陌生人之间的社交，在行业中也有着"约炮神器"之称。

图 2-71

网络营销必须跟着用户群体的市场挺进，今天是陌陌，也许明天会出现一个用户量更大的软件平台，那么同样可以成为我们营销的战场，做互联网营销必须跟随着庞大的用户群体寻找目标营销市场，结合每一种产品不同的用户群体特性与产品的方向建立企业与个人推广营销策略，就在最近陌陌从 6.0 版本开始，陌陌在产品端逐步脱离约炮标签，全面布局 O2O。

2.14.2　陌陌营销不是广告平台

我们经常会陷入一种困惑中，凡是用户多的地方就能够看见广告，那么我们基本上可以在任何用户量聚集的地方看见广告，例如 QQ、微信、微博、贴吧等，而特别是在以社交为媒体的平台上，如果单纯地只会发广告，那么是没有办法融入到社交媒体圈子的。

陌陌营销的核心应该是重社交、轻广告，必须要让人知道你是干什么的，同时让更多的人愿意和你建立联系与沟通，并且能够通过平台建立好友关系（见图 2-72 和图 2-73）。

对于陌陌营销，如果仅仅通过发布广告信息就希望能够销售产品，那么基本上不会有任何效果，所以无论销售任何产品，一定要注意社会化媒体平台的核心，不是发布广告，而是建立沟通与认识。首先就要抛开商人或者销售身份，要忘记你是销售产品的，而是培养用户与建立关系。

社交软件营销流程图

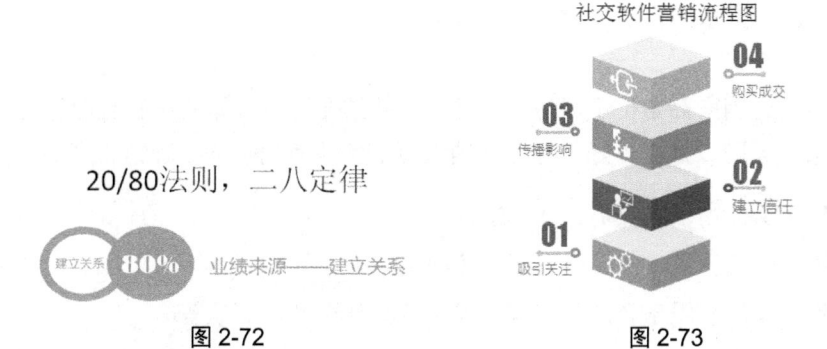

图 2-72

图 2-73

2.14.3 陌陌营销的优势与特点

根据陌陌产品的整体定位与营销策略，陌陌爆发主要集中在新浪微博。最初，陌陌在产品渠道拓展之初，在两个大的用户集中平台选择做营销与渠道推广，经过几番用户群体的筛选后，最终陌陌的用户群体定位与新浪微博的用户群体吻合，将所有用户定位在 20~39 岁之间。

- 唯一专注于周边 5km 社交的社会化媒体平台，针对本地周边类商家营销有着强大的优势，也是国内第一款能够专注于周边用户的 APP。
- 构建陌生人之间的社交，相比同类 APP 如微信、米聊、来往、易信而言，更容易帮助构建社交，其他产品更倾向于维护关系，而陌陌更倾向于建立关系。
- 用户群体比例比较均衡，年龄定位在 20~39 岁之间，更偏向年轻化，因为大部分用户直接通过微博转换，用户群体质量相比 QQ 用户群体较高。
- 用户群体的真实性高，陌陌属于非常年轻的产品，目前广告信息相比任何一个平台少很多，并且大部分人没有弄明白陌陌怎么玩，所以相比之下，陌陌用户群体的真实性要远远高于其他平台。
- 全新推出针对周边的营销平台"到店通"，广告信息直接出现在附近用户中，可非常好地影响周边的用户群体。
- 陌陌群围绕着周边用户群体的需求构建圈子平台，所有群便于附近用户加入，配合严格的广告管理机制，可快速了解周边用户群体的核心需求，建立联系与沟通。
- 陌陌营销与其他营销方式相比，成本几乎为零，非常适合周边开店，以及围绕本地环境销售产品。

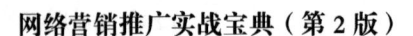

2.14.4　陌陌营销适合的产品

陌陌营销产品定位于周边、年轻人，并结合用户群体的核心心理行为，如虚荣、无聊、好奇、好色等，营销人可借鉴所有用户的心理销售产品。

- 男性类，有优势（烟、酒、保健品等）；
- 附近生活，商品（社区周边的店铺）；
- 年轻，娱乐产品（KTV、酒吧、娱乐会所、餐饮等）；
- 大众需求，产品（大众需求产品称之为人人都有需求，人人都能够用得到的商品，这类商品分为日常生活类、快消品类）；
- 可选需求，产品（可选需求产品称之为人人都有需求，但是不是马上需要，或者自己没有需求，但是身边的人有需求，如装修、房产、婚庆、婚纱、保险等）。

2.14.5　陌陌 O2O 利器"到店通"

陌陌的基本功能与 QQ、微信差不多，营销方法和策略也都差不多，比如昵称、头像的设置策略、群策略等，具体可以参考 QQ 及微信相关章节的内容，它们都是相通的，此处就不赘述了。这里重点介绍一下目前陌陌独有的功能：到店通。

到店通是陌陌转型 O2O 平台的第一个拳头产品，主要是为周边线下商家提供展示、预约的平台空间，凡是成功申请了到店通的会员都将展示在附近好友板块中，如图 2-74 所示。

图 2-74

1. 陌陌到店通产品介绍

- 精准的定时定向投放：商家依据预算，将推广诉求精准触达周边目标消费群。
- 丰富细致的效果展示：商家信息多维度诠释，为用户消费决策提供依据。
- 与目标顾客实时沟通：搭建商家与消费者互动平台，拉近客群关系。
- 极低的广告投放费用：海量的曝光次数，广告按照覆盖人数计费，最低至 0.1 元。
- 简单方便的投放流程：整个广告投放流程全部可以在手机上操作完成，高效、便捷。

2. 到店通开通流程

（1）打开陌陌，选择"设置"页面，单击"申请商家"进行申请流程。

（2）网签陌陌到店通服务用户协议（单击"同意"即可）。

（3）填写商家基本信息。

商家名称	最多可填写 8 个中文字符
联系电话	格式为区号+号码，不得超过 12 个数字
商家地址	需要跟营业执照地址信息主体一致
标注地图	在地图中标注出商家所在地理位置

（4）填写联系人信息，以及上传商家资质。

行业类别	选择与营业执照经营范围相符的一级及二级类目
联系人姓名	填写联系人的真实姓名
联系电话	填写联系人的真实联系电话

（5）上传加按手印的身份证复印件图片，上传加盖企业公章的营业执照副本复印件图片。

（6）单击"提交"后，审核时间大致需要 1~2 个工作日，审核结果将以系统通知形式告知。

3. 到店通广告投放的具体流程

设置广告内容：单击设置页面中的"商家中心"，进入商家中心详情页，单击"广告投放"，在没有广告在线的情况下，单击右上角的"添加"

进行广告内容设置。

推广语：最多填写不超过 12 个中文字符，以 10~12 个字为宜，内容体现商家促销活动或新品推荐。

广告代码：默认内容为"广告"字样+日期，可自定义编辑易于识别的内容。

广告图片：默认读取商家主页中前 5 张图片内容。如需调整，可单击页面下方的"修改资料"按钮，在商家主页中编辑或添加图片。

设置广告投放条件：广告内容设置完毕后，单击"下一步"进行广告投放条件设置。

首先，选择广告的开始时间和结束时间，最多可选择投放 19 天，广告投放的起始时间为每日 6 时。

然后，系统将自动匹配出最小投放 1km 范围内，可以覆盖到的陌陌日活用户数量，并显示出用户需要支付的广告金额。用户还可以针对广告投放的时间段，如上午（6~14 时）、下午（14~22 时）、晚间（22 时至次日 6 时），调整广告投放的半径距离，最大可调整至 3km。

时间和地域设置完毕后，单击"完成"生成广告订单。用户确认广告预览样式，以及投放广告周期及金额后，即可提交并付款。

最后，完成订单提交并支付相应额度的款项，账户余额可以全额支持当次推广费用的，则直接完成支付；账户余额不足的，需选择立即充值，广告需要至少 3 个小时的审核时间。

4. 到店通注意事项

- 到店通按照每个覆盖用户 0.1 元（目前折扣价为 0.02 元）计算得出广告费用。覆盖人数=过去一个月内在此区域刷新附近列表的用户÷30 天，每天附近列表刷新的用户每日有一定的波动，所以同样的投放距离及天数费用有一定的波动。
- 投放中的广告不能进行修改或取消。如确因内容会造成不良影响必须取消修改的，可由工作与法人联系核对身份信息，确认后强制终止广告，产生的广告费用不予退还。尚未生效的待投放广告，商家可自行取消后重新编辑修改内容。

5. 到店通投放策略

- 图片为高清大图，从店铺招牌、产品细节到项目团队。
- 每周更新最新产品及业务。
- 定期到留言板更新店铺现场火爆的氛围、顾客的反馈、优惠政策等信息。
- 增加附加功能，以及附加的业务，如免费 WiFi、预定预约、刷卡支付等业务。
- 每天根据投放推广效果进行测试与分析，围绕着用户群体每日在线时间，有针对性地投放广告。
- 开设陌陌专享优惠，用于吸引用户到店了解和在线下单。

2.14.6　成功案例 1 则

2013 年笔者的朋友想要自己创业，在当地不是特别繁华的地方开设了一个花店，主要业务是销售盆栽、绿植、鲜花等。刚开业时店铺每日比较冷清，到店用户寥寥无几，因为周边都是小区与市场，后来通过笔者的建议，在陌陌中开设了一个个人账号，账号主要是用自己的头像加上发一些最新店铺比较有意思的产品。因为这位女性朋友的头像比较可爱，加上每日都会更新自己的生活动态，以及消费现场的照片、店铺的实体照片，刚开始的时候经常会有人主动打招呼，到后期所有用户凡是打招呼的都会一一地聊天，逐步在周围建立起自己的好友关系圈子。

2013 年下半年，基本上每日都可以接收到来自陌陌上的鲜花订单，单单在七夕节一天，通过陌陌订购鲜花的用户就占到了整个店铺的 70%，而因为受整个圈子的影响，后来周围无论是店铺还是企业有需求的时候，都会第一时间选择她店铺的产品。

营销步骤解析：

（1）由于自己比较有优势的地方在于长得不算太差，在陌陌中的个人头像放置了 5 张比较不错的照片。另外 3 张选用了店铺、产品照片。

（2）吸引周边用户的关注与交流，吸引了周围几百个好友的关注。

（3）定期更新自己的生活信息，以及情感动态信息。

4. 凡是遇到节假日会提前将活动发布出来。

5. 基本上不会跟用户直接沟通产品。

6. 构建自己的陌陌群,将所有陌陌用户集中在一个圈子里。

现在该店已经在筹备开第 5 个分店,在当地已经有了非常不错的知名度,计划再投入 5 个陌陌使用,将覆盖到周边 5km 左右的用户。

同时她听取了我们的建议,千万不要把陌陌当作广告平台,如果只是简单地发广告,那么不会有人与你建立联系与沟通,一旦没有用户与你沟通,那么效果会低 20 倍都不止。

2.14.7　本节任务

申请一个陌陌账号,在一周时间内,将好友加到 500。

第 3 章 进阶方法篇

章节提示：

本章分享的方法，均是比较主流的方法或操作难度偏大的方法。和上一章相比，本章的方法更加强调策略性。所以本章名为"进阶方法篇"。

3.1 电子邮件营销（EDM）

3.1.1 什么是电子邮件营销

电子邮件营销（E-mail Marketing，EDM），通常也被称为邮件列表营销和 E-mail 营销，它是最古老的网络推广方法之一，也是最成熟的营销方法之一，特别是外国的同行们研究得非常深入。市面上关于 EDM 的书籍有很多，所以本节主要是介绍一些 EDM 的要点，如果大家想深入研究，可以买一些专门的 EDM 书籍进行研读。

目前，在中国，一提起 EDM，大家马上想到的是邮件群发。其实这是一种错误的认知，群发垃圾邮件，不叫电子邮件营销，真正的电子邮件营销的定位是这样的：E-mail 营销是在用户事先许可的前提下，通过电子邮

件的方式向目标用户传递价值信息的一种网络营销手段。E-mail 营销有三个基本因素：用户许可、电子邮件传递信息、信息对用户有价值，三个因素缺少一个，都不能称之为有效的 E-mail 营销。

基于上面的定义，目前行业内把电子邮件营销分为两种：一种是正常的电子邮件营销，称之为许可式电子邮件营销；一种是不被用户所允许的，比如邮件群发，称之为非许可式电子邮件营销。

3.1.2 电子邮件营销的特点

1. 覆盖范围广

只要用户有邮箱，就能覆盖到。不管用户在中国还是美国，或者在地球还是火星。

2. 操作简单，效率高

下载一个免费的邮件群发工具，就可以马上进行 EDM，无须掌握复杂的技术或经过烦琐的流程。在群发过程中，也无须人工干预，完全自动化。而且其效率非常高，一天可以发送几百上千万的邮件。

3. 成本低廉，性价比高

如果是使用免费的群发软件，自行上网搜集邮件地址的话，那么 EDM 的成本基本上仅限于电费和一点人工费用。成本非常低廉。

4. 适用性强

不适合做 EDM 的行业还真不多，几乎任何企业都可以采用这种方法。

5. 精准度高

由于电子邮件是点对点的传播，所以可以实现非常有针对性、高精准的传播。比如我们可以针对某一特定人群发送特定的邮件，也可以根据需要按行业、地域等进行分类，然后针对目标客户进行邮件群发，使宣传一步到位。

3.1.3 电子邮件营销的作用

1. 提升知名度

若想通过廉价的方法快速提升知名度，电子邮件是一个不错的选择。

只要能够把相关目标用户群的邮件地址搜集齐，再时不时地发几轮邮件，就能够让目标用户对我们产生一定的印象。

2. 发展新用户

发展新用户，这是做电子邮件营销最根本的目的。笔者在七、八年前通过网络销售过产品，也就是现在所谓的电子商务。当时用的方法只有一个，就是电子邮件营销，效果非常不错。

3. 维护用户关系

当我们的用户非常多时，维护用户关系就成为了一个比较令人头疼的问题。而电子邮件，可以帮助我们进行关系的维护。比如最简单的，在过年、过节或用户过生日时，通过邮件发一个电子贺卡，送去一句温馨的祝福。

4. 提升用户黏度

对于网站等产品，用户的黏度是一个大问题，如果用户回访率太低，那么推广工作做得再好也没用。而通过电子邮件，可以在一定程度上提升网站黏性。比如隔三、五个月，举办一次新奇有趣的活动，然后通过邮件引导用户回访并参与。久而久之，用户就会记住我们的网站，并养成经常登录的习惯。

5. 促成二次销售

通常牛 X 的销售，不是新用户开发得多，而是老用户维护得好，他们能够让老用户不停地重复购买。那对于网络销售来说，看不见用户，也摸不到用户，如何促成二次销售呢？电子邮件是一个很好的辅助工具，我们可以通过邮件经常向用户传递一些他们感兴趣的产品信息、实惠的促销信息等。目前，在这块，也是很多个人网店所欠缺和需要改进的地方。

6. 迅速传递信息

通过电子邮件，可以快速地向用户传递信息，及时让用户掌握公司及产品的动向，实现快速的沟通。所以对于企业来说，电子邮件是与用户沟通时必不可少的工具。

3.1.4　如何获得邮件地址

想实施电子邮件营销，首先要保证有足够的邮件地址库。下面来说一

下如何获得有效的邮件地址。

1. 在线订阅

这种方法往往都是配合免费策略来使用。一般都是打着免费送电子杂志、内部资料、优质资源的旗号。通常只要提供的免费资源足够好，能够引起目标用户的兴趣，他们都会留下自己的邮件地址。毕竟是免费提供的，不要白不要。

2. 有奖调查

调查是一种获取邮件地址的好方法，不但能够获取到邮件地址，还能获取到用户的其他信息。不过一般普通的调查活动已经不能引起用户的兴趣了，想提高效率，就需要增加一些物质刺激，用户对于有奖调查还是非常有积极性的。注意，尽量增加奖项数量，让中奖率高一些。如果能让用户参与即有奖，则最好。

3. 网站注册

如果我们没有网站，或者网站没有注册功能，那么可以考虑增加一些带注册功能的网站模块，比如社区论坛、下载系统等。然后在这些模块里提供一些好的资料，并设置成注册才可见。

4. 相互交换

如果我们手头已经有一定量的邮件地址库，那么可以考虑通过相互交换来获取新的地址库。应该说这是一个非常省时、省力，且高效、免费的好途径。

5. 网上搜集

网络上也有很多免费的现成地址库，如果有时间，则可以手动去慢慢搜集。另外，还有专门的邮件地址搜索软件，也可以尝试一下。

6. 软件生成

通过软件自动生成的邮件地址从质量到精准度都比较差，所以如果想进行比较精准的 EDM，这种方法是不太适合的。而如果是为了广泛撒网，不求精度，那么可以尝试。

7. 花钱购买

如果通过免费渠道实在搜集不到那么多的邮件地址库，那么只能通过

花钱购买了。其实花钱购买,并不贵,现在的邮件地址库很便宜。关键要货比三家,尽量买得精准一些。

3.1.5 许可式电子邮件营销的内容策略

前面说过,电子邮件营销是一种历史悠久且非常成熟的营销方法,市面上有很多专业的 EDM 书籍,所以关于 EDM 的详细流程等这里就不赘述了,只说一些要点。先说一下许可式电子邮件营销的策略要点。

许可式电子邮件营销虽然经过了用户的认可,但并不意味着我们就可以随便乱发,如果发送得太频繁或者形式不太友好,则会适得其反,引起用户反感,效果就会大打折扣,而且用户也会选择退订我们的邮件。这就需要我们注意内容形式的友好性,不要引起用户的抵触情绪。那么以什么形式给用户发邮件,比较容易获得用户认可呢?

1. 自动提醒策略

以温馨提醒的方式给用户发邮件,用户肯定不会反感的。比如像人人网、开心网等 SNS 软件就经常使用此招(见图 3-1)。笔者就经常收到这类网站的提醒邮件,在长时间不登录后,就会发邮件告诉笔者,某某人又关注了笔者等(见图 3-2)。这种方式对增加用户黏性非常有帮助。

图 3-1

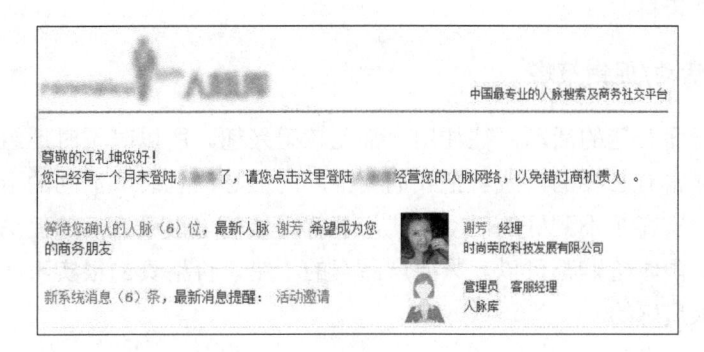

图 3-2

2. 公告策略

当企业或网站有重大变化或通知时,发一轮邮件是不为过的,而且对

于一些重要信息，用户也是希望第一时间了解的。所以将要推广的内容包装成公告的形式，是一种比较好的方法，用户不但不反感，还会非常关注。

3. 人文关怀

俗话说得好："伸手不打笑脸人"，礼多人不怪。遇到节假日时，给用户送上一份温馨的祝福，用户肯定不会反感。特别是在用户过生日时，一句简单的"生日快乐"，可能还会让用户非常感动。记得在2008年笔者生日那天，招商银行第一个发来了祝福短信，当时真的非常感动。因为笔者那段时间非常忙，都忘了当天是自己的生日。

4. 试用策略

逛超市时，经常有美女送来饮料、糕点等请你试吃。往往遇到这种请求，我们都不会拒绝。在互联网上也一样，真诚地邀请用户试用我们的好产品，用户也不会反感。

5. 免费策略

免费的东西，人人爱要。免费为用户送上好的资源，用户不但不会反感，还会非常感激我们。但是注意，一定要奉上用户感兴趣的资源，要注意资源的质量，不能糊弄用户。

6. 信息策略

用户上网，很重要的一个需求是获取各种感兴趣的信息。所以如果我们能把一些用户感兴趣的好信息汇总起来，并免费发放给用户，用户肯定非常高兴。比如常见的形式有电子杂志、电子书、网站一周信息汇总、所谓的内部资料传阅等。

7. 活动/促销策略

好玩而有趣的活动，往往用户都比较感兴趣。所以时不时地组织一些活动是非常有必要的，或者把我们要推广的信息，包装成活动的形式推送给用户。实在想不到好的活动形式，那就用最简单也最直接的促销，比如像秒杀、限时抢购都可以。只要产品真的不错，价格真的很实惠，用户往往不会太反感的。

3.1.6 非许可式电子邮件营销的伪装策略

说完了许可式的，再来说说非许可式的。相对来说，许可式电子邮件

营销要好做一些，因为那是经过用户允许的行为，用户主观上是愿意接受的。而非许可式电子邮件营销，却是在用户不知情的情况下发送的，用户对这种不请自来的信息并不感冒，甚至反感。所以非许可式电子邮件营销想出好成绩，关键的一条是要学会"伪装"，要让用户以为信息是经过其允许的，这样才能提升效果。

千万不能让用户认为是垃圾信息。标题怎么写都可以，但是千万不要让用户看到标题后，与"垃圾邮件"这几个字联系上。一旦让用户以为这是垃圾邮件，那就等于直接宣告失败。

1. 注册提醒

如果我们是推广一些注册类的产品，比如论坛、SNS 等，那么这种方法比较适用。笔者的邮箱就收到过类似邮件，正文中告诉笔者在某某网站注册成功，注册账号是 XXX（通常都是收信的这个邮箱），密码是 XXX（通常都是随机密码），然后提醒注意修改密码等。应该说这类邮箱的伪装性还是很高的，许多不明真相的群众，很可能就以为是自己以前注册的，然后就登录激活了（见图 3-3）。

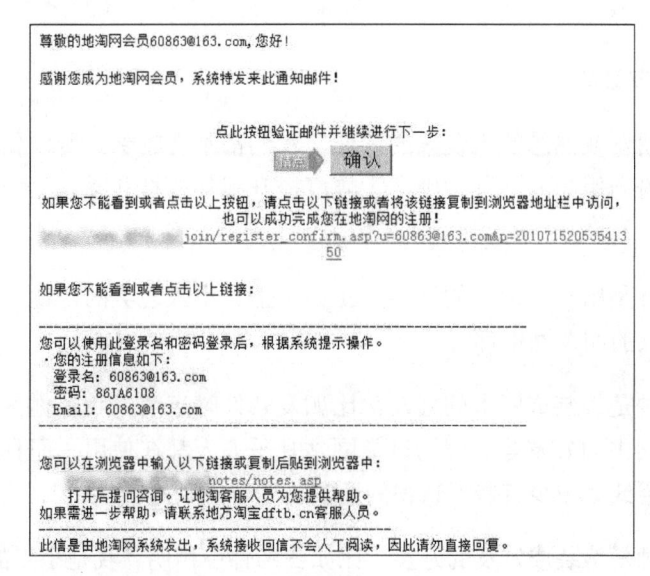

图 3-3

2. 密码找回提醒

此法原理同前一种一样，只不过这种方法深入一步，更具有紧迫感，因为用户看了这种邮件后，很可能会联想到是不是账号被盗了，一旦有了这种心理之后，就会忍不住进去修改一下密码。

3. 美女帅哥策略

美人计这招虽然老,但是却屡试不爽。如果在邮件中植入美女元素,也会取得不错的效果。比如下面这封广告邮件(见图 3-4),就是笔者收到过的 N 多垃圾邮件中的一封,但是这封邮件笔者不但没有删除,而且还单击激活了邮件内推荐的网站,原因就是该邮件中说,有美女要和笔者交朋友。

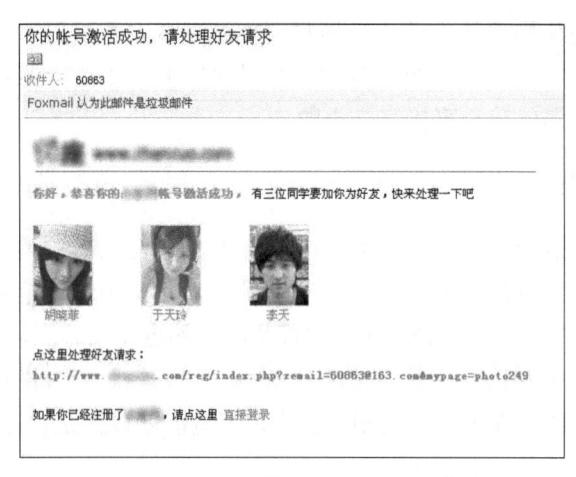

图 3-4

4. 好友策略

对于朋友或熟悉的人发来的邮件,我们都不会删除。所以如果能够以熟人的身份向用户发邮件,则会大幅度提升邮件的打开率。比如常见的方法有三种:

第一种是用一些常见的名字。比如小王、小张之类的,像这些常见姓氏,每个人的朋友圈中都有。

第二种是伪装成网上的好友。比如发邮件时声明,我是你微博中的好友、开心网中的好友等。因为这类网站几乎人人都在使用,而且每个人在里面也都会或多或少有些不认识的朋友,所以成功率较高。

第三种是伪装成好友的好友。比如在邮件中声明"我是小王的朋友"、"我是你同事推荐过来的"等。朋友的面子,还是要给的。

5. 发错邮件策略

如果别人错将邮件发到了你那里,你会如何处理呢?我想大部分人都会忍不住打开看一看,因为在人的潜意识中,或多或少都有一些"偷窥欲"。所以如果我们发送邮件时,将邮件伪装一下,让用户以为是发错了,则会

收到非常好的效果。

如果我们在发完第一封邮件之后，紧接着再发送一封道歉信，声明"前一封邮件发错了，由于涉及一些机密，请不要外传"等，可信度就更高了。

6. 自动回复、系统退信

许多人喜欢将邮箱设置成自动回复，当有用户来信时，系统自动回复一封提前拟好的邮件，比如提醒对方信已收到等。如果我们以此形式发送邮件，则大部分用户都会打开看一下是发给谁的邮件收到了。

除了伪装成自动回复外，还可以伪装成系统退信，这两种方法的原理是一样的。

7. 活动策略

在前面的许可式电子邮件营销策略中，说过活动策略的好处，而在非许可状态下，活动策略同样适用。只要活动足够好、足够吸引人，用户一样会买账。

8. 绝密信息策略

2010年，有一个网站火遍全球，它的名字叫"维基解密"。此网站之所以火，就是因为"解密"二字。所以我们在做邮件营销时，如果以提供绝密信息的形式发送邮件，那么用户会非常感兴趣。

3.1.7 邮件营销的一些注意事项

下面再说说在实施邮件营销时的一些注意事项。

1. 工具的选择

发送邮件时，大概有三种方式可供选择。

一是群发软件。这种方式比较省钱，但成功率比较低。如果我们是进行撒网式的推广，不求精准和送达率的话，则可以考虑用这种方式。

二是自架邮件服务器。这种方式需要一定的投入，适合一些有实力的公司操作。

三是找第三方公司。如果我们不是经常发送邮件，那么这种方式的性价比是非常高的。如果我们需要经常大量地发送邮件，则可以考虑用第二种方式。

2. 不要把邮件营销当垃圾邮件发

我们做 EDM，是为了追求效果，不是为了追求发送数量，所以千万不要随便拼凑一封邮件就开始乱发。每一封邮件，都应该经过精心策划。

3. 一个邮件地址只发一次

不要给同一个邮件地址发送太多的相同邮件，这么做等于是明着告诉对方，你在发送垃圾邮件。为了避免出现这种情况，在发送邮件前，一定要先过滤一遍邮件地址库。网络上有很多邮件地址去重软件，非常好用。

4. 收件人只有一个

用户收到邮件时，要保证其看到的"收件人"一栏中的名字是唯一的，不能出现很多的抄送地址。如果里面出现的收件人很多，也等于是明着告诉用户你在群发。

5. 注意发件人邮箱及名称

据有关统计显示，有 60%的人是通过发信人邮件地址及名字决定是否打开的。所以发件人的地址和名字一定不要乱填，像有的人喜欢随便编一个毫无意义的地址或发件人名字，这是非常不可取的。发件人的地址及名字，一定要符合正常人的用语习惯。

6. 主题和内容要有针对性

邮件不要写太多废话，要围绕用户的需求来说。特别是前三行，一定要吸引住用户的目光，这样用户才能将你的邮件看完。

7. 内容格式正确

同软文一样，邮件内容也要注意排版格式，不要有错误或胡乱排版。如果阅读体验不好，用户不会有耐心看完你的邮件。而且内容尽量不要过长，关键是要能够勾起用户的兴趣和好奇心，将用户引导到网站中去。

8. 不要在邮件中添加附件

随着广大网民安全意识的提升，对于邮件中的附件是非常小心和敏感的。而且在邮件中添加附件，也会影响发送的速度和效率。

9. 内容准确性

在正式发送邮件前，用不同平台的邮箱及邮件客户端，测试在不同环境中，是不是都能够正确接收邮件，内容是不是都能够正确和正常显示。

10. 不要频繁发送

即使是在用户事先许可的情况下，也不要频繁地给用户发邮件，这样只会引起用户的反感。

3.1.8 监测数据

在实施 EDM 时，主要需要监测以下几个指标。

1. 邮件送达率

这是最基本的一个指标，如果邮件送达率低，则应首先考虑发送工具是否有问题。

2. 邮件退信率

如果邮件退信率高，则应首先检查在邮件地址库中是不是无效地址太多了。

3. 邮件打开率

如果邮件打开率太低，则往往与标题写得不好有关。比如标题不吸引人，或者标题太像垃圾邮件等。

4. 单击率

如果在邮件中放置了网站地址，那么单击率也是一个需要监测的指标。如果单击率低，则往往与内容不吸引人有关，或者是针对的用户群不精准。

5. 反馈率

如果是通过邮件做调查，或者需要用户对邮件进行回应，那么反馈率也是一个需要监测的指标。想提高反馈率的话，往往需要进行一些物质刺激。

6. 转化率

以上几条，只是一些基本的监测数据，转化率才是最关键的指标。有多少人通过邮件进行了购买，或者进行了注册，才是我们追求的目标。

7. 直接收益

盈利，才是终极目标。

3.1.9 本节任务

搜集符合自己要求的目标用户邮件地址，建立用户邮件地址库，并尝试策划一次简单的电子邮件营销。

3.2 新闻营销

3.2.1 什么是新闻营销

新闻营销是指企业在真实、不损害公众利益的前提下，利用具有新闻价值的事件，或者有计划地策划、组织各种形式的活动，借此制造"新闻热点"来吸引媒体和社会公众的注意与兴趣，以达到提高社会知名度、塑造企业良好形象并最终促进产品或服务销售的目的。

新闻营销通过新闻的形式和手法，多角度、多层面地诠释企业文化、品牌内涵、产品机理、利益承诺，传播行业资讯，引领消费时尚，指导购买决策。这种模式非常有利于引导市场消费，在较短时间内快速提升产品的知名度，塑造品牌的美誉度和公信力。（摘自百度百科）

新闻营销主要具有以下几个特点。

1. 隐蔽性

由于新闻营销是以新闻的方式进行包装的，所以普通消费者很难看出其背后的真正目的是广告。他们不但不会反感，反而会主动去接受这些信息

2. 权威性

权威性是媒体自身的重要特点之一，而企业通过新闻的方式进行宣传，就可以借助媒体的这个特性，增加企业及产品的说服力。

3. 客观性

新闻都是站在第三方的角度进行报道与分析的，其客观性毋庸置疑，而通过新闻的手法做推广，用户也会认为其内容客观可信，愿意接受。

4. 传播性

媒体是传播效果最好的工具平台，特别是有了互联网之后，媒体的传

播力度进一步被放大。通过各种媒体平台进行宣传，企业的信息会被无限传播。如果大家经常关注百度搜索风云榜，就会发现一个规律：在实时热点中上榜的最新搜索热词，往往都是头一两天媒体大肆报道的新闻中提到的关键词。

5．连锁效应

如果新闻策划得好，还会引发一系列的连锁反应。比如大部分事件营销，都是由新闻事件引起的，或者说新闻是事件营销的重要辅助手段。除此之外，口碑营销、病毒营销、软文营销、品牌营销都需要新闻的支持与辅助才能达到效果最大化。

3.2.2　新闻营销的要点

关于新闻稿的具体写法，请看3.3.5节"如何写新闻类软文"的内容。在这里主要和大家强调一下操作新闻营销时需要注意的几个要点。

1．明确目标

制造新闻不是企业的目的，新闻的背后是为了达到某个目的。所以在进行新闻营销前，一定要明确营销目标，一切新闻都应该围绕目标来策划，不达目的的新闻策划对企业没有意义。比如通过新闻进行危机公关、提升品牌知名度、炒作事件、促进销售、提升企业美誉度等。

2．途径必须是大众媒体

尽可能地选择大众媒体，或者选择传播范围广的媒体进行营销。只有这些媒体，才能扩大新闻传播范围，引起轰动效应。一个小众媒体或传播面很窄的媒体，是很难达到预期效果和目的的。

3．新闻客观、公正

虽然我们制造新闻是为了营销推广，但是新闻一定要以媒体的立场客观、公正地进行报道，用事实说话。也只有这样，才能造成新闻现象和新闻效应。

4．遵守新闻规律

要遵守新闻规律，切忌不要造假新闻、伪新闻或不是新闻的新闻。新闻一定要经得起推敲。比如在2009年的经济危机中，有媒体报道称，有着"苹果之乡"美誉的某县，因苹果销售渠道不畅，农民拿着市价六七元一

斤的苹果去喂猪。这条新闻发布后，在社会上引起了强烈的反响，后经有关方面查实，这个消息为虚假新闻，是该县为了促销而制造的。结果不但没有达到宣传的效果，反而带来了不良影响。

5. 不能产生负面影响

新闻是把双刃剑，运用得好，会给企业带来无限好处；而运用得不好，也同样会产生负面影响。所以我们在策划每一个新闻时，都应该反复推敲、研究细节，从读者的角度去审视新闻内容，确保每一分营销传播费用都为品牌做加法，而不能产生负面效应。

6. 持续性新闻

一个好的新闻策划，不应该是"一锤子买卖"，一次报道之后就没了下文，而是应该围绕主题层层推进，不断"产生"新的事件和新的角度，以"组合拳"的方式进行"新闻轰炸"，从而更好地达到目的。就像经典小说一样，一波三折，曲折离奇，这样才能吸引读者的注意力，给用户留下深刻的印象。

比如很多企业热衷于通过公益事件制造新闻，但是在捐了钱、捐了物之后，往往在第二天的报纸或电视上露一下脸就再没了动静。这不能称之为新闻营销！从感情上说，我们尊敬这些企业家无私的奉献精神，但从营销角度来说很失败。

7. 深入了解媒体特性

许多人认为在没有媒体关系的情况下，想免费被媒体关注与报道很难，其实不然。作为一名媒体工作者，想天天采写到优质的新闻并不容易，这一点从各大媒体"有奖征集新闻线索"的活动中就可以窥见一斑。

如果策划出来的新闻符合媒体的需求，那么他们不但会免费为你发布，甚至还会感谢你。反之，如果策划出来的新闻质量低劣，那么即使花钱，媒体也不会报道。

那么如何才能达到让媒体主动关注报道的效果呢？一个大的前提就是要深入了解媒体的特性，投其所好，根据他们的需求策划相应的新闻。比如媒体最近关注的是创业话题，重点是挖掘一些创业故事，那么我们就可以将企业创业初期的一些故事贡献出来；再比如每年三月，媒体普遍关注的是公益，那么我们就借这个机会组织员工进行一些公益活动，以此引起媒体的关注等。

做新闻营销时，不要把媒体当成媒体，要把其当成一个特殊的用户，这个用户的需求就是各种优质新闻。也不要把新闻当成新闻，要把其当成一件特殊的产品，根据用户的需求来挖掘产品。

3.2.3　新闻营销的借势策略

新闻营销，顾名思义，就是要通过策划各种新闻来达到营销的目的。而策划的新闻主要有两种：一种是"借"新闻；一种是"造"新闻。先来说说"借"新闻。这个"借"，主要是通过借助各种现成的素材制造新闻效应。能够借的东西，主要有以下几种。

1. 名人

根据马斯洛分析的人的心理需求学说：当购买者不再把价格、质量当作购买顾虑时，利用名人的知名度去加重产品的附加值，可以借此培养消费者对该产品的感情、联想，来赢得消费者对产品的追捧。

这个名人可以是影视明星、体育明星、文化名人、社会名人等，具体要看企业的需求、资源和时机。名人策略是企业最常用的策略，不管大企业还是小企业，都会寻求各种明星、名人进行代言，或者成为其形象大使。然后围绕名人，制造大量新闻，引起媒体及消费者的注意，以达到提升品牌知名度、提升销售的目的。

著名威客网站"猪八戒威客网"上线之初，恰逢2005年的超女正火，于是便围绕超女策划了一系列新闻，令其在短期内迅速提升了知名度。比如李宇春势头正猛时，媒体都在挖与她有关的新闻。这时候猪八戒马上策划出一条新闻，大意为：

一位资深"玉米"（即歌手李宇春的歌迷）在猪八戒网上悬赏500元为李宇春设计一条裙子，因为他发现春春（歌迷对李宇春的爱称）不穿裙子的根本原因是因为她没有一条合适的裙子。此前，在猪八戒在线悬赏平台上，还出现过悬赏1000元为李宇春设计生日文化衫，要在李宇春生日当天送作礼物的任务。

由于这条新闻趣味十足，而且是与当时最火的人物李宇春有关，自然备受媒体追捧，效果十足。

2. 体育

这是男人最关心的话题，而对于一些重大的体育赛事，还将吸引全社

会乃至全球的目光。企业通过赞助、冠名等手段，将借助这些体育活动的品牌效应获得无限商机。世界杯、奥运会、亚运会等，都是近年来企业角逐的热点。比如2004年雅典奥运会刚刚结束，一场争夺2008年北京奥运会品牌赞助商的大战就拉开了帷幕，为了在奥运会这个最大规模的体育盛事上分一杯羹，世界500强选手进行了激烈的较量，因为2008年的北京不仅仅意味着奥运会，更意味着拥有13亿人口的中国庞大市场。

3. 自然事件

在2008年汶川地震中，王老吉捐款1亿，因而成为很多网友心目中的偶像。借助汶川大地震，王老吉在产品上市的推广上做足了功夫。"怕上火，喝王老吉"一时间成为最流行的广告词。王老吉因此不但赢得了品牌推广，还赢得了2008年营利120亿，比2007年超营30亿。王老吉的此次营销活动，也被行业内人士奉为经典。

像以汶川地震为代表的各种自然事件，都是全社会关注的焦点，而通过借助这些事件，也会赚足消费者的目光。

4. 社会事件

凡是在社会大事件背后都蕴藏着无限的商机，比如曾经万众瞩目的"神五"、"神六"升天背后，就成就了多家企业的辉煌。

在"神五"事件中，蒙牛表现得最为机灵。早在2003年"神五"升天之前，就抢先打出"中国航天员专用奶"这一醒目宣传语来吸引眼球。在"神五"上天的当天晚上，又以"航天"主题在央视大打广告，创造了一个营销的神话。蒙牛这一系列举措，也获得了丰厚的回报。其2003年上半年的销售额就超过了2002年全年，达到了21.7亿。蒙牛的这一策划，被营销界评为2003年十大成功营销案例之一。

在"神五"中蒙牛抢了头啖汤，在"神六"中众企业更是摩拳擦掌，而且营销手法也越来越多样化，除了硬性广告外，在新闻报道中企业的身影更是频频出现，其中最成功的当属"飞亚达"。在"神六"上空的这段时间，关于"神六"的任何消息都不会被媒体放过，哪怕是鸡毛蒜皮的细节。而飞亚达正是聪明地利用了这一点，成功地将自己为"神六"宇航员提供航天专用手表的事实大肆渲染出去。"中国也能制造自己的航天专用表！"——飞亚达的高质量，随着一条条醒目的新闻，深深地刻进了消费者的心中。

5. 娱乐

娱乐是永恒的热点，各种八卦新闻也是人们茶余饭后最常谈论的话题。既然大家如此热衷于娱乐事件，那么利用各种娱乐节目进行营销，自然会取得不菲的回报。

比如在电影《疯狂的石头》中，一句"别摸我"令宝马的形象深深地印在了中国消费者的脑海里。当然，也要注意结合的方式和角度，同样在电影《疯狂的石头》中，班尼路就因为剧中笨贼的一句："牌子啊，班尼路！"而毁了形象。

6. 挑战

在古代，一些英雄好汉往往喜欢用打擂台的方式来闻名号，树立江湖地位，而到了现代，此法同样适用。比如在2009年，媒体上爆出一封牛气的"挑战书"，代表泰拳实力的5大拳王——神目杀、鬼见膝、魔术锥、拳灭风、屠龙肘，挑战少林功夫。此新闻一出，在中国武术界和普通市民中引起了轩然大波。正当网民们愤怒于泰拳5大高手的挑衅言论，热议中国功夫与泰拳谁更厉害之时，比赛的真实面目才逐渐清晰，原来是大赛为了宣传而进行的新闻炒作。

再比如被誉为"反伪科学斗士"的司马南，也是因为挑战伪科学，揭露伪气功、假神医而成名的。

还有交大铭泰杀毒软件也曾利用此方法进行过营销。一次是与瑞星试比高，下挑战书比赛杀毒能力；另一次是虚拟了一个目标，要做吉尼斯世界大全。由于事件本身具有轰动性，引发了媒体的密集报道。

越来越多的企业开始重视新闻营销，特别是一些大企业已经走在了前面。

比如乳制品企业伊利就是个中高手，在近几年国内的重大赛事与各种社会事件中，借势做了一系列新闻，例如"伊利荣获'首都阅兵村服务保障单位'唯一乳品企业""伊利奶粉帮助妈妈们轻松逛世博""伊利集团荣获'中国企业营销信息化奖'""为阅兵村提供乳品支持伊利受到表彰""伊利工业旅游亮相第十一届中国国际旅游交易会""中国体育代表团：感谢伊利提供营养源支持""伊利助力中国体育健儿征战亚运会"等。通过这些新闻我们不难发现，伊利已经将新闻营销作为一项系统工程来操作，并从中获得了丰厚的回报。

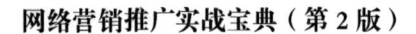

3.2.4　新闻营销的造势策略

刚刚说了"借",再来说"造"。所谓造新闻,就是指围绕目标,结合各种有利条件展开,发挥想象力,挖掘自身素材。基本上就是无中生有,没事找事,小事化成大事,让企业新闻变成社会新闻,每个企业都应该把自己当成媒体发布中心。我们可以从以下几个方面去造新闻。

1. 造人

在刚刚说过的借势策略中,强调了名人攻略,但是名人效应固然好,但却只是"借",东西还是别人的。如果企业能够造出一些属于自己的名人,将是美事一桩。许多企业力推企业创始人或老总,就是基于此目的。通过将企业高层打造成行业名人、商业领袖的方式,来带动企业的发展。

除了推动老总外,也可以从员工或用户中挖掘明星。比如天涯社区之所以能够以"全球最具影响力的论坛"闻名于世,能够稳坐中文论坛老大的位子,很大原因是从天涯中走出了竹影青瞳、流氓燕、芙蓉姐姐、二月丫头等一大批网络红人。天涯在成就了这些网络明星的同时,也成就了今天的地位。

2. 造事

事件营销是近两年非常受追捧的一种营销手段,而实际上事件营销最早就是从新闻演变而来的,早期的事件营销,也被称之为新闻事件营销。当企业策划的新闻事件足够创新和新奇,能够让媒体和社会感到很有新意并保持高度关注时,就会演变成事件营销。

我们在操作新闻营销时,制造新闻事件就是一种很重要的策略,因为好的事件不仅能够造成新闻效应,还可以引发事件营销。所以企业在策划新闻时,一定要突出一个"新"字,只有创新才能吸引人,只有足够新奇才能保持公众对企业的关注,这也是新闻策划的基本支点和出发点。

比如 2008 年除夕夜,电视中播出了著名毛纺品牌"恒源祥"的 12 生肖贺岁广告,在长达 1 分钟的广告中,画外音从"恒源祥,北京奥运赞助商,鼠鼠鼠",一直念到"恒源祥,北京奥运赞助商,猪猪猪",把 12 生肖叫了个遍。其单调创意和高密度播出,遭到许多观众炮轰,网民恶评如潮。关于此事件,网络上出现了海量的评论,百姓争相传播,媒体更是大力跟进,恒源祥的品牌知名度得到了空前的高涨。

广告营销界对于恒源祥此举也是褒贬不一,对于其中的是非曲直,我

们在此不做评论。但是仅从新闻营销的角度来说，恒源祥的这个广告无疑是成功的。因为别人投放电视广告，仅是广告；而恒源祥投放完了广告，还演变成了新闻营销、事件营销。

其实在此事件之前，恒源祥的各种奇招就不断，比如招聘员工时要求是左撇子、高薪招聘党委书记等。从中我们不难看出，恒源祥很注重营销上的创新，恨不得将企业的每一次活动都变成新闻。

3. 造活动

相对于其他形式手法，通过活动造新闻是相对比较容易的。比如常见的发布会、公益活动、慈善活动等，这些都可以令公众和媒体对企业投来关注的目光。而在活动中，邀请记者现场参与，自然也就产生了相应的新闻。

（1）发布会

发布会是最常见的一种活动形式。比如企业有重大变革和举措时，举行的新闻发布会；企业有新产品面世时，举办的新品发布会等。只要是企业最新的关于产品、技术、事件、活动等方面的消息，都可以通过发布会的形式来吸引媒体进行宣传报道，并最终传递给目标群体。

（2）行业展会

各种各样的行业展会都是媒体关注的焦点，比如比较著名的广交会等。而企业在力所能及的范围内，可以多多考虑参加各种与企业相关的展会，以此来制造新闻。

（3）行业沙龙、研讨会、年会

在有条件的情况下，企业可以与相关部门、行业协会、相关团体组织合作举办各种形式的行业年会，比如康盛创想举办的站长大会、计世集团举办的IT两会，每届都会成为媒体关注的焦点。当然，举办年会的难度较大，在条件不允许的情况下，也可以退而求其次，行业研讨会也是一个不错的选择；或者再简单一些，举办系列的行业沙龙，这些活动都可以起到一般宣传所达不到的良好效果。

（4）促销活动

虽然促销行为很商业化，但是好的促销活动也会引起媒体关注。比如各大商场年庆时的促销打折活动，都会被重点报道。如果促销手段再具有一定的创新性与趣味性，效果会更好。

（5）领导关怀

如果有可能，可以主动邀请政府领导来视察企业，或者邀请各类团体来进行参观。此类活动的影响面非常广，能够极大地提升企业的形象与地位。

（6）公益活动

企业积极组织和参与各种公益活动，不仅能够回馈社会、回报大众，更能起到新闻宣传的作用。公益活动的内容包括社区服务、环境保护、知识传播、公共福利、帮助他人、社会援助、社会治安、紧急援助、青年服务、慈善、社团活动、专业服务、文化艺术活动、国际合作等。常见的形式如义务植树、义务大扫除、青年志愿者、献血、捐款、捐物等。

公益活动是目前社会组织特别是一些经济效益比较好的企业，用来扩大影响、提高美誉度的重要手段。

4. 造概念

在信息高速发展、时代高速变化的今天，媒体及公众对新生事物保持着高度的敏感与关注。而企业若能够围绕自身的特点和优势，适当地造一些概念出来，自然也会受到追捧。

这方面最典型和最成功的当属著名保健品品牌"脑白金"。脑白金的有效成分其实就是通常所说的褪黑素，又称松果体素，它是人脑和动物脑中松果腺自然分泌的一种激素。如果这么解释，这个产品一点都不神秘，但是史玉柱的成功之处在于，将这些普通概念加以提炼和包装，推出了"脑白金"这个全新的概念。

除了产品本身的概念外，"脑白金"在推广过程中，又重点强调和打造了送礼新概念，"今年过年不收礼，要收只收脑白金！"一时家喻户晓。应该说这个概念塑造得非常成功，久而久之，消费者在选购礼品时就有了一种错觉，那就是，这年头送礼恐怕只能送脑白金了；而且还塑造了一种潮流错觉，让人感觉，送脑白金是一种时尚，于是又有一部分人追随；同时又渲染了一份亲情在里面，这年头，老人不缺吃不缺穿的，恐怕要体贴的就是他们的健康了。"送礼送健康"这个概念真的是直指人心。

5. 造争议

争议是新闻营销中最大的卖点之一，争议越大，媒体与公众越关注。比如凤姐、小月月等网络红人，皆是因争议而成名。再比如因"老板喝涂料"而一炮打响的富亚涂料，最早就是因为要拿小动物做实验，因此备受

争议，继而受到了媒体与社会的关注，造就了其品牌。

最近几年来最火的电影，非《阿凡达》莫属，导演詹姆斯·卡梅隆继《泰坦尼克号》之后，又为大家打造了一场视觉盛宴。而随着《阿凡达》在全球范围内的火爆，影片中潘朵拉星球那亦真亦幻的美景，也成为人们心目中向往的圣地。特别是其中悬浮于半空的"哈利路亚山"更是备受追捧。

导演詹姆斯·卡梅隆说，"哈利路亚山"原型来自中国黄山。张家界武陵源人邓道理发表《明明是张家界，<阿凡达>导演偏说是黄山》，炮轰卡梅隆"张冠李戴"。帖子一出，舆论哗然。黄山与张家界关于谁是"哈利路亚山"的原型之争正式拉开帷幕。

随后，张家界又高调宣布要将"南天一柱"（又名乾坤柱）更名为热播的影片《阿凡达》中的"哈利路亚山"。此次更名再一次引起轩然大波，社会上争议声不断。就在这些争议中，张家界的声望被推向了一个新的高度，其宣传效果和轰动效应不言而喻。

但是注意，这个争议一定是可控的，不能对企业品牌造成负面影响。

6. 造价格

经济是一个国家的命脉，而物价问题又是影响宏观经济的重要因素，因此价格问题是新闻媒体一个永恒的话题，牵动着媒体与广大消费者的神经。像各大厂商之间的价格战一直是社会关注的焦点，是媒体争相报道的对象。虽然从表面上看这些企业大幅降价利润有些损失，但是由于媒体的炒作，使这些本来名不见经传的企业成为了知名企业，销售额得到大幅提升，利润反而得到了增长。

除了价格战外，通过推出各种天价产品和低价产品也会引起轰动效应，不但会起到宣传效果，还会奠定行业地位。比如兰博基尼跑车之所以备受追捧，和其天价不无关系；再比如印度打造的超低价手提电脑也引起了全球的关注，使其在世界舞台上大放异彩。

企业想做好新闻营销，关键是要把自己当成媒体，要学会从企业中不停地挖掘和制造新闻，并且把其当成一项长期和系统的工程来进行，这样才能获得丰厚的回报。

3.2.5 新闻的发布

不管是"借"的新闻，还是"造"的新闻，最终都是要通过媒体发布

出去。但是不管发布的渠道与方式如何，无非都离不开以下几种形式。

1. 人脉关系

在新闻营销中，人脉非常重要，如果能够拥有丰富的媒体关系，将会让工作事半功倍。所以广交豪杰、积累人脉是营销人员很重要的基本工作之一。关于人脉的建设，在后面的整合运用中会有详细阐述。

2. 报料投稿

如果新闻足够好，可以直接投稿，或者以提供新闻线索、报料的形式传递给媒体。其实有的时候，通过普通用户的身份向媒体投递新闻，反而会收到出其不意的效果。

3. 外包

社会上有许多专业的营销机构，它们都能够帮助企业进行新闻的投递，其效果与性价比要比企业亲自操作好得多，最重要的是可以为企业节省大量的精力与时间。不过注意，此类公司很多，鱼龙混杂，所以找外包公司时，要货比三家，仔细了解这些公司的背景与实力。

4. 资源互换

对于一般的新闻，通过资源互换的形式进行推送也是一个不错的选择。对于一些互联网网站，这是建立新闻渠道的主要方式。

5. 引起媒体主动关注

就如前面在"新闻营销的要点"中所说的，想引起媒体主动关注与报道，就要先了解媒体的特性，能够制造出媒体感兴趣的新闻才能达到此目的。比如前面提到的猪八戒威客网的案例，之所以能够被媒体主动报道，就是因为其围绕李宇春策划的一系列新闻，正好迎合了当时媒体的需求，甚至那时媒体对于与超女有关的新闻是趋之若鹜、求之不得。

其实媒体并不是高高在上、遥不可攀的，在优质新闻面前，媒体也会失去抵抗力，甚至个别不良记者，还会为了追求所谓的大新闻，投机取巧。比如曾经轰动一时的"纸馅包子"新闻，就是某电视台工作人员为了追求轰动效应而炮制的假新闻。所以，若是企业能够为媒体奉上味美的新闻大餐，自然会受到青睐，达到双赢。

但是注意，企业要严格遵守新闻制度与规律，站在客观、公正的立场上策划新闻，不做有损公众与消费者利益的事情；否则将会适得其反，被

公众所唾弃。比如微软的新闻宣传就是忽视了与政府和公众的有效沟通，因此遭受到美国政府与大众传媒的口诛笔伐，最终以其垄断市场为由，将其拆分。

3.2.6 成功的标准

新闻营销达到什么境界才算成功呢？本来笔者想就这个问题好好与大家探讨一下，但是发现百度百科里已经给出了非常经典的答案，所以借花献佛，在这里和大家分享一下。

初级境界，变亮点为焦点

任何新闻营销都有其明显的商业目的。在目的基础上，发散性地创造一些想法，这种带有极强的功利性的点子，往往只是一个亮点、思想的火花，所以你要把它变成新闻焦点。通过新闻营销的程序进行推广，形成阶段性的新闻事件，聚焦目标受众的眼球，这是最重要的。

中级境界，变焦点为卖点

什么是卖点？当然就是产品卖出去的理由。新闻营销的目的就带有销售任务，所以在新闻中最好能把产品嵌入其中，潜移默化地粘贴在新闻中，润物细无声地打动消费者。其实，不论是直接来自产品特性还是事件的间接推动，达到销售才是终极目的。不过，在新闻营销中产品卖点和新闻卖点的结合更微妙和巧妙，与一般的广告推广相比更含蓄、深入。当然，在事件中完全可以把广告推广和新闻营销进行整合，相互推动。

高级境界，变卖点为记忆点

新闻营销的作用如果仅仅是为了轰动，那么不如裸奔会更现实一些。因为新闻营销需要影响长久，为企业不断跨越台阶进行长远的铺垫。所以，如何将事件的热点变为消费的记忆点就显得尤为关键了。在实践中，通过某些新闻（不论采取哪些新闻营销手法），让媒体和公众对企业和产品产生良好的印象，从而提高企业或产品的知名度、美誉度，树立良好的品牌形象，并在达到销售的同时，更要达到长久或者很长一个阶段对企业和产品具有良好的认可，才是最高的境界。

3.2.7 本节任务

根据自己的实际情况与需要，策划一条简单的新闻，并发布到至少 5

家相关媒体（若能引起媒体主动关注，更好）。

3.3 软文营销

3.3.1 什么是软文营销

所谓软文营销，就是指通过特定的概念诉求，以摆事实、讲道理的方式使消费者走进企业设定的"思维圈"，以强有力的针对性心理攻击迅速实现产品销售的文字模式和口头传播。比如新闻、第三方评论、访谈、采访、口碑。软文是基于特定产品的概念诉求与问题分析，对消费者进行针对性心理引导的一种文字模式。从本质上说，它是企业软性渗透的商业策略在广告形式上的实现，通常借助文字表达与舆论传播使消费者认同某种概念、观点和分析思路，从而达到企业品牌宣传、产品销售的目的。（摘自百度百科）

软文是最重要的营销推广手段之一，不仅是因为它效果出众，更关键的是，它是论坛炒作、博客营销、新闻营销、事件营销等众多手段的基础，这些方法相互配合使用，组合出击，效果会大幅提升。

对于一名优秀的营销人员，一定要学会"写"，要善于运用软文工具。

下面和大家分享一个经典的软文营销案例，通过这个案例，相信大家会对软文推广与软文营销的关系理解得更为深刻。

3.3.2 案例：脑白金的软文营销

说到软文，有一个人必须要提，他就是非常具有传奇色彩的人物史玉柱。史玉柱的经历真的很传奇，他曾经是莘莘学子万分敬仰的创业天才，仅靠4000元起家，在5年时间内跻身财富榜第8位；也曾是无数企业家引以为戒的失败典型，一夜之间负债2.5亿。当所有人都以为他会因此一蹶不振时，却又靠"脑白金"东山再起，以区区50万元人民币，在短短的3年时间里就使其年销售额超过10亿，令业界称奇。

在"脑白金"骄人业绩的背后，软文营销功不可没。史玉柱是个营销天才，总能想出很多奇招、妙招，软文炒作就是他营销脑白金时的一大创新，也是脑白金市场导入阶段最主要的营销手段。而在脑白金之前，人们

从来没有想过文章可以这么用。脑白金巨大成功的背后，让人们找到了软文营销的秘密。所以从很大程度上可以说，"软文"是由史玉柱发明的。

下面让我们一起来看一下脑白金的软文营销是怎么做的。

脑白金上市之初，首先投放的是新闻性软文，如"人类可以长生不老吗"、"两颗生物原子弹"等。这些软文中没有被植入任何广告，只是在大肆渲染身体中一种叫作"脑白金体"的器官。人都具有猎奇心理，而且人们对与自身利益有关的东西总是最关心的，所以这些带有新闻性质的软文马上受到了用户的关注。这些软文更是像冲击波一样一篇接着一篇，不停地冲击着用户的眼球。在读者眼里，这些文章的权威性、真实性不容置疑。虽然这些文章中没有任何广告痕迹，但是脑白金的悬念和神秘色彩却被成功地制造出来。

人都是恐怖死亡的，也都渴望长生不老，而这时候在新闻报道中反复提到一种叫作脑白金的物质，说它可以帮助延年益寿时，人们坐不住了，禁不住要问："脑白金究竟是什么？"。消费者的猜测和彼此之间的交流使"脑白金"的概念在大街小巷迅速流传起来，人们对脑白金形成了一种企盼心理，想要一探究竟。

当通过第一阶段的软文成功引起人们关注，让大家对脑白金充满期待后，紧接着跟进的是系列科普性（功效）软文，如"一天不大便等于抽三包烟"、"人体内有只'钟'"、"夏天贪睡的张学良"、"宇航员如何睡觉"、"人不睡觉只能活五天"、"女子四十，是花还是豆腐渣"等。这些文章主要从睡眠不足和肠道不好两方面阐述其对人体的危害，并指导人们如何克服这些危害。同时在这个过程中，再次将脑白金的功效融入其中，反复强调脑白金体的重要性。

因为这些文章没有做广告，而是用摆事实、讲道理的方式普及科普知识，告诉大家如何活得更健康、更长寿，所有文章都是以理服人，所以读者看了后心悦诚服。

下面我们就来看一下其中非常经典的一篇《两颗生物"原子弹"》是如何写的。

两颗生物"原子弹"

本世纪末生命科学的两大突破，如同两颗原子弹引起世界性轩然大波和忧虑：如果复制几百个小希特勒岂不是人类的灾难？如果人人都能活到150岁，

且从外表分不出老中青的话，人类的生活岂不乱套？

一、"克隆"在苏格兰引爆

苏格兰的一个村庄，住着一位53岁的生物科学家，他就是维尔穆特博士。这位绅士温文尔雅，慢声细语。年薪仅6万美元，他培育一个名叫"多利"的绵羊，为此他本人获得的专利费也不会超过2.5万美元。但这头绵羊和脑白金体的研究成果一样，形成世界性的冲击波。

从总统至百姓无不关注培育出"多利"的克隆技术，克林顿总统下令成立委员会研究其后果，规定90天内提交报告，并迫不及待地在他的白宫椭圆形办公室发布总统令。德国规定，谁研究克隆人，坐牢5年，罚款2万马克。法国农业部长发表讲话：遗传科学如果生产出6条腿的鸡，农业部长可就无法干了。

"多利"刚公诸于世，《华盛顿邮报》即发表《苏格兰科学家克隆出羊》，美国最权威的《新闻周刊》连续发表《小羊羔，谁将你造出来》《今日的羊，明日的牧羊人》……

美国广播公司晚间新闻发布民意测验87%的美国人说应当禁止克隆人，93%的人不愿被克隆，50%的人不赞成这项成果。

二、"脑白金体"在美利坚引爆

脑白金体是人脑中央的一个器官，中国古代称之为"天目"，2000年前印度就称之为"第三只眼"。近年美国科学家们发现，它是人体衰老的根源，是人生的生命时钟。这项发现如同强大的冲击波，震撼着西方国家。《华尔街日报》发表《一场革命》；《新闻周刊》居然以《脑白金热潮》为标题，于8月7日、11月6日封面报道，阐述补充脑白金的奇迹：阻止老化、改善睡眠……

美国政府FDA认定脑白金无任何副作用后，脑白金在美国加州迅速被炒到白金的1026倍。不过在规模生产的今天，每天的消费仅1美元，在中国不过7元人民币。

美国西北大学教授格利塔在电视新闻中感叹："美国人为它疯狂了！"。

脑白金体的冲击波迅速波及全球。日本《朝日新闻》、NHK电视大肆报道，中国台湾地区的人从美国疯狂采购脑白金产品。中国香港地区有关部门不得不出面公告：奉劝市民服用脑白金要有节制。

中国大陆也不例外，1998年4月5日中央电视台"新闻联播"播放《人类有望活到150岁》，详细介绍脑白金体的科技成就，《参考消息》等各大媒体也都相继报道。中国部分城市已经出现脑白金热潮的苗头。

在美国，不少人撰文表示对脑白金体成果的担忧。如果人人都活到150岁，从外表分不出成年人的年龄，会出现许多社会问题。世界老化研究会议主席华特博士在其科学专著中指出，补充脑白金会明显提高中老年人的性欲。于是评论家们担心，性犯罪必将上升。

三、什么是克隆

克隆是"clone"的音译，含义是无性繁殖。在传统的两性繁衍中，父体和母体的遗传物质在后代体内各占一半，因此后代绝对不是父母的复制品。克隆即无性繁殖，后代是完全相同的复制品。

复制200个爱因斯坦和500个卓别林，是件大快人心的事。但如果复制100个希特勒，实在令人担忧。50多年前纳粹医生约瑟夫曾研制克隆技术为了复制希特勒，幸亏没有成功。"克隆"对伦理道德的冲击更大：如果复制一个你，让你领回家，你太太和女儿应该如何称呼"他"。

世界级大药厂发现了克隆的巨大商机。美国商业部预测，"2000年克隆生物技术产品的市场规模将超过500亿美元"。克隆技术主要用来制造保健品，国外许多媒体认为美国商业部的预测太保守，如同50年代美国商业部的预测："2000年，全球的计算机数量将高达80台"。

四、什么是脑白金体

人脑占人体的重量不足3%，却消耗人体40%的养分，其消耗的能量可使60瓦电灯泡连续不断地发光，大脑是人体的司令部，大脑最中央的脑白金体是司令部里的总司令，它分泌的物质为脑白金。通过分泌脑白金的多少主宰着人体的衰老程度。随年龄的增长，分泌量日益下降，于是衰老加深。30岁时脑白金的分泌量快速下降，人体开始老化；45岁时分泌量以更快的速度下降，于是更年期来临；60~70岁时脑白金体已被钙化成脑沙，于是就老态龙钟了。

如果想尝尝年轻时的感觉，脑白金的确能让人过把瘾。

美国三大畅销书之一的科学专著《脑白金的奇迹》根据实验证明：成年人每天补充脑白金，可使妇女拥有年轻时的外表，皮肤细嫩而且有光泽，消除皱纹和色斑；可使老人充满活力，反映免疫力T细胞数量达18岁时的水平；使肠道的微生态达到年轻时平衡状态，从而增加每天摄入的营养，减少毒素侵入人体。

美国《新闻周刊》断言"补充脑白金，可享受婴儿的睡眠"。于是让许多人产生了误解，以为脑白金主要用于帮助睡眠。其实脑白金不能直接帮助睡眠。夜晚补充脑白金，约半小时后，人体各系统就进入维修状态，修复白天损坏的

细胞,将白天加深一步的衰老"拉"回来。这个过程必须在睡眠状态下进行,于是中枢神经接到人体各系统要求睡眠的"呼吁",从而进入深睡眠。

脑白金可能是人类保健史上最神奇的东西,它见效快,补充1~2天,均会感到睡得沉、精神好、肠胃舒畅。但又必须长期使用,补充几十年还要每天补充。

五、热点问题

据中国《参考消息》、中国香港《明报》及美国几大报刊综合出以下人们最关心的问题及答案:

- 可以克隆人吗?答:可以;
- 可以克隆希特勒吗:答:理论上可以;
- 死人可以克隆吗?答:不;
- 女人可以怀有"自己"吗?答:可以;
- 克隆人合法吗?答:法国合法,英国、德国、丹麦不合法;
- 西方国家总统每天补充脑白金吗?答:许多媒体曾如此报道;
- 补充脑白金,人可以长生不老吗?答:不,只能老而不衰;
- 成年人可以不补充脑白金吗?答:可以,如果对自己不负责的话;
- 美国5000万人为什么因脑白金体而疯狂?答:他们想年轻。

在脑白金的这些软文中,新闻性软文共5篇,科普性软文近10篇。脑白金产品每到一个城市,都会先选择当地2~3种报纸(偏重于党报)作为这些软文的主要刊登对象,并且会在两周内把新闻性软文全部炒完。

除了时间限制外,文章的刊登方法还非常讲究。

(1)软文肯定不会登在广告版,通常会选择健康、体育、国际新闻、社会新闻版(因为这些版的阅读率高)。

(2)选择通版是文章,没有广告的版面进行投放(这样读者看起来舒服)。

(3)不与其他公司的新闻稿出现在同一版面(以免读者被其转移视线,受到影响)。

(4)文章标题要大而醒目,文中的字体字号与报纸整体风格一致(让读者看不出炒作的痕迹)。

(5)每篇文章都要配上相关的精美插图(图文并茂,增加可读性)。

(6)每篇软文均是单独刊登,不与其他软文同时出现(防止一下投入

太多，读者消化不完）。

（7）不附热线电话、不加黑框（消除一些广告痕迹）。

（8）每篇文章都配上相应的报花，如"焦点新闻"、"专题报道"、"热点透视"、"环球知识"、"焦点透视"等（让读者以为是正常的新闻报道）。

（9）最重要的，也是最画龙点睛的一笔，在炒完一轮软文之后，以报社名义郑重其事地刊登一则启事，内容如下：

启事（样本）

敬告读者：

近段时间，自本报刊登脑白金的科学知识以来，收到大量读者来电，咨询有关脑白金方面的知识，为了能更直接、更全面回答消费者所提的问题，特增设一部热线：*******，希望以后读者咨询脑白金知识打此热线。谢谢！

****报社
**年*月*日

此举非常的巧妙，真的是画龙点睛，实际上留的是脑白金公司的销售电话，但却让读者以为是报社的电话。在毫无戒心的情况下，源源不断的潜在用户主动送上门，脑白金也因此赚得盆满钵盈。

史玉柱本人，还把这些软文营销的要点总结成了80字诀，读来颇有意思：

软硬勿相碰，版面读者多，价格四五扣，标题要醒目，篇篇有插图，党报应为主，宣字要不得，字形应统一，周围无广告，不能加黑框，形状不规则，热线不要加，启事要巧妙，结尾加报花，执行不走样，效果顶呱呱。

3.3.3 软文营销的特点

从上面的案例我们可以看出，脑白金的每一篇软文都没有植入广告（这点和软文推广完全不同），但是这些文章组合到一起，却获得了巨大的成功。下面让我们一起来了解一下软文营销的特点。

1. 本质是广告

软文的本质，就是广告，这是不可回避的商业本性。所以不管大家的软

文如何策划和实施，最终一定是要能够达到相应的效果，否则就是失败的。

2. 伪装形式是一切文字资源，使受众"眼软"

所谓软文，这个关键点一是"软"，二是"文"。也就是说，软文的内容一定是以文字为主，包括各种文字形式，比如新闻资讯、经验心得、技巧分享、观点评论、思想表达等。通过这些文字，使受众的"眼软"，只有让用户的眼光停留了、徘徊了，才有机会影响到他们。

特别是语言文字，要照顾到目标受众的阅读能力与理解能力，要浅显易懂、形象生动、贴近生活，让用户读起来有共鸣感。切忌不要把软文当成散文、诗歌来写，笔者就经常见到这样的软文：文笔非常有功底，辞藻修饰非常华丽，行文优美似散文。问题是我们写的不是文学作品，也不是给文学爱好者看的，这种脱离生活的软文只会曲高和寡，没有回应，自然谈不上带动产品销售。

像发布在网络上的软文，越口水越好，要多多运用网络语言，因为网络文化的特点就是草根、快餐。各位看官可以上网看一下，网络上流行的小说和文字，写得都非常傻瓜，甚至被人批评为"中学生的作品"。而那些被文学界奉为精品的文章，反而被冷落。

3. 宗旨是制造信任，使受众"心软"

软文的内容不是瞎写，一定是有目的的，而不管什么形式的软文，终极目标一定是相同的，那就是通过这些文字，在用户中间制造信任感；通过这些文字，打动用户，使受众"心软"。只有用户看完你的文章后，相信你了，才会付诸行动。

什么形式的文章，最容易打动用户，能使用户产生信任感？答案就是能够对用户起到帮助作用的文章。比如通过文章，让用户解决了问题、学到了新知识等。所以软文内容一定要真实、真诚，经得起推敲，内容要实在，要能够帮助用户解决问题，应该以干货为主。切忌有虚假信息或糊弄受众。

4. 关键要求是把产品卖点说得明白透彻，使受众"脑软"

光是让用户相信你了，还不行，还需要在文章中把产品卖点说得明明白白、清楚透彻；否则用户搞不清楚状况，还是达不到最终的目的。所以就需要我们深入了解产品特点，并将这些卖点通过文字完美地演绎出来，使受众在了解到这些卖点后，"脑软"。

这里有个重要的技巧，就是将产品功能形象化。有位广告大师曾经说过："不要卖牛排，要卖滋滋声"。只有赋予产品生动的形象化描述，让用户看完文章后有如身临其境的感觉，才会达到出其不意的效果。比如木竭胶囊上市时有一篇《8000万人骨里插刀》的软文，形象地指出了骨病人群的痛苦："骨病之痛苦，连患者亲友都不忍目睹，常见患病的人突然间倒吸几口冷气，牙缝间丝丝作响——骨刺又发作了！俗话说：得了骨病犹如骨里插刀……"这种丝丝入扣的形象描述，深刻地勾画出了患者的痛苦，即使健康的人读了，也会体验到那种痛楚。

在比如保健品批文中，大都会用到"益肾补气"、"抗氧化"、"免疫调节"、"温阳补肾"等字眼，但是这些词汇一不形象，二不生动，而且这些专业术语，一般人也很难明白。这么写，很难引起消费者的共鸣，更不要提什么效果了。但是如果我们用"洗血"、"洗肺"、"洗肠"、"通便秘"、"排肠毒"等生动形象的词汇后，产品的功能与卖点马上跃然纸上，让有相关症状的人读后禁不住想跃跃欲试。

5. 着力点是兴趣和利益

用户对什么样的内容最感兴趣？不同的行业、用户群，具体的答案不尽相同，但是有一条最本质的规律肯定是一样的，那就是不管什么情况、什么行业、什么样的用户，一定对与自身喜好和利益有关的内容最感兴趣。所以深入研究用户需求，是每一位营销推广人员都必须做足的功课。

比如前面举的脑白金案例，之所以获得巨大的成功，很重要一个原因是，其所有软文都抓住了人类最本质的一个需求，或者是人性的弱点，那就是人都恐惧死亡，都渴望长生不老。面对死亡，没有几个人能够保持内心的平静。所以当人们看到媒体大肆报道一种叫作"脑白金"的物质可以帮助人们延年益寿时，很多人就坐不住了。

3.3.4 软文营销的策略

1. 新闻攻略

人都有猎奇心理，也都渴望了解新事物、学习新知识，所以新闻性软文非常容易得到人们的关注。操作时注意，新闻性软文一定要突出一个"新"字，文章中的内容一定是人们所不知道的、不了解的、不熟悉的，比如新鲜事、新鲜的观点、新鲜的事物、新鲜的知识、新闻的话题等。文章的形式要符合新闻写作规范，发布的媒体及具体的版块，也应该是正规新闻栏目，千万不要发到广告版。

2. 概念攻略

万物都是相通的，网络营销也是如此，不同的营销与推广方法之间都有很多共性，理念和策略都适用，只不过具体的表现形式不同罢了。比如概念攻略，在上一节"新闻营销"中提过，而在软文营销中同样适用。对于有用的新生事物，人们总会不惜一切代价去了解、学习和尝试，而这也是概念攻略的精华之所在。

就像前面说的脑白金软文，其成功因素中的关键一条就是打造出了"脑白金体"和"脑白金"的概念，并且让大家对其产生无限向往。而实际上，与"脑白金体"和"脑白金"对应的就是平常说的"松果体"及其分泌物"褪黑激素"。如果脑白金上市之初直接通过后两者进行宣传，肯定不会有这么神奇的效果，因为人们对它们已经非常熟悉和了解了。

打造概念时注意，这个概念一定是与目标用户息息相关的，要高度符合用户需求，能够引起受众强烈的关注与足够的重视；否则不管概念包装得多么漂亮，都是在做无用功。

3. 经验攻略

经验分享型软文，是最容易打动用户和影响用户的软文类型。此类软文的策略主要是利用了心理学中的"互惠原理"，通过免费向受众分享经验，免费给予帮助，以达到感动用户的目的。

而且，由于此类文章的形式都是无偿给予的，用户在观看时，没有任何心理负担，且是抱着主动学习的态度阅读的。所以软文中的信息更容易被用户接受和认同，甚至用户在看完文章后，还会主动帮助进行口碑传播。

注意：在运用这种策略时，一定是无偿分享宝贵的经验，不能用一些人人皆知的东西糊弄用户。而且，这些经验一定是能够对用户有所帮助的，要有很强的实用价值。

4. 技术攻略

一提到"技术"二字，人们的脑海中就会浮现出诸如"专业"、"高深"、"高品质"、"精湛"、"靠谱"等字眼，所以如果走技术路线，则更容易获得用户认可。特别是一些创新型技术，还会受到媒体的热捧。比如机器人一直是全人类的梦想，如果哪家公司能够在该领域取得突破性的进展，媒体就会争相报道，因为这些技术将推动社会的进步，媒体的特点决定了他们必将关注这些事。事实上，在机器人领域，日本已经取得了许多成果，每次他们有新的技术和产品时，都会得到全球媒体的关注。

在软件行业，特别是杀毒软件领域，最喜欢用技术策略。杀毒软件厂商会经常发布一些技术型文章来衬托其产品的先进性与优越性，比如分析杀毒软件的杀毒原理是最常用的套路。

注意：此策略的关键是通过技术层面的东西去打动用户。所以其中提出的技术，不能是伪技术，要真的是具有一定的先进性，能够真正帮助用户解决一些实际问题。而且在向用户描述时，不要过于高深，要用一些浅显易懂的语言和例子，让用户明白其大概原理，了解能够为自己带来什么。

5. 话题攻略

话题是最容易在用户中引起口碑效应的策略，因为只有足够热的话题，用户之间才会自发地谈论与传播。想获得足够热的话题，比较好的方式有两种：一是围绕社会热点制造话题；二是针对用户的喜好与需求引发争议。比如在 2008 年汶川地震时，王老吉捐款 1 亿，然后在这个大的社会热点话题之下，制造了"封杀王老吉"这个具体的小话题，再通过一系列的营销举措，把中国网民的爱国情绪和同胞情深渲染到极致，一举确立了王老吉品牌非常积极和正面的形象。

注意：在制造话题时，要注意话题的可控性，特别是制造争议话题时，不能引发用户对产品的负面情绪，一定是对产品品牌做正面引导。

6. 权威攻略

对于权威的东西，人们总会情不自禁地信服与顺从，因为在我们刚出生时，对权威的敬重感就已经深深根植于心中。所以，树立权威是软文营销的一种策略。比如大公司生产的产品，我们会不假思索地肯定其品质；对于大商场销售的产品，我们也从不怀疑可能会是假货。

我们可以围绕企业背景打造权威，通过好的企业背景会很快建立起权威性。比如奇艺网上线之初，便获得了高度关注，原因就是它是由百度公司投资创办的。如果我们的企业没有这样的好背景，那么可以通过一些后天的方式弥补，比如通过各种合作形式，挂靠到权威部门或大公司旗下。

除了企业背景外，还可以围绕产品打造权威性。比如产品的技术特别先进、品质特别好，都可以奠定权威地位。比如著名杀毒软件卡巴斯基，在进入中国市场初期，就是先通过技术打造其产品的权威性，以此快速奠定了在国内市场的地位，获得了用户的认可。

除了企业和产品外，还可以通过人打造权威性。比如创新工场，虽然是一家新公司，但是由于其是由前谷歌公司全球副总裁兼大中华区总裁李

开复先生创建的，所以没有人敢轻视它，因为李开复老师的权威性不容置疑。当然，不是每家企业都有这么强的牛人，而且牛人也是从菜鸟进化出来的。所以我们可以自己打造牛人，比如将企业老总打造成领军人物，就是最常用的一种方法。

3.3.5 如何写新闻类软文

软文之所以越来越受到企业的青睐，一是因为受众对信息的敏感度越来越高，使得传统硬广告的效果越来越差；二是因为在广告效果下降的同时，广告费用却不断上涨，企业不得不尝试其他性价比更好的营销手段。由于软文在不影响用户体验的基础上还能够达到既定的广告效果，自然备受推崇。

不同的企业，背景和需求各不相同，使得软文的表现形式多种多样，但是万变不离其宗，不管如何变化，总有规律可循。根据传播渠道及受众的不同，软文大体可以分为三类：新闻类软文、行业类软文和用户类软文（产品软文）。下面先一起来了解一下针对媒体的软文。

新闻类软文是软文发展初期常用的手法，也是最基本的一种软文形式。此类软文的形态主要以新闻报道为主，比如常说的媒体公关稿、新闻通稿或新闻公关稿即属于此范畴。当企业有重大事件、相关活动、新产品发布等动态时，都会通过新闻的形式进行预热或曝光。

此类软文的写作手法可以归纳为三类。

1. 新闻通稿

新闻通稿是公关与营销界人士耳熟能详的一个词，它原本是新闻媒体中的术语，指的是媒体在采访到一些重要新闻后，以统一的文章方式发给全国需要稿件的媒体。后来，很多企业在对外发布新闻时，为统一宣传口径，也会组织新闻通稿，以提供给需要的媒体。

由于新闻通稿来源于传统媒体，所以它的写作形式也同传统媒体一样，有消息稿和通讯稿。简单地说，消息稿就是先对整件事进行一个简要而完整的说明，要包括整个事件。通讯稿则是对消息内容的补充，可以是背景介绍，也可以是事件中的一些花絮、具体的人或故事等。

新闻通稿涉及的技巧相对来说较少，基本上只要文字流畅、语言准确、

层次清晰、逻辑性强，能把事情表述清楚、表达完整即可。比如下面的范例：

XXX 网北京 10 月 12 日电（记者 XX）第八届中国国际网络文化博览会将于 10 月 21 日至 24 日在北京展览馆举行。

文化部文化市场司副司长庹祖海在 12 日的新闻发布会上表示，网博会为促进我国网络文化健康的发展起了重要的推动作用。他还透露，在本次的网博会上将会详细阐释 8 月份开始正式实施的《网络游戏暂行管理办法》相关内容。

作为承办单位，中国动漫集团党委副书记孙盛军详细介绍了本次展会的状况：本次展会共设 7 大展厅，约 3 万平方米。可同时容纳几万观众进场参观，特装展位共计 40 多个，最大面积展位均被众多产业知名大企如盛大、九城、巨人等竞得。同期的主题活动及论坛会议也各有千秋，包括中国网络文化高峰论坛、中国网络游戏行业峰会、中国网络音乐峰会、中国网游海外高峰论坛。

此外，本届网博会的国际性明显，将会有来自俄罗斯、新加坡、菲律宾等国家和地区的厂商参加本次网博会。同时，动漫舞台剧作为一种全新的表现形式，使众多优秀的动漫作品通过舞台表演得以全新地展示，评选出最终的中国网络 COSPLAY 之星，并将于今年 11 月份在韩国 G-STAR 展会上进行比赛。

中国国际网络文化博览会由文化部、科技部、工信部、广电总局、新闻出版总署、国务院新闻办公室、共青团中央、北京市人民政府联合主办，中国动漫集团有限公司承办，是我国"十一五"文化规划重点扶持项目，也是国内最具影响力的网络文化盛会。

2. 新闻报道

由于新闻通稿的形式简单，且都由企业人员自己操刀，所以在宣传效果上不够深入，仅能起到一个广而告知的作用。若要达到进一步的效果，比如促进产品的销售等，就显得力不从心了。为了达到更高层次的目标，我们就需要用更复杂的新闻工具——"新闻报道"。

此类软文都是以媒体的口吻、新闻的手法对某件事情进行报道，甚至直接聘请真正的记者操刀。文章完成后，也会与正常的新闻报道一样，发布到相关媒体的新闻栏目。由于其夹杂在正常新闻中间，且完全用新闻体组织正文结构，让人防不胜防，对于非专业人士，根本无从分辨。在此向大家分享一篇被称为"软文模式范本"的经典案例。

曝光"洗之朗"热销背后

如何改变人们的便后清洁方式？如何实现以洗代擦？一种名为洗之朗的产品近日在西安悄然兴起。

据悉，"洗之朗"学名智能化便后清洗器，是一种安装在马桶上用于便后用温水清洗的家用电器。洗之朗最早源于日本，目前在日本家庭的普及率已高达 90%以上。这种电器能够在人们方便之后，通过按键实现温水冲洗下身，它代替了传统的纸擦方式，更卫生、更科学。

记者采访了家住紫薇花园的牛先生。谈到使用体会时，他说："起初孩子说日本人都使用这个产品，要往家里的马桶上安装洗之朗。我曾坚决反对，总以为不习惯。但几天下来对使用后的效果不得不折服。我有痔疮，而且家中还有高龄老人，对洗之朗的使用体验都感到很满意！"

某商场导购向记者说："洗之朗上市之初，只有一些经常出国的人一看就知道洗之朗是什么，而且购买时也毫不犹豫，因为他们在国外时就普遍使用洗之朗，对洗之朗的使用效果有切身体会。"导购还告诉记者："目前购买洗之朗的人，不仅仅是前卫的时尚人士，普通市民也越来越多，大家已经认识到了洗之朗对生活的重要性。"

据商场负责人讲，洗之朗上柜以来很受顾客喜欢，总是能吸引好多客人，这是我们上柜当初没有预料到的，而且销量也在迅速上升，这个产品的前景非常不错，将来肯定会成为家用电器的消费热点。某建材、洁具销售商也对记者说："销售洗之朗，我并没有要求一开始就能卖多少台。我做代理销售十几年了，对一个产品的市场前景非常重视，洗之朗虽然是个新产品，但将来肯定会是家喻户晓、家庭必备的电器。目前在西安已经达到了家喻户晓，在 3~5 年内肯定会迅速普及，成为城市家庭的必需品。"

在记者在家居超市采访的短短几十分钟里，洗之朗竟然卖出了 5 台，消费者对这个刚上市的新产品为什么如此青睐？

在开元商城一次购买 2 台洗之朗的王女士对记者说："我在日本留学时一直用洗之朗，已经习惯了便后水洗，洗比擦不但干净、卫生，而且很舒服、很方便，是女性预防病菌感染的好产品。"王女士的先生抢过话头说："她一听说洗之朗在西安上市，就嚷嚷着买，顺便也给老人买一台。反正也不贵，才一两千块钱，比国外产品便宜了好几千块钱。"

据调查，洗之朗在 1995 年至 1998 年间，一台进口的产品在北京和上海售价一般在 15000 元左右，国产的"洗之朗"也普遍卖 6000 元上下，虽然

有过漫长的市场培育，但其昂贵的价格让普通老百姓望而却步，购买者也多为当时的"有钱人"。当然，人们对卫生习惯与身体健康没有足够认识，也是推广的另一障碍。在 2003 年前的两年内普遍降价 50%左右，最早卖五六千元的产品目前也仅卖到不足 3000 元。记者发现，洗之朗产品售价最低的是良治洗之朗，有一款机型仅售 980 元，这能不让市民动心吗？

良治洗之朗生产厂家的营销副总肖军告诉记者：我们很重视市场需求，虽然目前我们的工作重点是生产研发，但是我们对洗之朗的市场前景非常看好，我们将凭借科学有效的营销手段、精工的日本技术、优势的价格推广市场，我们的定位就是以高品质产品设计满足广大消费者的潜在需求。

截至记者发稿前，良治洗之朗安装预约已经排满三个工作日，热销局面还在不断升温。

3. 媒体访谈

凡客诚品（VANCL），是最具影响的互联网时尚品牌之一。在一个月之前，我却从来没有想过要成为凡客的顾客。因为出于职业敏感性，我对广告产品有一定的抵触心理，特别是面对凡客铺天盖地的广告和软文时，我决定避而远之。但是在半个月前，看了一篇关于凡客诚品 CEO 陈年的访谈后，我毅然决然地成为了 VANCL 的用户。因为我被访谈中陈年的精神及凡客的理念所打动。

相对于新闻通稿的公式化语言及新闻报道的说教式、单向灌输式内容而言，媒体访谈这种形式更容易让人接受，它由一般新闻的单向灌输向渗透式、感召式、互动式转变。企业与媒体通过访谈聊天的形式表达出来的内容和理念，更具亲和力、吸引力和感染力，能够做到以理服人、以情动人。

就如上面的例子，为什么媒体上对于 VANCL 大篇幅的赞扬与溢美、华丽的业绩数据展示，我一律视而不见，而一篇小小的访谈却打动了我呢？原因就是后者有血有肉，能够让我近距离地感受到这个企业和企业中的人，而不是冷冰冰的新闻稿或数字。

3.3.6 如何找新闻点

以上就是新闻类软文的三种主要表现形式。但是一篇新闻类软文要成功，仅具备形式与内容还不够，还要具备新闻亮点。这就需要企业深入挖掘自身的新闻素材，彰显新闻价值。而这恰恰也是最令人头疼的问题。其实解决这个问题并不难，如果我们能够以媒体的视角，用媒体的眼光来审

视企业内部，那么就会惊奇地发现处处是亮点。通常在企业中，容易挖掘到新闻亮点的地方主要有以下 7 个。

1. 产品

对于有价值的新产品，本身就有可能成为一个大新闻，甚至会成为轰动全球的大新闻。比如"印度要造百元电脑"的新闻，曾在全球 IT 界红极一时。通常能够产生新闻效应的产品，都是能够改变人们生活或带来利益的产品。所以要想让自己的产品也产生新闻效应，就需要以新闻的角度去审视自己的产品，去挖掘产品中的亮点，要明确自己的产品能够影响哪些人，能够让谁受益，它的与众不同之处在哪里。

2. 服务

"顾客就是上帝"，可是"上帝"却越来越不好伺候了。现在的消费者在选购产品时，越来越关注产品的软实力。比如消费者到商场选购家电时，除了关注产品本身的价钱、质量以外，还尤为关注售后服务的范围、时间和内容，而这些往往是影响最终选购的关键。只要是用户关注的地方，一定有亮点。所以，如果我们的服务质量过硬，甚至有一套独特的方法，那么完全可以大张旗鼓地宣传。这不仅仅是在做新闻，更是对用户的一种关怀。

3. 技术

科技改变世界，人类之所以能够成为地球的主宰，在很大程度上在于人类懂得创造和发明。所以，对于技术的追求是人类进步的源泉。同样，如果我们的企业有足够的创新或先进的技术，那么必将成为媒体追逐的目标。

4. 文化

企业文化也是企业的重要组成部分之一，比如一些成功企业的经营理念、管理方法等都是人们关注的焦点。媒体对于此类话题的关注度也越来越高，对于好的素材，往往都会进行深入报道。所以，如果我们的企业文化比较与众不同，具有足够的特点，那么就把它充分展示出来吧。

5. 事件

对于企业，往往本身并不引人注目，但是企业中发生的一些事却亮点十足。比如曾经的联想收购 IBM、吉利收购沃尔沃，都占据了大量的媒体头条；再比如互联网历史上里程碑事件：QQ 与 360 之战，更是轰动一时。当然，不是所有的企业都经常有大事发生，如果实在没有事件，那么也可

以制造一些事件出来。具体的可以关注第 6 章中的"事件营销"。

6. 活动

对于有特点、有意义、有影响的活动，大都会引起媒体的关注和报道。在这方面，一些大的公司和企业已经做得非常深入。在这里提醒一点，企业在策划活动时，一定要提前策划出足够的亮点，为媒体准备好充足的素材。

7. 人物

一个企业能够做大、做强，走向成功，其中必然有一些人发挥着重要作用，而往往这些人物身上都具有一些常人所不具备的特点，而这些都是新闻点、亮点。其实普通大众，也都渴望了解这些成功人士背后的故事。这么做不仅仅能够满足新闻宣传的需求，更能为企业的对外形象注入人性化的一面。

这也是为什么现在的企业在成功后，老总都喜欢不停地抛头露面，甚至著书立传的原因。

3.3.7 如何写行业类软文

行业类软文，就是指面向行业内人群的软文。此类文章的目的通常是为了扩大行业影响力，奠定行业品牌地位。一个企业的行业地位将直接影响到其核心竞争力，甚至会影响到最终用户的选择。比如，当我们为企业建站时，一定愿意选择与那些行业知名度高且具有一定影响力的公司合作。

根据我们的经验，行业类软文从以下 5 点去切入，更容易建立知名度和影响力。

1. 经验分享

此类文章以传播知识与经验为主，实际上是利用心理学中的"互惠原理"去感染人、影响人，继而建立品牌地位。在这里简单解释一下互惠原理。

中国有句俗语，叫"吃人嘴短，拿人手软"，任何人在接受了别人的馈赠后，都会想着要回报对方。这是全人类基因中一个共同的特质。假如说，正在读本书的你，有一天来到北京，恰巧在公交车上遇到了素不相识的我。通过交谈，发现我们是老乡，而且你是第一次来北京，人生地不熟的，无依无靠。于是我义务地当起了向导，不仅帮你安顿好住宿，请你吃饭、出游，甚至还帮你解决了工作问题。这时，你会怎么样？肯定是把我当成非常好的哥们，并且总想着要好好地回报我，因为你认为我免费给予

你太多了。而对于我，可能只是举手之劳。

好的公关、营销和销售人员，都善于利用心理学中的一些原理做工具，去为自己服务。而互惠原理就是其中常用的一条！

经验分享型软文也是基于此原理，在你分享经验的同时，其实也是在免费给予读者知识，帮他们少走弯路、解决问题。而读者免费接受了你的馈赠和帮助后会如何？肯定是想着回报你。但是他们又不认识你，如何回报你？那只能是回报给你口碑，向身边的朋友、同事、同行去推荐你、赞美你。在这个过程中，知名度与影响力自然就建立起来了。

2. 观点交流

如果说经验分享型文章是以知识服众，那么观点交流型文章就是以思想取胜。而且相对于前者来说，此类文章更好写，不需要有太多的经验，只要有思想、善于思考和总结即可。此类文章通常都是以独到的见解、缜密的分析、犀利的评论为主，让读者从心理上产生共鸣，继而建立品牌地位和影响力。

大家可以随便打开一些行业网站内的专家专栏，很多文章都是以此为主的。

对于那些不擅长写软文的朋友，在这里告诉你一个捷径：你可以围绕某篇具体的文章进行评论，对其内容加以点评、修正与补充，最后以此组织成文章。

3. 权威资料

无论哪个行业，几乎都有一个共同的需求，就是迫切需要各种行业调查数据、分析报告、趋势研究等资料。比如CNNIC每次发布互联网调查报告时，大家都趋之若鹜。甚至有些行业报告，千金难求。若我们有条件进行一些分析调查、数据研究等工作，或者有条件搞到一些独家的资料，那么完全可以发布一些基于这些数字、报告的软文，必将大受欢迎。

4. 人物访谈

对于不擅长玩笔杆子的人，"写"是一件比较痛苦的事情，如何从痛苦中解脱，并能达到相应的效果呢？在这里分享一个终极的解决方案，那就是"人物访谈"。简单地说，就是针对行业内的名人进行访谈，然后将访谈内容整理成文章发布。这么做，第一个好处是不需要你自己组织大量的内容，只要邀请好访谈嘉宾，准备好问题即可，甚至问题都可以让听众

帮你想；第二个好处是在访谈的过程中，还可以让自己积累到许多优质的人脉资源与媒体资源；第三个好处就是能够快速奠定行业品牌与影响力。

提到访谈，可能很多人会感觉比较遥远，感觉访谈应该是媒体的"专利"。在以前确实如此，我们普通人是根本无法组织和策划这样的访谈活动的，因为缺乏平台。但自从有了互联网之后，这种不可能就变成了可能。只要你有一个小小的 QQ 群，就可以打造一个专属的访谈节目。在这里说一个真实的成功案例。

我有一位朋友，叫老 K，真名管鹏。相信互联网圈的很多朋友对这个名字都不陌生，他是圈内知名人士，目前担任炎黄网络副总经理。老 K 之所以能在圈内如此出名，将炎黄网络的业务搞得如此红火，在很大程度上是因为他的"安徽站长访谈"。

老 K 所在的炎黄网络是一家 IDC 公司，众所周知，IDC 行业竞争异常激烈，而且此类公司尤其看重行业地位与影响力。所以老 K 便组织了一个安徽站长访谈的活动，访谈的平台就是 QQ 群。访谈每期都会邀请一位业内的知名站长（以安徽本土站长为主）来分享其成功经验。同时利用访谈，老 K 还整合了许多优质的媒体资源——他邀请了许多业内的知名网站做支持媒体，作为条件，支持媒体需要及时发布每期的访谈实录，而作为回报，在每篇访谈文章中，都会推荐和宣传这些媒体网站。

目前安徽站长访谈已经成功举办了近百期，在这个过程中，老 K 与炎黄网络的品牌知名度与影响力一点一点被奠定起来，甚至这个访谈平台本身也成为了品牌。

5. 第三方评论

以上四点，主体都是自己，需要企业亲自操刀。但是从自己嘴里说出来的东西，总会显得不客观。所以最后一种方法就是邀请第三方人士上阵，让他们从客观的角度去评价我们。邀请的对象，最好是在业内具有一定知名度和影响力的名博、名人，如果实在邀请不到这样的人，那么也可以自己操刀，成文后以第三方的名义发布。

评论的内容，也不一定非要限于正面的，负面的也可以。但是注意，如果是负面评论，最后一定要能够再给圆回来。其实有时候，负面内容的传播效果要比正面的好。所谓"好事不出门，坏事传千里"，受众往往更愿意关注一些负面的消息。

比如业内某著名视频网站，上线初期推广时，主要用的就是此策略。当

时打开相关的网站，铺天盖地的全是该网站的负面新闻和文章，这些话题吸引了大量不明真相的群众围观，并围绕这些话题展开讨论。甚至一些博主、写手受此气氛感染，还自发撰写各种评论、文章。该网站又引导这些群众和博主，分成正反两方进行辩论。而吵着吵着，这个网站就被吵火了。

3.3.8 如何写用户类软文

用户类软文，是指面向最终消费者或产品用户的文章，大家经常提到的产品软文即属于此类。这类软文的主要作用是增加在用户中的知名度与影响力，赢得用户好感与信任，甚至引导用户产生消费行为。

这类文章的表现形式多样，但基本原则只有一条：以用户需求为主，具有阅读性。从具体表现形式和手法的不同，此类软文可以分为 12 种类型，具体如下。

1. 知识型

随着互联网的深入人心，大家越来越喜欢上网获取信息、学习知识。而知识型软文，就是以传播与企业或产品相关的知识为主，而在传播知识的同时，将广告信息有机结合。比如《糖尿病患者请注意：降低糖化血红蛋白可有效控制并发症》就是一篇以普及糖尿病专业知识为主，并成功植入广告信息的软文。

在互联网领域中，软件行业最喜欢用此类软文进行推广，大家打开各大 IT 门户的软件频道，有相当一部分文章都属于此列。比如笔者随便找了篇题为《巧用网络加速工具 加速网页浏览》的文章，这篇文章表面上是在介绍如何增加网页浏览速度，实际上是在推广某款网络加速工具。但是普通用户看了后，根本看不出该文的真实意思，甚至还在为又学会了一个应用技巧而兴奋。

2. 经验型

这里说的经验型软文与前面行业类软文第一点中提到的一样，都是利用互惠原理去影响和引导用户。像一些美容保健类产品，非常喜欢用此法。比如对于"我是如何从 XX 斤减到 XX 斤的""我是如何在 X 个月内减掉 XX 斤肉肉的"这样的标题文章，广大爱美女性和肥胖人士是绝对无法抗拒的。如果内容再真实一些、实用一些、靠谱一些，然后把要推广的信息巧妙植入进去，那么杀伤力会非常大。

3. 娱乐型

问一下身边的朋友，平常上网都干嘛？大部分人会告诉你，上网是为了"玩"、"找乐子"。没错，对于网民来说，上网最大的目的就是娱乐。即使那些天天对着电脑的上班族，也会在工作时情不自禁地去看一些娱乐内容。所以，如果我们能把软文写得娱乐味十足，将会非常有市场。

比如有一篇流传于网络中的经典笑话短文，标题叫"一只狮子引发的血案"（或"一只狮子引发的离婚案"，正文大意为：有一个男人出差在外，提前回家，想给老婆一个惊喜，结果在家门口听到屋内有男人打呼噜的声音。男的默默走开，发了个短信给老婆："离婚吧！！！"然后扔掉手机卡，远走他乡……三年后他们在一个城市再次相遇。妻子问："当初为何不辞而别？"男人说了当时的情况。结果这次妻子转身离去，淡淡地留下一句话："那是瑞星的小狮子！"

这篇小短文虽然篇幅不长，内容也只是编撰的一个小笑话，但却幽默十足且贴近生活，让大家在开心之余，深深地记住了瑞星这个名字。而且还有相当一部分人，通过QQ群、论坛、博客等将它传播出去。

4. 争议型

如果大家关注过近几年出现的网络红人和网络大事件，就会发现一个规律，这些人和事的背后，往往都存在着大量的争议，也因为这些争议，他们才会红、才会火、才会引发关注和讨论。

可以说，"争议"是网络营销中最大的卖点。

对于软文也同样如此，如果内容有足够的争议，同样会达到非常好的效果。这个争议可以是纯粹的话题争议，也可以是事件争议，或者是人物方面的争议。比如近期横空出世的凤姐、小月月等，都是因为太富有争议性；再比如宋祖德，之所以如此出名，也是因为他善于经常制造不同的争议性话题。

5. 爆料型

从心理学的角度说，人或多或少都有点偷窥欲，都渴望知道别人的一些隐私，或者了解一些别人不知道的东西。比如论坛中那些标题中顶着"曝光"、"揭秘"字眼的帖子，往往单击率都非常高。邮箱里那些带着"绝密文档"、"被禁资料"词汇的垃圾邮件，都会有不错的打开率。

所以，如果软文从爆料的角度去写，也会比较受关注，而且用户会非

常积极主动地去接受文章中要传递的信息。比如下面这篇软文。

购机必看！熟人雷倒你，无比惨！

中秋节天气很好，就决定和朋友出去逛逛街，在公交车上沉闷得想睡，但是发生了一件让我和我朋友都比较无奈和抓狂的对话！

甲：节日快乐啊，去干什么。

乙：想去电脑城看台电脑。

甲：看电脑？那敢情好啊，我正去电脑城请我一哥们吃饭。我哥们是在电脑城卖电脑的，就在前天他帮我同学配了台电脑，看我的面子给了我同学蛮多优惠。

从这里开始甲就侃侃而谈，说话声音之大使整个公交车上的人都听得见，似乎意欲要整车的人都知道他是多牛的电脑高手。虽然我没看他的脸，但是我很肯定地告诉大家他脸上贴着俩字：得意！

甲先跟乙大致说了一遍基本的配置，我忘记了蛮多的，只记得 U 是 AMD5400+，还有个 200 的低音炮，对这低音炮我印象深刻啊，甲说的牌子我不知道（比较寡闻），当时他哥们说最低 250 卖给他，他就直接给了 200，说，算了，反正都是人情价嘛，给我同学算了。我当时就在车上想，漫步者的 200 也能买个低端点的吧。显示器他说的是优派的，19 寸的说是 1300，还特夸张地说，你要是 1300 能买个优派 19 寸的我就服你了，那都是我哥们给的人情价，总共配机才用了 3700（不知道算低音炮没）！总之，这甲就是相当的满足，乙把他当神一样在拜……

听完了他们的谈话发现不对劲，哪里不对劲忘记了。后来下了车才想起来，他没说显卡。我朋友来了句：不用说，肯定是集成声卡、显卡、无线网卡了。我那个汗啊……回到家里无聊，想查一下那熟人大概"人情"了多少钱，显示器优派的 19 寸现在降到 1100 左右了，还是官网上公布的，直接无语。然后算一下 3700-1300 还剩 2400，再减 700 的 U 那就是还剩 1700，再想一下内存+硬盘+DVD+主板+机箱电源，JS 啊！！！还是人情 JS！！！

建议大家买电脑的时候自己先在网上查一下产品，这样到时候自己也好看是不是忽悠了你，即使是熟人介绍的也要货比三家，现在的 JS 管你是不是熟人照"宰"不误，光显示器这项就赚了 200 左右了，这台配机卖家赚了个满载而归，买的人还帮着数钱。拉下脸到处去问问同样配置的，对购机的人来说是没有坏处的。电子发票那是必须要的，不能说因为是熟人

就不要发票到时候找他修，修的时候不用说肯定再次"宰"你一笔啦！

切记！！！！切记！！！！货比三家！！！！！

从表面上看，这篇文章是在曝光一个"电脑托"的忽悠过程，实际上却是在推广某厂商的显示器（当时 19 寸的显示器普遍在 1500 元以上，低廉的价格是它主打的卖点）。这篇软文是在 2008 年的时候被炮制出来的，当时取得了非常好的效果，不但网友评论踊跃，甚至还被主动转载。因为想买电脑的人，一定都不愿意被忽悠，那他看了此文标题，一定就会单击观看。而一旦认真看完，就不可避免地被影响。

6. 悬念型

悬念型，也可以叫自问自答型，表现形式为标题提出一个问题，全文围绕这个问题来进行分析与解答。比如"艾滋病，真的可以治愈吗？""40 岁可以拥有 20 岁一样的皮肤吗？""穷小子是如何成为百万富翁的？"等。标题即话题，通过这个话题来吸引目光。注意，标题中的问题一定要有足够高的关注度，文中给出的答案要符合常识和逻辑，不能自相矛盾，漏洞百出。

7. 故事型

小孩子通常都是听着故事长大的，这是人类最古老的一种传授知识的方式。而且故事人人爱听，特别是好故事，不但轻松、幽默，甚至还能从中学到各种各样的知识。将要推广的信息包装到故事里，会收到意想不到的效果。用户在接受了故事的同时，实际上也接受了你的心理暗示，将故事中传递的信息印在了脑海里，继而影响到他的认知和选择。而且故事的形式，还有利于口碑的传播。

比如要是有人问，哪个牌子的打火机最好？在 10 个人中，会有 8 个人告诉你是 Zippo。如果再问为什么？通常对方会耳熟能详地和你说起许多关于 Zippo 的故事。比如 Zippo 挡子弹的故事、Zippo 和渔夫的故事、Zippo 与飞行员的故事、Zippo 和洗衣机的故事、Zippo 充当信号灯的故事等。

Zippo 这个品牌，在很大程度上是靠这一个个小故事树立起来的，在这些故事流传的同时，也将 Zippo 的品牌理念和形象深深地印到了每一个人的脑海里。甚至这些小故事，现在还在互联网及各种媒体上传播着。

8. 恐吓型

大家还记得赵本山的经典小品《卖拐》吧？范伟一个正常人，之所以

被赵本山忽忽悠悠地给整瘸了,最重要的一点就是赵本山从开始就一直在吓他,一直在暗示他的腿有病,且不治疗会成为植物人。最终又暗示他,想根治,就要拄拐。

人的内心深处,都有恐惧和害怕的一面,恐吓型软文就是利用人的恐惧去达到效果。先抛出一个直击用户内心软肋的结论,当用户意识到严重性后,再给他一个解决方案。通过恐吓形成的效果,要比其他方式形成的记忆更加深刻。比如脑白金的经典软文范例《一天不大便,等于抽三包烟》即属于此列,甚至这篇文章到现在还在被传阅。但是操作时也要注意把握火候,太过于出格,容易遭人诟病。

9. 情感型

给大家一道思考题:如果一个男生喜欢上一个女孩子,但对方却不喜欢他,那如何才能把她追到手?我相信大家会说出成千上万种答案,但是其中有一个答案是最好的,我相信女朋友也会非常认可这个答案,那就是想办法感动她。

人都有感性与脆弱的一面,特别是女孩子,内心轻柔似水、悲天悯人,没有几个女孩子能够拒绝可以将她内心融化的男孩子。其实做营销推广时,我们就应该抱着追女孩子的心态,把用户当成小妞追。

假如我们的软文能够像写给姑娘的情书那样,做到以情感人、以情动人,直接从情感上俘虏对方,怎么可能产生不了好的反响呢?像"能够做到这些的女孩(男孩),你一定要娶她(嫁他)"这样的内容,又有多少人看完后能保持内心平静呢?

10. 资源型

好的资源,人人需要。如果我们能将用户迫切需要的好资源进行汇总并传播,那么不但不会被人认为是广告,而且还会大受欢迎。比如一篇名为《北京过生日免单优惠餐厅汇总》的文章,被各大网站和论坛转载,甚至笔者还向好友推荐过。再比如在笔者写过的文章中,转载率最高、好评度最高的一篇不是什么绝世高深的宝典,也不是什么秘而不宣的秘籍,而是一篇名为《可以免费发广告外链的论坛列表》的普通文章。

该篇文章没有涉及任何经验和技巧,甚至写此文时,笔者都没经过任何思考,只是将一些可以免费发广告的论坛地址罗列出来。但是由于这些资源都是大家非常需要的,所以该文成为了笔者博客中最受欢迎的一篇文章。

11. 促销型

喜欢到汽车网站逛的朋友，应该经常会看到这样的文章标题："XXX品牌现车紧张，暂无优惠提车等数周""XXX品牌无现车，提车周期2周"等，或是"XXX品牌8.8折，购车更送交强险""XXX品牌现车，购车优惠4.2万"等，这些都是促销型软文。通常这类软文直接配合促销使用，或者通过营造"紧缺气氛"，利用"免费策略"、"攀比心理"、"羊群效应"等因素来达到营销目的。

12. 综合型

以上介绍了11种不同类型的软文写法，但是大家切记，这些都只是工具，具体操作时，不要死搬教条。真正的高手是无招胜有招。所以在执行过程中，先不要考虑这些条条框框，一切以效果为主。只要是能达到效果，不管什么工具或元素，都可以拿来用。正所谓"不管黑猫还是白猫，只要抓住老鼠就是好猫"。

3.3.9　如何扩大软文的推广效果

前面从大的方面说了软文的一些类型和写法，但是仅仅掌握了这些还远远不够，一篇软文若想成功，若要达到更好的效果，还需要多在细节上下功夫。比如一些四两拨千斤式的小技巧，一定要掌握。

1. 标题

别小看文章标题那短短的十几个字，里面包含的学问可不小。关于标题这块，重点和大家强调三个问题。

第一，学会做标题党。标题一定要足够吸引眼球，如果用户看了标题，没有单击的欲望，那么正文内容写得再好，也是徒劳的。要从文章中挖掘亮点，多运用那些能够引起用户单击欲望的词汇。

举个小例子。笔者在开心网看过两段一模一样的韩国MV，是宣传一首歌。但是这两篇帖子的转帖数却有着天壤之别。一篇仅几十个转帖数，而另外一篇却有几万的转帖量。为什么同样的内容，结果却相差如此之多？原因就在标题上，A视频的标题叫作"韩国XXXX明星的最新单曲MV"，B视频的标题叫作"XXX明星在韩国遭禁播的MV"。

再举个经典的小例子。常逛论坛的朋友，相信在很多不同的论坛都看过一篇类似的帖子，标题通常叫作"沙滩美女走光图"。光看标题，令人

不禁浮想联翩，脑海里涌现出许多美好的画面。而当你心潮澎湃、双眼放光、流着鼻血、颤动着双手打开帖子后，却发现正文内连个美女的影子都没有，只是贴了一张普普照通通的沙滩美景照。而照片旁边则有一个备注，告诉你："美女真的走光了，别乱想了，好好工作吧！"虽然这是几年前的老套路，但是依然在网络上流传，每次还是会有很多人单击和回复。

第二，标题要符合用户搜索习惯。当我们将软文发布到各大网站或媒体后，就相当于守株待兔，被动地等着用户到这些媒体上观看。但是问题出来了，当这些网站或媒体上的新内容将老内容替换更新掉后，我们的信息会被埋没，用户就找不到我们的信息了。那有没有一种方法可以让目标用户主动就能找到我们的信息呢？答案就是在标题上下功夫。因为大家都知道，很多人找信息，是通过搜索引擎来完成的。所以如果标题能符合用户的搜索习惯，将会大大地增加文章的曝光率。而且这个效果是持续的，只要有用户搜索，我们的信息就会被曝光。

大家可以到百度尝试搜索以下关键词："如何推广商城""如何推广网络商城""如何推广网上商城""推广网络商城""推广网上商城""怎么推广商城""怎么推广网络商城""怎么推广网上商城……大家发现其中的秘密了吧，只要搜索和推广商城有关的词，在结果页里都会看到一篇笔者发布于 2009 年 3 月 15 日的文章《网络推广之如何推广网上商城》。

第三，标题中植入要推广的信息。用户阅读文章的顺序是先看标题，然后单击标题进入正文。但是标题写得再好，也不可能让所有的人都产生单击的欲望。笔者曾经做过一个统计，单击率最高的文章，也只有 10%。也就是说，在 100 个看到标题的人中，能有 10 个单击的，已经算是非常高的了。如果用户不去阅读正文，我们就无法影响到他，有没有折中的办法呢？有！直接把要推广的信息植入到标题当中即可。比如《基因靶向护心一号治疗心脏病前景乐观》一文，标题中虽然只有短短十几个字，却已经将要推广的产品信息完美演绎。用户看完标题后即使不阅读正文也没关系，因为推广的目的已经达到。

2. 排版

文章排版格式要正确，这是小学时老师就强调过的知识。但是在实际工作中，恰恰有很多人忽略了这一点，不懂得正确排版。听起来好像有点不可思议，但绝不是危言耸听。在笔者做编辑时收到的来稿中（包括软文等），绝大部分的排版都有问题。甚至现在在推一把网站每天的来稿中，排版的合格率不足 10%。很多朋友可能感觉这是个小问题，没什么，但是

我告诉你，这个问题很大，而且能够直接影响到你的推广效果。

第一，如果文章排版很差，将会直接影响到用户的阅读体验。试想一下，对于一篇没有段落、标点错误、文字大小不一，甚至五颜六色的文章，谁有心情看下去？即使内容写得再好，也不会有几个人看。

第二，如果文章排版很差，将会增加责任编辑的工作量。软文写完后，肯定要投递到相关网站的责任编辑那里，当人家审核之后，才可以发布。如果文章排版格式正确，那么责任编辑可能只花一分钟就会审核完毕并且发布成功。但是如果排版很差，人家可能还要花十几二十分钟先帮你重新编辑一遍。换位思考一下，如果你是这个编辑，会怎么做？肯定是直接将这样的文章咔嚓掉。即使你是付费发布，人家也会有意见，因为你浪费了别人的时间。难道你愿意做花了钱还得罪人的事吗？

第三，如果文章排版很差，还会影响到文章的转载率。网站编辑的日常工作之一就是更新文章，所以网络编辑也被称之为网络搬运工。那这些编辑会选什么样的文章进行转载呢？除了文章质量外，就是转载的难易程度。比如同样质量的两篇文章，转载 A 文章需要 20 分钟，转载 B 文章需要 2 分钟，大家会选哪篇？傻子都会选择 A 文章。那我告诉你，对于排版质量很差的文章，可能 20 分钟都编辑不完。

其实排版并不是很复杂的工作，涉及的排版知识也很少，全算起来也就 5 条，还都是我们小学时学过的。第一条，每段首行空两格；第二条，段与段空一行；第三条，正确使用标点符号；第四条，分段标题并加粗；第五条，不要乱设字号、字体颜色，全部用默认的。

3. 植入广告

其实在网络营销圈里，软文是大家最常用和最爱用的一个手段。但在实际操作中，很多人却不得要领，写光了许多瓶墨水，效果却甚微。这是为什么呢？原因就是写得太"软"了，软得过分了。虽然说软文的本质是广告，但绝不是把软文当广告写，软文的最高境界就是把广告写得不像广告。如果把软文写得犹如葛优的脑袋，广告意图明显而高调，自然不会产生好的效果。

所以在撰写软文的过程中，切忌把它当成广告写，行文时把"软文"二字彻底扔掉。不妨借鉴一下影视剧中的植入广告，将产品与内容有机结合，甚至让广告部分都具有一定的可读性。

笔者给大家的建议是，每次写软文时，先不要在文章中涉及任何企业

信息、产品信息或广告信息，而是当成一篇正常的文章来写作。成文后，再回过头来读一遍文章，看看怎么才能将广告信息不着痕迹地植入进去。

比如常见的植入方式有：在文章中需要举例时，将企业信息以案例的形式展现；让企业人员以专家顾问的身份出现；或者干脆以留版权信息的方式植入等。

4. 系列文章

有一首老歌笔者非常喜欢，叫《众人划桨开大船》。其中有这么几句歌词："一支竹篙呀，难渡汪洋海，众人划桨哟，开动大帆船；一根筷子呀，轻轻被折断，十双筷子牢牢抱成团；一个巴掌呀，拍也拍不响，万人鼓掌哟，声呀声震天。"一个人的力量是有限的，团队的力量才是庞大的。

软文也一样。如果想达到非常好的效果，那么仅靠一两篇软文，单枪匹马地作战不成。最好是写系列软文，进行集团式冲锋。大家注意，这里说的系列软文是指像连载一样，或是相互有联系的文章，而不是说软文数量多了就可称为系列软文。系列文章的好处有很多。

第一，加深对产品的印象。仅仅一两篇文章，在用户心中形成的印象会非常有限，可能几天后，用户就彻底忘掉了相关信息。而系列软文可以通过长时间不停地冲击用户的眼球和记忆，让用户产生深深的印象，甚至挥之不去。

第二，更好地进行产品诉求。一个产品的优点，是无法通过一篇文章阐述清楚的。而且单篇文章中的产品信息过多，就会使用户产生抵触情绪。而通过系列文章，可以长时间潜移默化地对用户进行产品诉求，让用户在不知不觉中，全盘接收产品的信息和理念。

第三，扩大覆盖人群。一篇文章的影响范围有限，能有千人围观已属佳绩。而系列软文的覆盖范围可以无限叠加，使影响到的人群不断扩大。

打造系列软文并不难，比如可以围绕某一主题展开，如"减肥宝典之……"；也可以以栏目的形式打造，如"XX访谈：……"；或者以作者为主线，如"江礼坤：……"；抑或是系列故事，如"1000个创业故事之……"等。总之，只要是有一条主线能够贯穿始终，使之形成连载效果的题材，都可以将之打造成系列文章。

5. 打造明星

为什么现代企业会一掷千金请明星或名人做形象代言？这是因为他们

的"明星光环效应"会给消费者心理造成强暗示，使得用户对产品的认知度及信任感大幅度提升，让销售成为必然。那如果企业自己打造出来一些明星会如何呢？

很多企业做软文推广时，仅仅是利用它来宣传产品，其实这是一种资源的浪费。既然已经用了这种工具，那么就应该把它的效用发挥到最大。只有如此，才能达到最佳效果。我们写软文时，完全可以顺带打造一两个明星出来，或者通过打造明星的方式去运作软文。这样随着明星知名度的扩大，软文的效果会无限向上叠加。这个明星可以是人，也可以不是人。

第一，打造名人。从某种意义上讲，名人和名博写的文章都是软文，因为这些文章都是在突出他们个人。再总结一下他们的文章，基本上都是以传播知识和思想为主。所以，如果我们的软文也是从传播知识或思想的角度切入，那么可以在文章中多多突出作者，将作者打造成名人。当我们的知名度足够高，甚至成为名博时，何愁软文无处发或没效果？

第二，打造虚拟形象。如果实在无人可推，那么可以考虑打造一个虚拟形象。在这里给大家介绍一个比较有代表性的案例——IT168的"牛哄哄"。

IT168是中国最著名的IT门户之一，而"牛哄哄"是其在2003年打造的一个虚拟人物。IT168让牛哄哄这个虚拟人物发布了一系列原创文章，文章的形式为一集一个小故事，故事的主线全部围绕牛哄哄及他的朋友（比如哄哄妞、马皮皮、猪哼哼等）展开。通过故事向读者普及各种IT知识。

由于牛哄哄的文章几乎每天一篇，并且内容辛辣诙谐、幽默搞笑，故事情节引人入胜，能够让读者在笑声中吸取教训，获得智慧。所以很快，牛哄哄的大名即在用户中声名鹊起、深入人心。不但文章被众多媒体争相转载，甚至还在许多地方开设了专栏。

而牛哄哄的崛起，自然也带动了IT168的发展。通过牛哄哄，大家又认识、了解和喜欢上了IT168。比如笔者，当年就是通过牛哄哄知道的IT168。

第三，将栏目或产品拟人化。如果我们的栏目或产品足够有特色，那么也可以直接将其拟人化。比如在笔者曾经服务过的《电脑爱好者》杂志中，有一个叫傻博士的栏目。这是一个问答类栏目，专门解答读者使用电脑时遇到的一些疑难杂症。本来这样的栏目很平常，很多媒体都有，本身并无特色。但是Cfan（电脑爱好者的简称）将这个栏目虚拟成了一位博学多才的老爷爷，并为它起了一个非常人性化的名字——"傻博士"。每期通过它的嘴，解答读者的问题。结果这个栏目成为了《电脑爱好者》杂志社

创刊至今最受读者喜爱的栏目，也成为了杂志中的一个品牌栏目。

6. 向用户传递有价值的信息

软文要有效果，前提是内容能够打动用户。如果用户看了你的文章后面无表情、心平如镜，一丝感觉都没有，甚至还像吃了一只苍蝇一样不舒服，大骂这是"垃圾"、"广告"，那怎么可能有效果呢？

如何才能让软文打动用户呢？很简单，不管你的软文写成什么形式、什么样子，但是一定要向用户传递有价值的信息。

假如你能把软文写成武林秘籍，让用户看完后学到真功夫，那用户怎么可能会不崇拜你？

假如你能把软文写成百科全书，让用户看完后解决了他的问题，那用户怎么可能会离开你？

假如你能把软文写成开心词典，让用户看完后哈哈一笑、忘却烦恼，那用户怎么可能不记住你？

假如你能把软文写成绵绵情书，让用户看完后爱上你，那用户怎么可能会不选择你？

其实真正的好软文，应该和正常的文章无异，甚至本身就是经典。比如西游记，从营销的角度说，它就是一部长篇软文，因为其通篇宣传的都是佛教。但是人家却是流传千古的经典。

7. 结合其他工具

一次成功的网络推广，一定是整合推广。任何推广方法都不是单独存在的，软文也一样。在软文操作过程中，要注意与其他推广工具相结合。比如 QQ 群就是一个非常好的辅助工具。如果情况允许，建立大量相关用户 QQ 群并植入到文章当中，这会使得在做软文推广的同时，还能够积累到有形的用户资源。而当群的数量达到一定程度后，就会发生质的变化。笔者通过这种方式已经积累了近百个 QQ 群，这些优质的资源，为笔者的工作提供了非常大的帮助。

8. 选好发布平台

当软文内容做得无懈可击后，接下来就进入后期的发布环节了。发布环节很重要，因为它会直接影响到传播的效果。关于这个环节，要重点注意两个问题。

第一，选择内容源网站。什么是内容源网站呢？比如一篇文章发布到新浪后，会被许多其他的网站转载，这样的网站就叫内容源网站。如果能将软文发布到内容源网站，就意味着会被许多网站主动转载，增加传播的机会和曝光率。所以在发布软文时，内容源网站是第一选择，即使做些公关也是值得的。

比如网络营销类的有推一把（www.tui18.com）；站长类的新闻源网站主要有 A5 站长网（www.admin5.com）、中国站长站（www.chinaz.com）；互联网行业类的新闻源网站有 DoNews（www.donews.com）、艾瑞网（www.iresearch.cn）；IT 产品类的新闻源网站有 IT168（www.it168.com）、天极网（www.yesky.com）等。与它们相关的同类网站，都喜欢到这些网站转载内容。

第二，广为发布。文章写得再好，但是如果大家看不着，也是无意义的。也就是说，在软文质量有保障的前提下，还要尽可能地让更多的人看到这篇文章。怎么能让更多的人看到呢？最根本的方法就是广为发布，只要是相关的网站、有用户的网站，就多多益善。网站的形式不限于资讯站，包括论坛、博客、SNS，只要是能够发布的渠道，就尽可能占领。

第三，积累发布渠道。在实际操作中，很多朋友反映软文无处发布。在开启软文工程初期，肯定会遇到这个问题，特别是对于那些没有公关费用的同志，尤其郁闷。但是罗马不是一天建成的，优质而顺畅的发布渠道也是需要不断积累的。在工作中，我们要随时注意渠道的积累和维护。特别是与这些网站工作人员的关系，尤其重要。

关于软文的学习，就此告一段落。关于软文，没有捷径可走，只有一个办法：多写、多练、多实践。所以，笔者建议大家建立一个博客，养成写博客的习惯。如果能每周至少写一篇 2000 字以上的软文，并且至少坚持一年以上，那一年后，一定会成为一名优秀的写手。

3.3.10 实施时的注意事项

在具体操作实施时，有几个关键点，一定要注意。

1. 选好宣传点

要深入了解产品的特性与目标用户需求，结合用户的实际需求与问题，找出最能够打动用户、最能够对用户产生帮助的卖点来作为宣传点。注意，主打卖点不要与其他同类产品类同，要有差异化，要体现出我们的特色。

软文的内容不一定非要用华丽的辞藻，也不能如答试卷一样公式化，最重要的是要同用户推心置腹说家常话，把要传递的信息绵绵道来植入受众群体，这样创作出来的东西才是最有力的软文营销！千万不要用所谓万金油的方式闭门造车，用所谓的模板制造一些毫无实质的内容，或者干脆赤裸裸地进行宣传，通篇都是广告。

2. 选好宣传阵地

软文写得再好，但是如果用户看不到，还是等于白玩。所以一定要建立足够多的软文发布渠道，而且这些渠道面向的最终用户，一定是适合我们的精准用户。

3. 制订计划，执行力最重要

想通过一次软文营销就能带来很高的销量，或者大幅度提高网站的单击率是很难实现的。软文不是硬广告，它的特点是通过文字潜移默化地影响人们的思想，只有通过长期的营销宣传，才能够达到目的。所以在操作时，就需要注意阶段性和长期引导。

另外，只是数量有了，也不行，软文营销想有效果，一定要先制订一个周密而靠谱、非常具有可执行性的计划，并且要坚决贯彻和深入执行计划，不能像软文推广那样随意而为。

3.3.11 实战任务

根据自己的实际情况和需要，写一篇1500字以上的软文，并且至少发布到15个以上的网站，包括资讯站、论坛等。

3.4 论坛炒作

3.4.1 什么是论坛炒作

在本书2.4节中，和大家介绍过论坛推广。论坛炒作和论坛推广有点像，都是基于论坛或社区，但论坛炒作要比论坛推广复杂得多，可以理解成是论坛推广的升级版。论坛炒作注重的是策略，论坛推广注重的是执行。论坛推广通常只是简单地发发外链或发发广告帖，一个人就可以操作，没有计划性与策略性。而论坛炒作是经过周密而复杂的策划，为了达到某种营

销目的而进行的一系列行为，往往需要团队协作才能完成。比如通过论坛炒火一个话题、一个事件或一个人等。

论坛炒作经常需要软文支持，它是实现事件营销、精准营销、口碑营销、病毒营销的重要手段之一。

论坛炒作这种营销手段，也是现在主流的网络营销手段之一，不管是专业的网络营销公司，还是各大企业厂商，都非常热衷。主要是因为论坛炒作具有以下几个特性。

1. 营销针对性强

论坛是互联网上最早的产品形态之一，特别是随着 web 2.0 概念的兴起与迅猛发展，网络论坛更是遍地开花，据不完全统计，互联网上至少有几十万个论坛。而且这些论坛的种类非常丰富，既有综合性的大众化论坛，也有专注于各个领域的垂直论坛。论坛的细化程度高，就意味着其用户群也是非常集中和精准的，也就意味着我们可以通过这些平台进行非常有针对性的营销。

同时，论坛炒作的适应性也非常强，既可以作为普通的宣传活动手段使用，也可以针对特定目标组织特殊人群进行重点宣传活动。

2. 营销氛围好

论坛最大的特点是互动，一个好的论坛，里面的交流氛围会非常深厚，用户之间的交流深度与感情也会很深。在这种氛围深厚的论坛做宣传，能够达到很好的深度。而且由于论坛用户之间信任感强，所以我们的信息更容易被大家接受，容易激起用户的认同，在心理上引起共鸣。

3. 口碑宣传比例高

Web 2.0 网站与 Web 1.0 网站的最大区别是，用户产生内容。而作为 Web 2.0 的典型代表，论坛也一样，它只是一个平台，论坛内的所有内容都是由用户的言论产生的。而如果我们传递的信息与产品能够成功激起用户的讨论，那么就会在用户的口口相传之下，产生非常好的口碑效应。

4. 投入少，见效快

论坛的低投入是有目共睹的，"五毛党"已经成为我国著名的党派组织，其一帖五毛的低廉费用，深受广大人民群众的喜爱。而且由于论坛具有即时发布信息的特点，所以论坛推广的周期性非常短，甚至可以达到马上实施、马上见效的境界。

5. 掌握用户反馈信息

在论坛中发布信息，用户会快速响应，我们可以即时掌握用户反馈信息，第一时间了解用户需求与心理。这个优势是其他普通网络营销方法所不具备的，比如网络广告，我们根本无法知道谁看了广告，也不知道用户看完广告后，有何意见和想法。而当我们掌握到用户的这些反馈信息后，就可以及时调整宣传策略及战术，避免走弯路，使方案或计划执行得更顺畅，使效果得到更大的提升。

3.4.2 论坛炒作的要素

论坛炒作要做好，一定要具备三个要素。

1. 人

论坛只是一个平台，这个平台上聚集了成千上万的人，里面的内容也是由真实的人发的真实的文字组成的。我们想在这样的平台得到好的宣传效果，就一定要有人参与进去，要有人能够互动传播才行。所以论坛炒作的第一个要素是"人"，要想尽一切办法去打动论坛用户，要引导真实的人参与到帖子中来。重点是抓论坛中的意见领袖和喜欢互动传播的人。

2. 引爆

人有了之后，还需要引爆用户的情绪才行。通常，在论坛营销中，这个引爆点都是以话题为主，通过一个或多个策划点，点燃用户的积极性，让用户自愿成为"核裂变式传播"的节点，帮助我们将信息传播出去。

3. 渠道

渠道相当于战场，只有占据有利地形，才能取得胜利。所以就需要我们占据各大相关内容源论坛，建立论坛推广队伍，广为传播。如果资金允许，可以适当地做一些公关，比如在各大论坛做一些置顶帖、首页推荐等。

3.4.3 论坛炒作的操作步骤

第一步：了解需求

这步与本书 2.4 节"论坛推广"中的操作思路差不多，所以在这里就不赘述了，大家可以回顾一下前面的内容。

第二步：找到最佳的卖点

卖点很重要，没有卖点，论坛用户对我们的信息就不会感冒，而没有了"人"的因素，论坛炒作也就火不起来。在论坛中，比较卖座的点有以下几个。

1. 人

与名人有关的事情，总会成为人们茶余饭后的谈论焦点，所以搭名人的顺风车，是一种最常用，也非常简单有效的策略。这个名人，可以是大众明星、行业明人、商业领袖等，也可以是草根英雄、网络红人等。比如轰动一时的奥巴马女郎，只是在美国总统奥巴马演讲时做了一个很正常的动作："脱外套"，但是却因此一炮而红。当然，这件事是人为炒作出来的，而其之所以炒得如此成功，就是因为当中有奥巴马这个全球知名的大名人。

除了名人外，对于那些有争议的人，或者能够引起广泛关注的美女，也是可以借力的对象。特别是美女效应的力量，不可小觑，大家可以看一下近几年的网络红人，大部分都是女性。

2. 话题

论坛的核心就是话题，所以操作网络营销时，一定要学会制造话题。特别是争议性话题，这是论坛炒作最大的卖点。比如著名的网络红人芙蓉姐姐、凤姐等，都是靠争议出名的，而且她们借助的平台也都是论坛。

其实在论坛中制造争议并不是很难，最常用的一种策略是，第一个帖子不要太完美，留下一些比较有争议性的破绽，然后让网友提出质疑，并最终形成讨论。如果网友没有发现这些破绽，那么我们可以人为地进行引导。但是注意，这些破绽一定不能是产品破绽，而应该是话题破绽。而且这个破绽，最后一定是能够圆回来。

3. 事件

通过事件来进行论坛炒作，是一个非常不错的选择，如借助热门事件，或者直接策划一个事件。如果策划的事件本身争议足够大，还可以引发事件营销。比如第 6 章中提到的凤姐，其成名的过程就是先通过在街头散发征婚传单制造事件，然后将这个事件组织成帖子，在论坛上传播，继而引起媒体关注，最后一步一步走红的。

4. 故事

故事人人爱看，特别是发生在别人身上的故事，更会引起大众的兴趣。所以如果我们能够编撰出好的故事，也会获得非常不错的效果。比如在2010年火得一塌糊涂的小月月，在现实中根本不存在，这个人物完全是编撰出来的。而且在小月月相关帖子中讲述的事件，也是一个彻头彻尾编排出来的故事。

再说一个知名的酵母生产商安琪公司的案例。酵母在人们的常识中，是蒸馒头和做面包的必需品，但却不能直接食用。而安琪公司创造性地生产出了可以直接食用的酵母。但是作为一款人们所不熟悉的新产品，而且还是颠覆了消费者认知的产品，推广的难度可想而知。鉴于此，安琪公司选择了性价比非常高的论坛营销，通过论坛来炒作。

当时是2008年，电视荧幕上婆媳关系的影视剧在热播，于是安琪公司围绕婆媳问题，策划出了《一个馒头引发的婆媳大战》的论坛炒作方案，营销帖以第一人称讲述了南方的媳妇和北方的婆婆关于馒头发生争执的故事。由于当时婆媳关系是网络上的热点，而该帖又是通过真人讲真事的形式与大家说故事，所以帖子发出来后，引发了不少的讨论，其中就涉及了酵母的应用。这时，营销人员又把话题的方向引入到酵母的其他功能上去，让人们知道了酵母不仅能蒸馒头，还可以直接食用，并有很多的保健美容功能，比如减肥。减肥是女性永恒的话题，而当时时值6月，又正好是减肥旺季，所以那些关注婆媳关系的主妇们同时也记住了酵母的另外一个重要功效——减肥。

当然，在这个过程中，也做了大量的辅助工作，比如在各大论坛进行推荐；通过专业的发帖团队，进行互动引导；对于帖子中一些不当的言论，及时进行处理等。

该项目执行一个月后，安琪公司的电话量陡增，网络上关于"安琪即食酵母粉""安琪酵母粉"的信息量也大幅提高。传播前，在谷歌搜索"即食酵母粉"网页结果为11 900条，搜索"酵母减肥"网页结果为368 000条；一个月后，在谷歌搜索"即食酵母粉"网页结果为368 000条，搜索"酵母减肥"网页结果为769 000条。

注意事项

以上说的这些点，只是起到抛砖引玉的作用，大家在实际操作时，不要死搬教条，要灵活运用，只要能够引起用户关注的点，都可以深挖。而

且在具体策划时，要多策划一些卖点，所谓东边不亮西边亮。

同时，做论坛炒作时，使用的文字一定要符合社区文化的特色，要用网络语言说话，而不是咬文嚼字，脱离实际。

第三步：制订不同阶段的话题

论坛炒作的效果想持续，就要像策划电视剧一样，针对不同的时间制订不同的话题。这也是和论坛推广很重要的一个区别之一，像论坛推广，往往一个帖子就是一个话题，甚至没话题。而且这些话题应该跌宕起伏，情节牵动人心，出乎人的意料，让用户像看电视剧一样过瘾。只有不停地制造新的话题，效果才能不停地延续放大。

大家可以盘点一下历年来的网络红人，其中大部分网络红人都是昙花一现，匆匆红了几个月之后，便销声匿迹。而唯有我们敬爱的芙蓉姐姐，从成名至今热度不减，一直活跃在网络上，经久不衰。这其中很重要一个原因就是，芙蓉姐姐总会爆出一些猛料，整出一些新的话题。比如从最早的大胆言论到颇具争议的图片，到参加各种娱乐节目，再到开淘宝店卖自己的二手内衣，后来又进军影视圈出歌、拍电影等。每当一个旧话题的热度衰减后，就会出现一个新的话题，而且还总是那么出人意料。再反观那些昙花一现式的网络红人，往往都是因为后劲不足。

第四步：互动的设计

论坛炒作最理想的状态是帖子一出，应者无数，但是想达到这种效果很难，在实际操作时，不可控因素很多，想让用户主动参与进来，并且积极互动并不是那么容易。所以就需要我们提前设计好帖子的互动情节，必要的时候，主动出击，制造气氛，以此来吸引和引导用户参与。

在具体设计时，主题尽量紧扣社会热点，要直击用户心灵深处，足够吸引眼球。内容一定要与推广的产品有关联，且能够引起用户的共鸣或讨论。然后围绕主题，设计不同的观点与评论，要有故事、有情节。而且这些设计出来的回复应该激烈而自然，一步一步引出产品，并且能够最终引导用户围绕既定的话题进行讨论，尽量不要让用户偏离我们的产品。

给大家说个小小的案例。下面这个帖子，是某网校在推一把论坛发的推广帖，是宣传其网络课程的。此帖在推一把论坛引起了非常大的反响，其回复数量是正常帖子的十几倍。下面我们来简单分析一下它的成功之处在哪里！

它的主题帖叫作《80后毕业生十大尴尬之事》，标题就非常的吸引眼球。而在其内容中，也没有一点广告成分；相反，其内容道出了当下社会的诟病，说出了老百姓的心声。所以其帖子一出，本身就引起了论坛用户的热议。

在回复中，他们用事先设计好的互动情节，进一步挑动大家的神经，比如"说实话，混个大专文凭出来真的是没屁用，现在一抓一大把的本科、硕士""顶楼上的，我们公司就是硕士和本科多，我就跟小P一样，NND，现在正奋发图强升本呢""感觉就是混了四年拿了几个证，现在工作的感觉就是被骗了"等回复让用户看了非常有共鸣。然后通过话题的深入，一步一步引出"边工作边参加成人教育拿文凭，是最划算的解决之道"这个观点。接着又告诉大家，上网校是最佳选择，并最终将话题引到他们的网校上。

80后毕业生十大尴尬之事

总被人称还是个孩子，掐指一算，竟也25岁了，可怕可怕，更为苦恼的是，八十年代生人的他们遇到了人生中的诸多尴尬，不吐不快！

尴尬一：大学文凭算哪根葱？

辛辛苦苦小学六年、勤勤恳恳初中三年、废寝忘食高中三年，眼看要走进考场却赶上国家扩招，任他猫猫狗狗也都能混个大学文凭，现在大学文凭算什么葱啊！一个只有脸蛋没有脑子的MM，顺利拿到毕业证，女人啊，美丽的脸蛋就是一种武器。

坦白： 正好混了个。

尴尬二：刚毕业就失业？

稀里糊涂大学混了四年，使尽浑身解数拿到英语四级、计算机三级证，毕业证、学位证二证在手却怎么也找不到如意的工作，有的连工作都找不到——刚毕业就失业。

坦白： 混了四年拿了几个证，现在工作的感觉就是被骗了，谁叫我们都是"第一次"啊，现在的大学生值几个钱啊。

尴尬三：干得还没民工开心！

千辛万苦进了外商独资企业当白领，还是世界五百强，才发现原来中国现在遍地是外企，五百强有499家都在中国有分号。干白领的活承受巨大压力，天天加班挣得比民工又多不了多少，稍微发点牢骚就有老外拍桌子：你****什么玩意儿，上午把你fire，下午我就能找一个！

坦白：从一个外企掉进了另一个外企。悲哀。

尴尬四：房子是心头之痛！

福利分房早已成为昨日黄花，住房公积金少得可怜，又赶上无耻之徒畜生一样遍地炒房，辛辛苦苦工作了一年，才发现如果不吃不喝睡大街，一年攒的钱才能买四五平方米住房，贷款住进新房一点都开心不起来——要还20年的贷款啊！

坦白：没敢想买房，只想把房租交上。

尴尬五：哪里有"真"可言？

小时候教育要做个诚实的孩子，中学、大学又普及诚信教育，工作后却不得不抽假烟、喝假酒、说假话，上了拿假文凭人的当，在假发票上签了字，最糟心的是——好不容易网恋谈了个女朋友，一见面才发现是个恐龙。

坦白：虽然假话倒是不说，但是假酒倒喝了不少，人在江湖，身不由己。网恋更是不敢，谁知道对面跟你聊的是个男的还是个老太太呢。

尴尬六：发现"所学无用"

他们说计划经济的教育已经跟不上时代，他们说要普及素质教育，结果我们什么都得学，什么都刚摸到皮毛却连皮毛都不知道。一旦参加工作，发现原来在学校里什么都没有学到，得花大把大把的钱去上这个班、去考那个证。班上完了，证也考到了，发现自己还是一个二百五。

坦白：越来越发现自己真的是个250。

尴尬七："网"上人生的迷茫！

电子信息产业高速发展，网上信息如潮如涌，不论是垃圾还是精华都让人疲惫不堪，没手机、没电脑人家会觉得你生于六十年代，有人天天打游戏，有人天天上网，也有人天天在网上钓鱼——美人鱼出现的几率小于万分之一。网络，好大一张暧昧的温床。

坦白：即使出现美人鱼，也是人家的。何况我要的是帅哥。

尴尬八：对社会心灰意冷！

从小学完雷锋学赖宁，接着再学李素丽、孔繁森，之后还有济南交警，还有抗洪英雄，还有在异国他乡被炸死的记者，还有……说一套做一套，表面文章做足了接着自私自利。

坦白：看透了社会，就是蒙人玩。

尴尬九：一事无成，一钱未赚，一权未谋！

闯荡社会若干年，发现一事无成，一钱未赚，一权未谋，逼不得已重新拾

起书本泡在这个考前冲刺、那个精华笔记、那个制胜宝典、那个某某密题中，希望能够再去学校混个更高一点的文凭出来好混日子。

坦白：回想起在学校的日子那叫爽啊，可惜没能珍惜。

尴尬十：谁把我们放在了眼里？

美好的生活属于谁呢？二十年前，"属于我，属于你，属于八十年代的新一辈"，十五年前，"太阳是我们的，太阳是我们的，月亮……"，十年前，"让我们期待明天会更好"，八年前，"不经历风雨，怎么能见彩虹，没有人能随随便便成功"，现在"我闭上眼睛就成天黑"。

坦白：90后的人初生牛犊不怕虎，谁都没把80后的放在眼里。

第五步：阶段性的手段和方案

论坛炒作不像论坛推广那样，只发一个帖子也行。论坛炒作的项目，往往周期比较长，而且是由若干不同的阶段组成的。所以在策划论坛炒作方案时，我们就需要提前设计好不同阶段的方案及相应的手段，包括不同阶段的传播点、不同阶段的传播平台、不同阶段的传播手段、需要用到的人力及物力。

假如说我们要通过事件来炒红一个人，那么大概可能有三个阶段。

第一阶段，先选择一个比较大的内容源论坛作为传播平台，传播的点是先发布事件预热帖，比如告诉大家，我要在某月某日到某广场裸奔求爱，希望大家支持我云云的。然后，此阶段的手段是设计一些互动情节，将此帖在论坛内炒热，引起大家的关注。用到的人力、物力大概是10个人，费用为XX元等。

第二阶段，在裸奔当天，拍好现场图片，组织好文字，然后继续回到这个论坛发布事件的后继报道帖。此阶段的传播平台还是以这个主战场为主，具体内容围绕当天的事件，以普通用户的口吻撰写和发布，而且要模拟不同的用户发布不同观点的文章。同时利用大量的马甲，将这些帖子彻底引爆和炒火，让这个话题彻底占领该论坛。此阶段用到的人力和物力可能就需要翻倍，比如需要20个兼职人员，费用为XXX元等。

第三阶段，在这些帖子火了后，开始将战场扩大，这时候传播的点就扩展到其他相关的大论坛，传播的点以转载主论坛的内容，以及在其他论坛继续制造评论为主。此阶段需要50个兼职人员，费用为XXXX元等。

注：只是简单模拟举例，与实际情况不一定相符。

第六步：数据的监控

在进行论坛炒作时，除了监测一般的咨询量或销售量等常规数据外，还要监测以下几个比较有针对性的数据。

1. 单击量

帖子单击量是最基本的一个数据，没有人单击观看，后面的一切计划都无法顺利执行。如果单击量过低，第一个原因可能是标题不够吸引人；第二个原因可能是论坛的人气太低。

2. 回复量

光有单击量，也不成，如果大家只看帖，不回帖的话，还是白搭。如果回复量少，第一个原因可能是主帖内的卖点不够，话题设计得不吸引人；第二个原因可能是发布的论坛或板块不对路。

3. 参与 ID 数

有了回复量也不应该高兴得太早，还要看一下回复的 ID 数。即使回复量再大，但是只是相同的几个 ID 在帖子里聊天的话，也没多大意义。如果参与的人少，也同样可能是卖点和话题不够好，或者选择的论坛板块不对路。

4. 传播量

有多少论坛转载了我们的帖子，也是一个很关键的数据，被转载的次数越多，效果才能越好。不过，通常想让用户自发大量转载比较难，一般需要我们自己先组织人员主动传播才行。

3.4.4　不火的原因

在实际操作中，事与愿违的事情时有发生，经常是大家在策划阶段计划得非常完美，而在具体实施时，却不温不火。下面让我们一起来总结一下，在论坛炒作的执行过程中，帖子不火的原因有哪些。

1. 标题问题

在论坛中，用户浏览帖子时第一眼看到的是标题，而且是否单击深入观看，也是根据标题描述来决定的。所以，标题是至关重要的一步。下面和大家分享一个关于标题党的经典笑话，虽然这个小故事恶搞得成分居多，但是却非常有借鉴意义，希望能给大家一些启发。

一家小的电影院才开张，为了吸引顾客打出一张海报，标题叫《一个女人和七个男人的故事》，故事介绍：一个女人莫名晕倒，被七个男人强行拖入树林……

果然第一天电影院人员爆满！到电影放映的时候，屏幕上打出的名字叫《白雪公主和七个小矮人》

观众集体晕倒，发誓不再来这家电影院看电影！

又过了几天，电影院又打出一张海报，标题叫《一个妙龄女郎和七个行色各异的男人的故事》（绝非《白雪公主》）。故事介绍：一个正值青春的妙龄女郎和七个行色各异、年龄从18到80岁的男人一起海边踏浪的故事……

观众还是没有经得住诱惑，一起又买票前往，等到放映的时候，屏幕上打出的是《八仙过海》，一起又晕倒！

等啊，等啊，又过了一阵子，突然电影院又打出一张海报，标题叫吐血推荐《七个未成年的男人和一对年轻夫妇》的故事，号称"你不吐血，不要钱"，而且票价奇贵。故事介绍是这样的：七个没有受过教育的未成年的小混混尾随一对年轻夫妇，潜入他们的家中，但是后来被年轻的夫妇奋力打败，但是突生变故，年轻的丈夫不幸身亡，年轻的妻子被七个混混一起压在身下……

当晚，电影院又如往常一样爆满，等到放映的时候，屏幕上打出的是《葫芦兄弟》！

2. 话题问题

如果标题没问题，那么第二个要检查的是话题设计得是不是有争议性，或者有足够的可谈论空间。如果看完内容，感觉没东西可聊，或者设计的话题激不起用户的讨论兴趣，那么肯定是不可能火的。所以，这就需要我们事先深入到用户当中，去了解用户的需求与喜好，这样才能策划出令用户兴奋的话题。

3. 内容问题

就像前面强调过的，内容一定要符合网络文化特点，要用网络语言说话，不能脱离实际生活。而且内容中的卖点要足够卖座、足够吸引人。多设计些卖点，肯定是没错的。

4. 发布的平台不对

不同的用户群，其喜好和需求也是相差甚远的，甚至完全相反。所以在话题和内容没问题的情况下，还需要找对平台。比如目标用户是 20 岁左右的年轻女孩，策划的内容也是针对这一部分人群的，但是我们却跑到 30 岁左右的白领论坛发布，那么效果肯定是要大打折扣的，30 岁的人和 20 岁的人，关注的事物及喜好肯定是有差异的。

5. 发布的板块不符

每个论坛都由若干板块组成，而这些板块的具体主题是不同的。即使同一个论坛下的板块，用户的关注点也可能会相差很大，越是大的论坛，越是如此。因为当论坛内的用户越来越多时，用户之间的差异性就会越来越大，这时候用户之间就会本着物以类聚的原则，以板块为据点进行细分。所以在选对论坛的前提下，还要找到论坛内最精准和最适合的板块，否则也会影响到最终的效果。

6. 传播的渠道不适合

对于论坛炒作来说，仅在一个论坛发布肯定是不行的，还涉及一个渠道的问题，特别是在配合事件营销、口碑营销等其他活动时，尤其重要。所以选择适合的渠道也是需要认真考虑的问题，比如是选择大众化论坛，还是专注于某一领域的论坛；是用地毯式轰炸，还是选择几个点，重点出击，逐一攻破。

除了以上这些因素外，还要掌握一些基本的辅助手段，比如适当地用马甲烘托气氛，在条件允许的情况下购买置顶帖，组织论坛发帖团队广为传播等，这些方法都会大幅度提高用户的参与度，提升最终的效果。

3.4.5 应用案例

下面和大家说几个比较经典的案例（由于都是些陈述性文字，所以以下内容主要是在相关网络新闻中摘取的）。

第一，经久不衰的芙蓉姐姐

芙蓉姐姐原名史恒侠（据说也叫林可），又名火冰可儿、清水芙蓉、水媚妖姬、黑桃皇后，1977 年 7 月 19 日出生于陕西省武功县一个普通职工家庭，是陕西工学院机械系学生，其人最早出现在水木清华、北大未名和 MOP 网站上。之前是清华考研大军中的一员，由于其经常在网上贴一些颇

有争议的照片和文字,成为了网络上人气火爆的红人。"芙蓉姐姐"这个称呼的来历是她最早在水木清华BBS发表个人照片的时候所用的文中标题含有"清水出芙蓉,天然去雕饰",因此被网友给予这一称号。她那别样的文字和独特的经典S型自拍照引起无数学子的关注,并迅速蔓延到网络社区中,传说曾经有5000个以上的人同时在线,就为等待她那"妩媚的PP"。

第二,红极一时的天仙MM

2005年8月7日,国内某著名网站的汽车论坛出现了一个名为"单车川藏自驾游之惊见天仙MM"的主题帖,发帖人"浪迹天涯何处家(网名)"以文配图的形式发布了一组四川理县羌族少女的生活照,立刻在论坛引起轰动。照片中的羌族少女一袭民族盛装,以其自然清新的面容、略显神秘的气质引来无数网友的赞叹。照片拍摄者"浪迹天涯何处家"更是在帖子中写满了溢美之词:"无论远看近视,羌妹子举手投足都有一种美感,与所处环境对比,给人一种严重而且强烈的不真实感"。

帖子一发出去,就被国内外千万网友自发疯狂转帖,天仙MM的名字出现在所有的中文网站上。仅仅一个晚上,这个被称作天仙MM的羌族绝世美女惊动了千万网民,铺天盖地的跟帖、评论像风暴一样,挤爆了网络通道。

没有人见过这样的绝色美女,也没有人相信人世间有这样的美女存在。惊叹的、怀疑的、叫骂的……进入任何一个网站,就像进入了一个巨大而喧嚣的争吵会场,千万种叫嚷的声音,几乎要震破人的耳膜,让人晕头转向。

稍后,这个被人们称作"浪兄"的网友,接二连三地在网上发布天仙MM的新的图片、新的动向、新的报道。天仙MM的消息,迅速走向全球各个中文网站的首页,被放置在最显著的位置,这一消息的关注度疯狂飙升,最高峰的时候,有关这一消息一天的单击率竟然超过了20万次!

当时,"芙蓉姐姐"的"S"造型正从网络走红到报纸、电视上。有网友将天仙MM与"芙蓉姐姐"的形象放上擂台,网上"海选"的结论一边倒:这是清纯对恶俗的PK!

在如此短的时间里,天仙MM引起如此强烈的关注,远远超过了人们对其他惊天动地的突发事件的关注!

3.4.6 本节任务

根据自己的实际情况或产品特点,至少选择一个精准的目标论坛,并在里面策划实施一个小型的论坛炒作活动,要求主题帖的回复量不低于 80,参与的 ID 不低于 40。

3.5 博客营销

3.5.1 什么是博客营销

企业或个人利用博客这种网络应用平台,通过博文等形式进行宣传展示,从而达到提升品牌知名度,促进产品销售为目的的活动,即称之为博客营销。由于博客推广易于操作、费用低廉,而且针对性强、细分程度高,所以越来越受到营销推广人士的喜爱。

先普及一下基本知识。博客的英文名简称为 Blog,全名应该是 Web log,中文意思是"网络日志"。"博客"实际上最早是指写 Blog 的人,是由 Jorn Barger 在 1997 年 12 月提出"博客"这个名称的,但是那时候互联网上的博客网站却屈指可数。直到 2001 年,在著名的 911 事件中,博客成为了重要的新闻之源,从此一炮而响步入主流。

2002 年,方兴东将博客引进中国,并建立起了中国第一家博客网站——"博客中国",由此开启了中国的博客时代。方兴东也因此被称为中国的"博客之父"。

3.5.2 博客营销的特点和优势

下面介绍一下博客营销的特点与优势。

1. 细分程度高,用户精准

博客的主体通常都是个人,其主要体现的是一个人的兴趣、思想、观点、知识等,而由于每个人的喜好均不同,所以博客的细分程度非常高,具体的主题和内容千差万别。大家能想到的和想不到的领域,都有相关博客,其细分程度远远超过了其他形式的媒体。而所谓"物以类聚",博客的主题定位越明确,吸引来的人群就越精准。所以博客营销是一种比较精

准的营销方式。

2. 口碑好，可信度高

博客在网民中的口碑较好，绝大多数网民宁愿相信博客发布的消息，也不相信商业网站发布的新闻。据有关调查显示，博客对网民购物决策形成较大影响，网民对博客广告的信任度高于社区网站广告，25%的受访者相信博客广告，与此形成对比的是，只有 19%相信社区广告。而据另外一个调查显示，博客广告在用户层面的可信度要高于电视广告 24%，高于电子邮件广告 14%。博客之所以如此受用户信赖，是因为博客里的内容都是个人观点的表达，正如在现实世界中一样，消费者更愿意相信其他用户的意见。

3. 引导社会舆论，影响力大

博客是个人观点的表达，体现的是草根的力量。而随着互联网的普及与发展，这种草根力量的强大越来越凸显，博客渐渐成为网民的"意见领袖"，引导着网民舆论潮流。比如"上海钓鱼执法事件"，最早就是被韩寒的博客曝光并引起大众关注的；再比如张洪峰博客的影响力，甚至超越了许多普通媒体。而博客的这种影响力，如果能够被正确引导和使用，将成为企业营销的一大助力。

4. 降低传播成本，性价比高

相对于其他营销方式来说，博客营销的成本非常低廉，甚至可以接近零成本。最省钱的一种解决方案是：在新浪、Sohu 等博客平台申请免费博客，然后指定企业内部人员自行维护。在这种情况下，只需要额外付出一点点时间，就可以达到博客营销的目的。

5. 有利于长远利益和培育忠实用户

前面说过，博客营销的本质在于通过原创专业化内容进行知识分享，争夺话语权，建立起信任感与权威性，形成博客品牌，进而影响用户的思维和行为。而想达到这一目的，是需要在长期执行过程中不断积累和沉淀才能实现的。所以博客营销突出的是长期利益，它的策略是通过长时间地与用户互动交流，培育忠实用户，再运用口碑营销策略，激励忠实用户向他人做口碑宣传。

6. 角色的转变

在传统营销模式中，营销人员一直处于被动地位，要被动地依赖媒体，被动地接受媒体制订的规则。而有了博客后，营销人员可以脱离传统媒体

的束缚，拥有了主动权，可以从被动地依赖媒体转向自主发布信息。

3.5.3 在什么情况下适合使用博客营销

博客营销最适合在以下几种情况下使用。

第一，没有自己网站的企业、组织或个人。若自身没有条件建立网站，但是又想在网络上拥有一个展示和宣传的平台，那么选择博客是明智之举。

第二，本身有限制的网站。比如对于企业网站，本身的内容固定，又没有多少内容可更新，但是又想通过大量的内容从搜索引擎获取流量，这时就可以考虑通过博客来辅助。通过建立博客从搜索引擎吸引流量，然后再导向网站。

第三，辅助 SEO/SEM。很多 SEO 从业者建立博客，主要是为了增加外部链接，以此来提升网站的权重，以及提升关键词排名。也有一部分同志是为了辅助 SEM（关于 SEM 的概念请看第 5 章），比如在百度搜索"成都 SEO"这个关键词，在结果页当中，大部分为博客，如图 3-5 所示。

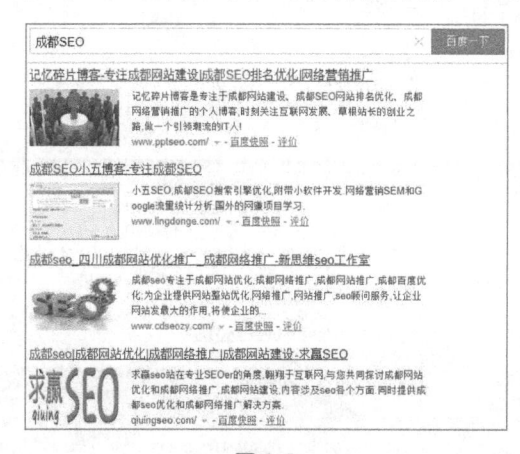

图 3-5

第四，提升品牌。如果我们能将博客打造成名博，那么对品牌的提升也是一大助力。

博客推广的操作方式主要有两种：一种是博客群建；一种是建立品牌博客。

3.5.4 博客营销的形式和策略

在实际操作中，博客营销主要有 7 种形式。下面介绍这 7 种形式的策

略和做法。

1. 企业家、老板博客

此类博客的策略是通过树立老板的企业家形象，或者将之打造成为行业领袖，继而带动企业的品牌形象或影响力。此类博客的内容通常围绕行业来写，一般以犀利的评论为主。

比如潘石屹的博客，单击近亿次，他通过博客在地产圈中赢得了重要位置，中央电视台曾说："潘石屹不是最有钱的，他的公司也不是规模最大的，但他和他的 SOHO 中国绝对是最吸引眼球的"。而且目前潘石屹博客的影响力，已经相当于一家小型媒体，比如 SOHO 的房子出了什么问题，只要潘石屹在博客中澄清一下，一下子就可以传播出去，根本不用开发布会。

潘石屹的博客营销案例，已经被奉为经典，甚至还有人专门做了一张分析图，如图 3-6 所示。

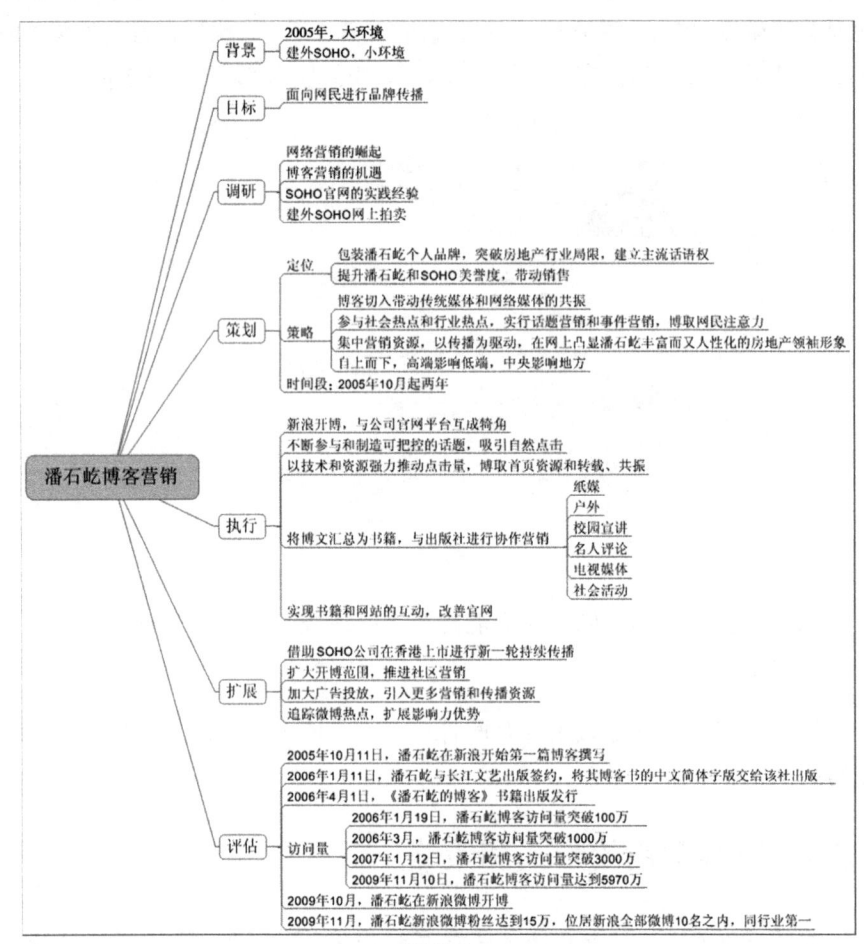

图 3-6

2. 企业员工博客

企业员工博客的策略有两种。第一种策略是通过员工的嘴，将企业人性化与温情的一面展现出来，继而为企业树立一个良好的公众形象，拉近与公众之间的距离。此类博客的内容可以围绕企业生活、企业文化、企业关怀等来写，比如记录一些平常工作中的点点滴滴，说说单位里的趣事，聊聊企业人性化的一面等。

像富士康公司，一直比较受外界质疑，虽然它也做了一系列公关工作，但效果却并不理想。其实公众之所以对富士康有诸多微词，与大家对其公司内部不了解有很大关系。而如果富士康能够鼓励内部员工写博客，让他们说说在富士康中的生活，我想情况会大为改观。从普通员工嘴里说出来的东西，比任何公关稿都具有说服力。

企业员工博客的第二种策略是，通过将员工打造成名博，以此来带动企业的品牌与知名度，树立企业形象。比如在美国 IT 圈，有个著名的博主叫罗伯特·斯考伯（Robert Scoble），有 4000 多个博客和 1000 多个网站都链接了他的博客，更有数以万计的人订阅他的博客。罗伯特的博客内容主要是围绕 IT 圈撰写，同时也会说一些关于微软的故事，以及点评微软的得失。由于其博客内容非常公正和客观，赢得了大众的信任，特别是在华尔街的分析师中，非常具有公信力。

而罗伯特的另一个身份是微软的员工，有人预测，罗伯特的博客给微软带来的宣传效应至少值几百万美元。

3. 企业官方博客

前两种方法都是以企业中具体的人为主体开设博客的，而本方法则是以企业的名义建立官方博客，策略是通过企业博客的形式，将企业拟人化，拉近用户与企业之间的距离，让用户近距离感受企业的文化与关怀。此类博客的内容往往是围绕企业文化、产品特点、应用技巧等来写，通过博客与用户互动，帮助用户，关怀用户。

比较典型和著名的企业博客大概就是谷歌的黑板报了，他们最早使用博客是为了应对因聘用李开复而与微软发生的诉讼案，结果取得了非常不错的效果，于是在 2006 年情人节之际，他们正式推出 Google 黑板报，开始在中国市场持续地进行博客公关（见图 3-7）。

图 3-7

不过，虽然 Google 黑板报比较成功，也比较典型，但是也有不足之处，比如其博客内容的公关味比较重，而且只是一味地单方面发布，缺乏与用户的交流与互动。但是无论如何，他们的一些经验还是值得我们去学习和借鉴的。

4. 邀请名博写

前面说的方法，都需要我们自己来操刀，但是有些企业因为种种原因，无法去打造一个比较精致的博客，而现在要说的这种方法就可以解决此矛盾。具体的做法就是邀请名博来写，策略是借助名博的品牌，通过意见领袖的嘴来带动企业的知名度与影响力。此类内容往往都是围绕企业来进行各种正面与负面的评论，制造各种话题，以此来吸引公众的关注。

比如某著名视频网站（名字就不写了），当年起步比较晚，该网站刚推出时，土豆网、六间房等早已是视频领域独当一面的大佬，引领着网络视频的潮流。在这种不利的局面下，该网站却在很短时间内便崭露头角，并最终超过了前者，成为视频网站中的佼佼者。而在他们早期的营销策略中，邀请名博评论是重要的手段。当时网络上到处都能看到该网站的评论文章，其中不乏名博之作，而且相当一部分都是言辞激烈的负面消息。所谓"好事不出门，坏事传千里"，这些负面文章吸引来了大量不明真相的群众，一些能写的群众也开始跟着评论。而吵着吵着，网站的知名度就被炒上去了。

5. 引导消费者写

其实最好的策略是让消费者为我们写，因为用户更相信其他用户的意见，通过用户的口碑建立起来的企业形象和品牌，才更有说服力。如何才能让消费者心甘情愿地在博客中写我们呢？主要还是要通过引导。下面举一个非常经典的案例，希望大家能够从中受到启发。

Stormhoek 是英国的一家生产葡萄酒的公司，但是却是一家小公司，而且与所有小公司遇到的问题一样，面临着资金少、资源少、知名度低等问题。他们想宣传，但是却没有钱投放任何形式的广告。所谓穷则思变，有时候没钱不一定是坏事，因为在没钱的情况下，就会逼得人去求变，去想办法。而 Stormhoek 公司也想出了一个好办法，就是通过博客营销来扩大产品知名度，打开销售局面。

首先，Stormhoek 在网络上发布了一条消息，宣称要免费送葡萄酒，任何人只要满足三个条件，都可以免费申领。这三个条件是：

- 已到法定饮酒年龄。
- 住在英国、爱尔兰或法国。
- 此前至少 3 个月内一直在写博客。读者多少不限,可以少到 3 个,只要是真正的博客。

消息发出后,反响强烈,报名踊跃,一周之内,便送出了 150 瓶酒。而 Stormhoek 公司在送酒的同时,还顺便附带了一个小小的请求,他们非常真诚地恳请对方能够在品尝完美酒后,写一写体验和感受。当然,这个要求不是必需的,你可以写,也可以不写;可以说好话,也可以说坏话。

常写博客的人都知道,当把写博客当成一种习惯时,每天都会情不自禁地记录点什么,甚至有的时候还为无主题可写而烦恼。而这时人家免费送了你美酒,而且又这么诚恳地希望你给予一些点评,当然是义不容辞的事了。

在这个活动开始前,网络上搜索不到任何关于 Stormhoek 公司的信息。而 1 个月后,在网络上搜索 Stormhoek 的相关信息有 500 条结果;4 个月后,变成了 2 万条结果。专家估计有 30 万人通过 Blog 知道了这家公司。而 Stormhoek 公司的销售局面也快速打开。

6. 投博客广告

最原始的一招是"打广告"。其实很多人忽略了博客广告的价值,感觉博客的流量通常比较小,没有什么效果。但是对于一些行业性比较强、圈子性比较强的领域,在博客中打广告还是不错的选择。比如,如果能把某一行业的名人博客广告全部买断,那么肯定会收到意想不到的效果。博客广告的价钱也比较低廉,相当于低价利用名人代言,而且用户对于博客广告的信任度也更高。

7. 博客群策略

博客群策略就是指建立大量第三方博客,以此从搜索引擎获取外链或流量。这种推广方式深受新手喜爱,因为简单、易操作。同时一些 SEO 人员也经常用它来辅助 SEO 优化。

不过,此策略虽然操作简单,但想做出好的效果并不容易,需要下些苦功才行。具体要点请参看 3.5.6 节的内容。

3.5.5 品牌博客的建设要点

如果说博客群建是以量取胜,那么打造品牌博客就是以质取胜。想成

为品牌博客，定位很重要，前期先要好好策划一番。

1. 博客定位

想成为品牌博客，在定位上一定要体现差异化。如果是单纯的企业博客的定位，那么相对来说比较简单，一般都是围绕企业所在的领域或产品。在这里重点强调一点：千万不要把企业博客当成广告发布平台，不要把读者当傻子忽悠，要用心打造博客，要真诚对待每一个读者。

如果是个人博客或行业博客，则尽可能定位于一个空白的领域，寻找差异化空白的最好方法是垂直和细分。以网络营销行业博客为例，现在网络上定位于"网络营销"的博客很多，实际上这不是好的选择。因为做这块的人多了，竞争就激烈，想在这么多高手中成为第一，很难。在这种情况下，不如向下垂直深挖一下，体现出自己的差异化特色。比如：

可以按不同手段来细分，如论坛营销博客、软文营销博客、SEO 博客、SEM 博客等；

也可以按网站类型来细分，如地方站推广专家、行业站推广专家等；

还可以按具体产品来细分，如手机营销专家、农产品营销专家等；

或者按行业来细分，如外贸推广专家、医疗推广专家等。

除了差异化外，博客定位的领域可供写作的素材还应该充足，不能说无东西可写，巧妇难为无米之炊呀。

2. 用户定位

要明确目标用户是谁，要知道想影响哪些人，而且要将用户的特点和需求研究透。比如用户的年龄、文化层次；用户主要的网络行为和习惯；上网主要的目的和需求；需要解决哪些问题等。最好一项一项列出来，这关系到下一步的内容定位问题。

尽量定位于一个用户数量足够大，且需求足够多的群体。如果用户量太少，则博客的影响力就难有保证；若用户的需求有限，那么博客内容也就没啥可写了。

3. 内容定位

内容一定要围绕用户的喜好和需求。以分享型为最佳，比如分享各种经验、技巧，帮助用户解决问题，这类博客是最容易赢得用户的；其次是传播思想，比如以发表观点与评论为主的博客。

博客中的内容切忌一味地转载，一味地转载是成不了品牌的，应以原创为主。而且文章总的思想应该是重在给予和分享，要能够帮助用户解决问题，或者让用户学到知识。下面介绍几种比较容易赢得用户认可的内容形式。

引起争议、舆论：在前面的一些章节中反复提到，有争议性的话题是最容易激发用户关注的内容形式。如果博客中写的内容能够适当地带有一些争议性，能够引发舆论的话，则会受到非常多的关注。这也是为什么一些明星、名人和专家等总喜欢在博客里爆一些雷言雷语的原因，不是他们真的想说这些比较"二"的话，而是想通过这些言论引起大众的关注，获得知名度。

有价值的消息、新闻：注意，这里说的新闻不是指那种转载来的新闻或者人人都知道的消息，而是一些比较特别的内容，比如各种内幕，或者发生在国外的新鲜事等，核心思想是满足人们的八卦、猎奇心理。这里说一个比较典型的案例。有一个博客，叫爱稀奇，其定位是"关注一切有关科技、创意、设计和趣味的产品与事件"。在博客建立之初，博主的维护方式很简单，每天到国外网站去看各种新闻和消息，然后将其中最有创意、最有个性的 5 个产品发布到自己的博客，介绍的这些产品一定是国内没有的，或者是大家所不知道的。

现在是一个人人追求个性的年代，而爱稀奇介绍的东西又是那么的新奇有趣，所以这个博客很快就获得了大家的关注。随着时间的积累，很多博友开始提出希望拥有这些新奇的玩意儿，于是爱稀奇又推出了自己的淘宝店，专门销售这些新奇特产品。仅仅一年多，该店就达到了 1 皇冠。

犀利评论、传播思想：用观点与思想说话，最容易折服人。所以，如果我们的评论足够犀利，思想足够先进，那么就用它们去影响别人吧！大部分名博和名人博客，都是以此类文章为主的。比如比较典型的有韩寒的博客、王小峰的博客，它们属于犀利中的犀利。

分享知识、经验：免费的东西人人想要，特别是好的经验与知识，更是无价之宝。所以当我们通过博客免费分享经验、传播知识时，必将会获得用户的认可。用户在受益之余，会用口碑来回报我们。

内容聚合：如果实在写不出来太优秀的东西，那么也可以搜集各种好的资源，然后通过博客分享给大家。比如小众软件、爱稀奇等名博，里面的内容均是以搜集各种资源为主，同样也获得了读者的关注与认可。

4. 更新频率

博客的核心是内容，所以想打造出一个优质博客，首先要保证内容更新频率，至少要保证一周发布一篇原创的优质博文。长期不更新的博客，一定不会成为品牌。

5. 正确对待负面评论

所谓人一上百，各色各样，世界上没有任何两个人的思想和观点是完全一样的。所以当博客的知名度与影响力越来越大时，出现一些质疑、负面评论是在所难免的事。有问题不要紧，关键是我们如何应对。面对负面评论，切忌盲目冲动，要冷静对待，妥善处理。因为互联网是透明的，你在网上的一举一动都被无数双眼睛所盯着，所以说的每一句话，做的每一件事，都应该考虑大众的感受，考虑后果与影响。千万不要说任何过激的话，或者有任何过激的行为。

任何事情都要一分为二地看，其实反过来说，有了负面评论不一定是坏事，争议是最容易聚焦用户的，如果处理得当，不仅不会有负面影响，而且还会借着这些争议，增加知名度和影响力。

6. 与用户的互动

企业博客如果只是单方面消息，那么就成了广告博客，一定要多与用户互动，去倾听用户的声音，去关怀用户，这样才能起到应有的作用。比如尽量回复每一条评论；针对评论中用户提出的问题和困难，尽量给予帮助与支持；在博客文章中，对于用户提出的一些问题或观点，给予回应；如果有条件，多多组织一些博友见面会等。只有我们重视用户，把用户放在心上，用户才会重视我们，把我们放在心上。

3.5.6 博客群建的建设要点

1. 多建博客

博客群建，顾名思义，就是要多建博客。但是有些同志以为建一、二个博客就是博客群建了。比如在推一把论坛里，就经常有类似的朋友提问，为什么建了博客没有效果？而一深究，原因就是建了小猫两、三只。

至于具体建多少个博客，根据自己的时间和精力来定。从理论上说，数量越多越好。但是注意，一定要在搜索引擎权重高的各大博客平台建立，一些没有什么权威的小平台就不要考虑了。

2. 博客定位

很多人把博客群建理解成建立广告博客，这是认知上的错误。数量多不代表质量就要差。批量建立的博客，同样需要像正常的博客一样，去进行主题与内容的定位。不过，这个定位就不需要像品牌博客那样复杂了，一般都是围绕要推广的产品或关键词展开的。要吸引哪些人，就定位于哪里。

最重要的一点是，一定要模拟真实用户，不能让系统和平台管理人员认为是广告垃圾博客。这也是为什么很多人在实际操作中，经常被封博的原因。正常的用户，谁会把博客名字起成"尖锐湿疣"、"无痛人流"？而且博客里的内容除了广告还是广告！这样的博客，不被查封才奇怪呢。

3. 天天更新

虽然叫博客群建，但是并不是说建了大量博客，就能有效果的。博客建立后，只是完成了第一步。想让它们产生效果，就要和维护正常的网站一样，每天坚持更新才行。一个从来不更新的博客，谁会来关注？不仅是人，就算是搜索引擎，也不会喜欢那些天天不更新的博客。只有博客保持一个良好的更新状态，搜索引擎才会喜欢你，为你带来流量。也只有这样，用户来了才会浏览和接受你的信息。

更新的数量也要有保证，不能一天更新一、两篇糊弄了事。从以往的经验看，每天至少要更新 10 篇以上的文章才能初步达到效果。

4. 转载精品

博客群建并不是建立大量的广告博客，同样，博客的内容也不能是大量的广告信息。要多转载那些与博客主题有关，且具有可读性的优质内容。只有内容优质，才能吸引来用户和搜索引擎。

5. 相互链接

博客群建本身，也需要优化和推广，最简单的方法是这些博客之间先相互进行链接。在这里向大家推荐一种最近流行的优化方法，非常适用于博客群建，它叫"轮链"。

比如我们建立了 5 个博客，即新浪博客、搜狐博客、网易博客、百度博客、和讯博客，再加上一个我们自己需要推广的站——这是"轮"的轴心。接下来开始建设这个轮：先用新浪博客链接搜狐博客，再用搜狐博客链接网易博客，然后用网易博客链接百度博客，紧接着用百度博客链接和讯博客，最后用和讯博客链接新浪博客。现在是不是已经形成了一个轮！我们

再把每个博客都链接到要推广的主站，以自己的主站为中心轴。这样，一个简单的轮链就完成了。

6. 坚持养博

罗马不是一天建成的，博客群建也不是建立博客后，马上就能看到效果的。至少要按上面说的这些要点将博客养半年以上，才会显见成效。至于成效有多大，那就看能把这些博客的权重养多高了。假如能养出 10 个 PR6 的优质博客，那么收获就会非常大。

3.5.7 博客的推广

博客是生产内容的地方，所以内容也是博客最大的推广方式，想成为名博，内容一定要有保证，在这个基础上，再寻求其他推广方式。

1. 广为发布

"酒香不怕巷子深"的时代已经过去了，虽然我们不崇尚像"王婆卖瓜，自卖自夸"那样过于吹嘘自己，但是至少要将自己的作品充分展示给大家。笔者见过不少博客，内容真的非常不错，但是那些博文除了在自己的博客发布外，在互联网的其他地方很难觅到踪影。内容写得再牛，即使比鲁迅先生写的都牛，但是别人看不到，有什么意义呢？所以博文除了在自己的博客发布外，还应该在网络上广为发布。每篇文章，至少应该发布到 30 个以上的相关网站或论坛。

2. 多提自己名字

从推广的角度说，博文也是针对自己博客写的软文，在软文推广中，我们说过要学会在文章中植入广告。所以对于博客文章，要多在文中提作者的名字及自己博客的名字，让大家记住你，引导大家通过搜索引擎登录你的博客。

同时此举也能极大地保护版权，避免被剽窃，因为一般剽窃者，只是简单地去掉文章头尾的版权信息，然后加上自己的信息，但是却不会逐字逐句地去阅读文章。

3. 引诱别人推广

一个人的力量毕竟有限，如果能借助别人的力量，让别人帮助我们推广，是上上策。那如何才能让别人主动帮助我们推广呢？

第一是通过内容或观点。比如能够引起别人共鸣的评论，能够引起别人思考的观点，能够引发争议的言论，能够帮助用户解决问题的经验等。比如笔者当初做网游商人时，推广的主要策略就是此条，当时很多人专门针对笔者写文章进行评论，如《驳俺们村妇女队长之天币走势论》《驳"魔兽初体验之挑肥拣瘦篇"》等，而在这个过程中，笔者的品牌自然就建立起来了。

第二是帮助别人推广。比如我们写文章时，可以在文中顺便推荐一些其他的优质博客、写手等，而这些被推荐的人看到了这些文章后，大都也会李代桃僵，同样在他们的文章中进行回应。这也是对互惠原理的一种运用。

4. 论坛营销

任何论坛都非常渴望优质的原创内容，也欢迎能说能写的会员入驻。所以在写博客的同时，可以选择一些与博客主题相关的论坛长期驻扎，适当地在里面活跃一下，混一下等级，经常与大家互动，帮助新人解决问题等。当有新博文产生，在论坛里发布时，自然会受到会员及版主的追捧。

5. QQ 群推广

对于博客来说，利用 QQ 群推广是一种非常精准的方法。有两种方式：一是加入大量与博客用户群相符的 QQ 群，平常时，在里面与大家交流感情，当有博文发布时，在各个群里推荐。

二是建立读者交流群，在每篇文章后面推荐。当读者交流群的数量达到一定规模后，本身也是一个非常好的推广渠道。

6. SEO

我们是为了做博客的品牌，所以 SEO 的思路也是以建立品牌为主。简单地说，就是重点优化那些与博客主题相关的行业关键词。比如说你的博客定位是网络营销，那么就应该优先优化网络营销、网络推广等关键词；其次是网络营销方案、网络推广方法等关键短语。

7. 利用大的博客平台

其实打造名博最快的方法是，让各大博客平台进行推荐，比如说我们的博文能够经常被新浪博客首页推荐，那么肯定很快就会成为名博的。那如何能够被大的博客平台推荐呢？

首先，我们要摸清楚这些平台的推荐标准，要知道什么样的文章才会被编辑青睐和采纳。这个需要大家长期对那些首页文章进行观察，总结其

中的规律。

其次，能够上首页的文章，往往都是紧扣当下社会热点、热门话题的内容。所以我们要跟上潮流，随时掌握社会动态，特别是与我们博客涉及的领域有关的动态，一定要做到了然于胸。

最后，在这两条的基础上，想办法与相关的博客频道编辑建立联系。在关系处得比较到位的情况下，他们就会主动告诉你写什么主题、什么类型的文章会被推荐。

3.5.8 搭建博客时的要点

如果是博客群建，推荐在权重高的第三方平台申请，比如新浪、Sohu、和讯、百度等。

如果是建设品牌博客，则建议以独立域名博客为主，即自己购买域名和空间，然后下载相应的博客程序搭建的独立博客。同时可以在其他平台建立镜像博客，辅助主博客的推广。

对于博客程序的选择，以能够满足自己的需求为宜。不一定功能越多越好，因为功能越多，就意味着操作越复杂。如果只是简单地发发文章，推荐选择 Z-Blog 程序（ASP 语言），此程序非常傻瓜，上手非常快，简单易用，特别适合不熟悉程序和代码的人士使用。

如果要求比较复杂，而且有一些建站的底子，那么推荐选择 Wordpress（PHP 语言）程序。此程序功能强大，甚至可以用它搭建复杂的资讯网站。不过缺点也很明显，就是用起来非常麻烦。对于没有程序基础的人来说，可能一个月也不会上手。

3.5.9 成功案例 1 则

再来和大家说一个经典的案例。伦敦有个裁缝，叫托马斯·马洪，他是伦敦萨维尔街（萨维尔街是位于伦敦中心位置的上流住宅区里的购物街，以传统的男士定制服装而闻名）有史以来媒体曝光率最高的裁缝，曾接受过数十家杂志与报纸的专题访问，而且他的生意也是这条街上数一数二的，这一切全是因为他的博客。

目前很多人把博客营销做成了广告博客，围绕企业或产品建立博客后，就是一味地发布广告或销售信息。而马洪很聪明，他并没有用博客来直销

西装，而是将之定位成了一个分享交流型平台。众所周知，英国是一个讲究绅士风度的国家，非常注重礼仪和形象，特别是男士，清一色的都是西装。所以马洪博客的主题主要是围绕西装展开，分享和讨论关于高级定制西服的话题，而且马洪讨论的方式相当自然，从不刻意回避什么。通过博客，马洪让读者了解了缝制西装的一些细节、挑选西装的方法等各种有价值的信息。他还会时不时地曝光一些行业潜规则，分享各种实战经验等。

而且马洪的文风，也不像一般人那样刻板或公式化，而是非常的轻松幽默，时不时地还炮制一些英式小笑话，人们在马洪的博客中学到知识和经验的同时，也被这个裁缝的热情所感染。

除了分享外，马洪还会在博客中与大家互动，不仅会解答大家提出的各种问题，还会给在博客中表现活跃的读者送去西装，这一招吸引了更多的人来光顾，也为他赢得了更多的口碑。

马洪的高明之处在于并没有直接把西装展示在博客上卖，而是把博客变成展现真实自我的平台，通过博客与大家交流互动，用自己的真诚去打动用户。这一点，也是目前很多企业所缺乏的。

3.5.10 本节任务

建立一个自己的品牌博客（推荐独立博客），并且每周至少更新 2 篇以上的原创文章。

3.6 微博营销

3.6.1 什么是微博营销

以微博这种网络交流平台为渠道，通过微博客的形式进行推广，以提升品牌、口碑、美誉度等为目的的活动，就叫微博推广。

可能有的朋友不太了解微博这种产品，再和大家普及一下相关知识。微博，即微博客（MicroBlog）的简称，是一个基于用户关系的信息分享、传播以及获取平台，用户可以通过Web、WAP以及各种客户端组建个人社区，以 140 字左右的文字更新信息，并实现即时分享。最早也最著名的微博是美国的 Twitter，根据相关公开数据显示，截至 2010 年 1 月，该产品在全球已经拥有 7500 万注册用户。2009 年 8 月，中国最大的门户网站新浪网

推出"新浪微博"内测版,成为门户网站中第一家提供微博服务的网站,微博正式进入中文上网主流人群视野。

相对于强调版面布置的博客来说,微博的内容只是由简单的只言片语组成。从这个角度来说,对用户的技术要求门槛很低,而且在语言的编排组织上,没有博客那么高,只需要反映自己的心情,不需要长篇大论,更新起来也方便,和博客比起来,字数也有所限制;微博开通的多种API,使得大量的用户可以通过手机、网络等方式来即时更新自己的个人信息。

目前主要的主流微博平台有新浪微博、腾讯微博等。

3.6.2 微博营销的特点

1. 操作简单

微博的操作非常傻瓜,只要你会打字,能够写出140字以内的内容,然后到新浪、腾讯等免费微博平台申请一个账号,即可开始微博营销之旅。

而且信息发布也非常便捷,不需要长篇大论,100字左右即可,也不需要任何审核,马上书写,马上发布。

2. 互动性强

与传统博客相比,微博的互动性非常强,可以与粉丝即时沟通,及时获得用户的反馈与建议,第一时间针对用户的问题给予回应。

3. 低成本

微博的申请是免费的,维护也是免费的,而且维护的难度和门槛非常低,不需要投入很大的资金、人力、物力等,成本非常低廉。

3.6.3 微博营销的作用

1. 使公司形象拟人化,提高亲和力

企业的公众形象决定了用户的黏性与好感度,也会影响到企业的品牌与口碑。如果能将公司形象拟人化,将极大提升亲和力,拉近与用户之间的关系。而通过微博这种产品,将很容易实现这一效果。

举个例子。微博刚火时,广东省肇庆市公安局尝试开通了中国第一个公安微博,此举在社会上引起了巨大的反响。古时候有句民间顺口溜,叫

"衙门八字朝南开,有理无钱莫进来",衙门自古便给人一种高高在上、遥不可攀的形象。受此影响,到了现代,人们对于公安局等政府部门,还是有点敬而远之。而广东肇庆通过公安微博,极大地改观了公安部门在老百姓心目中的形象,拉近了警民之间的关系。人们发现,原来公安干警并不是那么的神秘与冰冷,也有可爱温情的一面。

目前广东肇庆的这种模式,已经被全国多个省市的公安部门所借鉴和采用。

2. 拉近与用户之间的距离,获得反馈与建议

所谓得民心者得天下,做公司、做产品同样如此。失了用户的心,一定做不大。所以任何时候,都不能与用户拉开距离,都不能忽略用户的感受与声音。而通过微博这个平台,将会更好地拉近与用户之间的距离,将会更直接地获得用户的反馈与建议。

在这里再说个案例。众所周知,美国的现任总统是奥巴马,他也是美国历史上第一位黑人总统。而在他成功的背后,微博功不可没。在美国大选期间,奥巴马通过Twitter(美国微博站点)获得了15万名粉丝的支持,而他的竞争对手希拉里仅有6000多。

其成功之处在于通过微博拉近了与选民之间的距离。在竞选期间,小马哥的团队每天都会在微博上与关注他们的粉丝互动,对用户的信息进行反馈,甚至还会主动关注别人。试想一下,一个平日高高在上的大人物却在小小的微博里面与这些平头小老百姓聊天互动,人们能不投他一票吗?而希拉里却没有悟透这个道理,她只是把微博当成了单方面的消息发布平台,从来不关注别人,也不会回复用户的信息,更不要说与用户互动了。她没有重视选民,选民也就没有重视她。应该说微博在这里只是起到了一个桥梁的作用,因为小马哥已经很有知名度了,只是缺少与粉丝交流的平台。

3. 对产品与品牌进行监控

公关人员的基本功课之一就是对公司的产品与品牌进行舆论监控,及时发现问题及解决问题。而有了微博后,可以通过这个平台更好地进行监控。我们可以直接通过在微博平台搜索内容的方式来了解客户在谈论哪些与我们有关的话题,以及对我们的产品抱着一个什么样的态度。

4. 引发或辅助其他营销手段

随着微博的普及与深入人心,其作用也越来越凸显,比如通过微博来

辅助事件营销、病毒营销、网络公关等，效果非常不错。

比如在曾经的 360 与金山的大战中，"红衣教主"周鸿祎利用微博玩了个漂亮的公关闪电战，甚至直接轰掉金山市值 6 个亿。再比如在近期的京东与当当之战中，微博也成了主战场，双方你来我往在微博上玩起了公关。

如果再往前数，新浪刚推出微博时，就有人通过它成功地玩了把事件营销，炒出来一个网络红人。当时有个叫后宫优雅的同志，自称富家女，天天在微博中爆一些所谓的明星私事，结果一举成为新浪人气榜第二名的人物，在网络上引起了不小的轰动。但是可惜，最后被人识破，原来这是某网络游戏公司为了推广一款新游戏而为之的。不过其思路和手法，还是值得我们学习和借鉴的。

作为一个新生事物，微博营销的作用远不止以上几种，而且更多的功能还有待挖掘与开发。笔者上面列举的几种，也只是起到一个抛砖引玉的作用，希望能够帮助大家拓展思路。

3.6.4 微博营销的策略

下面再来说一下微博营销有哪些具体的策略和方法。

1. 企业官方微博

建立企业官方微博，是最基本的微博营销策略。但是比较可悲的是，微博都已经如此普及、如此成熟了，还有相当一部分企业没有在微博平台上建立官方微博。那么企业为什么要建立官方微博呢？

第一，作为企业对外展示和树立形象的窗口。微博是中国互联网用户重要的社交平台，用户基数巨大，这个阵地坚决不能丢。同企业的官方网站一样，可以在这个平台展示企业的背景、文化等，以此来树立形象。

第二，用以维护用户关系。微博的即时互动性非常强，通过微博，我们可以和客户建立长期稳固的沟通渠道，与用户随时快速进行互动。而且就像前文所说的，通过微博，我们可以将企业形象拟人化，提高亲和力。

第三，提升客户服务体验。通过微博，我们可以快速对客户的意见和需求进行反馈，加强用户体验，提升客户满意度和黏性。

第四，自主的推广平台。我们也可以将微博作为推广平台来使用，比如可以通过官方微博来传播企业的品牌故事、活动、新闻稿等。同时还可以和企业其他的营销活动相配合，比如配合线上的推广、线下的活动等。

关于建立官方微博的流程就不说了，这是基础操作，不了解的，可以参看图3-8。这里重点说说运营企业官方微博时的要点。

（1）微博营销的关键是人气。对于没有任何人气、没有任何知名度和影响力的公司，做微博营销是不太适合的，很难有好的效果，所以至少要先把人气积累足。关于如何加粉，请参看3.6.6节的内容。

（2）微博不是广告发布器。许多人把微博当成了广告发布平台，拉来一些粉丝后，就开始哐哐地发广告，这是极错误的认知。千万不要只把微博当成广告发布器，这完全是在浪费时间和精力。

（3）不要只记流水账。微博营销的核心是通过语言、文字与用户互动，从而达到营销的目的。所以内容要情感化，要有激情，要为用户提供有价值、有趣的信息。

（4）不要一味地转载别人的内容。微博一条内容仅140字，创作起来并不难。如果不会创作，可以多去借鉴别人的内容，或者在别人的内容的基础上进行二次创作。

（5）不要单方面发布信息。微博营销不是一个人自言自语，所以不要只是单方面地发布信息，要学会与用户互动。只有通过与用户的不断交流，才能获得用户的信任与好感，同时也只有这样才能真正让用户参与到公司的活动中去，并提供有价值的反馈与建议。

（6）尊重用户，不与用户争辩。千万不要在微博上与人争论和吵架，这是很不明智的。除非你不想要自己的品牌形象了。

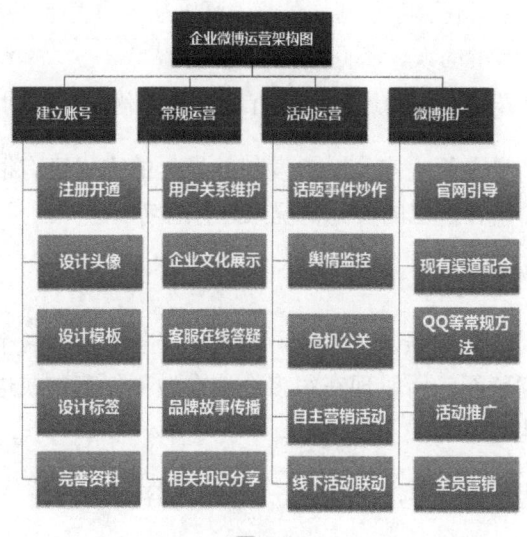

图3-8

2. 微博自媒体营销

微博是建设自媒体的重要平台之一（第 6 章将介绍自媒体策略）。不同的自媒体平台，往往特点不同，微博这种自媒体，和博客、微信公众号等自媒体形式相比，很重要的一个区别是内容短小精悍，只需要 140 字。对于文笔一般、不擅于写长篇文章的人来说，这是一个不错的选择。

打造微博自媒体并不复杂，核心要点就三块：定位、内容、运营（主要是加粉）。内容建设及增加粉丝的内容，后面会讲，这里重点说说定位。

定位是第一个关键点。其实从营销的角度来说，策划任何产品，定位都是关键。好的定位，要围绕三点进行。

（1）符合目标用户需求。

（2）和同类微博相比，有一定的差异化和特色。

（3）要考虑以后运营过程中的内容来源问题，说白了就是要想明白以后的内容从哪里来。

在这三点中，最重要的是差异化，下面给大家介绍几条寻找差异化的思路。

- 内容差异化。这是最根本的差异化，当然也比较难。具体如何实现，请参看 3.6.5 节的内容。
- 地域差异化。如果内容找不到差异化，那么我们可以从地域上找差异化。
- 用户群差异化。除了地域外，还可以从用户群上找差异化，比如针对不同年龄的人、不同职业的人等。
- 行业差异化。我们还可以进行行业差异化，定位到具体的行业。

以上四条，只是给大家一个启发，差异化的方式还有很多，希望大家多多开动脑筋，结合自己的实际情况来进行思考。

3. 微博事件炒作

微博的传播性非常强，可能让一个人、一条新闻、一个事件在短短几十分钟内传遍互联网。所以现在很多企业在做事件营销或进行炒作时，都会通过微博来辅助。

关于事件营销的内容，请参看 6.1 节的内容。

4. 微博活动营销

通过微博做活动，有三个优势。

第一，面向的用户群广。微博有几亿的注册用户，所以在微博上做活动，不用愁没人参加，关键是看活动如何策划。

第二，传播力强。微博重要的功能就是转发评论，所以好的活动会引发用户的转发，形成二次传播，甚至多次传播。

第三，直接带来微博粉丝。

所以在策划微博活动时，要围绕以上三点来思考，如何能让更多的人参与？如何能让人转发？如何能让人关注我们？活动营销是个靠创意吃饭的活，在这里和大家分享三个非常经典、常见且屡试不爽的活动形式。

第一，抢楼活动。活动发起方发出一条活动博文，要求用户按一定格式回复和转发，通常都是要求至少@三个人，并进行评论。当用户回复的楼层正好是规则中规定的获奖楼层时（如100楼、200楼），即可获得相应奖品。

第二，转发抽奖。活动发起方发出一条活动博文，要求用户按一定格式转发，通常都是要求至少@三个人，并进行评论。最后在参与活动的用户中，随机抽出一部分幸运儿发放奖品。

第三，转发送资源。活动发起方发出一条活动博文，要求用户按一定格式转发，通常都是要求至少@三个人，并留下邮箱。凡是转发者，邮箱中都会收到一份好的资源，比如媒体名录、各种工具、优惠券等。

5. 微博精准营销

微博可以帮助我们实现非常精准的营销，这种精准性的实现，是基于对微博精准用户的提取。其实具体的思路和流程非常简单：先通过技术手段，从微博海量用户中，提取到符合我们需求的精准用户ID；然后发布活动或内容，直接@这些活动，甚至直接给他们发消息。

这里的关键是，如何能提取到精准的微博用户数？下面和大家说一下思路和方法。

第一种方法：竞品粉丝提取。通过技术手段，将竞品或同类产品官方微博的粉丝提取出来，关注了他们的人，基本上也是我们的目标用户（见图3-9）。

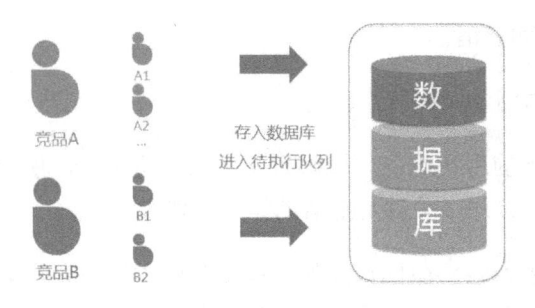

图 3-9

第二种方法：交叉分析。当然，只是提取一个账号的粉丝，有可能其中有一些不精准的人。所以，为了提高精准度和质量，我们还可以再进行交叉分析，比如我们提取了 A、B、C 三个账号的粉丝，然后对这些粉丝进行分析，如果其中有人同时关注了这三个账号，则保留，否则删除。

在通常情况下，同时关注了多个同类型账号的人，基本上都是精准度非常高的，甚至非常优质的用户（见图 3-10）。

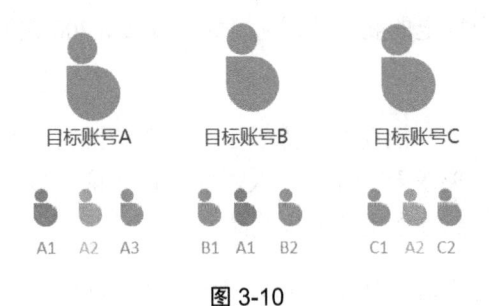

图 3-10

第三种方法：相关热门微博转发提取。我们可以针对一些热门内容，将转发过这些内容的用户提取出来。比如转发与怀孕有关的内容的用户，很可能自己就是孕妇，或者是家里有孕妇，也可能是近期准备怀孕。当然，为了提高精准性，也可以像第二种方法中说的那样，对不同的内容进行提取，然后对提取出来的内容进行交叉分析（见图 3-11）。

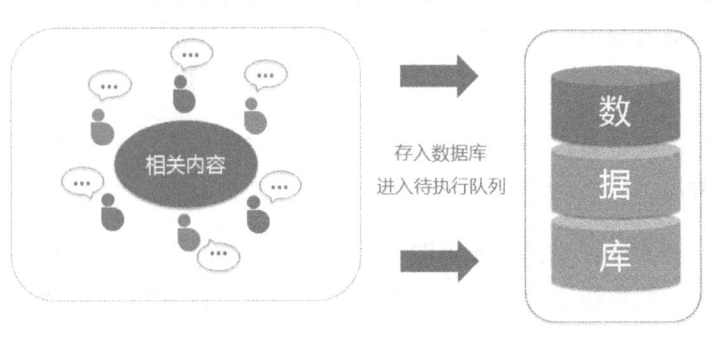

图 3-11

第四种方法：语义分析系统。语义分析是指针对某类关键词进行提取。比如有的用户总是发和尿不湿有关的内容，那么基本上可以断定，他的家中有婴儿（见图3-12）。

图 3-12

第五种方法：地域标签提取。用户通过手机发微博时，会显示所在的地理位置，所以我们可以提取某一地域范围内的用户（见图3-13）。

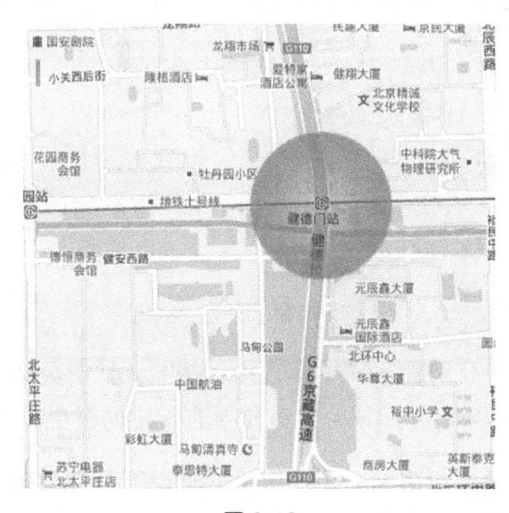

图 3-13

要实现上面说的这些效果，有两种方式：一种是自行开发。新浪微博有开发接口，我们可以根据新浪微博的开发协议进行开发；如果不具备开发能力，也可以购买第三方服务，比如请人开发或者请专业的公司帮忙提取。

6. 微博粉丝通广告

"微博粉丝通"是新浪官方推出的，基于新浪微博海量的用户，把企业信息广泛传送给粉丝和潜在粉丝的营销产品。它会根据用户属性和社交关系将信息精准投放给目标人群，同时也具有普通微博的全部功能，如转发、评论、收藏、赞等，是微博营销的实用工具。

微博粉丝通的广告位置，会出现在微博信息流的顶部或微博信息流靠近顶部的位置，包括 PC 和微博官方客户端（如图 3-14 所示）；同一条推

广信息只会对用户展现一次，并随信息流刷新而正常滚动；微博精准广告投放引擎会控制用户每天看到微博粉丝通的次数和频率。

在收费方式方面，除了传统的 CPM（按照微博在用户信息流中曝光人次进行计费）等计费方式外，微博粉丝通还创造性地推出了 CPE 方式——按照微博在用户信息流中发生的有效互动（互动包括：转发、单击链接、加关注、收藏、赞）进行计费。

图 3-14

微博粉丝通的优势在于简单、直接、精准、计费灵活，而且是新浪官方推出的，也有保障；至于缺点，就是要有一定的资金投入。

关于微博粉丝通更多的介绍在这里就不说了，有兴趣的朋友可以到新浪微博官方参看相关介绍。

7. 微博大数据营销

互联网将我们带入了大数据时代，比如微博上每天都会产生海量的数据，而且这些数据都是公开的。而企业如果能够有效利用微博上的这些数据，便能很好地帮助企业进行营销决策，制订靠谱的营销方案。下面以电影行业来举例。

场景一：假如现在我们要投资拍摄一部电影，但是却不知道哪类电影更受市场欢迎，这时可以通过对微博中海量的用户及内容数据进行分析，了解近期用户提及最多的电影类型有哪些。

场景二：假如现在我们要拍一部爱情片，但是却不知道选择哪个明星做主角比较合适，此时通过大数据分析可以了解到，哪个明星担任主角比

较有号召力。

场景三：片中需要配背景音乐，但是什么类型的音乐好呢？大数据也会告诉你答案。

场景四：针对已经拍摄完成的电影，通过大数据分析可以预测票房收入，目前已知的准确率能够达到 80%以上。根据这个预测结果，我们可以制订靠谱的营销预算及方案。

场景五：在进行微博营销时，我们选择哪些大号帮忙宣传和转发最适合、效果最好呢？大数据同样可以告诉你答案。

以上只是以电影行业来举例，其实大数据在很多行业中都可以得到很好的运用。不过在进行大数据营销时，前提是先要获取海量的数据，这个是需要技术支持的。微博是完全开放的，如果公司技术实力允许，则可以自行开发相关程序；如果条件不允许，则可以找第三方大数据服务公司。

8. 微博舆情公关

关于微博的舆情公关，我想先从一个案例说起，这个案例是发生在我身上的真实故事。

2011 年时，我以每月 4000 元多一点的价钱，从我爱我家手里租了一套房子，租期一年。一年后，在房子到期的前 10 天，我接到我爱我家业务员的电话，告知如果续租，房租将涨 700，同时还要支付中介费（中介费是一个月的房租），若不同意，那到期后即刻搬走。当时我问他收中介费的依据是什么，他说是公司规定；又问他为什么在签合同和租房过程中从来没提过这事，对方说我爱我家一直是这么做的；当我质问他合法性时，对方告诉我爱哪儿告哪儿告去。在这个过程中，对方态度越来越差。

紧接着，我又找到了店长，领导果然素质不一样，非常客气，也非常有耐心，但是最后给我的答案是一样的，这是公司，没办法，您可以通过法律途径解决。

注：中介机构这种重复收取中介费的行为，是涉嫌违规的。

此时，我想到了万能的微博，于是在第二天上午 9：19 分，将这件事发布到了我个人的微博上，同时并@了我爱我家的高层及北京分公司官方微博。大概 2 个小时后，北京我爱我家客户服务中心的官方微博，在微博上对我发布的内容进行了回应，回应的内容非常标准和专业，不过在我眼里非常搞笑，其回复的内容是："您好，谢谢您对我爱我家公司服务的认

可，如果您有业务需求，欢迎您拨打 95105890，我们将竭诚为您服务！"（如图 3-15 所示）。

图 3-15

这条回复引发的结果是，使我这条内容的转发量大涨，24 小时后，转发量超过了 1000。第二天上午，我爱我家公司一位服务人员（具体部门和职位忘了）主动联系了我。态度非常好，并诚恳地向我道了歉，同时希望能够删除微博的内容。当笔者问其这件事的处理意见时，对方的答复是中介费是肯定要收的，不过可以给我打个 7 折。如果不行，对方建议我可以去走法律途径。

案例点评

案例讲完了，下面说正题。对于企业来说，微博是把双刃剑，好的一面是，可以通过微博做营销；而有风险的一面是，如果消费者对企业的产品或服务不满意，在微博上吐槽，对企业是有伤害的，特别是在企业处理不及时或不当的情况下，可能会被传播和放大，比如上面案例中提到的我爱我家。

当然，如果企业能够提升这方面的意识，处理得当的话，那么坏事也会变成好事。从另一个角度看，微博可以让我们及时发现用户的意见和问题，及时处理用户的反馈，提升服务的质量。

那这样的事情，正确的处理方式是怎样的呢？首先和大家说一下微博舆情公关的三个第一原则。

第一时间发现：对于具有一定规模和影响力的企业，内部应该成立专门的部门或小组，每天主动在微博上监控和搜索与企业相关的关键词（如果工作量太大，则可以通过相关的软件来监控）。争取做到在用户发出信息的第一时间，就发现这些信息。

第一时间处理：对于一些常规的危机事件，企业应该提前制订相应的

处理预案，当监控到信息后，马上按照预案进行处理。

第一时间上报：如果问题的复杂程度超出了自己的能力或权限范围，则第一时间向上级汇报。

如果企业能够真正贯彻三个第一原则，那么无论出现什么样的危机事件，都能将其不良影响控制在最小范围内。

再说说一般性纠纷处理流程和原则。

先担责：不要试图去和用户辩论，不要企图推卸责任。无论谁是谁非，先表示歉意肯定没错，至少要为给对方带去了坏心情而道歉。因为用户在微博上发信息，一定是很气愤的，这个时候去辩论，只会激化矛盾。

再沟通：当对方情绪稳定后，积极坦诚地与当事人或公众沟通，了解事情的经过，分析问题的原因。

多安抚：多安抚当事人的情绪，多表达积极的态度，尽量在初期把问题解决掉。

停传播：不管事情是否解决，应尽早地让信息停止传播。

删信息：如果问题得到了解决，那么争取让用户将相关信息删除，或者发声明。

9. 微博矩阵营销

微博矩阵，是指企业建立多个微博账号，相互联动，集团作战。具体微博矩阵的建立计划，应根据企业自身的实际情况来制订。比如，如果企业品牌多，则可以以品牌建立矩阵；如果分公司多，则可以以地域建立矩阵；如果部门多，则可以以部门建立矩阵；如果人员多，则可以以人员建立矩阵。当然，也可以多条线并行（如图3-16所示）。

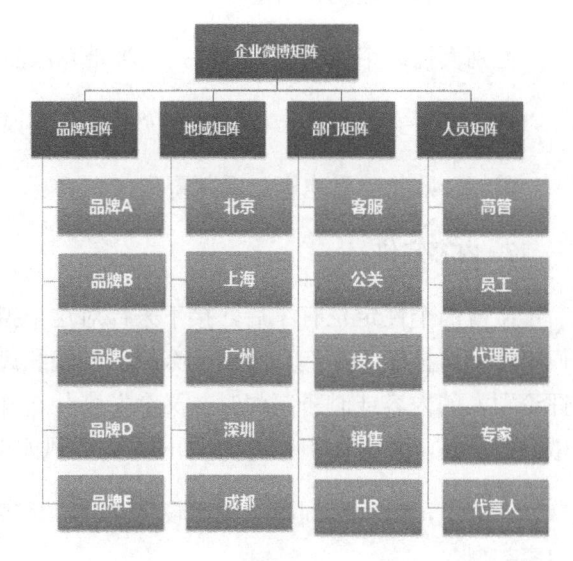

图3-16

在这里，笔者建议大家，无论公司大小，都应该发动全员，全民营销。鼓励你的团队或公司的员工都开通微博吧，多在微博中讨论公司中的生活、工作、企业文化等，向大众展现一个真实、温情、朝气蓬勃的公司形象。

3.6.5　微博内容的建设和运营

说完了微博营销的方法，接下来具体说一下微博内容的建设和运营。其实微博运营的核心是围绕内容展开的，通过内容来吸引用户，通过内容来与用户互动，通过内容来留住用户。相对于博客、微信公众号来说，微博内容的建设要容易些，因为只有 140 字。当然，容易也只是相对的，要做好，肯定也要下一番功夫，其要点主要有 4 个。

1. 微博定位

微博定位是为了在用户心目中树立一个形象，微博的内容和风格也应该围绕这个定位和形象来策划展开。在定位上，笔者给大家的建议是：拟人化的定位最理想，因为用户不喜欢冷冰冰的机器。比如第 6 章中提到的杜蕾斯官方微博，自称为杜杜，其形象就是一个重口味男青年。

基于此，在定位时，我们应该先拟人化地给微博勾画一个形象，这个形象最好有自己的个性特点，比如像下面这样：

年龄 26 岁：年轻、专业

职业白领：敏锐、新潮

性别女性：个性、时尚（这是一种带有浓烈乡土气息的时尚范）

性格："女汉子"一枚、有点"二"，但很幽默

爱好：购物、看电影、看帅哥

2. 内容定位

微博的个性定位有了后，接下来针对这个拟人化的"人物"特点，我们来思考这样的"人"，会用什么样的口气和风格？发布什么样的内容？评论别人的内容或时事新闻时，又会发表什么样的观点？比如杜蕾斯官方微博的风格，就是重口味；再比如网络红人凤姐的微博，就是雷人+屌丝范。

在这里，给大家列举一些比较受欢迎，且容易引发互动和转发的微博内容类型。

- 有心的：比如各类创意产品；
- 有趣的：冷笑话、段子等；
- 有料的：明星八卦、揭秘爆料等；
- 有关的：关系到自己或身边人的各种人与事；
- 有爱的：能够激发起网友关爱情感的；
- 有气的：让人看了就想评论、吐槽甚至拍砖的；

上面说的，只是前期没有粉丝时进行的内容规划。当有了一定数量的粉丝后，我们便可以根据自己账号粉丝的特征和需求不断地优化内容。

微博自身有许多这方面的分析工具，也有一些第三方工具，我们可以利用这些工具对粉丝进行分析。比如根据用户所在的地区、性别、标签、职业等数据进行分析（如图 3-17 至图 3-20 所示）。

图 3-17

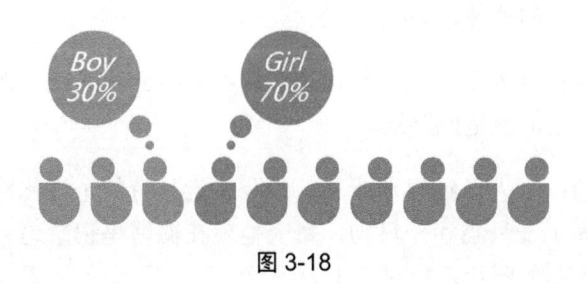

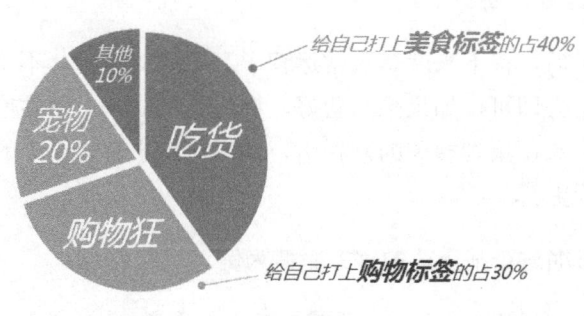

图 3-18

图 3-19

```
         CEO            40%
         HR             30%
         设计师          20%
         部门经理        10%
```

图 3-20

3. 策划差异化的内容

除了常规内容外，我们的微博中最好再有一些差异化的特色内容，这样的内容是容易树立品牌、影响力，以及吸引和留住用户的。在内容建设方面，笔者根据以往经验，总结出了二十字真言——"人无我有、人有我全、人全我精、人精我专、人专我独"。

人无我有：别人没有的内容，我有，就是特色。比如有的微博，专门翻译转发一些外国的内容，这些内容在国内没有，这也是一种特色。

人有我全：别人已经有的，但是我最全面，也是特色。比如菜谱大全一类的。

人全我精：别人已经很全面了，那我就做精品化的内容。典型的比如冷笑话精选，走的就是此路线。

人精我专：别人已经很精品化了，那我就走专业路线。像各行业内的专业化微博，走的就是此路线。

人专我独：别人已经很专业了，那我就走独特的个性化路线。像有个微博博主，养了一只猫和一只狗，每天他就在微博里记录这只猫和这只狗的生活，晒它们的照片，也有几十万粉丝。

4. 内容运营计划

内容有了后，接下来就是日常运营了。微博的运营，不是简单地把内容组织好发出去即可，如果想运营好，要将它当成一个网站或媒体来做：围绕用户的喜欢，策划相关的微栏目，组织对用户有吸引力的内容，每天有规律地进行更新。

比如以下面这个某企业的官方微博为例。

从上午 8:30 到晚上 23:00，设定每日固定更新 12 档栏目，早、中、晚

三个高峰时间段,更新更加频繁,内容新颖,符合关注者的心理。具体内容发布计划如下:

08:30——#早安# 乐观积极向上的语录,内容、图片温馨

10:00——#带我去旅行#

11:00——#美食指南#

12:00——#招亲榜# 加强与微博网友间的互动

14:00——#幸福指南# 指南类文字。给未婚、已婚人士一些情感婚姻的建议

15:00——#成功故事# 转发产品部成功案例微博,用感性文字带动

15:30——#笑一下嘛# 搞笑内容、图文、经典简易测试

16:30——#幸福家居# 时尚家居

20:30——#健康指南# 饮食、养身、健康类的博文

21:00——#光影时刻#

22:30——#静夜思#

23:00——#晚安#

当然,以上这个只是给大家做个参考,具体请根据自己的实际情况制订计划。

5. 某公司的微博运营计划

下面再和大家分享一份某公司完整的微博运营计划,仅供参考。

项 目			工作方法
内容	频率	周一至周五	每天微博发布不少于7条
		周六、周日	每天微博发布不少于6条
	时间	周一至周五	(1) 8:00—8:30,发布当日第一条"早安微博" (2) 10:00—10:30、11:30—12:30、14:30—15:30、16:30—18:00、20:30—21:00,各发布一条微博 (3) 23:00左右,发布当日最后一条"晚安微博"
		周六、周日	(1) 9:00—9:30,发布当日第一条"早安微博" (2) 11:00—12:00、14:00—16:00、18:00—19:00、21:00—22:00,各发布一条微博 (3) 23:00左右,发布当日最后一条"晚安微博"
	具体运营内容	早、晚微博问候	每天在8点半与23点左右向微博粉丝们说早安与晚安
		原创微博	关于旅游/摄影/娱乐/实用等话题,发布时,尽量以文字+图片、文字+视频/音频、文字+图片+视频/音频的形式
		热门转发	热门的新鲜事/情感小哲理/娱乐/搞笑等内容转发
		公司信息公告	新店开张/网站改版/公司的新促销活动等信息的发布

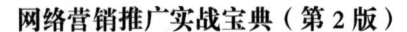

续表

项目		工作方法
活动	专题类 发布频率/时间	每月 1 场,发布时间参考 9:00—10:00、16:00—18:00、22:00—23:00,也可视活动实际情况而定
	专题类 发布形式	利用企业微博页面上的活动栏做活动,活动项将收录至微博活动这一应用中,因此更适合正式一些的活动。可配合节假日或网络热门话题发起活动
	有奖互动类 发布频率/时间	每月 2~3 场,此类活动发布避开专题活动进行的时间,避免影响专题活动效果
	有奖互动类 发布形式	可利用微博的活动栏,也可直接发布微博,利用粉丝的相互转发达到推广的目的
	其他非正式类活动 发布频率/时间	每周 1 次,此类活动发布避开专题活动与有奖活动进行的时间,避免影响以上活动的效果
	其他非正式类活动 发布形式	通过推荐有礼、提问有礼等形式,增加微博粉丝的互动
推广	微博外联 与异业企业微博合作	通过联合做活动、相互转发内容等形式,达到推广的目的
	微博外联 与粉丝数高的博主合作	通过付费或不付费合作的形式,请这些粉丝数高的博主转发、推荐微博
	微博外联 付费推广	通过微推推等平台发布任务的形式推广,其他付费形式
	内部推广 各城区微博之间的互动	通过各城区微博之间相互转发等形式,提高微博的互动性
	内部推广 员工对微博关注并互动	公司员工对官方微博进行关注,并转发一些活动与有意思的话题
	内部推广 官网首页支持	与官网相互推广与支持
	线下推广 各门店部分海报、单页的支持	对于一些长期、重要的活动可以在门店(客房)放置一些宣传资料
	线下推广 各门店大堂视频的支持	可通过技术手段实现微博的直播
	线下推广 各门店前台的推荐	对于一些重要的活动,前台可介绍活动的相关信息

3.6.6 提升微博粉丝的 15 种方法

微博营销很重要的一个前提就是,需要先拥有足够的粉丝。下面笔者就和大家分享一下如何增加粉丝。

1. 内容

微博虽然"微",但好歹还是个"博",其核心还是内容。同传统博客一样,内容的定位与质量,决定了用户群的类型与规模。笔者曾经做过测试,当在微博中发布用户喜欢的优质内容时,转播量就会增加,而看到的人多了,吸引来的粉丝自然就多。

比如新浪微博的"冷笑话精选",因为能够每天坚持分享优质的冷笑话,粉丝已经接近 200 万。还有新浪微博的"互联网的那点事",其内容受到了很多互联网公司高层的关注和认可。

不过,微博的内容想做好还真不容易,因为一篇微博就 100 来字,想让每条内容都是精华,还真不太容易。这里说一个小技巧——搭社会热点的顺风车。社会上每每有热点事件发生时,都会成为全民关注的焦点。此时如果我们能够围绕热点制造一些有感染力的内容,自然也会受到关注。比如在 360 与 QQ 大战期间,新浪微博一位名叫"天才小熊猫"的博友制作了一幅名为《右下角的战争》的动画图片。该图片被累计转发了近 10 万次,作者也因此收获了 2 万余粉丝。

2. 勤更新

同博客一样,微博也需要勤更新,如果更新得太慢,被关注度就会降低。在这方面,笔者也做过测试。当笔者在微博中非常积极地发布内容时,每天都会有几十人来关注笔者;而当笔者几星期不更新一次时,平均每天关注笔者的不足 10 人。

3. 标签

微博有个标签功能,你可以设置 10 个最符合自己特征的标签,比如站长、编辑等。设置合适的标签,将会极大地增加曝光率,那些对相关标签感兴趣的人,就有可能主动成为你的粉丝。

4. 主动关注

主动出击,主动关注别人,也是一种很直接的方法。如果是销售产品等,那么可以进行一些精准的关注。在这里说一个案例。美国有一家制药公司叫辉瑞(Pfizer),在他们的产品中,有一种抗抑郁药。他们的微博营销策略之一就是主动在微博上搜索"郁闷"、"抑郁"等关键词,来找到潜在的抑郁症患者。然后不断地向他们提供关于抑郁症方面的信息,在帮助他们的同时,也营销了自己的抗抑郁药。

如果我们只是想海量增加粉丝数，则不需要像 Pfizer 公司这么麻烦，只要找到那些粉丝多、活跃度高的用户，主动关注他们进行互听就 OK 了，然后等着他们回听或回粉。在这里说几个增加回听率（回粉率）的小技巧。

第一，找到那些靠互听或互粉建立起来的账号（这些账号最明显的一个特点是他们关注的人比收听他们的人要多），然后在他们的听众（或粉丝）列表中，找到那些你感兴趣的人，然后主动关注。因为这些人都是之前与他们互听（互粉）成功的，都比较乐于回听（回粉）。

第二，找与自己相关的人群，不要乱关注。

第三，如果能够给自己加认证的话，也会增加成功率。新浪微博认证申请地址（个人和企业均可申请）：http://t.sina.com.cn/pub/verified；腾讯微博认证申请地址（目前只有企业可以申请）：http://t.qq.com/certification。

另外，腾讯微博有收听限制，每天最多收听 100 人。但是如果我们直接通过 QQ 客户端进行收听的话，则可以绕过此限制，无限收听。

5. 加热门话题

腾讯微博中有个话题功能，如果我们在发布内容时添加这些热门话题，则可以极大地增加曝光率和被关注的几率。比如最典型的一个话题就是"互听大队"，通过这个话题，听众数可以轻松过万。

6. 话题炒作

如果我们能够发现一些有争议的内容，引发别人的关注与转发，也可以达到大量曝光和增加粉丝的目的。比如笔者在开通微博之初，曾经制造了一个非常有争议的内容，结果在 24 小时内转播数达到了几百，转播量比笔者的粉丝数还高。

7. 做活动

请回顾 2.12 节的内容。

8. QQ 群

现在网络上有很多微博交流群，通过 QQ 群来增加粉丝，也是个不错的选择。

9. 评论别人

没事的时候，我们可以到广播大厅，挑那些粉丝多的人发布的博文进

行评论，尽量挑那些最新发现且还没有人评论的内容进行评论，评论得越有特色，越能引发别人的共鸣越好。这样当他们对我们的评论进行回应时，自然就变相地为我们做了推广。

10. @别人

发布内容时，可以多多@那些与内容相关且粉丝多的人，主动邀请他们帮我们转发。

11. 插件

现在微博的第三方插件越来越多，其中有一些插件就可以帮助我们增加粉丝，比如好友管理工具等。

12. 辅助软件

除了微博插件外，网络上还出现了许多第三方软件，比如互粉工具、互听工具等，这些东西都可以帮我们快速地增加粉丝。

13. 通过其他网站带动

现在腾讯微博、新浪微博都已经全面开放，并提供了很多贴心的应用，我们可以在自己的网站、博客上等添加这些实用的小插件，提升网站的曝光几率。比如一键转播按钮，就特别好用，可以极大地增加网站在微博中的曝光率（见图3-21）。腾讯开放平台地址：http://open.t.qq.com/；新浪开放平台地址：http://open.t.sina.com.cn/。

图 3-21

14. 通过自身已有资源

如果企业或个人自身已经有现成的资源，则要充分利用。比如最基本的，通过名片、邮件的签名等进行带动。

15. 其他

除了以上这些比较常见的方法外，在我们的平常生活和学习中，只要方便，都可以见缝插针地进行宣传。比如，如果经常写文章，那么可以在文章中推荐；如果有博客，也可以在博客中推广。

如果能想到其他创意性的方法，则更好。比如笔者的好友管鹏（网名老K），在腾讯微博组织发起了V5推推这个话题，目前V5推推已经成为了腾讯微博中最大的草根组织，管鹏也因此获得了100多万的听众。

增加粉丝是个体力活，特别是前期，非常耗费时间和精力，所以请大家根据自己的时间、精力和需求来做，不要盲目行动。

关于微博营销的内容就此告一段落，其实此方法操作起来并不复杂，也不难，关键是执行力。

3.6.7 揭秘微博第一大号的成功之路

提到微博，有一个账号不得不说，那就是"冷笑话精选"，因为它是业内公认的微博第一大号。这个第一体现在多个方面：首先，它是新浪微博最早成名的账号之一；其次，它曾一度是草根账号中排名第一的大号，截至2015年3月，其新浪微博粉丝数达1384余万，腾讯微博粉丝数达1100余万，粉丝数加到一块，比澳大利亚的人口数量还要多；在收入方面，没有官方数据，但是据说2011年时，也是达到了一、两千万的水平。

那这个账号是怎么做到的呢？下面给大家说一下它的发展历程和运营。

注：以下部分内容来自于《创业家》的独家采访，在此感谢《创业家》。

2009年5月，尹光旭（冷笑话精选的创始人）决定召集三个高中同学到南京一起创业，方向是做出一个成功的豆瓣小组"我们都很爱创意"。其做法近乎"无耻"：他和另外三个创业伙伴先注册100个"马甲"，每个"马甲"加5个好友，这500个好友中会有相当一部分反过来加"马甲"为好友，周而复始，"就用这种比较原始的方法，大半夜在做这种无聊的事情，搞了大概三个月，成第一名了。"当时豆瓣上最大的小组积累好几年才有15万组员，尹光旭的几个小组加起来很快就达到了20多万。广告主很快找过来希望投放广告，其中包括现在的B2C网上商城趣玩网，"我们都很爱创意"每月收入1000~2000元。

2009年6月，尹光旭读到一篇介绍海外新兴微博客网站"Twitter"的

文章。他迫不及待地跑到号称已拥有百万注册用户的"饭否"去玩（饭否是中国第一家微博客网站，后来因特殊原因被关闭）。当时饭否排名前十的账号粉丝数最多不超 3000 人，尹光旭通过在豆瓣积累的经验和方法，一天就做到了饭否第一。方法是一个晚上就注册了 3000 个小账号，全部关注自己新开的主账号，主账号粉丝数一夜飙升到第一。

2009 年 8 月 28 日，新浪微博内测；10 月，他一气注册了 100 多个微博账号；11 月，新浪微博注册用户超过 100 万；2010 年 2 月，尹光旭把重心从有固定收入的豆瓣小组转移阵地，开始正式做微博。

下面再说说冷笑话精选的运营思路。

（1）**定位**：尹光旭分析，在互联网发展早期，笑话网站流量很大；在豆瓣上，笑话类的小组也做得很好。他相信历史会在新浪微博上重演，专门注册了 10 个跟笑话有关的微博账号，发扬搬运工的精神，从各大笑话网站直接取材，编成 140 字的"微博体"发到新浪微博上，一周后他发现，"冷笑话精选"账号最能吸引粉丝，遂将其作为主打。

（2）**内容来源**：他从没想过做原创微博，"自创就把自己局限掉了，把资源整合到这里来，用户要什么给什么，这不就是商人的理念吗？"

（3）**内容特色**：尹光旭是草根微博里第一个将文字和精美的图片结合起来的博主，"当时大部分的微博就一条文字，都不带图片，我把图做得很精美，效果很好，很多微博博主都模仿。"

（4）**偷师**：当粉丝只有 500 个时，尹光旭拼命想，怎么才能突破 1 万呢？他把前 50 名的草根微博都学习了一遍：发什么内容、说什么话可以吸引大家关注，用户的评论是什么；向名人博主偷招——为什么有的博主粉丝数很多，有的微博转发量很大……不断反思，并优化自己的内容。

（5）**互粉**：拿自己的微博账号去加 2000 粉丝，有 800~1000 粉丝会反过来加他好友。

（6）**转发**：尹光旭加粉丝比较多的账号为好友，想办法让其转发自己的微博，或者让自己另外 9 个账号一起转发"冷笑话精选"账号的微博。当时姚晨帮他转过一次，一下子就给他带来 2000 粉丝。

案例点评

从这个案例我们不难看出，冷笑话精选的成功有两个关键性因素。

第一，成功是留给有准备的人的。冷笑话精选的成功，与他们之前在豆瓣积累

的成功经验密不可分。

> 第二，早起的鸟儿有食吃。冷笑话精选在第一时间进驻微博，而且快速找到了定位和方向，并发力。有的时候，时机真的非常重要。

分享这个案例，并不是说它有多好，主要是因为它足够完善，有一定的借鉴意义。学习一定不要死搬教条，要多学习别人的思路，然后举一反三，形成自己独特的东西。

3.6.8 本节任务

在新浪或腾讯申请开通一个新微博，在一星期内，将粉丝数或听众数增加到 500 人。笔者江礼坤的腾讯微博地址：http://t.qq.com/jianglikuncom；新浪微博地址：http://t.sina.com.cn/jianglikun，欢迎大家收听和关注。

3.7 数据库营销

3.7.1 什么是数据库营销

所谓数据库营销，就是企业通过收集和积累会员（用户或消费者）信息，经过分析筛选后有针对性地使用电子邮件、短信、电话、信件等方式进行客户深度挖掘与关系维护的营销方式。或者说，数据库营销就是以与顾客建立一对一的互动沟通关系为目标，并依赖庞大的顾客信息库进行长期促销活动的一种全新的销售手段。它是一套内容涵盖现有顾客和潜在顾客，可以随时更新的动态数据库管理系统。（摘自百度百科）

3.7.2 数据库营销的特点

1. 精准

通过数据库营销，我们可以快速、精确地找到最终目标用户。同时还可以做到非常有针对性地与用户一对一沟通。

2. 性价比高

通过数据库营销，我们可以最大化地将新用户转化成老用户，同时深入开发和挖掘老用户的价值。而不管是前者还是后者，都将极大地压缩成

本，提高收益。

3. 竞争隐蔽化

其他的网络营销方法，都是对外可见的。比如网络广告、软文营销、新闻营销等，竞争对手只要稍微花些心思，就能够知道我们是如何实施的，甚至完全还原我们的营销过程。但是数据库营销的操作过程，完全是隐藏而不透明的。除了内部相关人员，谁也不可能知道我们具体是如何实施的。

4. 个性化

世界上没有任何两个人的性格、喜好、想法等是完全相同的。所以在做营销时，最理想的状态是针对每个人的不同情况与特点，进行有针对性的营销。但是其他营销手段很难做到这一点，不管是网络广告、软文营销还是 EDM 等，都不可能做到个性化。而通过数据库营销，却可以实现这样的效果。

5. 反馈率

用户反馈是我们掌握用户心理及需求的一个重要手段，所以在营销过程中，提升用户反馈率，搜集用户反馈信息，也是一项非常重要的工作。而数据库营销的用户反馈率是极高的，通过数据库营销，能够让我们很容易地把握到用户心理及需求。

3.7.3 数据库营销的作用

1. 维护客户关系

做过销售的朋友都知道，想让用户持续消费，首先要维护好客户关系。但是面对庞大的客户群，该如何有效维护呢？通过数据库可以轻松地解决这个问题，且会大大降低维护成本，特别是对于大型企业，效果尤其明显。

举个例子。我们要给老用户赠送一批优惠券来维护一下关系，该如何做呢？按照以往的做法，统一制作一批优惠券，统一发放。但是这样却不够人性化。而通过数据库，我们就可以根据用户以往的消费记录和消费习惯，赠送不同的优惠券。比如根据累计消费额，赠送不同面值的优惠券；根据用户不同的消费习惯和喜好，赠送不同项目的消费券等。

2. 开发老客户

衡量一名销售人员是不是优质，不是看他能开发多少新用户，而是看

他能维护多少老用户，能让多少老用户不停地重复购买。而这也是许多电子商务企业追求的目标。如何让老客户重复购买呢？建立用户数据库是第一步要做的，而这也是很多公司容易忽略的。特别是网店，能够做到这一点的极少。像笔者，是一名忠实的网络消费者，家里的大部分东西，都是通过网店购买的，但是在笔者消费过的网店中，没有任何一家店铺采集过笔者的信息和数据。往往都是在交易完成后，就再不相往来了。

比如说衬衫，大家都知道，选衬衫是个很痛苦的过程。有时候在网上逛一天，也找不到一款合意的产品，而笔者也不可能为这种事耗费太多的时间和精力。如果有一家网店，能够记录下笔者的喜好和消费习惯数据，并经常推荐一些符合笔者喜好的产品的话，笔者肯定会毫不犹豫地下单的。

3. 实施精准营销

现在很多企业都在追求营销的精准性，因为只有这样转换率才能上升，营销成本才能降下来。但是如何实施精准营销呢？数据库就是精准营销中很重要的一个环节。没有数据库做支持，很难做到真正的精准。举个例子。比如说我们正在经营一个网络商城，商城里什么产品都有，包括服装鞋帽、数码家电、儿童玩具等。然后有一天，商城新进了一款皮鞋，我们想针对老用户促销一下这款皮鞋，这时候该如何做呢？我想大部分人会选择给老客户群发邮件或短信，这也是目前大多数人的主流做法。可问题是，我们经营的是一家综合商城，来我们这儿购物的人并不是都对皮鞋感兴趣。而且在对皮鞋感兴趣的人中，对于款式、颜色、价位等需求又不尽相同。如果经常给用户群发这种邮件，势必会引起用户的反感。

而引入数据库营销后，这个问题就可以迎刃而解了。首先我们对所有的用户进行建档并归类，哪些用户是对服装感兴趣的、哪些用户是对手机感兴趣的、哪些用户是对皮鞋感兴趣的，都要记录在案。同时还要记录下用户的自然特征及消费习惯。比如对于喜欢皮鞋的人，要记录下他们喜欢的颜色、喜欢的款式、喜欢的价位、喜欢的品牌等。这时再有新品促销时，我们就可以从数据库中调出最可能对这款皮鞋感兴趣的人进行群发，对于这群人来说，这样的信息正是他们想知道的。而对于其他不感兴趣的用户，又避免了不必要的骚扰。

4. 提升数据的价值

在互联网上，有很多人靠出售用户数据为生，成千上百万的用户数据，一般只需几千元就能搞到手。当然，这是不道德的事情，对于此类事件，媒体也时有报道。但是某杂志社，仅靠20余万的用户数据（还是经过多年

不断积累出来的），就能够达到一年上千万的收入，其中的秘诀就是数据库营销。这 20 余万的用户数据，基本上都是企业老板及高管的数据，该公司将这 20 余万数据进行了详细的分类，比如按照地区、企业规模、企业性质、企业收入、企业人数、企业消费习惯等，然后再拿这些数据，帮助其他企业进行精准营销。最高时，其一条数据就能带来上万元的收益。

3.7.4 数据库营销的实施步骤

说了这么多概念上的东西，下面开始一步一步来和大家分享一下如何实施数据库营销。

第一步：建立数据库

对于一些要求不高的中小企业，这一步非常简单。比如对于开网店的朋友，只要建立一个 Excel 表，然后设置好要记录的项目即可，如性别、年龄、职业、地址、工作、喜好、历次消费情况、消费习惯等。这个数据库涵盖的对象可以是现有顾客，也可以是还未消费的潜在顾客。

对于大型公司，要复杂一些，数据库营销需要选用专业的 CRM 系统。

第二步：采集数据

数据库建立起来后，开始采集数据，完善数据库。采集数据的方法主要有以下几种。

（1）自有用户。比如对于网络商城、淘宝店等，以往服务过的顾客，就是最好的原始数据。再比如对于网络论坛、社区等，其已有的注册用户，即为第一批用户数据。

（2）网络调查。这是一种性价比非常高的搜集数据的方法。比如 2008 年某网络游戏公司曾与笔者当时服务的网站合作搞过一次有奖调查，该公司一共才出了 200 元左右的小礼品，但是却获得了将近一万份有效的用户调查数据，而且是非常详细的数据。平均每条数据，仅 2 分钱左右。

（3）活动。通过各种活动获取用户数据也是一个非常不错的选择，像笔者每年都会搞一次大型的行业年会，而每次活动都能得到五、六百条非常优质的行业用户数据。在线上活动方面，像有奖问答、有奖征文、有奖投票、评选等也都是不错的形式。注意，策划活动时，门槛越低越好，这样参与人才会多。

（4）**网络搜集**。除了以上方法外，网络上也有很多公开的用户数据，比如很多论坛、QQ群、网络团体等都会提供会员通讯录下载。

（5）**交换**。这是许多商业公司的惯用手法，是一种非常省时、省力和省钱的方法。

（6）**购买**。这是最直接的方法了。实际上，我们的数据可能已经被倒卖N回了，相信很多初为人父母的都有这样的经历：刚生完孩子，家里的亲戚都还不知道是男是女呢，结果推销奶粉的电话就打来了。

第三步：数据管理与数据挖掘

数据管理主要是指运用先进的统计技术，利用计算机的强大计算能力，把不同的数据综合成有条理的数据库。特别是大型公司，需要用专门的软件统一管理用户的数据库，要做到所有部门的数据都是统一和同步的。数据管理最重要的一条是数据挖掘，特别是对于网店与电子商务公司尤其重要。数据挖掘主要是挖三方面的内容。

一是挖掘用户。简单地说，就是用不同的属性，不停地对用户进行深入细分。根据使用最多类消费者的共同特点，用电脑勾画出某产品的消费者模型。拿推一把网站为例，推一把的用户粗略来分有三种：个人站长、中小企业人员以及行业从业人员。而中小企业人员，如果按行业来分，又可以细分出医疗行业、美容行业、教育行业、农产品等；如果按公司规模来分，又可以分为10人以下、50人以下等；如果按资金规模来分，又可以分成10万、50万、100万等；如果按地区来分，又可以分为北京、上海、广州等。

将用户充分细分的好处是：当我们需要推广某个产品时，可以马上从数据库中提取出最精准的那部分用户。比如我们要卖一款白色、售价为500元的耐克运动鞋，那么通过数据库，就可以马上找到那些喜欢白色运动鞋、消费能力在500元左右，且对耐克比较偏爱的用户群。

二是挖掘需求。挖掘需求是指根据用户的年龄、职业、收入、文化层次、喜好、消费习惯等数据，运用先进的数据分析技术，找出他们的潜在需求。这其中最经典的一个案例就是尿布与啤酒的故事：沃尔玛通过建立的数据仓库，按周期统计产品的销售信息，经过科学建模后提炼决策层数据。结果发现，每逢周末，位于某地区的沃尔玛连锁超市啤酒和尿布的销量很大。进一步调查表明，在美国有孩子的家庭中，太太经常嘱咐她们的丈夫下班后要为孩子买尿布，而丈夫们在买完尿布以后又顺手带回了自己

爱喝的啤酒，因此啤酒和尿布一起购买的机会是最多的。之后该店打破常规，将啤酒和尿布的货架放在了一起，使得啤酒和尿布的销量进一步增长。

三是挖掘产品。开发什么样的产品会有市场？用户喜欢什么样的产品？会为哪些产品买单？这是很多企业困惑的问题。而这些问题的答案，都可以通过分析数据库中的数据找到。举个例子。比如说我们是一家制药企业，主打产品是胃药，通过几年的销售，我们拥有了 30 万的用户数据库，而且其中大部分是我们的忠实用户。这时候我们开始对数据库进行分析与挖掘，最后发现在这些用户中，有 60%患有肠道疾病，那么公司下一步就可以考虑开发这方面的产品。

第四步：完善用户数据库

仅仅建立了数据库，得到了初步的数据还不够。如果想从数据中得到更多的信息，想更好地利用信息库进行营销，还需要不停地扩充及丰富数据库，不断地搜集和完善用户的详细信息才行，比如喜好、行为和习惯等。这其中主要用到的方法有以下几种。

（1）**引导**。这是最直接，也最重要的一个方法。在这方面，一些交友网站及 SNS 网站做得比较到位，这些网站都会有一个完善的积分系统，如果会员想获取到更多的网站积分，就需要不停地完善自己的资料，每完善一项，就可以得到相应的积分奖励。这是一种非常典型和有效的引导方式。

（2）**反馈**。用户的反馈，是最直接和真实的数据，特别是对于销售型的企业，一定要注意搜集用户的反馈意见。以网店为例，当我们向用户推荐产品时，不同的用户会有不同的反应。比如有的用户会说，她不喜欢这件衣服，因为它是红色的。这个时候，我们的数据库中就增加了一条非常重要的信息：这个用户不喜欢红色的衣服。

（3）**调查**。调查最重要的技巧之一就是尽量搞有奖调查，有物质奖励，用户的积极性才会提高。另外，调查的选项尽量不要设置得太多和太复杂，这样容易降低用户的积极性。

（4）**行为**。通过观察和记录用户的行为，也是一种非常好的获取方式。还是以网店为例，假如说某个用户在我们这儿买过三次衣服，每次的牌子都一样，价位区间与颜色也都非常一致。那么我们就可以得到这样几条信息：这个用户对某品牌很偏爱，消费能力在 XX 元左右，喜欢 X 颜色的衣服。

（5）**活动**。在有条件的情况下，多多组织互动性比较强的活动，通过

活动去搜集用户数据，引导用户留下他们的信息。

（6）沟通。如果你的用户群比较少，或者时间及精力比较多，那么也可以通过与用户直接交流的方式获取用户数据。实际上，通过这种方式获取到的信息，也是最详细的，特别是许多比较隐私的信息，只有通过交流才能获取到。

3.7.5 应用案例

1. 笔者的例子

2004年时，笔者曾做过游戏币生意，就是传说中的网游商人，当时笔者的角色属于中间商，左手从游戏币工作室收货，右手再销售给玩家。当时笔者是圈中最知名的商人之一，也是同行中赚钱最多的人之一。高峰期一天的纯利润能达到几千元。而这成绩的背后，数据库营销发挥了非常大的使用。

很多人上网销售产品，卖完就结束，之后再不与客户主动联系，顶多是来新品后发发小广告。而笔者做网销时有一个习惯，特别喜欢与用户聊天（前面说过，与用户交流是获取信息最直接的方法）。比如当时销售游戏币时，每个来咨询的人，笔者都会通过交流摸清对方的详细信息，比如居住地、年龄、工作、收入水平、网游年龄、游戏中的等级、消费水平、消费习惯等。然后在笔者的用户数据库中记录下这些信息，并进行分类，然后进行有针对性的维护。比如对于那些购买力强的用户、资深的玩家，无论第一次会不会消费，都要当成重点客户进行维护。网络上的骗子太多，初次接触不放心，观望一下很正常。所谓买卖不成情义在，多与这些潜在顾客聊聊天，成为朋友之后，下次肯定会消费，而且还会经常消费。

通过这些方法，仅半年左右，笔者就赚了小几十万，而实际上当时在笔者这儿消费过的客户加一块才80多个。

2. 理发店的例子

理发是一个拥有上千年历史的老行当，现在的理发店竞争也很激烈。对于理发店来说，最优质的客户是女性顾客，女同志做一次头发，至少都是上百元。若哪家理发店能拥有一群忠实的女性顾客，那么生意一定会非常火爆。

而有这么一家理发店，就通过数据库营销，牢牢抓住了600个白领回头客。我们一起来看一下他们是怎么做到的。

首先，这家理发店为每一位顾客都建立了客户档案，其中包括年龄、职业、单位等基本信息，同时还包括顾客目前头发的状况、历次烫发染发时间、用的什么烫发水等个性信息，最重要的是，留下客户的联系方式，特别是线上联系方式。

在获取到用户的这些信息后，开始通过 MSN 等即时通信工具与客户进行交流，比如针对顾客的发质，提一些保养建议；聊聊用户的美发需求；或者干脆闲聊促进感情等。为什么要与顾客在网上闲聊呢？大家都知道，想长期留住顾客，最好的方法是与顾客成为朋友，而在理发的过程中，与顾客交流的时间和精力肯定有限，若通过电话等方式交流，又不是很现实。所以 MSN 等即时通信工具就成了最佳选择。与顾客聊成了朋友，自然就会成为回头客了。

而且当客户要理发时，还可以提前在 MSN 上沟通好需求，再结合顾客的数据档案，基本上就能准确把握用户的要求和心理预期了。同时，这样还能最大程度地节省双方的时间，避免客人多时撞车排队。

3. 内联升的数据库营销

再来说一个古代的案例。清朝末年的老北京流传着一句谚语："头戴马聚源，身披瑞蚨祥，脚踏内联升，腰缠'四大恒'"。意思是戴马聚源的帽子最尊贵，用瑞蚨祥的绸缎做衣服穿在身上最光彩，脚蹬一双内联升鞋店的靴鞋最荣耀，腰中缠着"四大恒"钱庄的银票最富有，有腰缠万贯之意。而这个内联升，就是我们接下来要讲的故事主角。

内联升的创始人叫赵廷，最早在一家鞋作坊学得一手制鞋手艺，又积累了一定的经验。后来，由一位丁大将军出资入股，资助赵廷开办了鞋店。由于当时京城的制鞋行业竞争也挺激烈，于是他决定走专业路线，专门为皇亲国戚、朝廷文武百官制作朝靴。早期的经营并不是一帆风顺的，因为这些达官贵人做鞋，经常只是差下人送个鞋样过来，但这样就保证不了鞋的舒适度。特别是遇到一些脚形比较特殊的人，可能就容易出问题。在经历过几次交易纠纷后，赵廷打起了数据库营销的主意（当然，那时候还没有这个说法，也没这个名词，但是意思是一样的），搞了一本后来闻名于世的《履中备载》。这个备载实际上就是内联升的用户档案，里面详细记载了京城内所有达官贵人脚上的秘密，比如鞋的尺寸、样式和特殊脚形等。有了这个数据后，为客人做鞋就不怕不合脚了，而且还省去了很多麻烦，比如某个客人要做鞋，直接来知会一声就行，不需要费劲地去沟通需求了。

《履中备载》推出之后，赵廷的生意果然是越来越火爆。而火爆的原

因，除了顾客对他的鞋越来越满意外，还有个意外收获，原来很多人听说内联升掌握了京城达官贵人的足下之秘后，都纷纷来订鞋送礼。因为在当时，上好的朝靴经常作为一种礼品，馈赠亲友或者下级送给上级。而内联升的数据在当时是不可多得的精准信息，大大方便了送礼者。

3.7.6 本节任务

根据自己的企业实际情况，建立用户数据库，记录用户的基本信息、消费习惯等，并尝试通过不同的特征对用户进行挖掘和分类。

3.8 网络游戏植入营销

3.8.1 什么是网络游戏植入营销

网络游戏植入营销的主要表现形式是网游内置广告（In-GameAdvertising），是指通过网络游戏为媒介所投入的广告，包括静态、动态游戏内置广告，是基于互联网和无线通信技术的一种新媒体形式。

这种营销形式，是近几年随着网络游戏的火爆才渐渐兴起的，其始作俑者是可口可乐公司。2005年4月，可口可乐公司与网络游戏运营商第九城建立战略合作伙伴关系，开始在品牌、市场等领域展开全方位合作，由此掀开了网游与广告跨界合作的序幕。紧接着，其竞争对手百事可乐随即联手第九城的网络游戏《激战》，王老吉也紧随其后，携手《剑侠世界》。随后三星联手腾讯公司独家代理网络游戏《地下城与勇士》、网易游戏联系统一集团、《华夏2》联合音乐行业……网络游戏植入营销的波澜此起彼伏，一浪高过一浪。

3.8.2 网络游戏植入营销的特点

为什么大家如此看好网络游戏植入营销呢？主要是因为和其他营销手段比，它有5大特点。

1. 忠诚度

网络游戏玩家对其所钟情的游戏，忠诚度是相当高的，甚至有的人为了游戏，能够不要老婆孩子。2010年就发生了一个非常具有代表性的事件：

韩国一对夫妇因为沉迷于网络游戏，活活将其 3 个月大的女儿饿死在家中。而通过适当的引导，完全可以将玩家的这种忠诚度转移到我们的品牌或产品中来。

2. 情感效果

网游玩家对于游戏的感情，是无法用语言形容的。而通过适当的引导，也可以让这种情感效果作用到我们的品牌和产品上，让玩家通过游戏喜欢上我们。

3. 记忆效果

一个玩家玩一款游戏，少则三五个月，多则几年。而在长期的游戏过程中，会逐渐加深对我们的产品的印象，直到挥之不去。

4. 长期引导

在玩家长期游戏的过程中，可以慢慢地将我们的理想灌输给玩家，长期对玩家进行引导。这点是其他营销方式所无法比拟的。

5. 催眠效果

我们不得不承认，网络游戏对于玩家是有一定催眠效果的。在现实中，因为网络游戏的这个特性而发生的笑话和悲剧，时有发生。比较典型的一个新闻是，某少年将他同学的妈妈杀害了，其手段相当残忍，一连捅了一百多刀。当警察问他为何如此残忍时，他的回答是怕对方原地复活（网络游戏中的一种技能，可以在死后复活）。

3.8.3 网络游戏植入营销的植入方式

方式一：把广告商品变成游戏内部的场景

将广告信息制作成游戏中的画面或场景地图，这种方式虽然互动差一些，但是天天在游戏中奋战的玩家肯定不会对宣传画上的产品陌生。比如美国总统奥巴马在竞选期间，就曾将竞选广告打到了游戏巨头 EA 的《极品飞车：卡本峡谷》上（见图 3-22）。

与奥巴马相比，浙江丽水遂昌的飞石岭景区做得更彻底，其与一款名为《大唐》的网络游戏合作，直接将飞石岭制作成了游戏中的一个景点。游戏地图中的飞石岭深远幽静，小桥、流水、古树、凉亭，美妙的自然风光尽收眼底。无论是真实世界在虚拟世界中"重生"，还是虚拟世界在真

实空间的还原,"双重夹击"都给人以强烈的震撼。玩家禁不住想知道,大自然中真实的飞石岭,是否比游戏中的景色更加美丽(见图 3-23)?

图 3-22

再看看图 3-24,你能发现些什么?诺基亚、intel 处理器……仔细看看,还有我们更熟悉的 Google。

图 3-23

图 3-24

方式二:把广告商品变成游戏的装备或道具

网络游戏的乐趣之一,就是里面有各种各样的游戏装备和道具,而如果把我们的产品直接变成游戏里的装备或道具,将会取得非常好的效果。比如在《街头篮球》的游戏中,Nike(耐克)的球鞋就变成了可以提升玩家弹跳及投篮命中率的新武器(见图 3-25);而在《魔兽世界》中,可口可乐摇身一变成为了充满魔力的药水;一款名为《飙车》的游戏更给力,游戏中所有轮胎的参数全部是按照米其林轮胎的真实参数制作的。

《街头篮球》的耐克战靴

图 3-25

方式三：游戏内商城或店铺式产品广告

网络游戏其实就是一个虚拟的现实社会，现实社会中有的一切，里面都有。那我们能不能在游戏里开一家专卖店呢？麦当劳亲自给我们做了一次演示，将他们的连锁店发展到了游戏中。在《模拟人生 2》中，玩家可以进入麦当劳店铺购买各种食物（见图 3-26），甚至可以坐在店铺里就餐。还可以换衣服，注意地毯上的"H&M"（见图 3-27）。

图 3-26

图 3-27

方式四：把产品变成游戏中的情节、任务

在网络游戏中，最让人乐此不疲的就是完成各种各样有趣的任务。如果将产品变成游戏中的情节和任务，就会让玩家在游戏中记住我们。比如在第2章的"SNS推广"中提到的"悦活大赛"的例子，其中就有榨果汁和送果汁的游戏情节。

方式五：电子商务的融合

随着网络游戏植入营销的发展，其表现形式已经突破传统广告广而告之的功能，开始承担起更为直接的营销任务。也不仅仅局限于品牌推广宣传的环节，一些比较前卫的商家开始尝试将电子商务模式导入到游戏中，让游戏拉动商品的实际销售。

比如在一款名为《大唐风云》的游戏中，有一种能为玩家增加能量的食物"绿盛QQ能量枣"，而玩家在游戏中的虚拟商店中，通过信用卡付款或者货到付款的方式下单，就可以买到真实的绿盛QQ能量枣，并享受专门的配送服务。

再比如下面这款手机游戏（见图3-28），当你中午沉浸在游戏里，饥肠辘辘却又舍不得离开电脑时，在游戏中突然看到这样的画面，你会不会下意识地拿起电话去订购麦当劳呢？

图 3-28

方式六：游戏广告"进化"为广告游戏

在传统的电影植入营销中，有一种高级模式，即整个电影本身就是一则广告。其中最为经典的案例非《变形金刚》莫属。动画片《变形金刚》的前身，其实是美国孩之宝公司为了推广变形金刚系列玩具，委托日本东映动画公司制作了3集动画广告片，结果广告片在电视台付费播出后，市场反响空前。于是，孩之宝立刻在广告片的基础上加以扩展，编辑制作了这部伟大的动画片。无独有偶，国内著名企业海尔集团，也在其发展之初，制作了《海尔兄弟》这部脍炙人口的动画片。

而网络游戏植入营销，是不是也可以借鉴电影植入的这种模式，为品牌或者产品定制一款游戏呢？麦当劳又亲自为我们做了示范（在新营销的尝试上，麦当劳总是敢于先人一步），麦叔叔推出了一款名叫《模拟麦当

劳》的游戏，打造了一个由细致的系统及独特有趣的画面所组成的拟真麦当劳世界。从牛肉的选料加工、店面的雇员管理到整体的营销企划，所有的环节都得到了真实的再现。而玩家需要扮演类似"主管"的角色，安排好麦当劳全部的工作，包括原料生产、宣传决策、店面买卖等。并且游戏中隐藏着一堆你意想不到的惊奇事件，比如疯牛病突然发作啊、客人送表扬信啊等，这些事件会对游戏的各项数据产生直接的影响。

而麦当劳的对头"汉堡王"也不甘示弱，接连推出三款以汉堡王套餐为主题的 Xbox 和 X360 游戏，包括动作类的《汉堡王：碰碰车》、竞速类的《汉堡王：单车手》、动作类的《汉堡王：鬼祟王》。结果没想到，这几款汉堡广告游戏年终时获得了 320 万套的惊人销量，拜其所赐，汉堡王的季度财政收入也一跃攀升了 40 个百分点（见图 3-29）。

图 3-29

网络游戏就是一个虚拟的现实社会，而作为虚拟世界，它不受任何形式的限制，也就意味着里面有很多可供拓展的空间。现实社会中有的一切，里面都有，现实生活中没有的，它也可以有。所以只要企业愿意尝试网络游戏植入营销，都可以通过一些巧妙的创意结合进去，甚至超越现实世界中能够实现的品牌、产品的信息传递目的。

3.8.4 本节任务

搜集 5 个没有提到过的网络游戏植入营销案例，学习它们的思路和模式，以此激发自己的创意细胞。

第 4 章 微信营销篇

章节提示：

按道理来说，本章的内容应该放在第 3 章中。但是微信营销太火了，是移动互联网营销中受关注度最高、应用最广泛的方法，甚至在移动互联网营销的概念还没有兴起之前，微信营销已经火爆地球，深入人心。而且微信营销的内容，也确实要多一些，所以本书将它单独拿出来，独立成章。

4.1 不要过于迷信微信营销

提到移动互联网营销，微信是绕不开的话题，因为它实在太火了，火到有的人认为移动互联网营销就是指微信营销，微信营销就是移动互联网的全部。就好像在网络营销领域，SEO 曾经风靡一时，一些不太了解网络营销的人以为 SEO 就是网络营销的全部一样。

不过在这里，笔者要泼泼冷水。什么事都有个度，一旦超过这个度，可能就会适得其反。微信营销也一样，如果把微信营销看得太重，就容易在移动互联网营销的道路上一叶障目，这绝对不是什么好事。就像当年 SEO 火的时候一样，很多企业的网络营销工作，完全是围着 SEO 转，比如企业

做官方网站，只考虑符合不符合 SEO 标准，会不会在搜索引擎中得到排名。而这么做，最后的结果就是可能确实在搜索引擎中获得排名了，但是转化率、销售额却上不去。

当然，笔者并不是否定微信营销的价值，说它不好，只是希望大家能够客观地看待它：微信只是众多移动互联网工具中的一种，微信营销也只是众多移动互联网营销方法中的一个。只不过由于微信的用户群多、普及度高，所以微信营销这种方式用得比较多，就像当年 SEO 之所以流行，就是因为搜索引擎普及度高一样，仅此而已。

这个方法就算再好，也不可能适合于所有企业；这个方法就算再好，也不可能适用于所有场景；这个方法就算再好，也不可能解决得了所有问题；根据自己的实际情况，选择最适合自己的才是关键。

4.2 微信能帮我们解决什么问题

在什么情况下，微信才适合我们呢？或者说微信能帮我们解决什么问题呢？

4.2.1 打造自媒体

自媒体策略，是一个非常不错的营销策略（详情请见 6.8 节），而想实现自媒体策略，首先要建立属于自己的自媒体平台。而在移动互联网上面，微信公众号，是建立自媒体的不二选择。因为目前在手机端，微信的用户数最多，微信每天的打开率最高，用户每天使用微信的时间最长，已经养成了使用习惯和阅读习惯。

4.2.2 有效连接用户

现在互联网行业中流行一个词——粉丝经济。这是什么意思呢？百度百科对此的解释是："粉丝经济泛指架构在粉丝和被关注者关系之上的经营性创收行为"。通俗点说，粉丝经济就是研究如何让用户爱上你的产品、经常买你的产品、反复买你的产品，甚至一买买一辈子；不但自己买，还要帮你传播口碑，甚至介绍身边的朋友买。

而要实现粉丝经济，一个基本前提是先要建立一个能够和用户连接、和用户有效沟通的渠道。而在当下，微信是最佳的选择。为什么这么说呢？

在没有微信之前，企业很难和用户有效建立连接。比如一家酒企，每年可能会销售 1000 万瓶白酒，但是谁买了酒知道吗？企业能够有效地和这些买过酒的人建立连接吗？显然很难。

传统的方式是在包装中印上电话、地址，但是打电话的有多少？而且打了电话后，企业能和他保持长久的联系吗？进入互联网时代后，大家都在包装上印网址、QQ、邮箱，但是主动访问企业网站、通过 QQ 和邮箱联系企业的又能有多少？微博来了之后，能好些，但是微博的沟通性却差了许多。相比较之下，只有微信（主要是微信公众号）是最佳选择。

4.2.3 带来潜在用户

微信本身，也可以作为一个推广渠道来使用。比如常见的方法有，围绕目标用户群的特点和需求建立有针对性的公众号，然后通过公众号来吸引潜在粉丝；或策划软文、活动等在微信中传播等。

4.2.4 提升转化率

根据权威机构统计，通常企业 90%的销售是在第 4～11 次跟踪后完成。所以，仅仅依靠那些一次见面就成单的销售额肯定是远远不能满足企业的需求的，无论什么企业，其大部分的销售额都来源于追销，所以追销才是提升销售的王道。

而微信是最有效的追销工具和手段。因为传统的方式，无论是电话、短信，还是 QQ 等，只能一对一追销，效率不行，即使一对一追销，用户内心可能也会有抵触情绪；而短信群发、邮件群发等方式，虽然能做到大范围追销，但是却太硬，现在这种方式越来越差。

而且通过微信朋友圈、公众号及微信个人号一对一的组合方式，可以避免上述不足，使追销效果达到最大化，继而提升最终的销售转化率。

4.2.5 客户关系管理

现代企业越来越重视客户关系的维护，这一点，从客户关系管理软件（CRM）的火爆程度上就可窥见一二。而从某种程度上说，微信公众号是一个天生的 CRM，是维护客户关系的利器。因为每个订阅用户，背后都会自动形成一个数据库，这个数据库你可以自己管理，微信公众平台提供了分组、客户资料查看等功能，包括一些基本的客户素材。而且微信还提供

了开发接口，如果技术条件允许，你也可以根据自己的需求进行二次开发。

4.2.6　提升复购率

判断一个销售人员优秀不优秀，不是看他能够开发多少新用户，而是要看他能让多少好用户反复购买。因为开发一个新用户的成本，至少是开发一个老用户成本的 7 倍左右。当然，这个道理很多人都明白，但是想让老用户反复购买，并不是一件容易的事。让老用户经常复购的前提是，除了产品体验好之外，还需要经常与用户联系，维护关系和感情。在用户少的情况下还好说，但是用户多了后，如何解决？而微信的优势，就是可以大范围地维护客户关系，实时沟通、互动、交流。

4.2.7　提升办公效率

2014 年，微信公众号在原有订阅号、服务号的基础上，又重磅推出了企业号。企业号可以帮助企业快速实现移动化办公。企业在开通企业号后，可以直接利用微信及企业号的基础能力，加强员工的沟通与协同，提升企业文化建设、公告通知、知识管理，具体的比如微信打卡、企业通讯录、在线 OA、销售订单管理、子公司管理等。

4.3　个人号 or 公众号的选择

微信分个人号和公众号，而公众号又分订阅号、服务号、企业号，企业在具体实施微信营销时，应该如何选择呢？接下来笔者为大家详细解说一下。

4.3.1　个人号的应用

微信个人号是针对普通大众用户的产品，主要是在手机上使用。微信目前的普及率非常高，所以在这里就不详细介绍微信个人号的功能特点了。在进行营销时，以下情况或需求可以选择微信个人号。

1. 辅助销售

对于销售模式是靠销售人员或业务人员一对一沟通的企业，微信可以很好地帮助企业提升新用户的销售转化率，以及老用户的复购率。具体的

操作流程很简单：销售人员与客户洽谈结束之前，与客户互加微信，之后通过朋友圈持续影响客户，带来销售。流程是不是非常简单？但是使用得当，却能解决大问题，笔者的很多学员，结合了这个方法后，业绩都得到了不同程度的增长，甚至有的翻了三四倍。具体请参看后面的案例。

2. 辅助推广

微信个人号也可以辅助推广。其主要模式就是通过微信个人号添加精准目标用户为好友，之后通过微信的群发功能及朋友圈来影响用户。具体的关于个人号加好友的方法，请参看4.8节的内容。

应用案例1则：微信营销让某钢结构公司业绩迅速提升

笔者有一位长沙的学员Z总，开了一家钢结构公司，主要是生产岗亭。这家公司是Z总和她的老公白手起家创建的。创业初期资金不足，所有工作都是自己来做，在推广方面，其选择了相对成本较低的网络营销。在二人的努力下，公司慢慢打开了局面。

但是随着互联网的发展和竞争的加剧，其推广成本在上涨，转化率在下降。推广成本的上升是因为各种渠道的成本在增加，他们选择的方法主要是百度竞价，做过竞价的朋友都知道，其成本是一直在往上涨的。而由于同行选择网络营销的越来越多，所以转化率就下来了。

当移动营销兴起后，Z总紧跟时代潮流，又参加了移动方面的培训。实际上，当时她参加培训，都不清楚移动互联网能给她带来什么，但是因为她在网络营销上尝到了甜头，所以相信移动互联网肯定也能带来惊喜。

学习之后，Z总马上回去实践，果然带来了惊喜，一段时间之后，成效显著。她的做法主要是将微信用在了销售环节上，弥补了互联网手段的不足。

之前，她的做法是这样的——首先，建立官方网站；然后，投放百度竞价，带来流量；接下来，进入网站的用户，一部分人浏览完页面之后，关掉页面走人；还有一部分人咨询完无意向走人，另一部分人有意向，对于有意向的人，引导他们实地考察。因为Z总的产品无法直接在线成交，新客户都会要求实地考察；对于确定要来实地考察的人，还要不断地维护，因为期间可能有变故。

在这个过程中，每一个环节都在流失用户：用户来到网站之后，一部分不咨询的，流失掉了；在咨询的用户中，一部分没意向的，流失掉了；

在有意向的用户中，一部分人没及时维护，流失掉了。

而引入微信后，不管是咨询还是没咨询的用户，不管是咨询过程中有意向还是没意向的用户，都引导加入销售人员的个人微信，然后通过微信朋友圈长期影响转化。流程优化之后，转化率得到显著提升。

除了新用户的转化提升外，还有老用户的复购和转介绍也提升了。因为 Z 总将老用户也导入了微信，很多久不联系的老客户被重新激活，重新产生了订单。同时与客户的关系好了之后，一部分客户也开始帮忙转介绍，业绩自然得到了提升。

案例点评

其实在销售环节，拼的是流程和细节，讲究的是环环相扣。而微信的出现，将这些环节有效地串了起来，使转化达到最大。本案例只是一个缩影，其实这个方法和原理适用于绝大部分行业。

4.3.2 公众号之订阅号的应用

微信公众号，是针对企业的产品。公众号和个人号是完全不同的产品，包括产品界面、使用方式、功能等，完全不同。比如，微信个人号是以 APP 的形式呈现的，主要是通过手机登录，而公众号是以网页的形式出现的，主要是通过网页端登录；从好友数量上来说，个人号目前最多只能添加 5000 个好友，而微信公众号可以无限量添加粉丝；而且微信公众号支持向所有粉丝群发消息，而个人号一次只能群发 200 人。

微信公众号又分为订阅号、服务号和企业号三种。下面先来介绍一下订阅号的功能特点。

公众平台订阅号的定位是以为用户提供信息和资讯为主，所以像媒体一类以发布文章、咨询为主的企业就非常适合，比如央视等传统媒体，或者新兴的自媒体等，如图 4-1 所示。

在功能方面，订阅号每天（24 小时内）可以发送 1 条群发消息；发给订阅用户（粉丝）的消息，将会显示在对方的"订阅号"文件夹中；在订阅用户（粉丝）的通讯录中，订阅号将被放入订阅号文件夹中；订阅号进行认证后可申请自定义菜单（个人类型的订阅号除外）。

图 4-1

在进行营销时，以下情况或需求可以选择订阅号。

1. 自媒体平台

订阅号的功能特点，注定了它是一个非常好的媒体平台，如果想建立属于自己的自媒体，微信公众号是不二选择（如图 4-2 所示）。具体如何创建账号等，请参看后面的内容。

2. 吸粉平台

我们也可以将订阅号作为推广工具来使用，通过订阅号吸引潜在用户关注，继而产生转化。最常用的策略是，针对目标用户群，建设若干订阅号来吸粉。比如销售女性化妆品，那么就可以围绕女性用户关注的焦点，如化妆、美容、星座等建设账号。具体吸粉的手段，请参看后面章节"公众号的推广"中的内容。

图 4-2

3. 辅助销售

如果你的公司产品是大众化产品，非销售人员一对一销售模式，比如日用品等，那么可以使用订阅号来辅助销售。比如，在投放的广告上、在

各种宣传资料上等都植入公众号，引导用户添加；然后通过订阅号与客户建立信任，例如，在公众号上传播品牌故事、产品理念、产品文化、公司背景实力、产品的效果分析、成功的客户案例、客户的反馈等；最后通过各种互动活动、体验活动、促销活动等引导成交。

4. 培养粉丝

订阅号，还是培养粉丝的绝佳平台。想把一个用户变成企业的粉丝，并不容易。这就像想让一个刚认识的女孩子，最终嫁给你成为你的老婆一样难。在这个实现的过程中，要做大量的工作，比如，首先要相互了解，然后要经常接触、沟通、互动，加深感情等。对于很多企业，想广泛地和用户保持这样的关系并不容易。而订阅号可以。

我们可以通过各种手段引导用户添加公众号，比如产品包装、产品外壳、产品使用说明书等；然后通过公众号长期与用户保持联系，比如，向用户传递我们的文化理念，经常策划一些可以加深用户情感的活动，慢慢培养用户对我们的认知，最终让用户成为我们的粉丝。

4.3.3 公众号之服务号的应用

公众平台服务号的定位是以服务功能为主，旨在为用户提供服务。它最适合于需要为用户提供各种服务的企业，比如银行、酒店、航空、政府等。

在功能方面，服务号和订阅号也有一些差异。比如，服务号每个月只能群发 4 条消息，这点与订阅号每天可以群发 1 条消息相比，要少很多；但是服务号群发消息的时候，用户手机会像收到短信一样接收到消息，显示在用户的聊天列表当中，而订阅号发消息，只会出现在订阅号文件夹中。服务号认证后可以支持高级接口，高级接口能够获取和分析用户信息等；而订阅号无法获得高级接口。关于服务号和订阅号的具体差别，请参看图 4-3。

相对于订阅号，服务号的使用门槛高一些，不像订阅号，马上申请，马上使用，没有任何难度和门槛。这是因为企业在使用服务号时，需要针对企业的自身需求进行相关功能的开发，这就需要企业具备一定的技术能力，或者拿出一定的预算请专业公司协助。

服务号的定位是聚集在"服务"上，所以其在企业的营销过程中扮演的角色也比较固定，不像订阅号或个人号那样可以在不同的层面灵活运用。其主要作用和价值就体现在针对用户的服务上。企业在营销过程中，可以

通过服务号为用户提供更好的服务体验，继而增加用户对企业的认可度，通过服务号黏住用户，最终让用户产生复购，以及成为企业的粉丝。

图 4-3

下面通过一组小案例，让大家直观地了解服务号在不同行业和领域中的运用。

应用案例 1 则：服务号在银行/航空/政府/通信行业中的运用

招商银行是一个非常愿意尝试新鲜事物的企业，经常走在同行的前列。招商银行信用卡，很早就开通了官方服务号，通过招商信用卡的公众服务号，用户可以快速查询信用卡账单、额度及积分；快速还款，申请账单分期；通过微信转接人工服务；在进行信用卡消费时，微信会免费进行提醒等，如图 4-4 所示。如果你不是招商信用卡的客户，还可以直接通过微信办卡。

图 4-4

广东联通公司，也开通了企业服务号，如果用户在其服务号中绑定了手机号，则可以直接查看积分流量、套餐余量、手机上网流量、微信专属流量等，同时此服务号还提供了客服咨询服务，如图4-5所示。

图4-5

中国南方航空用的也是服务号。用户可以在南航的服务上直接办理值机手续、挑选座位，还可以查询航班信息，查询目的地城市天气等，如图4-6所示。

图4-6

最后再来说一个政府的应用。广州公安局也开通了官方服务号，其公众平台可以为用户提供最新、最快的警务资讯、办事指南，用户可以在此查询交通违法信息、业务办理进度、路况动态资讯，预约出入境和户政业

务办理，还可以直接办理往来港澳通行证以及再次签注等，如图 4-7 所示。

图 4-7

> **案例点评**
>
> 关于这几个小案例的细节就不详细说了，因为公众号都是公开透明的，大家如果有兴趣，一关注便知。此外，现在公众号已经相当普及，其中涌现出了非常多的优秀案例，这里只列举了几个，用来抛砖引玉。如果大家想在这个方面深入研究和学习，建议多去关注一些优秀账号，尤其是和自己的行业相关的、借鉴性大的。

4.3.4 公众号之企业号的应用

企业号是腾讯微信在 2014 年全新推出的产品，它的定位是为企业解决办公移动化问题，其使用方式和订阅号及服务号完全不同。从营销的角度来说，公众号无法对企业的互联网营销直接发挥作用，其作用更多的是间接的、辅助的。比如，降低企业的管理成本、沟通成本，提升效率，优化流程等。

对于想尝试办公移动化的企业，可以选择企业号。不过，在这里提醒一下，与服务号一样，若想使用企业号，同样需要进行相关开发，需要具备一定的技术实力或者有一定的预算。

下面通过一组小案例，让大家直观地了解企业号的应用效果。

应用案例 1 则：企业号在家电/连锁/汽车行业中的应用

先来说说家电行业巨头美的在企业号方面的尝试。美的主要通过企业

号优化了销售服务管理流程，如图 4-8 所示。

图 4-8

在售前方面，导购员可以通过企业号随时随地上报销量、管理库存、申请调货、管理陈列等，提升终端销售的工作效率。

在售后方面，售后工程师可以直接通过企业号用手机接收工单，查询产品维修记录，现场申请配件，完善服务档案，展示产品保修期、收费政策等信息，同时引导消费者使用二维码对服务进行现场评价。

在管理方面，各门店负责人可以直接通过手机上报销量，承接家电售后服务，帮助门店老板为消费者提供更好的服务，并提升企业对终端市场的管理。

尝试的结果也是比较喜人的，比如售后功能仅上线 1 个月，日处理工单量就超过了 1 万，占总工单量的 25%。

再来说一个连锁店的应用案例。实际上，企业号非常适合这类企业使用，比如，东莞零售巨鳄：美宜佳连锁便利店在这方面的尝试就很成功。美宜佳企业号可以帮助每一个店主方便、快捷地掌握门店的经营情况，接受公司的经营指导，了解最新资讯，达成经营目标，如图 4-9 所示。其主要包含以下功能。

《我的报表》让店主随时随地掌握门店的销售、应收账款、退货、促销补差等情况。

《日常操作》让店主轻松地实现店铺管理，如：报货、调价、盘点、库存校正等。

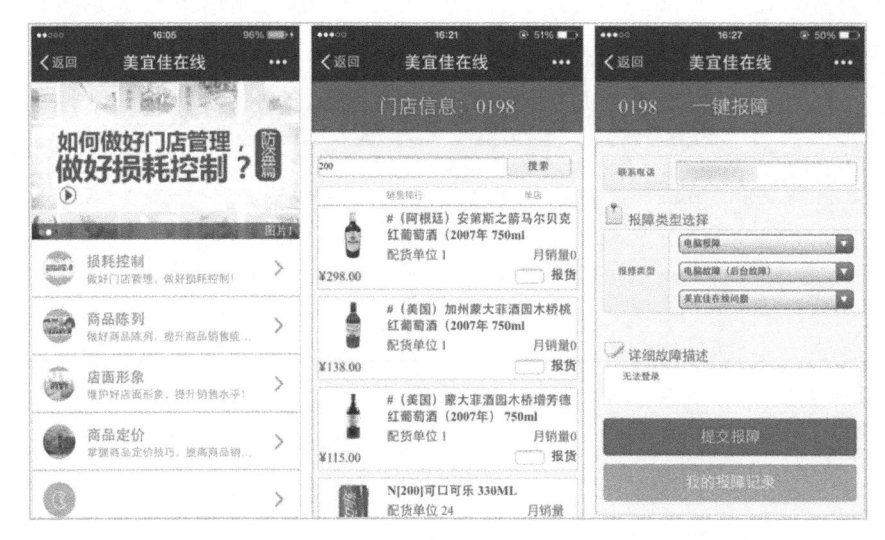

图 4-9

《一键报障》为门店突发问题提供方便、快捷的从文字、图片、声音全方位描述准确的报障通道，同时形成工作流，便于问题的跟进、解决、总结与改进。

接下来看一个企业号在汽车行业中的应用。车企的规模都比较大，规模大就意味着管理成本高、难度大。而上海通用汽车通过企业号，有效地提升了效率，如图 4-10 所示。

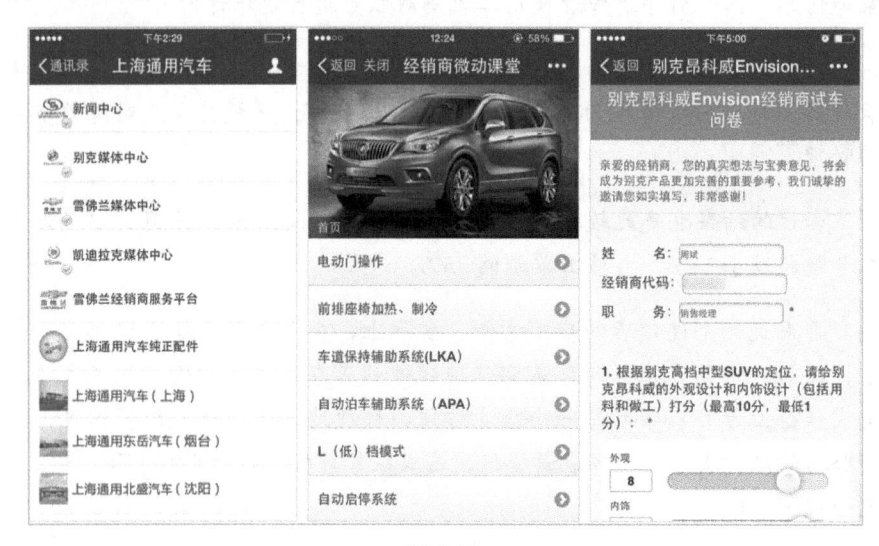

图 4-10

首先，上海通用汽车将企业号作为公关部、市场部、公关代理及执行公司、核心媒体的信息公告平台，提供核心产品及品牌信息查询、稿件下发、工作手册检索及活动信息管理、提醒等。

其次，通过企业号，为员工及经销商提供日常培训、内部案例分享及学习服务。

再次，通过企业号，提供员工关爱及服务，以及相关员工信息查询，包括人员服务（餐厅、班车等信息）、HR助手（员工信息查询）和工厂开放日（员工及家属活动）等。

最后，为员工和经销商提供车展、经销商大会等活动的管理、查询和通知，包括活动流程、信息统计、航班查询、酒店选择、服务投票等。

案例点评

虽然企业号的作用不能直接体现在营销方面，但是通过企业号降低企业管理成本，提升效率，也是为企业创造效益的体现。建议条件允许的企业，都来尝试一下。

应用案例1则："哈根达斯"企业号的巡店解决方案

著名冰激凌品牌哈根达斯在全国共有300多家门店，散落在60多个城市，巡店管理是公司日常运营的例行工作，是架设在公司和店铺之间用于相互沟通的桥梁，门店不仅肩负着实现公司营业额的任务，更是线下的品牌展示区，其重要性不言而喻。

过去，哈根达斯巡店人员发现在运营上存在不少问题。比如，产品摆放区域的利用率不够合理，明星产品在店内的推广标志不明显等。这些问题的出现，到底是暂时现象还是长久性问题？这些问题是否上报给店长甚至区域管理者？上报后能否得到迅速的反馈和解决？其他门店是否也存在同样的问题？这些问题能不能一次性根治？

以上这些问题，一直困扰着他们，而当哈根达斯接触到微信企业号后，第一时间将企业号与企业嫁接，借助微信企业号的巡店功能，解决了这些沉疴依旧的巡店管理痛点，让巡店工作变得标准化、及时化、移动化。

每天，哈根达斯的巡店督导，会根据其内部企业号内置的巡店模块的规范要求对各个检查细项进行检查，对门店陈列存在的问题，通过"拍照+文字描述+打分"的方式，在现场制作巡店报告，把存在的问题和评估结果即刻发送给相应的管理人员，管理人员收到后会根据该情况拟定相应的解决方案，及时以微信的形式传达至店长。

举个例子。哈根达斯企业号投入使用不久，通过巡店督导在巡店模块中的反馈，管理人员发现，某区域一部的门店在重点产品陈列和明星产品

标识的使用上存在欠缺。管理者可以利用微信企业号中的任务模块，为存在问题的门店下达一项任务，提出要求，对此问题进行整改。门店负责人对于任务执行的进度、反馈，则可以直观地通过微信企业号来反馈，管理者可以全面了解各个门店解决问题的进度。包括物料如何摆放等，都可以通过任务下达模块直接传达给各个门店的负责人，门店负责人则根据任务的细项逐条跟进，而巡店人员也可以将活动的执行情况列入到巡店条目中，使其得到最大程度的执行。

除了提升管理效能外，哈根达斯的管理者还通过微信企业号实现每日运营数据的便捷获取，实时了解各门店的经营情况，以多种维度查看门店的巡店报告。比如，通过某个门店一段时间内巡店的平均得分和巡店趋势，评定该门店近期的运营情况；通过多个门店的扣分点汇总，确认门店运营中存在的共性问题；除了在门店维度上得到数据的管理汇总之外，在巡店督导的维度上也可以进行数据的汇总和查看，如自动生成针对某个督导一段时间内巡店次数、综合得分、照片数、评论数的汇总，以方便管理者对于巡店督导的管理和考核。

在以上基础上，哈根达斯的微信企业号又接入了产品订单上报的功能，当门店发现某个产品缺货时，直接在微信企业号上提交申请，信息就可以上传至总部相关负责部门，信息传达更加便捷、迅速。后期，这个功能将和哈根达斯本身的库销存系统打通，真正将进货、销货转移到微信上来。

案例点评

哈根达斯的微信企业号已初步具备 O2O 和 C2B 定制的属性，尤其是和国内最大的移动互联网流量平台微信的合作，让哈根达斯的转型举动更接地气，更具成效。因为它能够高效率地链接线上（管理者）和线下（门店），通过各项简单有力的工具和对数据的统计和分析，高效率、低成本地去发现问题、解决问题，并且避免问题的再次发生，这也是巡店管理存在的意义所在。

当然，要想让企业号与企业有机融合，满足企业的个性化需求，则需要进行相应的技术开发，对于没有技术开发实力的企业，可以考虑与第三方企业合作，或者选用现成的工具。比如哈根达斯企业号的这些功能，就是借助了第三方公司畅移信息开发的"巡店宝"，其主要功能如下。

巡店管理——巡店组工作人员在各巡视目标现场即时提交巡店报告，描述具体问题，并拍摄和上传发现的问题图片。巡店评估结果可直接派发给店铺值班经理或指定的相关人员进行跟进改善。巡店宝的推出，有效地结合了哈根达斯的门店合格率排行榜制度，有效地激发了一线门店员工的工

作积极性。

内部公告——哈根达斯针对运营条线的各种通知,通过内部社区,便捷、快速、及时地传达到全体员工。

内部通讯录——巡店组工作人员可随时在微信企业号的通讯录中快速查找到相应的门店负责人,及时告知在巡店过程中发现的问题,有图有真相,沟通更顺畅。

任务下发——根据巡店督导发现的店铺管理问题,区域负责人提出相应的改造建议、实施思路和执行检验节点,反馈给相关门店负责人,责成整改并接受下一轮巡视。

4.3.5 组合使用,集群作战

企业在具体运用微信时,可以只选择个人号,或者订阅号、公众号使用,也可以将它们有机结合,打配合战,或者建设账号群,集群作战。

在销售层面,我们可以让业务员在具体销售时,配合使用微信个人号,同时在公司层面再建立官方公众号辅助销售,所有的业务员在与客户接洽时,也引导用户添加公众号,通过业务员、业务员个人微信、公众号三位一体来影响用户,促进成交。

在推广方面,我们可以建立多个微信公众号,比如笔者的一些企业学员,围绕目标用户的需求和特点,同时建设十几甚至几十个账号进行集群作战。而且多账号还更容易推广,因为不同的账号之间就可以相互推广,相互带来流量。

在服务方面,我们可以将服务号、订阅号、公众号搭配使用,不同账号负责不同的功能和不同的用户群体。比如有的企业是 1 个服务号+2 个以上的订阅号,订阅号的作用是吸引潜在用户,以及进行售前引导;服务号的作用是提升用户的满意度,产生二次消费。也有的企业是将企业号和服务号配合使用。

当然,账号越多,运营成本也肯定越高,所以企业在具体操作时,可根据自身资金、人力、用户等情况来部署。我个人建议先申请订阅号,结合微有趣第三方开发平台做信息推送,后期可以再申请服务号提供服务,以及企业号来实现办公移动化。

下面让我们一起来看一个组合使用的应用案例。

应用案例 1 则：公众号在医院当中的应用

广东省韶关市粤北人民医院已经拥有 120 余年的历史，虽然它的"年龄"很大了，但是思想却很前卫，在企业号的尝试上，走得很靠前。

粤北人民医院先后建立了服务号和企业号，并将二者打通，将患者与医生有机地联系起来，实现了患者挂号、就诊、检查、诊后咨询全流程 O2O 闭环服务。

在前端，患者可以在手机上挂号、就诊、检查。就诊之后，患者还可以通过微信及时与医生进行反馈与咨询，如图 4-11 所示。

在后端，医生可以通过手机及时了解病人的情况，尤其是当病人的某项身体检验数据超出正常范围，达到危及生命的数值时，系统会第一时间提醒其主治医生和主任医生，如图 4-12 所示。

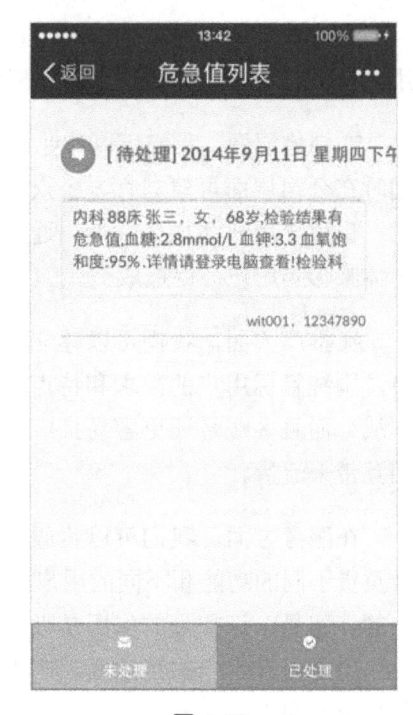

图 4-11　　　　　　　　　　图 4-12

在管理方面，系统会每天对医院前一天的运营情况、门诊人数、出入院人数等基础数据进行统计，以图文形式进行汇报，让院长第一时间掌握医院经营情况，如图 4-13 所示。

图 4-13

同时医院的员工们，可以通过企业号查看与自己相关的院内重要通知等；还可以新增通知，并发送给不同的部门和员工等。

> **案例点评**
>
> 在营销过程中，相关的策略或工具配合使用，往往能实现 1+1 大于 2 的效果。本案例中的粤北人民医院，只是将服务号与订阅号打通，便轻松地实现了在移动端的布局，通过手机将患者、医生链接在一起，从前端销售到后端管理，直接一条线打通。

4.4 公众号的定位

企业在进行微信营销时，在大部分情况下是基于公众号来实现的，所以接下来先重点说说公众号的使用。

在操作层面，公众号很简单，并没有太多的难度和门槛，即使没操作过公众号，但是登录公众号的官方网站（https://mp.weixin.qq.com），按照官方的提示和说明，也能很快上手。就好像给你把刀，你也能舞两下一样。

想将公众号用好，用出效果，难点不在基本操作上，而是在思路和方

法上。那么，企业如何才能将公众号用好呢？第一步是先进行公众号的定位。

4.4.1 品牌型

品牌型公众号，更多的是侧重于展示，其定位核心与品牌型网站很像，目的是为了让目标用户全面地了解企业，对企业有深入和深刻的认识。对于有品牌展示、业务展示、产品展示等需求的企业，非常适合。

如果是展示企业的品牌，则关键是要将品牌的魂展示出来，具体的手法有比如品牌故事、品牌背景、品牌文化等。如图 4-14 所示是创维官方公众号。

图 4-14

如果是展示企业的形象，则关键是要将企业的精、气、神展示出来，包括企业的实力、企业的背景、团队的风貌、团队的文化、公司的发展故事等。

如果是展示业务产品，则关键是要将业务的差异化展现出来，比如你的业务或产品与同行有什么不同，具有什么独一无二的特点和属性等。如图 4-15、图 4-16 所示是软件企业与房地产公司的官方公众号。

图 4-15 　　　　　　　　图 4-16

4.4.2 吸粉型

吸粉型公众号的目的就是为了聚集潜在用户，通常这类账号仅从外观判断，是完全看不出来与企业有什么联系的。比如图 4-17 所示的公众号，名字叫"O2O 实战策略"，从表面上看，更像个自媒体账号，因为其定位和内容完全是围绕 O2O 展开的。而实际上，这是一家企业服务机构的公众号，此机构的目标用户以传统企业为主，而现在令传统企业头疼的转型问题，像电子商务、网络营销、移动营销、O2O、微商等，都是传统企业关注的焦点。所以，此机构围绕目标用户的这些需求，建设了一系列公众号，这个 O2O 实战策略，只是众多公众号中的一个。

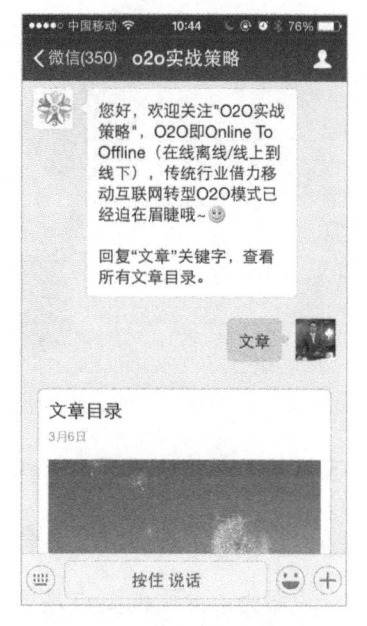

图 4-17

通过这个案例，大家可能已经发现了，吸粉型公众号的特点是围绕目标用户的需求来设计，公众号涉及的主题内容一定是用户喜欢的，甚至是用户会主动去寻找的内容。内容的来源是原创还是转载不重要，关键是要精，要符合用户需求和喜好。

4.4.3 销售型

移动电子商务发展迅猛，用户在移动端买东西的习惯正在逐步养成，所以公众号也可以作为一个销售平台来使用，如图 4-18 所示。

图 4-18

销售型公众号的建设理念，与销售型网站是相通的。在营销型网站建设方面，笔者有一套独家的理论和方法，名为"五力合一营销型网站建设系统"。这套系统在移动互联网、公众号建设上同样适用。按照笔者的这套理论体系，一个营销型网站或公众

号要具备五个要点（如图 4-19 所示）。

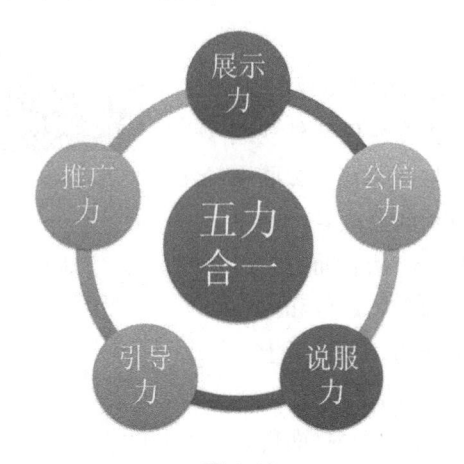

图 4-19

展示力：此力的要点是要将产品独特的卖点、优势展示出来。

公信力：此力的要点是要让用户对你的企业、产品产生信任。

说服力：此力的要点是通过页面使用户对产品产生强烈的购买欲望，促成订单。

引导力：此力的要点是如果用户不主动成交，那么就引导用户咨询，或者留下联系方式。

推广力：此力的要点是使页面具备推广性，在网页端，主要是指网站要符合 SEO 标准，能够在搜索引擎中获得排名；在公众号中，主要体现在账号中要设计能够引导用户口碑传播的策略及内容。

注：五力合一营销型网站建设系统的详细内容，请参看第 7 章。

4.4.4　服务型

服务型公众号，顾名思义，是为了给用户提供优质的服务而创建的，目的是为了增加用户的消费体验或产品体验，继而提升口碑、增加黏性、产生复购。

这个服务可以是售前服务、售中服务，也可以是售后服务，甚至可以为大众提供公众服务。在服务内容方面，需要企业根据自身实际的业务情况、用户需求及公司的条件来策划，比如咨询服务、答疑服务、投诉服务、维修服务、各种查询服务、产品真伪验证服务等，如图 4-20 所示。

在这里笔者提醒大家，不管服务内容如何设计，其核心主旨一定是为了让用户爽，而不要盲目地追赶潮流，为了赶时髦而通过手机服务。基于此原则，设计服务内容时可以把握两个方向。

一是原先通过线下或互联网上提供的服务，如果能用移动互联网的形式使之更快捷，让用户体验更好，那么移动互联网化。比如投诉报修、产品真伪验证等，在手机上操作则更方便和快捷。

二是结合移动互联网的新特性、新技术、新优势，设计一些新的服务。比如，对于连锁类的企业，就可以利用移动互联网的定位技术，设计寻找附近的分店、寻找附近的客服、寻找附近的服务人员等功能。

图 4-20

4.4.5 媒体型

媒体型公众号，旨在将公众号当成一个媒体去打造和运营。通常各种媒体的官方公众号，都属于此类；对于想打造自媒体的企业、个人，也非此类型莫属，如图 4-21 所示。

但是媒体型公众号较之前几种类型的公众号，也是最难建设的。要想将一个公众号打造成媒体的效果，像媒体那样有影响力，比打造一本刊物并没容易多少，应该说核心的理念、思想、流程是差不多的，只不过在操作上要比制作传统刊物简单些，不像传统刊物那样要约稿，要进行复杂的排版，要印刷、发行等。

要打造一个媒体型的账号，首先要确定目标受众，即你的公众号是给谁看的，想要影响谁。

图 4-21

其次是围绕目标受众的特点和需求，明确媒体属性，就像传统媒体那

样，是全国性媒体，还是地方媒体；是综合媒体，还是行业媒体；是新闻媒体，还是文学刊物，抑或是娱乐刊物。

再次是内容方向，比如做新闻，那么是以社会新闻为主，还是以时事新闻为主，抑或是以军事新闻为主。

最后是特色内容的打造。纵观传统媒体，任何一个能在江湖上闯出名头的媒体，一定要有其自己的特色或拳头产品。比如湖南卫视，是以娱乐为主，拳头产品有最早的《快乐大本营》、后来的《超级女生》、现在的《我是歌手》等。

具体以什么为特色，要根据目标用户的特点以及结合同类账号来策划。比如以尖锐的观点为特色、以原创为特色、以访谈为特色、以网友投入为特色、以八卦消息为特色、以特色新闻为特色等，如果没有原创能力，但是眼光独到，那么以精选内容为特色也没问题。

4.4.6 矩阵型

矩阵型公众号，是指围绕企业的情况，建设一系列账号，集团作战。在矩阵的建设上，根据需求和目的的不同，分为以下几种。

品牌矩阵：如果企业的品牌比较多，则可以以品牌为单位，每个品牌都建设一个公众号，形成品牌矩阵群。

区域矩阵：区域矩阵，顾问思议，是指以区域为单位进行矩阵建设。其适用两种情况，其中一种是企业在各地有子公司，以子公司为单位进行建设；另一种是针对目标用户或业务类型，以地区+名字进行矩阵建设，比如北京旅游、天津旅游、成都旅游等。

业务矩阵：根据公司的实际业务或产品进行矩阵建设。比如创维集团旗下的公众号，有创维电视、创维设计、创维电器、创维团购、创维学院、创维照明、创维直销部、创维环境电视、创维光电、创维白电、创维盒子、创维数字等几十个公众号。

用户矩阵：围绕用户的需求，建设一系列公众号。比如，化妆品企业可以建设护肤宝典、明星美容秘籍、化妆方法大全等公众号，与用户分享各种技巧干货。这些公众号可以看起来和企业没关系，但要和企业有一定的相关性，在账号运营过程中，要保持中立姿态，但又能将企业的理念等植入进来并升华，润物细无声地影响用户。

4.4.7 混合型

混合型公众号，顾名思义，就是可以将上面几种类型的公众号组合使用，从而达到更佳的效果。目前，很多有条件或者与移动互联网走得比较近的企业，都在混合使用公众号，有的企业甚至有上百个公众号。

4.5 公众号的建设

公众号的定位明确后，接下来开始进行账号的建设，一个全新的公众号就要诞生了。

4.5.1 取名的禁忌和技巧

这几年，一些取名机构的生意越来越火，越来越多的人在开设企业商铺时，或者新生儿女时，都请"大师"给取个好名。人们之所以这么重视名字，是因为无论对人还是对企业，名字都非常重要，毕竟名字一旦起了，就不能变了。

公众号的名字，同样重要，好的名字，可以对公众号的运营和推广起到锦上添花的作用；而不好的名字，则有可能制约公众号的发展。下面就说说取名的一些方法和要点。

1. 取名的方法

直呼其名法：对于企业的官方公众号、形象公众号、品牌公众号等，可以直接采用企业或品牌的名字作为公众号的名字。比如，推一把网站的官方公众号，就叫"推1把"。

形象比喻法：比喻法的核心是通过比喻的方式，将公众号具象成某个现实中的事物。比如，音乐类的公众号可以叫音乐工厂，足球类的公众号可以叫足球公园等。

反问强调法：以提问的方式，引起用户兴趣，同时起到强调账号定位的作用。比如，今晚看什么、今天吃点啥、怎么多赚钱等。

功能作用法：核心是直接将账号的作用、提供的服务等作为公众号的名字，比如酒店助手、航班助手等。

特色定位法：直接将账号的核心定位或特色作为公众号的名字，比如小道消息、冷笑话精选、地方方言、方言笑话等。

行业地区法：以行业或地区作为公众号的名字，比如杭州房产、健康百科等。

2. 取名的禁忌

取名的方法太多了，上面所列举的方法只是起到一个抛砖引玉的作用，大家在实际取名时，不要拘于一格，越有创意越好。不过，在发挥创意时，要注意以下几点。

符合用户搜索习惯：公众号的名字，尽可能符合用户的搜索习惯，这样可以增加用户主动搜索关注的几率。

直观体现账号定位：账号的名字，最好是能够直接体现账号的内容定位和特色。简单地说，就是让用户一眼能明白你是干什么的，能给用户带来什么。

不要使用生僻字词：生僻字词不利于用户理解，一时理解不了可能就不会关注了，同时更不利于传播。比如弄、飖、壸这类生僻字，有多少人认识？又有多少人知道它们的意思？

不要过于天马行空：取名要发挥创意，但是也不能天马行空得没边，无论如何创意，一定要能落地，要和账号的定位能联系上。比如取个名字叫"知子谷"，谁能理解这是做什么的？除非它已经是知名品牌，否则从营销的角度来说，它真的不是一个好名字。

名字不要过于宽泛：太宽泛的名字，会显得过于普通和没有特色，对用户几乎没有吸引力。比如，直接将美食作为账号名字，就不如北京美食、土家私房菜等词汇更加有针对性或特点。

同时要注意用户的承受能力。有的名字，前卫大胆，但是注意不要太出格，要考虑到用户的承受能力，以及一些风俗习惯等。比如，账号名字直接叫性爱交流，即使用户不举报你，官方可能也会直接封你的号；再比如，你在回族社区建立一个区域性的生鲜微信，账号叫卖猪肉，那这个账号好不了，甚至可能整个人都不好了。

4.5.2 企业微信号的设置技巧和要点

用户添加公众号，主要方式之一是直接通过其微信号添加；而企业微

信号，用户可以自行设定。

设置企业微信号，是个很不起眼的小动作，这个功能在公众号中也很不起眼，但是它却很重要！按照目前微信的规则，企业微信号一旦设定，是不能随便更改的，如果企业微信号设置有误，则会制约后期推广。

好的微信号，利于记忆和传播；而差的微信号，即使用户想关注，也可能会记不住号码，或者即使记住号码了，也可能会因为太长，输入时出错。比如有的企业微信号，由20几个字母组成，而且还是毫无意义的组合，这非常不利于推广。

其实设置企业微信号，也不难，只要把握住两点：第一，微信号越短越好，越短越利于传播；第二，微信号要利于记忆，比如可以直接用账号的拼音，或者是常见的拼音、数字。比如，笔者的公众号名字叫"坤友会"，其微信号就是名字的全拼：kunyouhui。再比如，推一把网站的公众号叫"推1把"，其微信号是推一把的网址：tui18com。

4.5.3　公众号介绍的设置要点

公众号介绍看似只有短短几十上百个字，很简单，但是却暗藏玄机，影响很大。因为当用户通过账号搜索找到公众号后，首先映入眼帘的，正是公众号的介绍（如图4-22所示）。此时，好的介绍，会让用户看完了之后关注；而差的介绍，会让用户敬而远之。

撰写公众号介绍时，其实也不难，只要把握住两点即可。

（1）**不要太广告或没营养**。一些企业公众号的简介，就是单纯的公司业务介绍或经营范围介绍。而公众号的功能介绍最好能突出公众号的定位、特点，以及可以帮助客户解决什么问题等。从人性的角度来说，人都是自私的，只有当用户认为这个账号能给自己带来帮助或好处时，才愿意主动关注。

（2）**文字越有个性越好**。文字越有个性，越容易引发关注，像幽默的文字、犀利

图4-22

的文字，都很容易吸引眼球。例如，一个名为"小道消息"的公众账号简

介就非常有意思:"只有小道消息才能拯救中国互联网,只有小道消息才能拯救中国创业者。哦,当然这是一句玩笑话。这里为你分享一些我对互联网的思考和观点,别的地方可能没有的东西。"

4.5.4 公众号栏目菜单的设置要点

公众号认证后,可以设置栏目菜单(如图 4-23 所示)。这个功能非常重要,如果设置得当,可以增加用户的体验,提升黏性。

按照目前微信的规则,最多可以创建 3 个一级菜单,在每个一级菜单下最多可以创建 5 个二级菜单,每个栏目的名字不超过 5 个汉字。

基于这个规则,设置栏目说简单也简单,就最多区区 15 个栏目,而且形式、样式固定,非常简单;说难也难,因为我们设置栏目的目的是为了提升用户体验,增加黏性。

根据笔者的经验,设置栏目有以下几个要点。

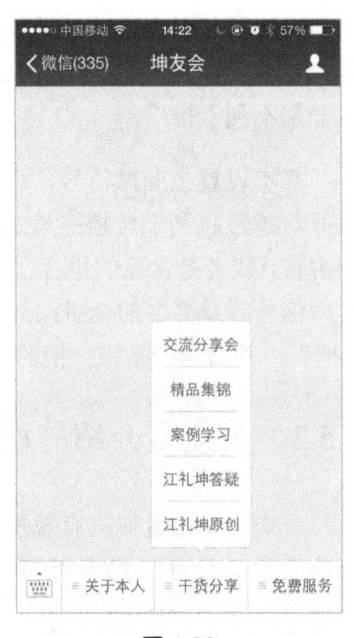

图 4-23

(1)老生常谈,栏目要围绕用户的需求和喜欢来设计,这是一切的大前提。

(2)具体操作时,先头脑风暴,把所有能够分析到的、符合用户需求的栏目名称都列出来。在头脑风暴过程中,可以多多借鉴其他公众号甚至网站。

(3)所有栏目列出来后,进行优先级排序,分析哪个是用户最想要的、哪个是第二想要的。

(4)留下优先级最高的 15 个栏目,如果不足 15 个,则留空,宁缺毋滥。

(5)将 15 个栏目进行组合,因为腾讯的规则是可以设置 3 个一级栏目,在每个一级栏目下有 5 个二级栏目。注意,无论怎么组合,一定要符

合用户查找内容的逻辑。

4.5.5 自定义回复的设计要点

自定义回复功能是公众号的运营利器，如果设置得当，相当于雇佣了一个甚至几个机器人，24 小时值班并与用户互动。公众号版的自定义回复有 3 种模式：被添加自动回复、消息自动回复、关键词自动回复。下面分别介绍其要点。

1. 被添加自动回复

被添加自动回复，是指用户关注了一个公众号后，自动推送给用户的消息，如图 4-24 所示。

设置被添加自动回复时，主要有以下几个要点。

（1）文字不要过多，不要超过一个手机屏幕的长度。

（2）文字高度概括和精练，能够准确定位公众号的主题及内容、公众号的特点、公众号提供的内容或服务等。

（3）格式整洁，符合排版要求，该换行换行，该分段分段。

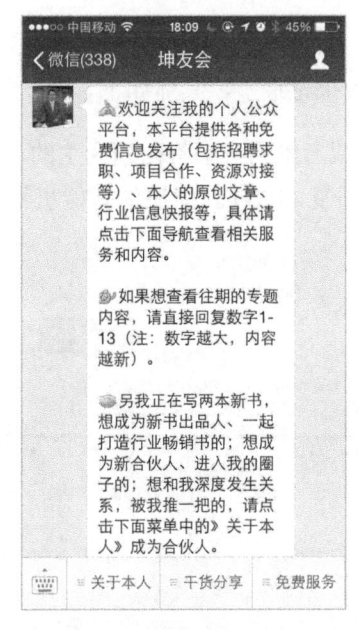

图 4-24

（4）适当使用表情，会让整篇文章生动很多。

（5）适当穿插一些特效，比如"miss you"会掉小花、"生日快乐"会掉蛋糕。

（6）如果内容太多，可以配合"关键词自动回复"，让用户输入相关的关键词来获取内容。比如"回复 1 了解产品背景，回复 2 获取品牌故事"。

2. 消息自动回复

在微信公众平台设置用户消息回复后，当粉丝给你发送微信消息时，会自动将你设置的信息回复给用户。这个与 QQ 离线时的自动回复信息的表现形式一样。

这个功能，通常在以下几种情况下使用。

（1）原公众号废弃，重新建立了新公众号，那么可以设置一个自动回复功能，无论用户回复什么，都提醒用户关注新公众号。

（2）公众号主人或管理员休假或者长时间无法处理账号消息，此时可以设置一个自动回复功能，让用户通过其他方式联系主人或管理员。

（3）如果公众号是当成客服平台来使用的，那么在非上班时间，或者客服不在线的情况下，通过自动回复功能告之用户。

3. 关键词自动回复

关键词自动回复是指当用户输入特定的关键词时，将指定内容推送给用户。这个功能的应用最广泛，可以实现的效果也最多，具体如下。

（1）**智能应答机**。如果公众号是以服务或者给用户解答问题为主的，那么可以将一些常见问题设置成关键词自动回复，这样就能够像智能机器人一样，与用户之间实现自动应答的效果。

（2）**代替导航条**。对于非认证的公众号，是无法使用导航栏功能的。此时，可以将栏目以关键词自动回复的形式呈现给用户，比如"回复1查看关于我们，回复2查看产品目录，回复3查看产品介绍等"，如图4-25所示。

（3）**补充菜单栏**。即使是认证账号，可以使用公众号自带的栏目导航功能，但是微信公众号自带的导航功能也只有3个一级栏目，在每个一级栏目下也只有5个二级栏目。而如果将关键词自动回复与栏目导航配合使用的话，则可以实现无限分级。

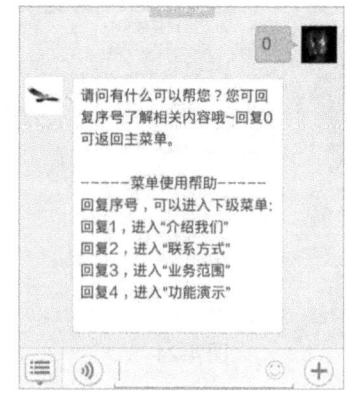

图 4-25

（4）**历史索引库**。公众号运营久了，沉淀下来的历史内容会非常多。在正常情况下，如果用户想查看历史内容，只能通过单击公众号的"查看历史消息"来实现。但是在内容很多的情况下，并不方便。而我们可以通过关键词自动回复内容，对历史内容做一个梳理和分类，做一个关键词索引，并将它们编成图文消息，便于用户查找和阅读这些历史内容。

关于具体的设置方法，这里就不介绍了，微信公众平台官方有详细说

明。下面说说具体操作时的几个注意事项。

- 尽量用简单的数字或者词汇作为关键词,不要搞一些难分辨的多字母或者多汉字。
- 如果需要展示的内容太多,则可以像导航那样分级展示。比如产品功效有12345,回复关键词"功效"可以列出12345,这样用户对应输入12345时,就再回复对应的图文给用户。
- 用数字触发回复,最好有一些规律,比如101之后依次是102、103。
- 如果需要呈现给用户的内容太多,则可以将内容设计成图文或者一组图文(一般5个为宜)推送给用户。

4.5.6 公众号的认证

公众号能认证的,请尽可能认证。认证后的公众号,会显示认证图标,更加权威,更加可信。同时认证后的公众号,可以使用菜单功能;可以在用户搜索公众号时,排名更靠前;如果是用户号,则可以获得更多的功能接口,如图4-26所示。

图 4-26

目前,公众号支持以下几种认证主体:企业(企业法人、非企业法人、个体工商、外资企业驻华代表处)、网店商家(支持天猫、QQ网购商家)、媒体(事业单位媒体、其他媒体)、政府及事业单位、其他组织。

如果公众号符合条件,那么再支付300元的服务费,就可以申请认证了。

4.6 公众号的运营

公众号设置完成，只是迈出了万里长征的第一步，要想成功，还要走完后面的两万五千里。而后面的工作，就是日常的运营和维护。**公众号的运营，核心是内容，重点是互动。**本节就重点说一下运营方面的经验。在这里要和大家说明一下，关于公众号的基本操作层面的内容，比如如何增加图片、编辑图文等，本节就不介绍了，这些在微信公众号的管理后台都有详细说明。本节重点说思路和方法。

4.6.1 做好公众号内容的 6 大秘籍

先说说如何创作公众号的内容。

1. 纯原创

原创的内容，肯定更具备竞争力和优势，但是一提到原创，许多人便头疼，因为大多数人都是比较缺乏文字表达能力的。其实公众号内容的原创，没那么难，不一定非得长篇大论。下面说说创作公众号原创内容的 6 个方法。

（1）**文字**。文字类是最基本的内容形式，和传统媒体的内容相比，公众号的内容要求要简单得多，主要体现在两个核心层面上：首先是字数不宜过多，因为手机屏幕面积有限，字数控制在 1000 字以内为宜；其次是内容不需要过于深奥，因为内容控制在 1000 字以内，想把复杂的问题说清楚并不容易。而且用户在阅读手机内容时，基本上都是利用碎片化时间，不能让用户太烧脑。

（2）**访谈**。如果 1000 字的内容对于你来说也比较困难的话，那么可以采用一种取巧的方式，就是做访谈。针对公众号的定位和涉及的领域，你可以去访谈相关的专家、名人，访谈相关的企业负责人、高管，访谈行业从业人员，访谈用户等。

这里说的访谈，形式上也很简单，全程通过互联网就能搞定。首先寻找访谈对象，然后通过 QQ 或微信等与之取得联系；如果对方接受访谈，则针对访谈对象的情况和特点，准备至少 10 个以上的问题；将访谈问题发给对方，如果有问题，则修改，没问题，则让对方围绕这些问题写出自己的观点或想法等；对方将内容完成后，我们对内容进行加工，主要就是改错、排版等。最后将内容发布。

怎么样，简单吧！在这里你要做的事情就是找人，然后针对这个人准备 10 个问题。

（3）**图片**。除了文字，我们还可以制作图片类的内容。比如制作一些有意思的图片去传播，像幽默搞笑类的图片，这个图片可以是静态的，也可以是动态的。现在手机上就有很多制作动态图的 App，非常简单和方便。

制作图片的关键是创意要好。创意来源有两个：一是自己的创意，当然，这个比较难；二是来自网络的创意，中国有几亿的网民，网上每天都会出现许多有意思的人和事，可以多多关注互联网上相关的站点来找灵感。比如，如果是找幽默搞笑类的素材，就可以关注糗事百科。尤其是全民热点，一定要抓住。比如像红极一时的"航母 Style（走你 Style）"，这类热点一定要及时抓住和借鉴，如图 4-27 所示。

图 4-27

除了这种大众化的图片外，如果是专业性的公众号，还可以针对本领域制作一些专业化的图片。从以往的经验来看，思维导图或流程图就比较受欢迎。比如图 4-28 所示的是推一把网络营销学院的体系图。

（4）**漫画**。如果将图片进行升级，我们还可以将生活、公司、身边的一些人和事，做成漫画来传播。在传递企业文化、品牌理念时，这个方法非常有效。可能有人一听到漫画，就感觉需要由专业的人来制作，其实不然。像网络上著名的暴走漫画，从专业绘画角度来说，非常简单、粗糙。这个不是门槛，内容有趣是关键。比如笔者公司的伙伴，时不时地也会将公司里一些有意思的事制作成漫画，非常容易，如图 4-29 所示。

（5）**视频**。漫画再升级，就是视频了。随着技术的发展，现在制作视频也越来越容易，比如在手机上就有很多制作视频的 App，而且制作出来的效果还非常美。这个视频可以是一个带点情景的小段子，可以是分享，

可以是观点点评，也可以将网络上的一些视频进行汇总，比如"幽默集锦"一类的。还可以对网络上的一些素材进行加工，比如 2015 年红极一时的"duang"一字，就是有人将成龙早些年的一段访谈视频，重新编辑制作成了一个短片，而火起来的。

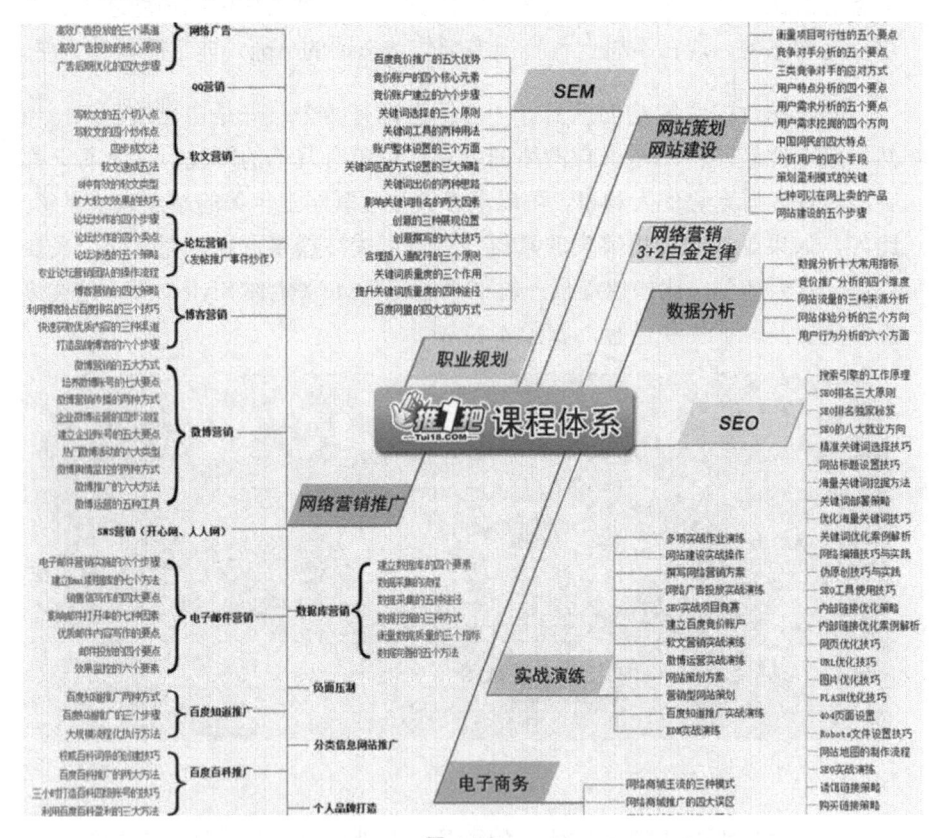

图 4-28

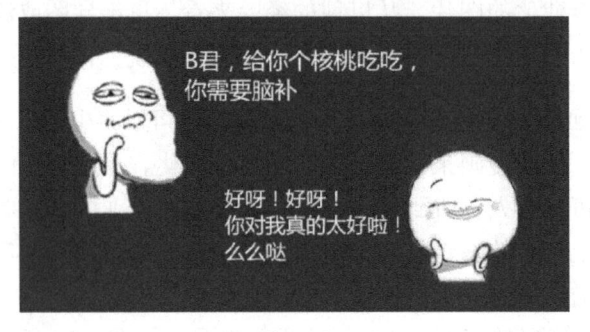

图 4-29

（6）语音。微信公众号是可以直接发语音的，所以我们也可以制作语音内容。比如著名的自媒体公众号逻辑思维，主打的就是语音内容。此外，我们可以将网络电台与公众号结合，效果也不错。

2. 二次创作

如果实在原创不出来，那么也可以进行二次创作。简单地说，就是在其他现有内容的基础上进行重新加工。在这方面，笔者建议大家多向正规媒体学习，多去借鉴它们的内容。比如笔者经常关注的网易新闻"每日轻松一刻"，就是挑选近几天内比较有意思的一些新闻进行重新编排，如图 4-30 所示。

在进行内容二次创作时，可以从以下 4 个方向入手。

（1）**盘点**。对某一类相关的内容进行重新加工。比如刚刚提到的网易新闻"每日轻松一刻"，即是一例。再比如专业一些的《年终盘点：2014 年 10 大互联网行业热词》《2014 年最新网络热词排行榜（年终大盘点）》《2014 年我国最佳家电产品数据大盘点》《盘点十大教育事件——2014 年教育大事记年终盘点》等，还有比较偏大众和娱乐类的《明星撞脸大盘点：史上最全撞脸明星对比照》《明星的身份证照片大集合》等，均属此列。

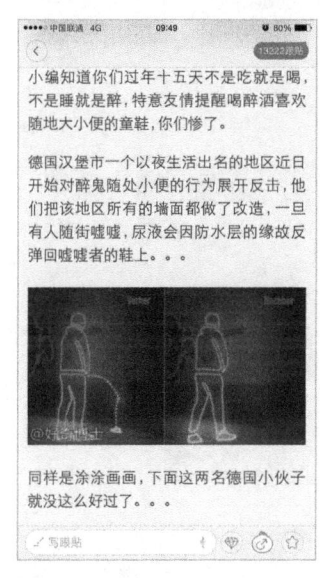

图 4-30

（2）**案例**。无论是哪个行业还是领域中的人，对案例都是非常感兴趣的。比如女孩都对化妆、减肥类的案例感兴趣，行业人员都对本行业的成功案例感兴趣，所以我们可以搜集某一类案例进行二次创作。比如《史上最经典的 7 大营销案例！教你玩转双 11！》等。

（3）**数据**。数据类的内容，也是大众非常喜欢的。无论是大众化的数据，比如全国人民的平均工资、消费水平等，还是专业一些的数据，全国各行业、各部门每年都会公布许多数据，同时还有一些单位或个人做的调查数据，我们可以将这些数据重新加工整理，然后做成图表等形式来发布，效果非常好。如图 4-31 所示，这篇名为《2015 品牌社交媒体营销五大趋势》的文章，便是完全用图表的方式呈现的。

图 4-31

（4）**PPT**。我们还可以将一些优秀的文章或内容重新用 PPT 的形式呈现。比如图 4-32 所示，这篇名为《36 页 PPT 带你看遍互联网！什么是粉丝？什么是互联网思维？》的内容，便是用 PPT 的形式向大家解读了什么是互联网思维。严格地讲，从效果的层面来说，36 页 PPT 并不能让大家真正地深入理解互联网思维的核心，但是它胜在直观、简单、容易阅读，对于懒人和现代都市快节奏的生活来说，更容易被人接受和传播。

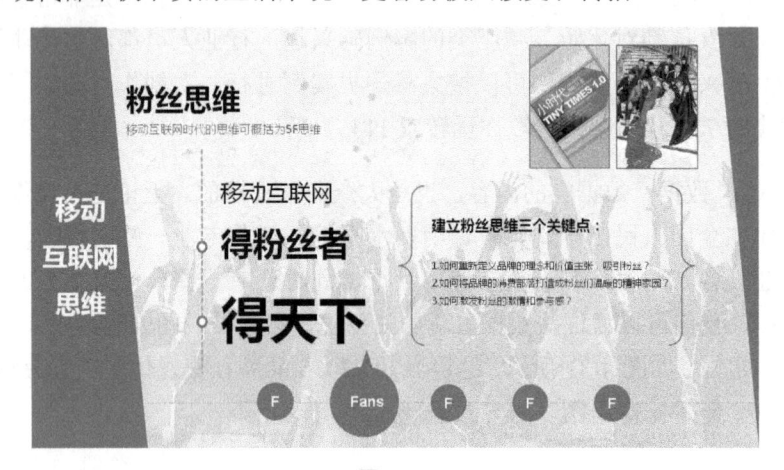

图 4-32

3. 采写新闻

如果公众号的定位涉及一些时效性的内容，那么采写新闻也是不错的

内容来源。

新闻类的内容，是比较好组织和创作的。相对于文学作品、专业文献等，它对文字的要求没那么高，首先，只要把事情讲清楚就行，关键在于新闻本身是不是够吸引人；其次，需要把事件的新闻点给挖掘和描述出来。

当然，我们不需要像专业的新闻记者那样去采写，比较简单的做法是对网络上现成的新闻进行重新编排，用自己的话或角度重新描述一下。

4. 伪原创

伪原创，是指将别人的文章，用自己的逻辑重新写一遍。具体的表现方式有如下 3 种。

（1）**修改式**。直接对一篇现成的文章修改一部分发布。比如对首段、末段、中间部分内容进行修改，将逻辑顺序重新修改等。

（2）**再造式**。将别人的文章，完全用自己的文字风格和逻辑重新写一遍。

（3）**汇总式**。结合若干相关文章，整理成一篇全新的文章。比如说我们要写一篇关于开车的 5 个技巧，先上网找至少 5 篇开车技巧方面的文章，然后从 5 篇文章中提炼出来 5 个最好的技巧，整理成文章，最后发布。

5. 转载

原创或伪原创类的内容，比较有特色和竞争力，但是却要花费一番功夫。如果条件不允许，直接转载也没关系。实际上，现在微信公众中，大部分内容都是以转载为主的。转载看起来很容易，复制、粘贴即可，但是想用转载的内容获得粉丝的认可，却又不是那么容易的。

转载的核心要点在于三方面。

（1）**对用户需求的把握**。其实对于用户来说，是原创还是转载，并不是最重要的，最重要的是内容能不能吸引他们。所以，这就需要我们对用户的需求和心理有深刻的了解和认识。想做到这一点，就需要我们能够经常与用户接触和互动，站在用户的角度去思考问题。甚至天天和用户泡在一起，做一个真正的用户。

（2）**对内容的甄别能力**：掌握了用户的需求后，接下来就是围绕用户的需求去选择内容。在选择内容时，就要求对内容具备一定的甄别判断能力，能够判断出内容是不是用户喜欢的。

在这个问题上，建议大家多去看其他公众号以及朋友圈里的内容，多

去总结阅读量高、转载量高的内容有什么特点和规律。

（3）**互联网流行元素和内容的敏感度**：能够甄别出足够优质的内容的前提是，有足够量的内容供选择。所以，我们平时要多去关注互联网上出现的各种新内容、新元素，保持足够的敏感度。

6. 用户投稿

鼓励用户投稿，也是一种非常不错的内容产生方式。不过，此方法的前提是账户具有一定的权威性或影响力，比如粉丝数足够多，这样用户才有投稿的动力。

如果用户无法撰写优质的文章进行投稿，那么让用户提供素材，然后我们来重新加工也可以。

4.6.2 最受欢迎的 15 种公众号内容类型

内容来源问题解决后，我们再来研究一下在公众号中哪类内容比较受用户欢迎。

（1）**新闻型**。在任何时候，当下热点的时效新闻都能够吸引足够多的眼球。所以，不管哪类公众号，都应该将新闻型内容作为常规内容之一。作为公众号运营者，要重点关注两方面新闻：一是和公众号定位相关的新闻；二是人人都关心的大众化新闻。

（2）**知识类**。知识类内容可以是大众知识，也可以是行业知识或专业知识，比如常见的各种健康知识，像《千金不换的 99 个民间秘方》等。

（3）**经验类**。经验类内容主要是指人们在生产生活当中总结出的一些心得、技巧、方法。其可以是大众的，也可以是专业的，大众的如《防止被宰：丽江旅游攻略》《15 个生活中不知道的小窍门》《淘宝购物，如何防止上当受骗》《写给那些战"痘"的青春》，专业的如《一个小公司老板的日常管理，竟被亿万创业者疯转》。

（4）**行业类**。行业类内容是指聚集于某几个用户或大众比较关心的行业，比如各种互联网行业的内容等。

（5）**搞笑类**。搞笑类内容永远都不过时，无论是图片、文字还是视频，任何时候都会勾起用户的兴趣，但前提是真的足够搞笑。

（6）**情感类**。情感类内容的核心是以情感人，具体的操作手法有打故

事牌的,如《半个西瓜的故事!已婚,未婚必看!》;有打怀旧牌的,如《绝对看到你飙泪!超多 80 后童年记忆大收集》;有打感情牌的,如《一个女人写的婚后感言,看完直接失眠了!》《写给天下那些傻女人,句句戳心!》《那些年我们读过最动人的情书》。

(7) **鸡汤类**。朋友圈中最多的内容之一就是鸡汤了,这也变相证明鸡汤是大众喜欢的"美食"之一。相信各位的朋友圈都不缺鸡汤,所以这里就不举例子了。

(8) **爆料类**。爆料类内容往往都是大多数人接触不到的,但又出人意料,所以往往效果都非常好。比如比较受欢迎的爆料内容有揭露行业黑幕的、各种潜规则的、各种丑恶行径的。

(9) **故事类**。应该说我们从小到大就是看着、听着各种故事长大的。小的时候家长会讲各种童话故事、民间故事,电视上还有各种动画故事,书上有漫画故事,长大了会看小说、电影等。所以,故事类内容是非常好的内容之一。

(10) **励志类**。越是压力大的人、越是浮躁迷茫的人、越是缺钱的人、越是总失败的人,越是需要励志。而目前中国还是发展中国家,不像发达国家物质基础那么牢固,所以大部分人还是需要适当激励一下的。

(11) **八卦型**。各种娱乐八卦、名人八卦是媒体和朋友圈里的常客,虽然这类内容很俗,但是用户喜欢。

(12) **观点型**。观点型内容,顾名思义,就是以思想观点取胜。这类内容想吸引关注,观点就一定要与众不同,要么极具争议性,要么非常独到,要么异常犀利,要么很有深度,实在不行,走 SB 路线,也没问题。

(13) **排行类**。根据笔者曾经的媒体从业经验来看,排行类内容都比较受欢迎。而且从朋友圈的文章单击排行来看,也确实如此,比如《中国美女城市排行榜新出炉:哈尔滨第一,重庆第二》。

(14) **案例类**。案例类内容往往都是真人现身说法,一是真实可信;二是内容来源于实践,可操作性强;三是更贴近用户的生活和实际,所以此类内容也都非常受欢迎。

(15) **研究类**。研究类内容往往都会让受众学到或了解到许多非常有用的知识,所以往往这类内容都非常受欢迎。其中最具代表性的,应该就是柴静的《穹顶之下》了。

4.6.3　能引起公众号粉丝用户转发的 8 大要点

公众号的内容，仅仅是让用户有阅读的欲望，不是我们最终想要的结果。我们最希望看到的是用户在看完内容后，还会转发到自己的朋友圈。这样才能真正提升文章的阅读量，扩大公众号的影响力，以及带来新的粉丝。

那么文章如何写，或者如何加工，才能让人转发呢？核心关键点是文章中一定要至少有一个能够打动用户内心、触动用户心灵的亮点。

（1）**共鸣**。能够引发用户内心强烈共鸣的内容，是非常容易被转发的。比如《献给 90 后：大学生一毕业就失业》《中国夫妻最缺什么？说得太好了，揭开万千夫妻离婚之谜》等。

（2）**争议**。能够引发用户争议的内容，也很容易成为热点。比如《人人车 CEO 给赶集 CEO 的一封公开信》等。

（3）**好奇**。好奇是人类的天性，比如《1 个小时后禁播，速看》，虽然标题根本没定是个什么东西，但是很多人看到了，会情不自禁地去点。如果内容真的好，更会引导转发。

（4）**开心**。从心理学的角度来说，每个人都愿意把好东西分享给亲朋好友，而分享快乐，是最不需要成本的。朋友圈经常被转载的各种幽默视频、段子，就是最好的佐证。

（5）**新知**。好的知识，用户也愿意在朋友圈分享，因为同分享快乐一样，在朋友圈转发这种分享知识的方式，也是不需要成本的。

（6）**解惑**。如果内容能够解决用户心中的问题或困惑，也会引发转发。比如《为什么有的人工作 5 年月薪还是少得可怜？》等。

（7）**帮助**。如果内容能够帮助用户解决生活或工作当中的问题，也会引发转发。比如《2015，绝对不要在公司混日子！激励了无数人》等。

（8）**引导转发**。除了要在内容上下功夫外，还要在文章中引导用户去转发。比如放上这样的话："如果您感觉本文还不错或对您有帮助，那请分享给您的朋友！"。

4.6.4　给公众号内容取个好标题的 16 个妙招

标题的作用非常重要，能够直接影响内容的单击量。因为在正常情况

下，用户是先看标题，后看内容的，看了标题后，才去考虑要不要看内容。即使是非常优质的内容，但是如果标题激发不起人的单击欲望，那么阅读量也不会太大；反之，即使内容很烂，但是标题很诱人，阅读量也会非常喜人。

比如，笔者曾经看过一个视频，标题叫《韩国当红明星 XXX 的最新 MTV》，单击量很惨淡，结果几天后，有人将这个视频改了个标题后重新发布，被转疯了，新标题是《韩国巨星XXX全球禁播视频》。

仅仅是十几个字的变化，差异就这么大，所以从某种程度上说，我们要学会做一名"标题党"。下面就和大家分享一下"标题党"流传在江湖中的 16 个妙招。

（1）**描述型**。直接将内容的核心告诉用户，一般直入型的标题要想奏效，就需要内容本身必须吸引人才行。比如《2016 流行色，美翻了》《世界最全的咖啡知识》等。

（2）**告诫型**。这类标题的特点是在字面上告诫用户不能干某某事，撰写这类标题时，最好是在标题前面直接加上"警告"二字来增强效果。比如《警告：海鲜千万不能和啤酒一起吃》等。

（3）**疑问型**。标题本身就是一个疑问，但是却不给答案，引导用户单击文章来找答案。比如《这家伙是人是妖？》等。

（4）**夸张型**。标题中有一些夸张的词汇来描述内容的效果，常用的词有："笑死我了"、"笑死你"、"笑尿了"、"震惊"、"震撼"、"不可思议"、"出大事了"、"太火了"、"火遍"、"火爆"等。比如《一个小视频，笑我三天》《让 1 亿人流泪的视频》等。

（5）**玄虚型**。这类标题说白了就是卖关子、故弄玄虚，让人看了标题知其然，却不知其所以然。比如《今天全国都在下雨，原来是因为他！》《原来这才是 XXX 的真相》等。

（6）**数字型**。标题中加数字，往往都会收到不错的效果。比如像本节中的标题，全部都有数字，大家可以试着把数字去掉了，对比一下哪种效果更好。

（7）**恐吓型**。标题抛出一个令人恐惧的结论或结果，以此来吸引用户单击。比如《三天不大便，等于抽包烟》《洗血洗出一桶油》等。

（8）**反问型**。通过反问用户的形式，激发兴趣。比如《2 万元一包的

烟，58万元一瓶酒，您见过吗？》《微信赚钱，是真的吗？》等。

（9）**肯定型**。标题直接要求用户必须看，或者必须转。一般这类标题都会出现"XX必看"、"必转"、"必须分享"、"不看不行"等字眼。比如《朋友圈已经被这只东北猴子刷爆了，必须分享》《关于柴静，此帖最经典，其他都扯淡》等。

（10）**最X型**。标题里直接出现"史上最X"、"中国最X"这样的字眼。比如《史上最美清洁工》《中国最牛的卡车司机》等。

（11）**紧迫型**。标题直接给人时间上的紧迫感，一般这样的标题都会出现"速看"、"马上被禁"等字眼。比如《赶紧收藏，据说明天就要被禁》等。

（12）**揭秘型**。这类标题一般都会出现"曝光"、"爆料"、"绝密"、"禁播"这样的字眼来吸引人。像本节开头举的那个韩国MTV的例子，即属此列。

（13）**结论型**。标题给出一个结论，这个结论可能出人意料，也可能让人不认可，但是没关系，目的达到了。比如《中国人90%不会喝茶》等。

（14）**意外型**。标题给出的内容出乎意料，很让人意外。比如《一场演唱会，唱死好多人》《大叔第一次上医院，竟然查出怀孕了》《最彪悍：女乘客打完司机后掏出卫生巾甩其脸上泄愤》等。

（15）**对比型**。对比名人或者知名品牌、产品。比如《东北夫妻隔空吵架，这个小品没上春晚可惜了》等。

（16）**创新型**。进行一些形式上的创新。比如《南方暴雨：雨雨雨南雨雨雨方雨雨雨》等。

4.6.5　设计公众号互动内容的10大方法

本节开头说过，公众号的运营，核心是内容，重点是互动。内容是为了吸引用户、留住用户，互动是为了增加与用户的感情，让用户变成粉丝。那么公众号如何才能增加互动性，与用户互动起来呢？这里教大家几招。

（1）**互动栏目**。在策划公众号时，直接策划一些带有互动性质的栏目。比如在笔者的公众号中，就有"企业招聘"、"人才求职"这样的栏目，

这些栏目都是用户互动的栏目，用户如果有招聘或求职需求，发给笔者，笔者即会在公众号中免费帮他们发布。

（2）**内容互动**。可以在公众号的内容中与用户互动。比如在文章中引用用户的评论、来信，或者调侃用户等。网易新闻的"新闻 7 点整"等栏目，就经常这么做，如图 4-33 所示。

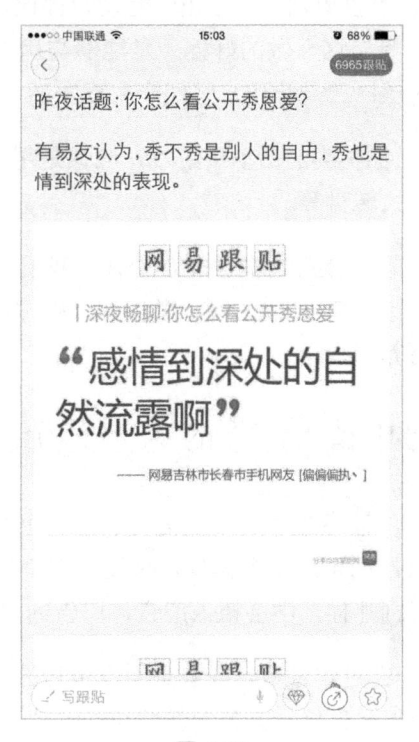

图 4-33

（3）**互动调查**。调查也是一种非常传统但却非常有效的方式，这种方式不但能与用户经常互动交流，还能搜集各种数据，了解用户习惯等，可谓一箭双雕。

（4）**有奖竞猜**。兑猜类的方式也很传统，但是却经久不衰，如猜歌名、猜谜语等，任何时候都能让用户乐此不疲。当然，前提最好是有些小奖品来刺激，效果更好。这个奖品不一定非得是企业自己花钱采购的，也可以与其他厂商通过合作的方式互换。如果公众号粉丝多，甚至可以直接寻求赞助。

（5）**有奖征文**。如果公众号的影响力还可以，用户群够大，征文也是一种非常不错的方式。如果征文有难度的话，也可以简单一点，比如看图编故事等。

（6）**有奖征集**。设计征集类活动，最好门槛低一些，越简单越好，规则越简单，越容易吸引用户参加。比如征名、征宣传语类的就比较简单。

（7）**答疑解惑**。如果条件允许，可以设置一个答疑类的栏目或环节，每天在固定时间帮助用户解答问题。

（8）**用户评比**。可以周期性地推出一些用户评比活动，比如最活跃用户、转载量最高用户等，这么做的好处一是能够与用户产生互动；二是树立典型，培养核心粉丝；三是让用户之间产生竞争感。

（9）**游戏抽奖**。抽奖类的活动或游戏，应该是用户最喜欢参与的了，比如常见的刮刮卡、大转盘等。

（10）**群辅助**。除了公众号本身的互动外，我们应该学会借助一些其他的工具进行辅助。比如建立 QQ 群、微信群，引导用户加入群，通过群的方式辅助互动，培养用户。

4.6.6 在公众号中植入广告的 7 个技巧

企业建立公众号，最终的目的肯定是为了宣传企业，这点无可厚非。但是如果宣传得过火，则可能适得其反，使用户取消对它的关注。正确的做法是，应该像影视剧那样，学会植入广告，广告的痕迹越清越好。

（1）**人文关怀**。在过年过节，或者是用户生日的时候，可以以企业的名字送上祝福。这个祝福最好也具备创新性和趣味性，比如做成电子贺卡、视频等。

（2）**人物访谈**。可以通过人物访谈的形式，来传递一些企业的信息。比如可以访谈客户，向用户传递我们的产品效果等信息；访谈合作伙伴，让用户了解我们的实力；访谈内部员工、高管，让用户了解我们的企业文化。

（3）**媒体报道**。一些比较直接的宣传资料，可以以媒体报道的形式呈现。比如让第三方权威媒体报道我们，我们进行转载；或者是我们自己将新闻稿撰写完成后，先投放到第三方权威媒体，然后我们再进行转载。

（4）**有奖活动**。对于商业类的有奖活动，用户是不反感的，毕竟有奖品嘛！

（5）**互动游戏**。可以设置一些简单的游戏，让用户参与，在游戏中植入广告。比如笔者的一个学员，是生产精油的，在情人节时，设计了一个"测试桃花运"的游戏；测试完成后，系统会根据测试结果向用户推荐相

关的精油。

（6）**客户案例**。直接将优质的客户案例，以文字或视频的内容形式呈现给用户。注意，这个内容不是让用户赤裸裸地帮我们做广告，而是以分享心得的形式来呈现。

（7）**介绍经验**。可以以分享经验的方式，将企业的信息传递给用户。比如分享我们的企业是如何做出好成绩的，在这个过程中肯定要说我们的产品理念、企业文化、服务流程等。

4.6.7 公众号内容推送时间的 4 个要点

在正常情况下，早上 8 点左右和晚上 7 点后，是用户阅读微信的高峰时段。但是具体操作时，要具体情况具体对待。

（1）**人群特点**。上班族，早上 8 点推送没问题，但是如果目标用户群是老板，则可能 9—10 点更适宜些。

（2）**地域特点**。中国幅员辽阔，还要考虑地域问题。像新疆和北京，差着两个时区呢。

（3）**内容特点**。如果是像新闻一类的时效性内容，早晨推送比较适宜；但是一些需要静下心来阅读的文章，可能就是下班后更适合性；而一些八卦类的更适合中午。

（4）**实践总结**。最重要的是，要在公众号运营的过程中，通过观察、分析数据等来总结，什么时间段是最适合本账号的。

4.7 公众号的推广

如何加粉丝，是所有人都头疼的事儿。接下来，就说说这个大家最头疼、最关心的问题。

4.7.1 现有资源导入

其实每个企业都有很多现成的资源，如果对这些资源加以有效利用，就能给公众号带来不少粉丝。比如企业员工的名片、企业的各种宣传资料、花钱打广告的广告牌、官方网站、企业员工的邮箱、产品的包装袋、包装

盒、产品的说明书、门店资源等。

当然，也有不少企业用这些资源宣传过公众号，但是效果却不好。在这里笔者提醒大家的是，宣传公众号，并不是将公众号的二维码或企业微信号印到这些资源、素材上，就会有人关注的。很多企业之所以宣传了，但没效果，问题就出在这儿，只是单纯地将二维码宣传出去，如图 4-34、图 4-35 所示。

图 4-34

图 4-35

在宣传资料上印个二维码并不难，但是如果想让用户关注就难了。如果想让用户关注，关键要和用户讲明白，关注你有什么好处。就像前面的章节所说的，人性的特点是先利己，后利他，只有对自己有好处的事情，用户才会关心。

4.7.2 内容推广

对于公众号来说，通过内容本身传播是最好的推广方式。如果内容好，用户就会转载，其他人看了内容，就有可能关注。

当然，内容好用户不一定会关注，还要适当引导。比如在每篇文章的顶部和底部提示用户关注账号，在文章末尾介绍公众号的定位和特色等，如图 4-36、图 4-37 所示。

图 4-36

图 4-37

除了图 4-36、图 4-37 所示的这种常规引导外，还可以再配合一些脑筋急转弯、智力测试等内容进行引导，如图 4-38 所示。不过，这里提醒大家的是，这种方式，微信已经明确规定是不允许的，但是这种思维是值得借鉴的。

4.7.3 排名优化

一些用户会通过微信的搜索功能，主动查找感兴趣的公众号进行关注。当用户搜索相关的关键词时，如果我们的公众号能在结果页中排在前面，则会每天自动增加粉丝。如果想达到这种效果，则需要做以下几项工作。

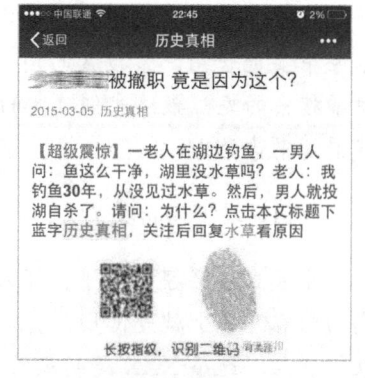

图 4-38

（1）在公众号名称中，应该包含用户经常搜索的词。

（2）对公众号进行认证，因为认证过的公众号，会排在未认证公众号的前面。

（3）要快速积累粉丝，因为公众号的排名，主要是以粉丝量为基础的。

下面来说一个案例。

应用案例 1 则：新手快速实现日纯利润 1 万元

2012 年，笔者曾在东北开设过一个分公司，那年夏天，微信公众号正式上线。由于笔者的公司是做网络营销的，所以分公司的小伙伴第一时间对此进行了尝试和研究。

所有做公众号的朋友，最终面对的问题都是同一个问题，那就是如何推广加粉丝。当时我们主要尝试了两个方法：第一个是通过个人号带动；第二个就是上面说的排名优化。

先说一下成绩。通过排名优化的方式，试验账号每天能增加 500 多个粉丝，两个月之后，使用该账号尝试销售女性产品，第一天纯利润便破万元。

下面说说具体操作的思路。

当时是为了试水，所以账号的定位偏大众化，主要定位在女性上。因为女性群体的消费能力强。

在给账号取名时，我们确定了用排名优化的方式，基于上面所说的，名字中要包含用户常搜索的词。当时我们就思考：什么样的词，是女性用户常搜索的呢？最终我们确定的方案是借力明星。哪个明星被关注度最高，我们就借谁的力。

我们通过百度指数工具，查询了当时的明星排名榜，最终选了某女明星。

账号主体名字确定了，那么内容应该定位到哪儿呢？女性关注度比较高的内容基本上就是化妆、美容等。于是账号最终的名字为"XXX 美容护肤"（注：这个 XXX 是明星的名字）。

当时微信公众号比较好认证，只要粉丝过 500 人就可以申请。所以公众号上线之后，很快粉丝就冲破了 500 人，进行了认证。

之后，在微信中搜索该明星的名字，或者美容护肤这两个关键词时，我们都名列前茅，每天带来几百个粉丝，最终实现了盈利。

案例点评

其实排名优化这个方法，严格地说，并不新鲜，在 PC 互联网时代，搜索引擎排名优化，就非常的流行。只不过是很多人缺少举一反三的能力，比如有的人懂得搜索引擎优化，但是换一个平台，却想不到这个方法，或者不知道如何操作了。

如果想提高学习的效果，真正将学习到的知识运用到实战中，一定要学会举一反三，因为知识是死的，只有活学活用，才能奏效。

比如优化这个方法，其实所有有排名的地方，都可以优化。而且优化的核心原理也都一样：找到其排名原理，针对其原理进行优化。

4.7.4 个人号辅助

由于个人号与公众号的差异，导致个人号与公众号的推广方式也有不小的差异。从方法数量上来说，个人号的推广方式更多、更灵活。所以，我们也可以将个人号与公众号配合使用，先通过个人号吸引粉丝，然后再引导这些粉丝关注公众号。

关于个人号加粉丝的方式，请参见本章最后一节的内容。

4.7.5 活动推广

如果预算允许，通过活动推广，是非常简单、快捷、有效的一种方式。如果预算充足，则可以送一些实物的礼品，比如面包厂可以送面包，饮料厂可以送饮料，或者采购一些小礼品，甚至直接赠送手机话费。如果条件不允许，则可以送一些虚拟的物品，比如积分、电子书、教程等。

4.7.6 公众号互推

互推也是一种比较有效的方式，我们可以通过加入同行交流群、同行交流活动等方式，多认识一些同行或其他公众号的运营者，然后相互在公众号里推广对方的账号。

不过要注意，推广时不要太过分，因为微信官方是不鼓励这种行为的，如果推广的力度过大，则有被封号的风险。

4.7.7 公众号导航

互联网上有许多公众号导航网站，其定位与形式和 hao123 这样的网址导航站一样。我们可以把公众号提交到这些导航站上面。具体的导航站地址，大家可以在百度搜索，有很多。

4.7.8 推广返利

最后一种方式是引导用户帮助我们去推广，拉动粉丝。这种方式有点门槛，需要技术支持，开发相关的移动端返利系统。虽然门槛有点高，但是效果却非常好，尤其是配合微店或微商城的话，效果更佳。

不过，在开发程序和设置规则时要注意，不要宣传得过于夸张，目前微信官方正在打击那些过火的商家。

下面来看一个小小的案例。

应用案例 1 则：土特产公众号 2 个月吸粉 60 万

其实这个案例真的很小，几句话就能说清楚，但是效果却是惊人的。这个案例运用了推广返利的方法，在不到 2 个月的时间内，吸引了 60 万粉丝。而这个公众号，是以微商为主的，这 60 万粉丝，是真真正正能产生订单的。

这个公众号，是一家枣业公司的公众号，目的是为了销售大枣。其具体的操作流程很简单，关注其公众号，就能成为他们的会员。成为会员后，会给你一个会员编号及专属的推广二维码，然后你在朋友圈或者向朋友一对一分享这个二维码，那么别人扫描它成为会员后，你就是他的介绍人。之后，如果该会员消费了，你就会获得返利佣金，如图 4-39、图 4-40 所示。

图 4-39　　　　　　　　图 4-40

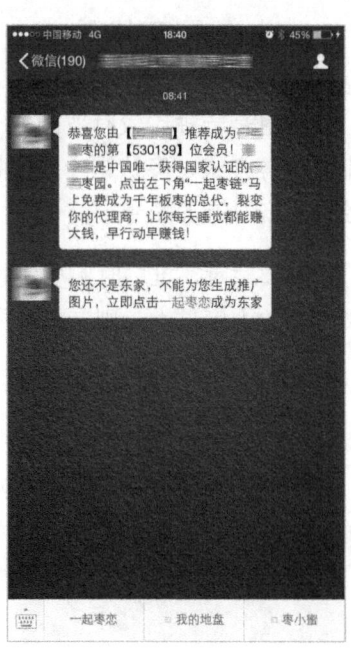

> **案例点评**
>
> 有的时候,小方法真的能解决大问题。不过,在用这个方法时一定要注意,千万不要太过火,不要把规则设计得像传销一样,微信官方已经在打击这种行为了。

严格地说,本案例中这家企业设计的规则以及方案中的一些字眼,就有点过火,正处于微信官方打击之列。但是之所以笔者在这里将其呈现给大家,是因为它的这种思路是非常值得借鉴的。

4.8　47种微信个人号加好友的方法

公众号的部分分享完了,接下来再说说微信个人号。在营销层面,微信个人号有两大作用:一是辅助推广,通过个人号带来用户;二是促进销售。在本节,重点和大家分享47种加好友、带来精准用户的方法。这些方法有难的,也有简单的;有中规中矩的,也有取巧的,但是绝对都是前人验证过可行的。大家具体操作时,可以根据自身情况进行选择。

4.8.1　微信类方法

先说说基于微信自身的推广方法。

第1种,摇一摇。这是最基本的一种加好友方法,算是小方法,可以在空闲时间,穿插使用。这种方法胜在简单,缺点就是效率低,而且还累胳膊,不过笔者曾经在网络上见过牛人,通过一些带震动效果的器具来摇的,高手在民间呀。

第2种,附近的人。这也是微信基本功能之一,操作时,有两方面:一是我们主动加别人,不过这个比较费时一些;还有一种是想办法让附近的人主动加我们,这就需要我们的头像、名字、简介非常吸引人才可以。

第3种,手机号导入。这也是微信自带的功能,可以将通讯录中的手机好友导入微信。

这种方法想产生更好的效果,重点是如何搞到大量手机号,主要有以下几个办法。

A. 手动找。网络上有很多公开的电话信息,可以根据自己的需求,到目标用户集中的地方手动搜集。比如你想找房产中介,那就可以到分类信

息网站、房产交易网站，如58同城等。

  B. 软件搜索。互联网上也有一些软件，可以自动搜索。

  C. 手动生成。还有一些软件，可以自动生成手机号码，不过自动生成的不精准，而且生成出来的手机号可能是空号。

  D. 资源互换。也可以与其他人互换数据库。

有了手机号码后，将这些号码导入手机通讯录（这个工作可以通过相关工具来完成，比如像 QQ 手机助手等类似工具，能把成千上万的电话号码导入到手机上），然后再利用微信的号码导入功能导入微信。

  第 4 种，QQ 号导入。这也是微信自带的功能，与手机号导入类似，是将 QQ 号码里的好友导入到微信中。这种方法的关键是，如何先通过 QQ 加到足够多的好友。具体的大量加 QQ 好友的方法如下。

  A. QQ 好友基本查找。通过 QQ 自带的加好友功能加人，要比微信加人效率高。不过使用这个办法加的人，不是特别精准。因为 QQ 好友搜索，只能根据性别、地区等进行检索。

  B. 绑定别人的 QQ 号码。如果你的朋友够多，可以将他们的 QQ 号码借来，绑定到你的微信上。一个 QQ 号码的好友导完后，再解绑，然后再找另一个 QQ 号码绑定，依此类推。

  C. 通过 QQ 群。先加精准的目标用户群，然后将 QQ 群里的人加为好友，导入微信。

  D. QQ 空间推广。去踩其他人的 QQ 空间或者给他们的空间留言，邀请他们互加好友。

  第 5 种，微信换群。这是目前比较常用的一种方式，具体的操作步骤是，先建立若干微信群，然后与其他有微信群的人相互换群，再添加群里的人为好友。

  第 6 种，账号互推。与其他人，在朋友圈里相互推荐。如果你身边没有足够的人去进行互推的话，那么可以考虑进入一些微信联盟的 QQ 群，互联网上有不少这样的合作群。

  第 7 种，公众号推广。公众号推广，并不比个人号容易，不过我们是为了配合个人号，所以不需要像前面章节说的那样专业和系统。具体操作是这样的，针对用户非常喜欢的内容或方向，建立公众号，然后将公众号

提交到各大公众号导航网站。当然，如果有时间和精力，再好好做一下公众号的内容，就更好了。

第 8 种，有偿转发。如果可以出一部分钱或奖品，也可以考虑付费推广。当然，我们可以用一些成本比较低的方式，比如在猪八戒等威客类网站发布任务。

第 9 种，大号推荐。如果能找一些知名度高、粉丝多的公众号推荐，或者找知名人士在他的个人微信号上推荐，效果是非常好的。当然，除非是朋友；否则往往是需要付费的。

第 10 种，微信红包。这种方法用好了，非常恐怖。一个典型的操作思路是这样的，在朋友圈发个消息：凡是在他们的朋友圈推荐你指定信息的，你就送他们红包。而给他们的信息很简单：某某土豪发红包啦，想抢红包的，加他微信：XXXXX。如此循环。当然，具体的规则、流程也可以根据自己的实际来改。

第 11 种，软件推广。通过加人软件、定位修改软件等工具推广，也是比较流行的方法。这类方法没什么难度，就是通过一些自动添加好友的软件进行操作。这类软件目前很多，用起来也都比较简单，按照软件说明书使用就 OK 了。不过这类软件笔者不是很推荐，因为不是很正规，而且容易被封号。

4.8.2 互联网类方法

下面再说说基于互联网和移动互联网的方法。

第 12 种，软文推广。软文是一种非常不错的方式，但是这种方法有一定的门槛，需要能写。内容可以是以下几个方向。

A. 经验类。如果目标用户有学经验的需求，则可以写一些分享类的文章。比如目标用户是网店店主，他们肯定对网店的推广感兴趣；如果是女性，那么基本上就是对化妆等感兴趣。

B. 故事类。可以写一些故事，故事可以是真实的，比如自己的创业故事；也可以是虚构的，比如一些情感故事。

C. 评论类。评论以思想和观点取胜，不过前提是需要够犀利。

D. 知识类。各种生活常识、知识等。

313

E. 情感类。比如心灵鸡汤、励志等。

这些文章可以自己写，如果不会写，也可以伪原创，或是二次创作。具体的关于伪原创或二次创作的内容，请参看 4.6.1 节的内容。

软文写好后，可以发到相关的网站、论坛、贴吧，以及像百度文库一类的网站。

第 13 种，视频推广。这个视频可以自己拍，也可以是上网找一些用户非常喜欢，容易被传播和转载的视频，然后在视频里打上自己的微信号水印，或者直接在视频的结尾插入一个图片广告。

第 14 种，电子书推广。针对目标用户的喜好，做一些电子书传播，然后在电子书里植入微信号。比如针对肥胖人群，可以做一本减肥宝典；针对做电商的，可以做一本电商宝典等。这个电子书的内容可以是原创，也可以是上网找一些相关的文章资料，然后重新梳理编辑成电子书。

电子书做好后，可以上传到各大电子书或下载类的网站、论坛。

至于制作电子书的软件，互联网上有很多免费的，大家可以直接搜索电子书制作进行查找。

第 15 种，邮件群发。邮件群发，是互联网上一种比较古老的方法，虽然效果不是特别好，但是胜在省心、省时、省力、省钱。因为群发软件运行时，都是全自动的，不需要人去干预。而且现在很多群发软件都是免费的，如果没有邮件地址，网上也有一些免费的邮件地址搜集软件，甚至在网上还能找到一些免费的邮件地址数据库。

所以，只要我们写一个好一点的文案，然后下载一个软件，再找到一些邮件地址，24 小时挂机运行就 OK 了。

不过注意，使用这种方法时，标题要注明是广告，内容不要让用户反感。

第 16 种，QQ 群推广。QQ 群的普及度非常高，每个 QQ 用户都会加若干 QQ 群，所以这也是一个非常好的推广渠道。QQ 群本身的推广方式，也非常多。

A. 直接在群聊天框里发推广信息。注意，不要直接发广告，一定要有些策略。比如先聊几句天，再发，或是配合第 38 种方法（免费策略）、第 39 种方法（资源推广）、第 40 种方法（口碑推广）等。

B. 在群共享里上传图片。在图片里可以放微信号。

C. 在群共享里上传软文、视频或电子书。在软文、视频或电子书里植入微信号。

第 17 种，论坛贴吧。进入目标用户集中的论坛、贴吧进行推广。推广的方式有以下几种。

A. 配合软文，把软文发到论坛。

B. 配合免费策略，送东西。

C. 配合资源推广。

D. 直接发微信号。不过，这个就需要有足够的技巧和创意才行。具体可以参看本节最后面的案例。

第 18 种，信息推广。在目标用户集中的信息网站推广，如分类信息类网站、B2B 类网站等。

第 19 种，知道推广。在百度知道、搜狗问问等问答类网站推广，回答相关的问题，在问题里留下微信号。

第 20 种，社交软件。微信、QQ 都属于社交网站，推广的效果都非常好。而实际上，社交软件不止这些，比如陌陌、唱吧、YY、淘宝旺旺等，也都是社交软件，虽然它们的用户基数没有微信、QQ 大，但是效果也还不错。在微信、QQ 上推广的理念和方法，完全可以复制到其他社交软件上。

第 21 种，陌陌吧推广。注意，这里说的不是百度贴吧里的陌陌吧，而是社交软件陌陌推出的类似于贴吧的产品。

第 22 种，豆瓣推广。利用豆瓣小组进行推广，豆瓣小组的人气非常火爆，与百度贴吧、陌陌吧有些类似。

第 23 种，社交网站推广。这里说的社交网站，是指交友类网站，比如征婚类网站、聚会活动类网站等。如果你是一个 MM，那在里面会非常受欢迎的。

第 24 种，所有带社交功能的手机 APP。现在很多手机 APP 都带有社交功能，这些软件都可以利用。比如经纬名片通，这是一个名片管理软件，但是也可以搜索添加附近的人等。而且这类软件很多，许多都是未经开发的处女地。

第 25 种，聊天室推广法。虽然聊天室没有互联网刚兴起时那么火了，用的人越来越少，但是现在还存活着的聊天室，用户黏性都比较强，而且现在很多聊天室都是主题聊天室，人群也更精准。

第 26 种，微博推广。作为最火的互联网平台之一，微博不容错过。微博本身的推广方式非常多，但是我们是为了带动微信，所以要选相对比较简单、省时、省力的方式。在这里推荐几种方式如下。

A. 互粉。关注别人，再让别人关注我们。

B. 微博活动。比如最常见的有奖转发，或者转发@三个人即抽奖。

C. 大号转发。通过付费的形式，找微博大号帮忙转发。可以到微博易这样的平台找大号，成本比较低。

D. 粉丝通。粉丝通是新浪微博官方产品，是利用微博"粉丝通"基于微博海量的用户，把企业信息广泛传递给粉丝和潜在粉丝的营销产品。它会根据用户属性和社交关系将信息精准地投放给目标人群，同时微博"粉丝通"也具有普通微博的全部功能，如转发、评论、收藏、赞等。

E. 评论。评论别人的微博内容，在评论里宣传。互联网上有这方面的工具软件。

其他更多的方法，请参看 3.6 节的内容。

第 27 种，SEO。SEO 的中文名叫搜索引擎优化，是指通过技术手段，使用户搜索某方面关键词时出现我们的内容。我们可以根据目标用户的搜索引擎，选择用户经常搜索的关键词进行优化。具体的优化方法如下。

第一步：将用户常搜索的关键词汇总，越多越好。另外，字数越多的关键词，越容易优化。（注：SEO 的具体技术原理解释起来很长，想学习的可以买本 SEO 方面的书。大家只要记住关键词越长，越容易优化就好。）

第二步：围绕关键词组织文章，或论坛帖子，或电子书，或视频，或百度知道问答帖子，组织内容时注意，在内容的标题和正文中一定包含要优化的关键词。

第三步：将内容大量发布到知名度高的网站。

第 28 种，博客推广。博客的推广方式也有很多，比如我们可以做名博，但是这个比较难。这里说一个比较简单的，用博客做 SEO，具体流程如下。

第一步：选择要优化的关键词。

第二步：在各大知名博客网站申请开通博客，比如新浪、网易、天涯等。

第三步：要优化的关键词，应出现在博客名字中。

第四步：定期更新博客内容，频率越高越好；更新的数量越多越好，但是每次更新的数量要差不多，不能相差太大。

第五步：更新的博客内容，一定是和优化的关键词相关，而且内容中要包含关键词。

第29种，腾讯游戏。腾讯旗下有许多游戏，我们可以用手机游戏来寻找附近的人，丢纸条加好友。适合的游戏包括"天天酷跑"、"天天爱消除"、"节奏大师"等，其余游戏大家可以自行测试。加好友的方法很简单，下载以上游戏到手机里安装好，先用自己的个人微信号登录，然后点附近的人，就可以看到附近的其他玩家了。这时你可以给他们丢纸条，附上一句话，比如加个微信号 XXXX 吧，一起玩天天酷跑，发送过去对方就可以收到了。重点是纸条的发送数量是不限制的，但是一般最多能收到别人发给你的 50 个纸条。

4.8.3 线下类方法

除了互联网类方法，一些基于线下的方法也是非常有效的。

第30种，名片推广。名片虽简单，也是个小方法，但是胜在不复杂，随时随地可以推广。

第31种，门店导入。如果你有自己的门店，或者朋友有开门店的，则可以通过门店导入。比如与进店的顾客相互添加好友、在店内贴海报等。

第32种，产品导入。如果你有自己的产品，或者代理销售其他产品，则可以在产品包装盒、说明书、购物袋等上面贴上自己的微信号和二维码。

第33种，宣传单。发传单也是一种常见的方法，但是这种方法要奏效有几个注意事项。

A. 传单一定要发给精准有需求的人群，没需求就会扔。

B. 传单的内容要醒目，要有抓眼球的地方。要让用户第一眼看到时，想看全部。

C. 单子里一定要有能够诱惑用户加你的内容。比如，免费送用户一本价值 100 元的独家资料，获取方式就是加微信。

第 34 种，贴广告。很多社区都有免费贴广告的公告栏，可以在这样的地方贴广告。

第 35 种，参加活动。很多城市都有各种线下活动，有网友间纯吃喝玩乐的，也有一些行业交流会。可以多参加一些目标用户群集中的活动，通过这种活动认识的用户，黏性都比较高。

活动信息可以在百度上搜索，也可以到一些专门的活动网站获取，像新浪微博，就有专门的活动版块。

第 36 种，事件营销。可以策划一些能够引导公众关注的事件去吸引人关注，比如最简单的，在身上印一个大大的二维码，去人多的地方引人瞩目；再复杂一点的，扮成蜘蛛侠、超人、葫芦娃；或者加点美女元素，找一些性感美女，穿上有二维码的比基尼，再在后面和前胸画上二维码等。

最好是在记者出没的地方，容易产生新闻效应。没有记者报道也没关系，咱们可以自己照些照片，写成新闻稿，发在相关的网站、论坛上。

4.8.4 其他类方法

接下来要说的方法，都是既可以在互联网上使用，也可以在线下使用的，而且基本上都需要和其他方法、工具或渠道配合使用。

第 37 种，签名推广。在各种有签名的地方，留下微信号。比如 QQ 签名、电子邮件签名、论坛签名、微博签名等。也包括线下的各种可以留签名的地方，比如一些咖啡厅里的交友墙、意见簿等。作为营销人，一定要养成随时随地营销的习惯。

第 38 种，免费策略。准备一些用户喜欢的，且不容易获取到的内容，比如电子书、视频等；然后将这些内容的介绍发布在各种用户集中的地方，比如论坛、贴吧、QQ 群、微信群、YY、唱吧等，介绍写得越有诱惑力越好；内容最后注明，想免费获取这些内容，添加微信号获取。

第 39 种，资源推广。将一些好的资源打包成压缩包，在网络上传播。但是压缩包要设置密码，如果用户下载回去后想获取解压密码，则要通过添加微信号获取。

第 40 种，口碑推广。这种方法是在前两种方法的基础上升级的，引导用户帮你口碑传播。具体的操作方法很简单，当用户想获取免费资料或解压密码时，必须在其朋友圈转发某篇指定的文章（比如资源介绍的文章），

或者推荐你的微信号。

第 41 种，图片推广法。通过传播图片的方式进行推广，图片中要包括微信号。这个图片可以是表情图（如果你自己具备设计能力的话）、从网络上搜集的各种有意思的图片（如果有能力，进行二次加工更好）、自己制作的各种有意思的图，或者干脆将自己的二维码做成创意图片传播（比如一个性感美女图中，在美女胸部放上你的二维码）。

第 42 种，种子推广法。BT 下载，是现在很多人下载资料的首选，尤其是下载一些电影、电视剧。而 BT 下载首先要获取到相关的种子。我们可以搜集一些网络上需求量大的资源，然后在资源里加上我们的微信号（也可以与第 38 种方法配合使用），然后将这个资源的种子在互联网、移动互联网上传播。

第 43 种，病毒推广。这种方法需要技术支持，方法的核心是制作一些祝福、搞笑或者整蛊类的页面或程序。例如，一个非常经典的小程序是这样的：在页面里输入朋友的名字，然后这个页面里出现的内容，全是关于这个朋友的新闻，比如张三获世界十大青年了、张三当选联合国秘书长了。

制作好程序或页面后，在页面最后放上微信号，引导用户添加。之后在网络上传播这个页面或程序。

第 44 种，唱歌推广。如果唱歌好，则可以录一些唱歌的视频在网络上传播，或者在 YY、唱吧等平台唱歌，吸引用户添加。

第 45 种，免费分享。如果语言表达能力还行，那么可以通过在 YY 等平台免费讲课或分享的形式来吸引用户添加。也可以把分享的内容制作成视频或语音文件传播。

第 46 种，免费服务。如果你有其他可以免费为用户服务，且不耗费太多时间和精力的技能，那么可以通过免费服务来聚集人气。比如免费帮助给头像加 V 什么的（其实这个非常简单，用 PS 工具一分钟搞定，只是很多人不会用制图软件）。

第 47 种，活动推广。策划一些创意小活动，比如一个非常简单又非常经典的猜拳游戏，其形式其实是通过微信猜拳。活动游戏是这样的：首先准备一些小礼品，然后预热宣传，规则很简单，添加你的微信，和你猜拳，你输了，就给对方礼品。

应用案例1则：一个小方法月收入近百万元

这是几年前的案例了，有点老，但是很有代表性，在此分享给大家。

那时，微信个人号还没有限制好友数量，可以无限添加好友。当时有一位美女，用一个小方法，真的只是一个很小的方法，在两个月的时间，加到了几十万好友，最终月收入达到了近百万元。

这是一个什么样的小方法呢？居然有这么神奇的效果？下面笔者就来给大家揭晓答案，事情的经过是这样的——

某月某日某天，互联网上出现了一个帖子，而且这个帖子同时出现在了好几个地方，帖子内容是这样的——一位美女说她两个月后即将出国，且很长时间不回来。本来出国是件开心的事，但是现在她却遇到了烦恼：她有一只心爱且比较名贵的狗狗，由于不能将狗狗带出国，而家里又没人可以照顾它，所以准备找个靠谱的、有缘的好心人收留它。

帖子写得很有特点，而且帖子里又附上了狗狗的照片和她的照片，狗美，人更美。而且她还在帖子里不断与大家互动。

帖子发出后，不断有人加她，据说在两个月内，有几十万人加了她的微信。

两个月后，美女出国了，据说狗狗也送出去了。接下来的日子，美女不断地在朋友圈晒她在国外的生活，也经常晒国外的一些好产品，尤其是重点晒了那些比国内便宜的产品，比如一些名牌鞋之类的，还加了很多感慨和评论。

这么晒的结果可想而知，一些微信里的好友希望她能代购。接下来，顺理成章的，这位美女开始做起了代购。据说高的时候，月收入近百万元。

有段时间，这个案例在网络上广为流传，后来有人在网络上揭露，说这是某代购平台做的营销活动，至于爆料说的是真是假就不清楚了。

案例点评

如果爆料人说的是真的，那笔者不太认同这种带有欺骗性质的营销手段，而且现在"送狗法"也被用烂了。

但是这种创新的精度，绝对是值得大家学习的。

第 5 章
搜索引擎篇

章节提示：

根据最新的 CNNIC《中国互联网络发展状况统计报告》显示，中国有超过 80%的网民使用搜索引擎。做营销的一个基本原则是，用户在哪儿，我们就上哪儿，而用户都集中在搜索引擎上，这个渠道当然不能错过。

本章即为大家分享如何用搜索引擎来做营销。

注：本章 SEO 部分内容由国内著名 SEO 专家元创老师提供，竞价部分内容由网络营销专家王鹏老师提供。

5.1 SEO

SEM（Search Engine Marketing）即搜索引擎营销。SEM 是一种新的网络营销形式。SEM 所做的就是全面而有效地利用搜索引擎来进行网络营销和推广。SEM 追求最高的性价比，以最小的投入，获取最大的来自搜索引擎的访问量，并产生商业价值。（摘自百度百科）

简单地说，SEM 就是为了使用户在搜索引擎中搜索相关关键词时，结

果页中能够出现企业的有关信息。

SEM 主要有四种手段：SEO、竞价排名、百度底层营销、站外优化。下面就来和大家分享一下 SEO 方面的内容。

SEO 的英文全称为 Search Engine Optimization，翻译成中文即搜索引擎优化。SEO 的主要原理是通过提高目标网站在搜索引擎中的排名来达到推广目的。比如我们做了一个手机类的网站，当用户搜索与手机相关的关键词时，我们通过技术手段使网站出现在结果页的前几名中，就叫 SEO。

经常有人把 SEM 与 SEO 搞混，分不清它们的关系。SEM 与 SEO，可以理解成父与子的关系，SEO 是包含在 SEM 当中的。

由于 SEO 的性价比非常高，效果立竿见影，所以得到了大家的认同和喜爱，几乎已经成为必用的网络推广手段之一。在大家不断的深入实践中，SEO 技术也越来越完善，已经发展成为一门非常系统的学科。

5.1.1 SEO 的特点和优势

1. 成本低

现在无论是传统平面媒体的广告费用，还是百度竞价的费用，一直居高不下，而且一直在上涨。比如搜索引擎推广用户每单击一次都是需要花钱的，有时还会发生竞争对手恶意单击来让你多花钱，而通过 SEO 把网站优化到百度首页，企业一年也花不了多少钱，而且用户单击是免费的。

2. 客户质量高

客户质量高也就是搜索用户精准。我们可以想一下，平时为什么我们要用百度、谷歌，是因为想得到自己想要的信息。当用户在百度中搜索某个词进入我们的网站时，肯定是有需求、感兴趣。比如你要结婚，准备照婚纱照，但不了解行情，不知道哪家好，就会在百度中搜索，然后单击排在搜索结果前面的网站去了解。只要通过搜索引擎进入网站的客户都是意向顾客，都是有需求的。相比传统营销，是主动打电话，让很多人都非常反感，因为用户对这个不感兴趣。

3. 投入产出比高

在各种营销方法中，SEO 是最省钱的，并且最持久。任何企业都希望使用花钱少、效果好的方法。虽然目前众多大企业每年有大量的预算，在电视和媒体上投放广告进行推广，但仍然非常重视 SEO 来吸引更多的用户。

比如 58 同城网站，非常重视 SEO，每天 SEO 流量 200 万以上（站长工具分析结果，如图 5-1 所示）。

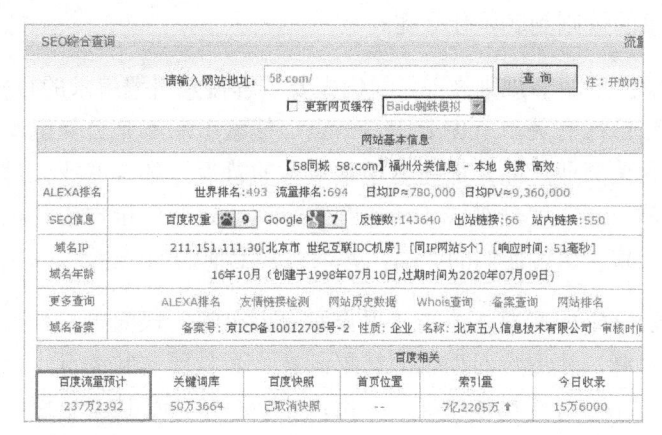

图 5-1

4. 效果稳定

很多企业没有被搜索引擎索引，那么很多好的信息用户发现不了，这个时候网站就需要进行 SEO，更好地让搜索引擎收录，满足用户的搜索需求，因为 SEO 是为搜索引擎服务的，不是钻漏洞。因此，只要网站是遵循搜索引擎规则开展 SEO，并进行持续维护，效果就能持久稳定，流量就会大幅度增加。

5. 效果实时监测

企业可以通过百度统计等工具来监测优化效果。比如关键词的排名情况、网站收录情况、网站的流量情况等精准数据。然后根据这些数据随时调整 SEO 策略。

5.1.2 搜索引擎规则到底是什么

在 SEO 圈子中，经常提到两个名词："搜索引擎规则"和"搜索引擎算法"，有经验的 SEOer（SEO 从业者的意思）会告诉你，只要洞悉了搜索引擎的规则和算法，就可以提升网站在搜索引擎中的排名，从而带来大量流量。那么搜索引擎的规则是什么呢？

很多人会告诉你，页面的关键词密度要控制在 2%～8%之间、要多做伪原创、要多做外链等。按照这些方法做了，关键词排名就一定会上升吗？事实告诉我们，很多人这样做了，不但关键词没上升，甚至被惩罚了，这是为什么呢？

原因就是这些根本不是所谓的搜索引擎规则和算法，顶多只能算操作时的注意事项，把注意事项当成了规则，当然会出问题，甚至适得其反。那搜索引擎的规则到底是什么呢？

在了解搜索引擎规则之前，我们先要了解搜索引擎追求的目标是什么，规则一定和目标有关。首先要明白一点，搜索引擎不是公益组织，也不是慈善家，它是商业产品，而所有搜索引擎的背后，都是商业大鳄，他们最终的目标都一样，就是赚钱。而想赚钱，就一定要先抢占市场，让用户使用他们的产品、认可他们的产品，并最终爱上他们的产品。

那搜索引擎如何做，才能让用户爱上自己呢？很简单，为用户呈现靠谱的搜索引擎，让用户对搜索的结果满意，而且要非常满意，也就是所谓的搜索体验。只有搜索体验好了，用户才会经常使用搜索引擎，甚至爱上搜索引擎。如果总结成一句话，就是"为用户提供最精准的优质内容"。而搜索引擎的所谓规则和算法，也一定是围绕这个核心思想去设计的。即使不同的搜索引擎规则和算法有差异，但核心理念却是差不多的。

那怎么去衡量搜索出来的内容是否优质、是否精准呢？以什么为评判依据呢？很简单，站在用户的角度去判断。因为搜索引擎是给人用的，搜索出来的结果也是给人看的。所以只有用户认为搜索结果精准和优质，才算数。而所谓的搜索引擎算法或规则，就是通过一系列的技术手段，模拟真实用户的评判标准，去判断网站内容是否优质。

5.1.3　网站应该如何优化

通过上面的分析，我们已经明白了搜索引擎的商业本质和目的，基于此，可以得出如下结论：想让搜索引擎爱上我们的网站，给予我们更好的排名，为我们带来更多的流量，就需要我们先帮助搜索引擎留住用户，先实现它的商业价值。也就是说，我们的网站应该围绕"为用户提供最精准的优质内容"这一核心思想去进行优化，要围绕用户的感受与需求去建设。只有先帮助搜索引擎留住用户、赚到钱了，搜索引擎才能关照我们。不要一味地追求所谓的技术和算法，否则就会被搜索引擎抛弃。

像网络上那些报怨搜索引擎不稳定，反映网站收录下降、排名下降的朋友，都有一个共同点："为了优化而优化，甚至自己的网站纯粹是建给搜索引擎看的，一切都是根据所谓的搜索引擎规则而做的"。一般这类网站要内容没内容、要质量没质量，偶尔更新的几篇文章，还都是所谓的伪原创。昨天听别人说关键词外链能提升排名，就哐哐地往死里整外链，今天又听人家说搜索引擎对关键词密度非常在乎，就又一门心思地研究网站

的关键词密度。满世界地问应该是 7.1%好，还是 7.2%好。用这种思路和方法去做 SEO，肯定不会有好结果。因为在这种指导思想下做出来的网站在用户眼里全是垃圾内容，如果搜索引擎推荐了这样的内容，用户就会流失。

在具体的 SEO 操作上，元创老师在多年的工作中总结了一套 SEO 流程《SEO 七步成名法》，按照这个流程去操作，就能够很容易地把网站优化好，并获得搜索引擎的青睐。这七步分别是——

第一步，定词：定位网站做什么；
第二步，选词：确定首页标题中优化的核心词；
第三步，布词：首页合理布局要优化的词；
第四步，挖词：挖掘大量长尾词，增加网站流量；
第五步，诊断：诊断网站问题，解决内部病根；
第六步，反链：包含内链和外链；
第七步，调整：检测优化效果。

接下来，就让我们一步步来了解这七个步骤的具体操作要点。

5.1.4　SEO 七步成名法之第一步：定词

定词，即定位网站是做什么的。SEO 人员拿到一个网站不是上来就开始设置关键词等，而是需要先分析该网站成立的目的是什么，是想通过网站卖产品，还是提供服务。然后围绕这些内容，定下主关键词。

比如推一把网站（tui18.com），是一个针对网络营销从业人员的行业交流网站，所以主词是网络营销、网络推广这样的行业词。

而推一把学院的招生单页面（peixun.tui18.com）的目的是为了招生，所以主站是网络营销培训、网络推广培训。

5.1.5　SEO 七步成名法之第二步：选词

选词，是选出并确定网站首页标题中要优化的 3~5 个核心关键词。网站主要由首页、栏目页、产品页、内容页等几个页面组成。对于一个网站来说，首页权重相对来说是最高的，然后是栏目页、内容页。所以首页是 SEO 的重点，要把最难优化的核心关键词放在首页标题中优化。

1. 什么是关键词

先让我们一起来了解一下什么是关键词。关键词就是指用户为了寻找

某个产品或者服务，从而在搜索引擎输入框中输入的文字。

2. 关键词的作用

关键词的作用是让用户在搜索某个跟我们的产品或业务相关的关键词时，我们的网站能够排到搜索结果的前面，这样，当用户单击我们的网站时，精准流量就来了，最终实现销售。

首先要确定关键词。关键词必须是用户搜索的词，必须能够代表用户的购买意图。选择关键词很重要，如果关键词没有选择对，即使优化得再好，可能也带不来流量，或者带来了流量但是不精准，这样也没什么用。

然后做关键词排名。通过各种技术优化手段，比如说写好标题、描述，更新相关内容，做内链，把关键词布局到网站上，交换高权重的友情链接等，这些都属于 SEO 排名技术，就是利用这些技术把网站排在最前面，使我们的网站能够在搜索结果中获得一个良好的排名。

接下来是吸引用户单击我们的网站，只有这样才能为网站带来精准的流量。所以在写标题、描述的时候，除了要考虑 SEO 的因素之外，还要考虑用户体验。也就是说，展现在搜索结果中的标题和描述能不能够对用户有吸引力，能不能够吸引用户单击，只有吸引用户单击了才能够带来精准的流量。

当用户单击进入到网站之后，接下来就需要通过网站实现良好的用户体验来打动用户，让用户购买，或者通过在线客服沟通，促成用户购买。这就是最后一步，实现销售。整个关键词的实现作用就是这么一个流程。

3. 什么是核心关键词

假如在第一步"定词"中我们确定了网站是做婚庆策划服务的，用户会通过搜索婚庆策划相关关键词来找相关网站，如"婚礼公司"、"婚庆公司"、"婚礼策划"、"婚礼网站"、"礼仪公司"、"婚礼工作室"、"私人婚礼工作室"、"婚礼哪家公司好"、"婚礼策划工作室"、"个性婚纱"、"主题婚礼"、"婚庆服务"等关键词，但我们不能把所有词全部放在网站首页标题中，因为标题的位置有限，放 30 个汉字为佳。因此，我们需要从众多关键词中选择 3~5 个与业务最相关、转化率最高的词，作为网站重点关键词进行优化排名，这几个词我们称为核心关键词。

我们在百度中搜索关键词"天津婚庆"，这个网站是做婚庆策划服务的，在图 5-2 中大号字体我们称为标题，标题写的是"天津个性婚礼"、"天津主题婚礼"、"天津婚庆服务"、"天津婚礼策划"，这四个关键词就

是这个网站的核心关键词,也是这个网站首页集中优化的关键词。

图 5-2

4. 核心关键词如何选择

如何选择核心关键词,有三种常用的方法。

(1)**自我分析、头脑风暴**。需要分析与我们的产品或者服务相关的关键词有哪些,用户会怎么搜!这就需要了解自己的产品业务,了解客户的搜索需求。

(2)**分析竞争对手的网站**。比如你想在天津开一家婚纱摄影工作室,现在做了一个网站需要优化,那核心关键词不会选怎么办?一个最简单的方法是,搜索"天津婚纱摄影",看看排在首页的那些网站的标题是怎么写的,标题中放了哪几个词,你把这些关键词挑选出来,放到自己的网站上,肯定没问题。因为那些排名靠前的是做 SEO 比较好的网站,他们在选择关键词的时候都会有一些共性的原则,都会选择那些搜索量大,能够明确代表用户搜索需求的关键词。

比如在百度中搜索"天津婚庆公司",看看其他网站的标题中包含了哪几个词(如图 5-3 所示)。

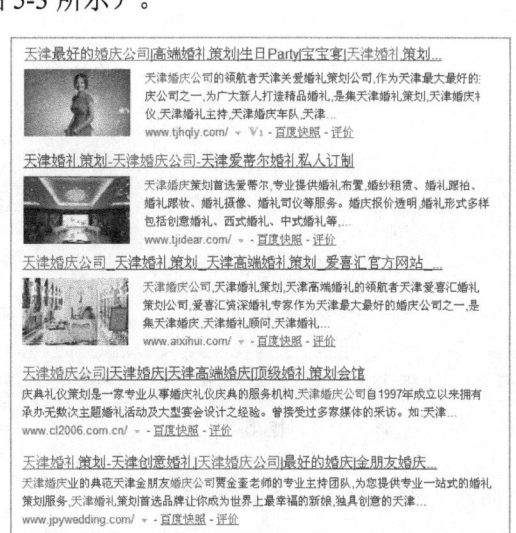

图 5-3

通过搜索,找出搜索结果前两页中排名不错的几个网站,我们看到这

几个网站标题中均出现了"天津婚庆公司"、"天津婚庆"、"天津婚礼策划"等,那么我们也需要考虑选择这几个词作为核心关键词。但也需要根据自己公司的特色主题适当地融入。

(3)百度关键词规划师工具。这个工具是百度官方推出的,目前是最好用、数据最准确的关键词分析工具。只要注册百度推广获得账号即可使用,而且是免费的!

如何注册呢?打开 www2.baidu.com 进行注册,注意密码第一个字母为大写,其他的包含字母和数字。注册后登录,进入产品界面,单击"搜索推广"右侧的"进入"按钮,如图 5-4 所示。

打开"便捷管理"界面,在底部工具栏中有一项为"关键词规划师",打开关键词规划师,如图 5-5 所示。

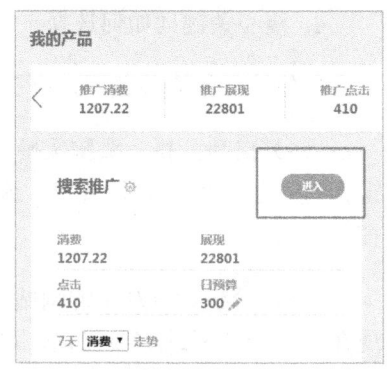

图 5-4

图 5-5

在搜索框中输入关键词,如图 5-6 所示。

图 5-6

如果要选择几个最核心的关键词,则可以在这个工具的搜索框中输入"婚庆公司",百度会给我们推荐 1000 个与婚庆公司相关的关键词,并会根据所在地区列出日均搜索量,按照搜索量从高到低的顺序排列,简单明了。

这样一看我们就明白了,"婚庆公司"、"婚庆礼仪公司"、"婚庆公司排行榜"这几个词的搜索量都很大,可以选为核心词。

另外,由于婚庆公司的业务都是以本地为主的,所以在这些关键词前还要加上地区,如"天津婚庆公司"、"天津婚庆礼仪公司"、"天津婚庆公司排行榜"等。

通过这三种挖掘关键词的策略,选择了几个核心关键词,如"天津婚庆公司"、"天津婚庆"、"天津婚礼策划"、"天津婚庆礼仪公司"、"天津婚庆公司排行榜"等。

当核心关键词确定后,还需要研究一下关键词的竞争程度,因为有些关键词的竞争非常激烈。如果是一个新网站,直接用了那些竞争程度大的关键词,则需要花很长的时间才能见效;如果想获得一个好的效果,建议大家先找一些竞争适中的关键词,先易后难。

5. 研究关键词的竞争程度

如何分析一个关键词是否竞争激烈呢?

(1)分析 SEO 竞争对手的数量。这种方法的核心是,分析有多少网站在重点优化这个词,以此来判断竞争程度。具体方法是,在百度中搜索你想优化的关键词,比如"天津婚庆公司",观察前五页的搜索结果,如

329

果前五页的搜索结果都是网站首页，那么通常属于竞争比较激烈的词。

如图 5-7 所示，矩形框中标注的均为对应网站的域名，打开网址是网站的首页。这些网站利用首页来优化"天津婚庆公司"这个关键词。

图 5-7

注意： 前面用的词通常属于竞争比较激烈的词，这个词到底竞争激烈不激烈，激烈到什么程度，还要再分析一下这些网站是否做了 SEO。如果都做了 SEO，则证明竞争激烈；如果没做 SEO，是自然排上去的，则属于竞争不激烈。

那如何判断这些网站是否做了 SEO 呢？一种比较简单的方式是看网站标题，如果对方网站标题中堆积了大量的关键词，比如"天津婚庆公司|天津婚庆策划公司|婚庆礼仪|婚庆用品|婚礼策划报价"，或者"天津婚庆|天津婚庆公司-XXX 创意婚礼机构"一类的，则基本上可以判断这个网站是做了 SEO 的，因为不懂 SEO 的人，标题一般不会这么设置。

（2）**看搜索结果页的相关搜索数。** 这种方法的原理是，在百度搜索结果中，看看你想优化的这个关键词有多少个页面，页面越多，竞争就可能越激烈。比如搜索"天津婚庆公司"，找到相关结果数约显示 208 000 个，如图 5-8 所示。

图 5-8

也就是说，有 208 000 个网页包含了"天津婚庆公司"这个关键词，如果要优化这个关键词，就要排到 208 000 个网页的前面。

（3）看关键词搜索量。这种方法的原理是，看你想优化的关键词，每天有多少人搜索。一个关键词的搜索量越大，竞争程度通常也越大，因为这样的词，优化的人多。

如何查询一个词的搜索量有多大呢？可以通过百度官方推出的百度指数工具来查询。首先，打开百度指数查询工具：index.baidu.com，在输入框中输入想查询的词，然后单击"查看指数"按钮，在出现的页面中就会显示该词历史上每一天的搜索指数，同时还能单独分析 PC 端的搜索指数和移动端的搜索指数。百度指数数值越高，说明用户搜索量越大，那么竞争程度也会很大，如图 5-9 所示。

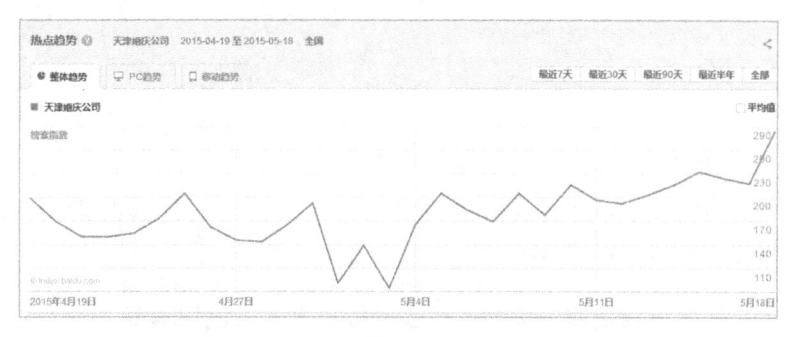

图 5-9

通过上面几步，已经把核心关键词和竞争程度分析完毕，如果这些词能够代表用户直接的购买需求，竞争对手不超过 50 个，那么就可以优化。如果超过了 50 个，则建议先从容易的关键词着手优化。

另外注意，刚刚介绍的三种方法，主要是针对新手的。其实判断一个词的激烈程度，不止这三种方法和指标。但是这三种方法比较容易掌握、简单可行，虽然它们的准确率不是 100%，但是总体还是蛮高的，所以对于刚学习 SEO 的人，能掌握这三种方法，初期就足矣。

6. 确定网站标题

核心关键词确定后，开始围绕核心关键词设置网站标题，标题要包含核心关键词，同时围绕核心关键词再设置一些相关性强、有一定搜索量、与业务相关且精准的词。比如推一把网站的核心关键词是"网络营销"，网站标题为："免费网络推广工具、网络营销培训、网站推广方案-推一把"。

（1）**什么是标题**？标题也叫 title，是网站的名称，每个网站的页面均有标题，并且每个页面的标题要不一样。在百度中搜索信息时，结果页中出现的大号字体即为网站标题，如图 5-10 所示。

图 5-10

（2）**标题的长度**。网站标题要控制在 30 个汉字以内，如果标题太长，比如写了 60 个汉字，那么超出的部分在百度中无法显示，多出的字会被省略号代替，如图 5-11 所示。

而且标题中包含的关键词太多会分散权重，关键词越多，每个关键词分到的权重就越少，不利于关键词的排名。

图 5-11

（3）**关键词间隔符的使用**。设置网站标题时，不同的关键词之间要用符号隔开，让搜索引擎和用户更好地识别网站是做什么的。常用的符号有"|"、","、"-"、"_"等。

"选词"这一步，核心要点是通过各种方法选出网站要优化的核心关键词，分析竞争程度，最终组合成标题，放在网站首页标题中。

选词工作完成后，接下来是布词。

5.1.6　SEO 七步成名法之第三步：布词

在第二步中，已经把核心关键词选择出来，并且组合成标题放置在首页了，接下来需要将核心关键词布局到页面的各个位置，增加相关性。这一步骤称为"布词"。

1. 布词的意义

关键词的布局，简单来说，就是把核心关键词合理地放置在页面的各个位置上，并且让核心词关键词达到一定的数量和密度，让搜索引擎以为你的网站和用户搜索的词相关，进而提升该词在搜索引擎中的排名。这就是关键词布局的意义。

比如图 5-12 所展示的这个网站标题："展示柜，展示柜定制，展柜制作-上海瑶海展柜有限公司"，其关键词是"展示柜"、"展示柜定制"、"展柜制作"，核心关键词是"展示柜"。

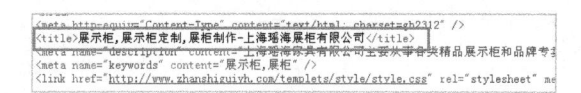

图 5-12

我们查一下"展示柜"这个关键词在其网页中出现的次数，查询方法是在网页中按"CTRL+F"组合键，"展示柜"这个关键词在网页中的数量就显示出来了。经查询得知，"展示柜"这个关键词在该页面中共出现了 40 次，且分布在网页的各个位置。这个就叫作布词（如图 5-13 所示）。

图 5-13

2. 布词的位置

在页面中可以合理、有效地进行关键词布局的位置有以下几个。

（1）**在网站的标题中布局关键词**。在页面的标题中，放置 3~5 个关键词为宜，太多不利于优化。因为关键词越多，相应的每个关键词分到的权重越少。比如，如果标题中放了 10 个关键词，平均每个关键词只能分到十分之一的权重，想获得排名就要难一些；如果只放置 3 个关键词，平均

每个关键词可以分到三分之一的权重，获得排名就要相对容易一些。

设置标题关键词时，词的顺序根据重要程度依次排列，越是重点优化的词越要放在前面。因为越是靠前的词，分得的权重越要高一些。

（2）在描述中布局关键词。 先给大家介绍一下什么是网页的描述。描述又称为 description，在网页的源文件中体现。具体查看的方式是，在网页的空白处单击鼠标右键，单击查看源文件，在 title 下面那行标记为"description"的文字，就是描述，如图 5-14 所示。

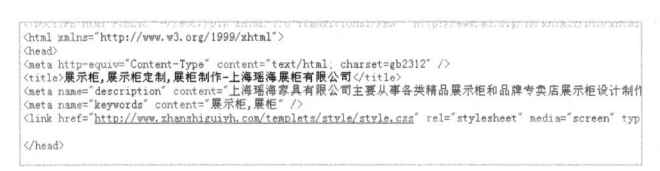

图 5-14

description 也会出现在搜索结果页中，比如在百度中搜索关键词"展示柜"，在搜索结果中标题下面的小字，就是 description，如图 5-15 所示。

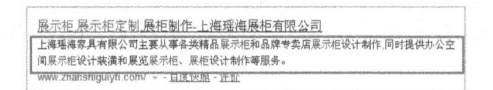

图 5-15

在描述中布局关键词时，要遵循以下原则。

A. 描述是网页内容的概括，是一段连贯的话，而不是关键词的堆砌；

B. 尽可能把标题中 3～5 个核心关键词融入到描述中；

C. 描述字数建议在 80 个汉字以内。

比如图 5-15 中网站的描述为："上海瑶海家具有限公司主要从事各类精品展示柜和品牌专卖店展示柜设计制作，同时提供办公空间展示柜设计装潢和展览展示柜、展柜设计制作等服务"，基本符合要求。这是一段语意连贯的句子，出现了 4 次"展示柜"这个关键词，并且字数在 80 字以内。

（3）在 keywords 标签中布局关键词。 先给大家说一下什么是 keywords。keywords 的中文意思是"关键词"，在这里是指网页的关键词标签，其在网页的源代码中可以看到。具体查看的方式是，在网页的空白处单击鼠标右键，单击"查看源文件"，在 description 下方的就是 keywords，如图 5-16 所示。

注意：这个 keywords 只能被搜索引擎看见，用户在网页中是看不到的。

```
<html xmlns="http://www.w3.org/1999/xhtml">
<head>
<meta http-equiv="Content-Type" content="text/html; charset=gb2312" />
<title>展示柜,展示柜定制,展柜制作-上海瑶海展柜有限公司</title>
<meta name="description" content="上海瑶海家具有限公司主要从事各类精品展示柜和品牌专卖店展示柜设
<meta name="keywords" content="展示柜,展柜" />
<link href="http://www.zhanshiguiyh.com/templets/style/style.css" rel="stylesheet" media="screen
```

图 5-16

目前，keywords 标签对 SEO 的作用越来越小，不设置问题也不大。如果要设置的话，只需要把标题中的 3～5 个关键词放到 keywords 标签中，各重复一次即可。

（4）**在导航中布局关键词**。网站导航是页面中权重非常高的一个位置。因为导航一般位于网页顶部，它的作用是第一时间引导用户指向其所需要的信息，在每个页面中都会出现；而搜索引擎看一个页面的内容，是自上而下看的，网站的内容越靠上，搜索引擎越看重，所以导航的权重比较高。

在导航中布局关键词时注意，应该在不影响用户体验的情况下进行布置。比如图 5-17 中所示的网站，其在"资讯"栏目中设置了关键词"展示柜"，使该栏目的名称变成了"展示柜资讯"，看起来很自然，没问题。

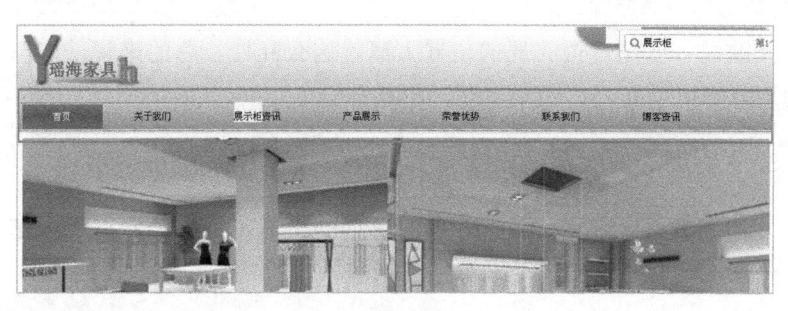

图 5-17

但是如果在"荣誉优势"栏目中设置关键词，变成"展示柜荣誉优势"的话，就显得不伦不类，此时就不要放置了。

（5）**在板块名称和文章标题中布局关键词**。一个网站的页面会分为若干板块，板块中也会显示若干文章标题。我们可以在这些板块名称及文章标题中布局关键词。在布局时，也应该以不影响用户体验为前提，如图 5-18 所示。

（6）**在底部版权和友情链接中布局关键词**。在网站页面的底部，通常都会设置友情链接及版权信息，这个位置也是布局关键词的绝佳位置，如图 5-19 所示。

图 5-18

图 5-19

关键词可以在首页布局的位置大概就这么几处。总的来说，能出现文字的地方均可以布局，但要美观，不能乱堆。

3. 关键词的密度

另外，在布局关键词时，还要注意词的密度，并不是密度越大越好。（注：关键词的密度指的是关键词在网站页面所有词汇中所占的比例。）

根据经验，关键词的密度为 2%～8%是比较理想的一个数值。如果密度过大，则会被搜索引擎认为是作弊，继而影响排名，甚至被惩罚；而密度过小，搜索引擎会觉得要优化的这个关键词与网站内容相关性不高，继而不给予排名。

那如何检测页面关键词的密度呢？互联网上有许多这类的工具，在搜索引擎中搜索关键词"网页关键词密度检测"，即可找到一堆网站，这些网站的操作都大同小异，输入关键词，输入要检测的网址，之后便会出现检测结果，如图 5-20 所示。

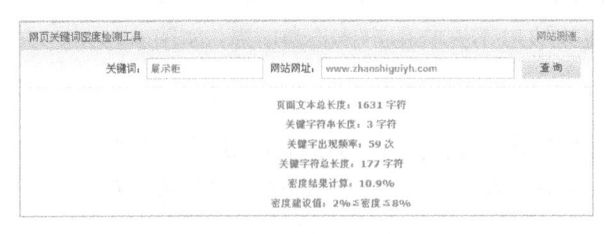

图 5-20

5.1.7　SEO 七步成名法之第四步：挖词

挖词是指针对用户的搜索行为、需求和习惯，找到用户会搜索到的各种词，然后根据这些关键词来撰写内容，发布到网站中，满足用户需求的过程。

挖词主要针对的是长尾关键词。什么是长尾关键词呢？长尾关键词是指网站上非核心关键词，但也可以带来搜索流量的关键词。长尾关键词的特征是比较长，往往由多个词或短语组成。

比如推一把网站的核心关键词是"网络营销"，而与其相关的长尾关键词有：

怎么做网络营销；
如何做网络营销；
网络营销好做吗；
网络营销的方法；
2016 年最有效的网络营销方法；
怎么进行网络营销；
网络营销方案下载；
……

长词关键词没有核心关键词的搜索量大，但是胜在精准，往往带来的客户成交量高。

长尾关键词可以通过关键词工具来挖掘，关键词挖掘技巧在第二步"选词"中分享过，这里就不再赘述了。

找到长尾关键词后，接下来需要围绕这些长尾词撰写能够满足用户需求的文章，发布到网站中。注意，这些长尾词是必须体现在文章标题中的。

当然，一、两篇文章是带不来多少流量的，因为长尾关键词的搜索量本来就小。所以，这就需要用数量来取胜，如果围绕不同的长尾词撰写一千篇、一万篇，甚至是十万篇文章的话（围绕一个长尾词也可以撰写多篇文章），其带来的流量也不可小觑。

有的看官可能说了，写文章并不是一件容易的事情，如果能写成千上万篇文章的话，那么完全可以像笔者一样写书了，甚至可以写出好几本书。写原创文章有难度，但是我们可以伪原创。

什么是伪原创呢？伪原创是指在现有文章的基础上进行再加工，使其让搜索引擎认为是一篇原创文章，从而快速收录，提高网站权重。有人可能问了，不原创，也不伪原创，直接复制转载别人的文章可以不可以？答案是可以，但是转载来的文章，没有原创文章的权重高，搜索引擎更喜欢原创的内容。

如何进行伪原创呢？要对文章进行伪原创，首先需要有文章，找文章的途径有很多，比如通过搜索引擎搜索、在相关网站中查找、在微信公众账号中搜集，或者扫描书籍获取等都可以。

有了文章后，接下来是进行加工。最常用且简单有效的伪原创方法有两种：一是修改法；二是合并法。

修改法：把现有文章中的部分内容重新组织，换成自己的语言或观点，通常的做法是修改首段、末尾及中间内容。

除了改内容外，还可以修改文章的结构，比如重新给文章分段、增加分段小标题等。

合并法：将两篇或多篇意思相近的文章，重新编辑整理成为一篇文章。

注意：不管有哪种方法进行伪原创，在创作时，一定要记得融入要优化的关键词，同时注意关键词的密度。

看到这里，可能有的看官又要问了，每天更新多少篇内容合适呢？答案是多多益善，当然，具体要根据企业的人力来定。对于企业网站来说，每天的日常更新数量最好不要低于三篇。

5.1.8　SEO 七步成名法之第五步：诊断

前面分享的四步，都是围绕关键词展开的，通过定词、选词、布词、挖词等，将要优化的关键词贯穿整个网站，从而获取排名，这也是 SEO 最核心的部分。

而除了这些核心工作外，还有许多辅助的优化工作要做。在对网站进行整体优化前，先要对网站进行一个 SEO 诊断，这就像医生给病人看病一样，先要进行"望"、"切"、"问"、"诊"才能知道病人的情况，然后对症下药，给出治疗方案。同样的道理，SEO 人员也要先对网站进行诊断后，才能给出相应的整体优化方案。

接下来，就给大家分享一下如何进行网站诊断。以下为诊断要点。

1. 网站有无 404 页面

404 页面就是当用户输入了错误的网址,或页面被删除、不存在时,出现的页面,如图 5-21 所示。

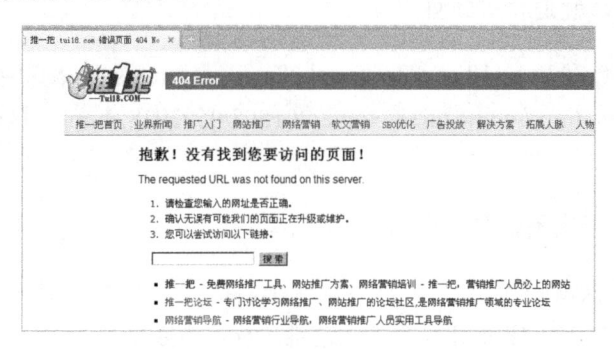

图 5-21

如果网站缺少 404 页面,用户通过搜索引擎搜索到网页信息,打开后不存在该页面,用户就会流失,404 页面可以有效地挽回部分用户。

2. 空间速度是否稳定

测试空间速度是否稳定,打开速度是否够快。测试方法是,可以通过一些专业的网站测速工具,比如 www.webkaka.com 这个工具,打开网站,在输入框中输入要测试的网址,之后就会出现测试结果,如图 5-22 所示。

图 5-22

3. 网页 URL 是否静态化

URL 的中文意思是网页地址,也就是网址。URL 分动态页面和静态页面,从 SEO 的角度来说,静态页面更有利于优化,所以在条件允许的情况下,尽可能将页面全部转化为静态页面。

如何判断 URL 是动态页面还是静态页面呢？对于新手来说，比较简单和直观的方法是看 URL，如果 URL 中出现"?"、"="、"%"、"&"、"$"等字符，就是动态页面。如果网址中没有这些字符，且 URL 的结尾是 html/htm，就是静态页面。

比如 http://bbs.tui18.com/forum.php?mod=forumdisplay&fid=18，这个就是动态页面；http://www.tui18.com/a/201508/0593938.shtml，这个就是静态页面。

4. URL 层次是否在 4 层内

URL 层次就是指 URL 的深度，一个斜杠（/）代表一层，/越多，层次越深，层次越深，搜索引擎抓取就越难，权重也越低。

从 SEO 的角度来说，URL 层次最好不要超过 4 层，如果超过太多，最好进行优化。比如 http://www.tui18.com/news/index.shtml 这个网址，就是三级。

当然，也有例外，如果网站本身收录及排名已经很好，就没必要进行太大的调整了。

5. 图片是否有 ALT 属性

图片是网站的重要组成部分，也非常受用户喜爱，因此图片优化是 SEO 中重要的一部分。而优化图片的重点是如何让搜索引擎知道图片里的内容是什么，因为搜索引擎是识别不出图片里的内容具体要表达什么的。

那如何能让搜索引擎理解图片中要表达的意思呢？答案是通过 ALT 标签来解决。

ALT 标签实际上是网站中图片的文字提示，用于对图片进行命名等描述说明。最初的作用主要是当图片因某些原因不能正常显示的时候，网页访问者也能够通过属性文本判断该图片的内容，其原本意义是为了让用户正确了解网页信息。

而通过在 ATL 标签中合理添加与主题相关的关键词，可以增加关键词的密度，以及在用户搜索相关图片信息时，获得排名。

如何查看图片是否有 ALT 说明呢？方法是查看网页源文件，在相关的图片中是否添加了 ALT 标签，同时 ALT 标签中是否有文字。添加了 ALT 标签和文字的效果如图 5-23 所示。

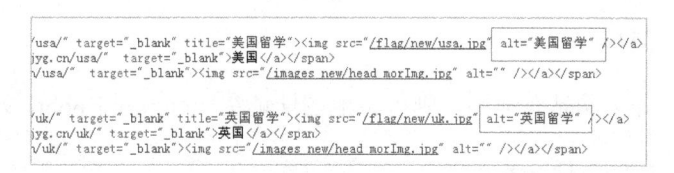

```
usa/" target="_blank" title="美国留学"><img src="/flag/new/usa.jpg" alt="美国留学" /></a>
jyg.cn/usa/" target="_blank">美国</a></span>
/usa/" target="_blank"><img src="/images_new/head_morImg.jpg" alt="" /></a></span>

uk/" target="_blank" title="英国留学"><img src="/flag/new/uk.jpg" alt="英国留学" /></a>
jyg.cn/uk/" target="_blank">英国</a></span>
/uk/" target="_blank"><img src="/images_new/head_morImg.jpg" alt="" /></a></span>
```

图 5-23

如果图片没有 ALT 说明，则需要让技术人员或者编辑人员在为网站添加内容时，注意为图片添加即可。

6. 网站是否包含 Robots 文件

Robots 的全称是"网络爬虫排除标准"（Robots Exclusion Protocol），网站通过 Robots 协议告诉搜索引擎哪些页面可以抓取，哪些页面不能抓取。在网站中，尤其是在新网站中设置 Robots 文件，有助于搜索引擎收录网站页面。

Robots 文件的具体设置方法如下：

（1）先检查网站是否设置了 Robots 文件。检查方法是直接访问网站域名/robots.txt，比如 tui18.com/robots.txt，若能正常访问，则说明该网站设置了 Robots 文件；反之，则没设置，如图 5-24 所示。

（2）如果没设置，则需要在本地新建 txt 格式文件，文件名为 robots.txt。

（3）用 Robots 文件生成器生成代码，网址：http://tool.chinaz.com/robots/。

（4）将代码复制到 txt 文件中，如图 5-25 所示。

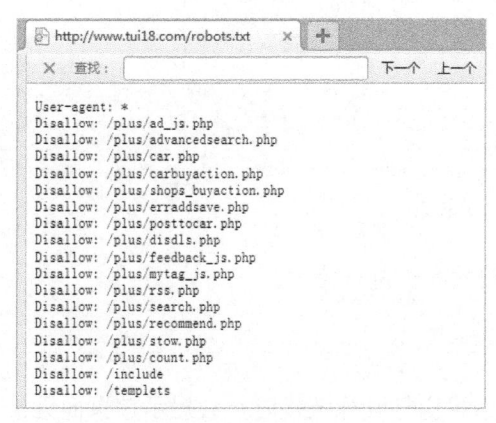

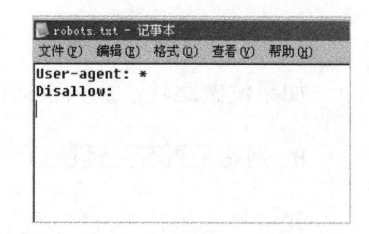

图 5-24

图 5-25

（5）将 robots.txt 上传到 FTP 根目录。

（6）再次检查网站域名/robots.txt，是否可以正常访问。注意，robots.txt

的命名，都应该是小写。

（7）如果网站有地图，则可将地图地址空一行放在 Robots 文件中。

7. 是否做了域名首选域

一个网站默认有两个域名，一个是加 WWW 的；一个是不加 WWW 的。比如推一把网站首页，www.tui18.com 和 tui18.com 两个网址打开均为网站首页。

在搜索引擎眼中，这是两个不同的域名，因此，这两个域名都会给予权重和排名。为了将两个域名的权重集中到一起，我们要确定一个重点域名来优化，重点提升这个域名的权重和排名，这个域名就叫首选域。

如何检查是否做了首选域呢？检查方式是网站不带 WWW 的域名，是否跳转到带 WWW 的域名上面。比如访问 tui18.com 的时候，是否直接跳转到 www.tui18.com 这个域名上。

如果没有跳转，则需要做 301 跳转，这样会使两个域名的权重集中到一个域名上面。我们可以通过工具来检查，地址是：http://tool.chinaz.com/pagestatus/，检查效果如图 5-26 所示。

图 5-26

如果没做跳转，那么直接找技术人员进行修改。

8. 网站是否有死链接

死链接是指打不开的链接，当我们打开死链接时，会提示该页面无法显示。死链接不利于 SEO 优化，同时也不利于用户体验。

死链接的处理方式如下：

（1）设计友好的 404 页面。即使用户单击了无效链接，也会跳转到 404

页面。

（2）如果是原来的内容误删除导致链接访问不了，那么可以恢复原来的内容。

查询死链接的网址是：http://tool.chinaz.com/Links/，查询效果如图 5-27 所示。

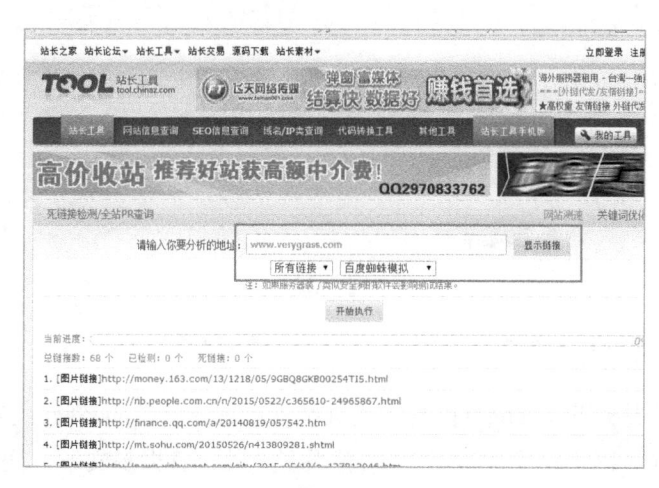

图 5-27

除了以上 8 点外，标题、描述是否设置合理，关键词布局位置，以及后面提到的内链和外链都需要进行诊断。另外在诊断时注意，诊断完成后，最好将诊断结果撰写成诊断方案，这样 SEO 人员执行起来比较直观，同时也不会产生遗漏。

5.1.9　SEO 七步成名法之第六步：反链

反链又叫反向链接，通俗地讲，各种指向页面的链接，都叫反链。反向链接可以把一个页面上的一部分权重传递到另一个页面上，数量越多质量越高，被链接页面的权重就越高，可提升被链接页面关键词在搜索引擎中的排名。

反链包括内部链接（简称内链）和外部链接（简称外链）两种形式。

1. 什么是内部链接

内部链接，是指在同一网站域名下的页面之间相互链接（也称为站内链接）。比如首页链接到频道页、频道页链接到内容页、内容页之间相互链接、内页链接回首页等，都是内链，如图 5-28 所示。

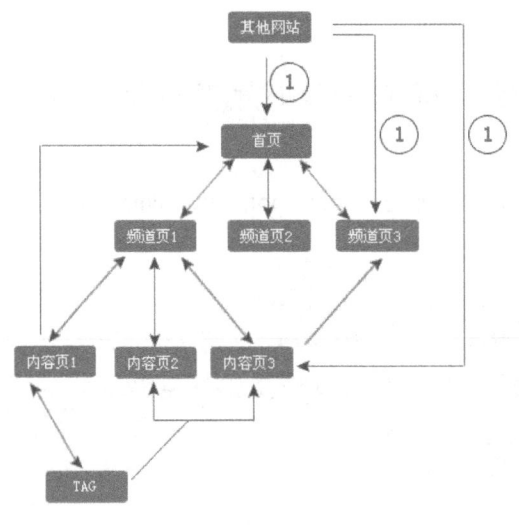

图 5-28

2. 内链有什么作用

（1）**有利于抓取网站内容**。内部链接就好比网站的经脉，经脉不通，搜索引擎抓取不畅，这样即使网站有很多产品，有很多文章，搜索引擎也抓取不了，最终影响收录。如果我们把内部链接做好，打通网站的任督二脉、奇经八脉，那么搜索引擎抓取就畅通无阻了，就更利于去抓取网站的内容。

（2）**增加用户黏性**。什么是用户黏性？就是说一个用户能够在网站上浏览多篇文章，停留时间很长。比如用户看一篇 SEO 文章，发现网站右侧推荐了一些相关文章，刚好这也是他感兴趣的、想要了解的，那么用户就会单击阅读这些相关文章，这样用户在网站的停留时间就长了，看的页数也多了，搜索引擎会认为这个网站内容对用户很有帮助，就会给予良好的排名。

（3）**提升关键词的排名**。网站上的任何一个页面，包括首页、产品页、分类页等，都是有权重之分的，只是首页的权重会高一些，而产品页、分类页的权重就稍微低一些，但都是有权重的，都是可以把权重传递给其他页面的。而网站的整体权重越高、网站越大，内链的作用和价值就越明显。

在 SEO 行业中有句俗语，叫"大站靠内链，小站靠外链"，这句话的意思是，如果是小网站，那么更多的需要靠外链来提升网站排名；而对于大网站来说，只要充分做好内链，发挥好内链的价值，就能获得好的排名。这句话充分体现了内链的作用和价值。

比如大家在百度中搜索一些行业名词时，经常是百度百科的内容排在结果页第一页甚至第一位。为什么百科排名很好呢？原因就是百度百科内

部链接做得很好。比如在"推一把"的百科页面中,有许多相关的百科页链接,而不同的百科页之间相互链接,形成了一张巨大的网,最终使之整体的排名都得到了提升,如图 5-29 所示。

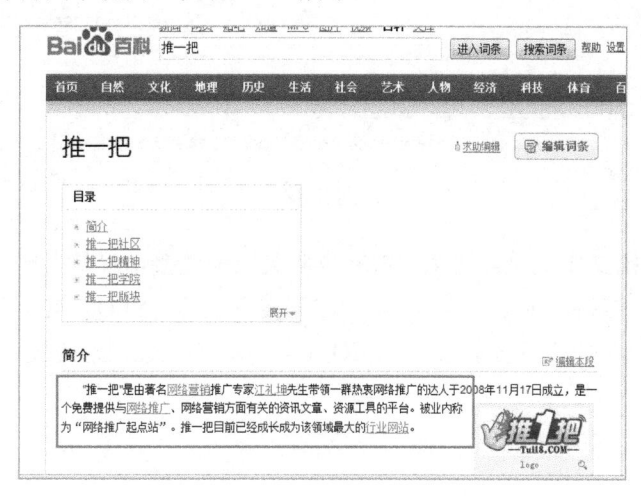

图 5-29

3. 如何做内部链接

网站内链主要有以下几种形式,它们是建设内链的重点。

(1)**网站导航**。前文介绍关键词时曾提过,网站导航是页面中权重非常高的一个位置,对关键词的提升非常有帮助。同样,在网站的内部链接中,网站导航也是权重非常高的内链,是建设内链的重点,如图 5-30 所示。

图 5-30

(2)**面包屑导航**。面包屑导航的作用是告诉访问者他们目前在网站中的位置,以及如何返回,也能够让搜索引擎清晰地了解网站的结构,如图 5-31 所示。

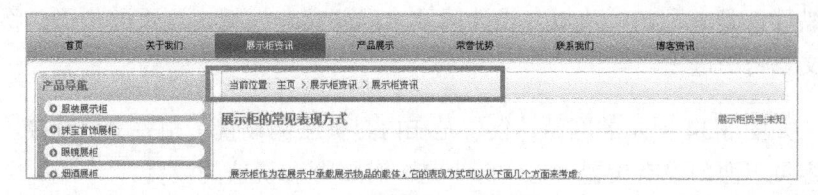

图 5-31

345

（3）上一篇、下一篇。我们在浏览网页时，看完了一篇文章，底部都有显示上一篇、下一篇，如图 5-32 所示。

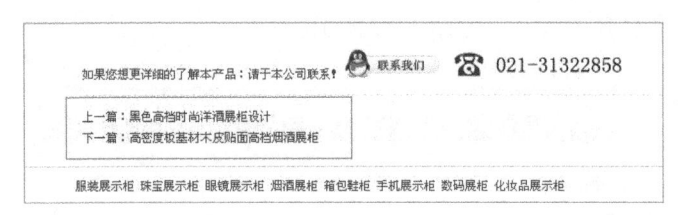

图 5-32

（4）锚文本链接。锚文本链接也叫关键词链接，就是指把文章中某个关键词加上链接。如图 5-33 所示，这篇文章中的"SEO"这个关键词，链接到了元创老师的博客首页；"SEO 工具"这个关键词，链接到了 SEO 工具页面。

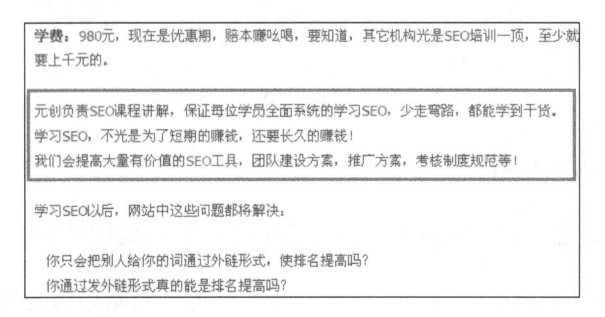

图 5-33

虽然内容页的权重不高，但是胜在量大，因为一个网站少说有几千上万篇文章，多的有几百上千万篇，庞大的数量足以带来质的变化。

在具体操作时，一篇文章中有三个关键词链接即可，比如网站优化核心关键词为"展示柜"，我们要优化"展示柜"这个词，文章中如果出现了"展示柜"就可以链接到网站首页；如果出现了"服装展示柜"，就可以链接到服装展示柜页面，这样可以优化多个页面。但不一定每篇文章都加关键词链接，有就加，没有就不用加。

（5）文章相关链接。相关文章指的是在文章页面的底部或左右侧，推荐一些与该文章相关的文章。相关文章这块做好了，对网站文章收录和用户黏性都是有利的，所以在设计网站时，要充分挖掘内容页的价值，将相关文章考虑进去。

如图 5-34 所示的网站，仅仅是在内容页左侧设置了相关文章链接，在内容页下面却没有设置，这实际上是一种资源和价值的浪费。

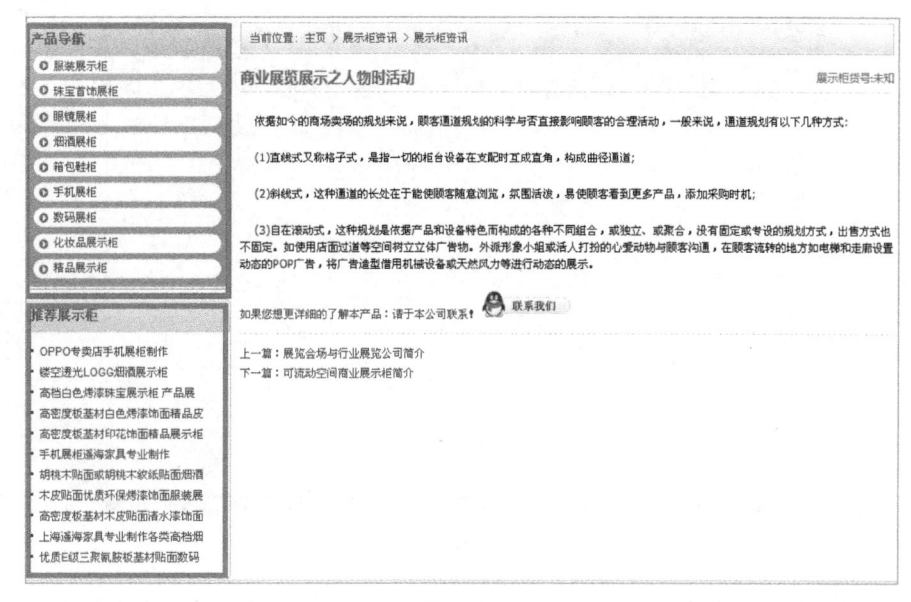

图 5-34

（6）**网站地图**。网站地图，又称站点地图，它就是一个页面，上面放置了网站上需要搜索引擎抓取未收录页面的链接（注：不一定是全部页面）。大多数人在网站上找不到自己所需要的信息时，可能会将网站地图作为一种补救措施，如图 5-35 所示。搜索引擎蜘蛛非常喜欢网站地图。

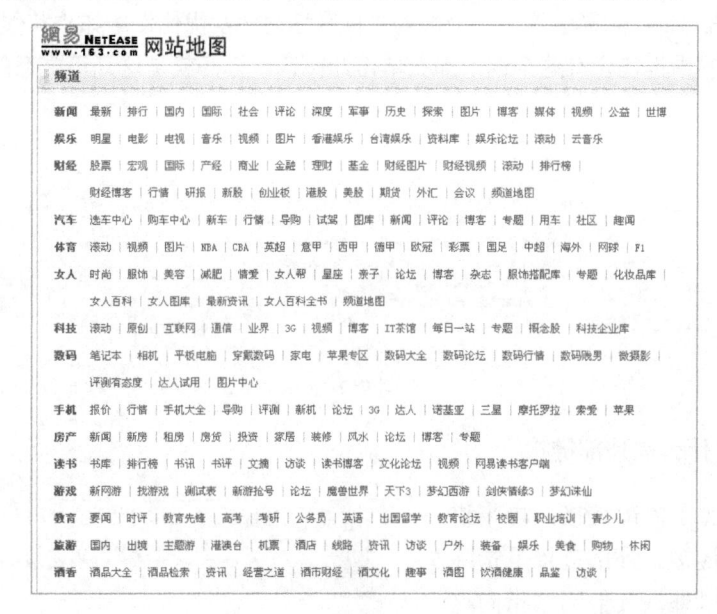

图 5-35

互联网上有一些专门制作网站地图的工具，比如：http://cn.sitemapx.com/，下载工具按照教程使用即可，如图 5-36 所示。

图 5-36

（7）Tags 标签。Tags 是一种更为灵活、有趣的文章或图片等信息的分类方式。用户可以为每篇文章、每张图片或每条信息添加一个或多个标签，从而根据这些标签对这些文章、图片或信息进行分类。

在发布文章时，有一个 Tags 标签选项，输入与主题和内容相关的关键词即可形成 Tags，一个关键词一个 Tags。如图 5-37 所示的这篇文章，在发布文章时，在 Tags 标签中放了一个词为"百度移动搜索优化"。如果其他文章的 Tags 标签中也包含有这个词，那么单击此标签，打开就是这几篇文章的集合。

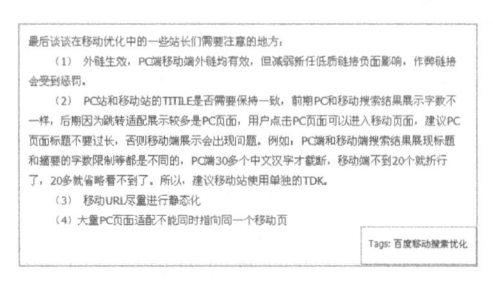

图 5-37

4. 什么是外部链接

讲完了内部链接，再来讲讲外部链接。外部链接是指除了内链以外，其他网站指向这个网站的链接。在如图 5-38 所示的这两篇文章中，留下了元创老师的博客文章链接，这个

图 5-38

链接就是元创老师博客的外链。

外部链接分为两种类型：一种为锚文本外链；一种为网址外链。锚文本外链又叫关键词链接，与内链中说的锚文本链接是一个意思，是指为某个关键词加上链接。如图 5-39 所示，文章中"网络营销培训"这个关键词被添加了链接，单击关键词链接就到了推一把培训首页，这就是锚文本外链。

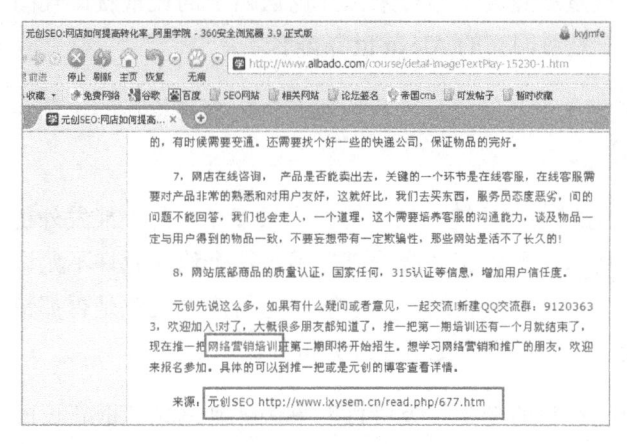

图 5-39

而在这篇文章结尾处，有文章来源地址，这个链接就是网址外链。

5．如何做外部链接

外链很重要，对于越小的网站越重要，因为"大站靠内链，小站靠外链"。增加外链的方法有很多，应该说只要能留链接的第三方网站，都可以去利用。比如论坛链接、博客链接、新闻稿链接、分类信息网站链接、友情链接、问答网站等。

但是现在很多网站不允许留链接，或者效果很差，从实践来看，目前相对来说比较容易操作、效果比较好的两种做外链的方法是论坛外链和友情链接。

（1）**论坛外链**。论坛外链即在相关论坛发布帖子时留下链接。论坛外链之所以会成为目前 SEO 人员最喜爱的建设外链方法，是因为论坛有两大优势。

第一，论坛选择空间大。目前国内大大小小的论坛有近百万个，选择的空间很大。不像问答网站、分类信息网站等，总量本身就不多，而效果好的就数得过来的几个。

第二，论坛开放度高。论坛都可以免费注册，免费发布内容，不像新

闻等受限制，需要人工投递，甚至付费投递。

做论坛外链，首先要选择目标论坛。选择标准如下：

1. 选择百度权重高、流量大的论坛。如何看论坛权重高不高呢？一是可以通过工具查看网站的百度权重，比如 aizhan.com；二是看人气，人气越高的论坛，权重就越高，相对来说，论坛帖子的权重就比较高，那么收录就比较快；三是看网站的 Alexa 世界排名。

2. 选择相关度高的论坛。我们发布的内容与论坛的主题相关，获得的权重会更高。

3. 目标论坛允许外链。如果注册了很多论坛，不能发外链，那么就浪费了时间和精力。所以在注册前，先确定这个论坛允许不允许发外链。简单的确认方法是，打开论坛后，了解其他用户发文章是否都带了链接，如果带了链接，那么我们也是可以发外链的。

网址外链的目的是为了吸引百度等蜘蛛到网站抓取新页面，所以量并不是越大越好，关键是质量，通常一天留 3 条即可。当网站排名稳定后，一周 3~5 条即可。

（2）**友情链接**。通俗地讲，友情链接就是两个网站互相在自己的网站加上对方网站的关键词链接。友情链接是外链中权重最高的一种，一个好的友情链接，可以抵得上几百、几千个论坛外链。之所以如此，是因为在正常情况下，友情链接是在其他网站的首页或频道首页显示，而首页或频道首页是网站中权重最高的页面，所以能传递给我们的权重也会很高，如图 5-40 所示。

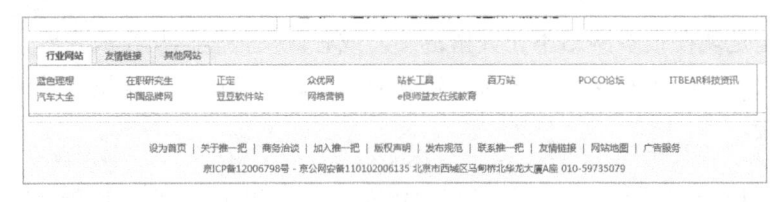

图 5-40

因此，友情链接是外链方式中最重点、最重要、最核心的方法。在操作过程中，通常一周换 3~5 个友情链接即可，总数 30 个为宜。

具体换友情链接的方法、标准等，在本书 2.3 节详细介绍过，这里就不再赘述了。

以上就是如何进行外链建设的方法，主要是论坛外链和友情链接，其

他方法在这两种方法的基础上延伸即可。

5.1.10　SEO 七步成名法之第七步：调整

调整即监控优化效果，及时调整优化策略。平时我们需要监控关键词的排名、网站收录数据、网站内容更新数量、网站外链收录数量、友情链接数据等，还需要做好网站修改的记录，防止网站出现问题时，找不到问题在哪里。

比如以下几种情况，都需要在优化时做数据统计，及时进行调整。

（1）**有排名没单击**。增加网站标题和描述的吸引力，提高单击。围绕用户需求写描述，比如在描述中突出产品特色、优势，以及能够吸引人单击的元素。

（2）**排名不稳定**。增加外链或网站内容的转载数量，多更新对用户有价值的内容，让用户自发转载。把自己写的文章投稿到一些大网站，带上链接，让站长转载。

（3）**网站收录不好，黏性差**。继续调整内部链接。围绕用户最关心的话题，增加相关文章在其他文章页面出现的机会。

以上即为元创老师多年 SEO 总结的"SEO 七步成名法"，只要按照每个步骤和要点认真执行，最终一定会有很好的效果。

5.1.11　常见的 SEO 误区

SEO 部分分享完了，但是最后还得啰唆几句。国人有个陋习，就是随大流，在网络营销领域也是如此，SEO 火了之后，很多人是趋之若鹜，盲目随从。结果由于认识的不足和操作的不到位，产生了许多不好的现象和误区。下面和大家说说最常见也是最致命的几个 SEO 误区，希望大家在具体操作时，能够少走弯路，提高效率。

1. 不要为了 SEO 而 SEO

为了 SEO 而 SEO 是最普遍存在的一个误区，特别是在一些初级 SEOer 和企业网站中，尤其严重。比如一些 SEOer 经常有这样的困惑："自己的网站优化得很牛，但就是效果不好"。而这些 SEOer 真的很努力，他们往往都是每天刻苦研究搜索引擎算法，然后根据算法来努力优化网站，比如 title 的关键词策略一定是一流的；内部页面一定设置了内链；页面的关键词

密度肯定是不多不少正好；网站的更新量绝对控制得恰到好处；内容一定是经过精心的伪原创；文章都是围绕关键词精挑细选的，甚至连公司介绍页，都是关键词套关键词；外链做得也很棒，每天都去其他论坛留链接。从 SEO 的角度说，这网站做得真的很牛。但问题是这种网站完全背离了用户，根本不是做给用户看的，而纯粹是为了迎合搜索引擎而做的。背弃了用户的网站，也一定会被搜索引擎所背弃。

前面说过，搜索引擎不是公益组织，而是商业机构，本质也是追求利益。所以想让搜索引擎喜欢上我们，就需要先帮助搜索引擎实现商业价值。简单地说，就是前面反复强调的——"为用户提供最精准的优质内容！"因为用户不喜欢的内容，搜索引擎也一定不会推荐。

2. SEO 不是全部

很多刚接触网络推广的同志有个错误认识，以为网络推广就是 SEO，SEO 就是网络推广。其实不然。虽然 SEO 的效果确实不错，但并不是全部，SEO 只是众多网络推广方法中的一种而已，且不是所有的网站都适用 SEO。

而且 SEO 能做到的也只是带来用户，能不能留住用户，能不能让用户为我们的产品和服务买单，就不是 SEO 能决定的了。

3. 不要天天盯着搜索引擎看

在推一把论坛中，天天能看到这样的帖子："大侠求助，我今天的收录量少了三条，怎么回事？""大侠求助，我今天的外链数突然增加了，会不会有问题？"……每次看到这样的问题，笔者都是相当无语，大家的心情可以理解，但是天天盯着搜索引擎查收录数、外链数等，真的没什么意义。因为 SEO 不是查出来的，是做出来的。

4. 不要一味地追求数据

很多人做 SEO，对数据非常重视，比如收录数、外链数、快照日期等。量化指标、追求数据是没错的，但问题是不能盲目地追求一些不靠谱或不相关的指标。对于企业来说，实施 SEO 是为了追求效益，而能获取到多少效益，和快照日期、外链数等数据关系并不大。就算快照日期再新，用户也不会因为这个而掏腰包。作为企业，最应该追求的是转化率。

当然，数据很重要，及时搜集和掌握数据变化是没问题的。但是不要草木皆兵，数据一有点变化，就紧张得不行。搜索引擎的数据肯定是天天变化的，而且肯定是有升有降的。对于这些数据，我们只要掌握趋势即可，不要在意每天具体的变化。

比如每周四记录一次数据，然后制作成曲线图，观察曲线的变化。如果曲线一直是上升状态，那么就是良性的；如果是持续下降状态，那么再去研究为什么。不要管每天数据的升或降，趋势才是最重要的。

5.2 竞价排名

5.2.1 认识百度竞价

百度竞价是百度国内首创的一种按效果付费的网络推广方式，说白了就是一种网络广告，但是这种广告是基于百度的搜索平台的。

在百度，每天有超过 1 亿人次查找信息，企业通过在百度上做关键词广告，就会被主动查找这些产品的潜在客户找到，从而把目标人群带到网站上，最终引导用户成交。

竞价排名的特点是按效果付费，只有用户单击了链接，企业才支付相应的费用；如果没有被用户单击，则不收取推广费用。而且企业可以自己控制单击价格和推广费用，精准统计用户单击情况；同时还可以根据时间、地区等显示结果，增加精准度。所以说竞价排名虽然是一种付费推广方式，但是性价比却比较高，费用也相对较低，是一种非常精准的推广方法，得到了广大企业的认同和喜爱。

5.2.2 竞价与 SEO 的差异

其实 SEO 和竞价排名实现的效果基本上是一样的，就是在搜索引擎结果页中获取更好的排名，只不过一个是通过技术手段获得排名，一个是花钱"买"排名。

那二者哪个更先进一些-效果更好呢？企业应该如何选择呢？是不是有了 SEO，就不需要竞价排名了呢？其实在有条件的情况下，可以二者同时操作。主要有两个原因。

第一，在操作 SEO 时，因为技术和资源等方面的限制，我们不可能无限选择关键词，只能挑选那些主要的关键词进行优化。而在做竞价排名时，不需要考虑关键词数量的问题，只要是与产品有关的词，就可以全部选择，因为百度的特点是不单击不要钱。

第二，在做 SEO 时，还要考虑竞争的问题。对于一些竞争大的词，是很难优化上去的。而对于这样的词，我们就可以考虑用竞价排名的方式去获取排名。

与 SEO 一样，竞价排名由于其卓著的优越性，已经成为首选的推广方法之一，普及率非常高。

在具体操作过程中，做百度竞价，主要是指操作百度竞价的广告账户（广告后台），所以本节内容的重点就是介绍竞价账户的操作流程和要点。

5.2.3　百度竞价账户的结构

百度搜索推广账户结构分 4 个层级，分别是：推广计划、推广单元、关键词和创意。

百度竞价账户由推广计划、推广单元、关键词和创意四个核心要素构成。这四大要素是竞价账户的核心，是根本，如图 5-41 所示。

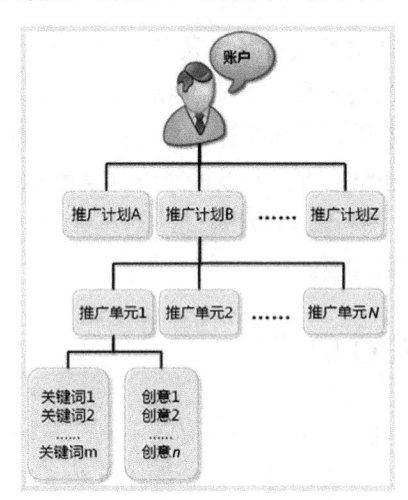

图 5-41

1. 推广计划

建立百度竞价推广计划是设计百度竞价账户结构的第一步。在建立时应先细分出一个或多个明确的推广目标，并为不同目标建立不同的推广计划。

推广计划是对关键词分大类。

推广计划是管理一系列关键词、创意的大单位，建立推广计划是设计账户结构的第一步。每个推广计划可以单独设置"推广地域"、"预算"

和"推广时段",如果投放预算为零,则该推广计划失效。

(1) **推广地域**。根据业务的覆盖范围来选择推广地域;根据不同地区用户需求量的大小来选择推广地域。

(2) **预算**。建议使用"每日预算",这样可以保证预算平均分配到每一天。应该根据推广的侧重点,合理分配不同推广计划的预算。

账户消费达到预算后,会有一段系统下线刷新时间,这一时段系统会继续扣费。所以实际消耗可能会略大于预算。

(3) **推广时段**。根据在线客服值班的时间来确定推广时段;根据产品的特殊属性来确定推广时段。

推广计划的主要作用就是使账户结构更加清晰,便于管理和维护。推广计划之间应该是并列关系。在此基础上,完全可以根据需要建立任意的推广计划。比如可以根据产品的品类来创建计划,如IT产品计划、化妆品计划、图书产品计划;也可以根据不同地区来创建推广计划,如北京推广计划、上海推广计划等。

对于大部分产品比较单一的中小企业来说,一个推广计划就已经足够了。

2. 推广单元

推广单元是百度竞价账户管理关键词、创意的小单位,推广单元的建立与关键词的选择息息相关,一个推广单元里面可以设置很多关键词。之所以要建立推广单元,是由于推广计划不能一次彻底地把关键词分得很明确,推广单元的再一次归类就会使关键词的分类更为明确,进而使得账户更加清晰。

在推广单元中,关键词和创意是多对多的关系,即每个推广单元里的多个关键词共享多个创意,在推广结果展现时,同一个关键词可对应多个创意,同一个创意也可能会被多个关键词使用。

推广单元是对关键词分小类。

推广单元是管理推广的小单位(每个推广计划中可以有1000个推广单元)。这里以银行账户为例,人民币结算部分再进一步管理时需要继续细分,比如第一块业务专门做股票,第二块业务专门做债券,第三块业务专门做储蓄。这样划分能更好地分别制定投资方案,也能更好地衡量投资回报—我们在系统中建立不同的单元也是同样的道理。

当建好一个推广计划之后，我们需要新建推广单元，有了推广单元才能加关键词进行推广。一个推广计划可以新建 1000 个推广单元，便于以后关键词的统计和数据分析。这里作者建议把相似的关键词放在同一个单元中，把相似的单元放在同一个计划中。

3. 关键词

关键词的选择是竞价排名的重心之一，而选择关键词最重要的原则就是要精准。这里说的精准，不仅仅是像 SEO 选择关键词那样，只要选择的关键词与网站业务有关，然后有一定的搜索量即可，而关键是要有转化率，至少要满足以下原则。

（1）关键词要有一定的搜索量。

（2）关键词要体现出用户的明确的购买意图。

（3）关键词和自身的产品或业务相关。

4. 创意

创意是指用户搜索触发你的推广结果时，展现在用户面前的推广内容，包括标题、描述，以及访问 URL 和显示 URL。

（1）创意的组成。创意是指用户搜索某个关键词时，展现在面前的推广内容，包括标题、描述 1、描述 2、访问 URL 和显示 URL，如图 5-42 所示。

图 5-42

标题最长不能超过 25 个汉字，描述 1 和描述 2 均不能超过 40 个汉字。

（2）创意的展现位置。创意主要体现在搜索引擎结果页中，具体体现在三个位置。

- 搜索引擎结果页左侧"推广"位置。如图 5-43 所示，在搜索引擎结果页中，显示"推广"字眼的，全部是投放了百度竞价的页面。

第 5 章 搜索引擎篇

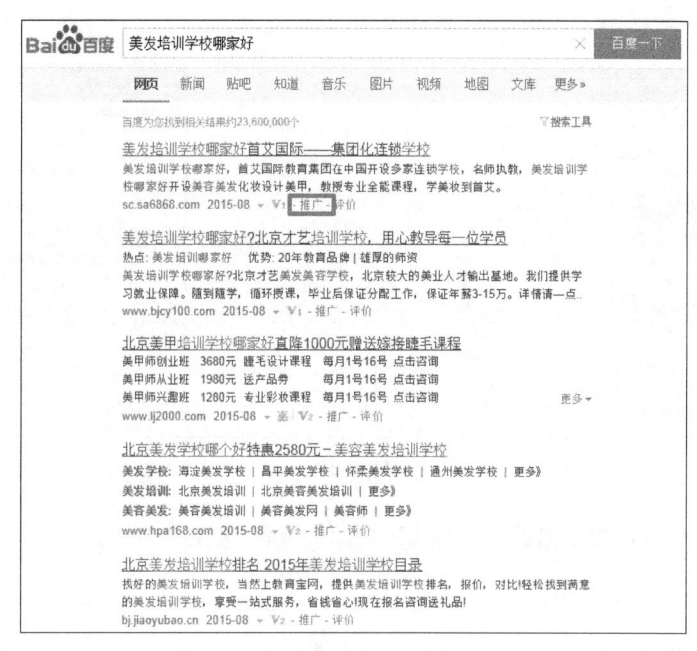

图 5-43

- 搜索引擎结果页左侧"推广链接"位置。如图 5-44 所示,在搜索引擎结果页中,左侧顶部灰底,带"推广链接"字眼的,全部是投放了百度竞价的页面。

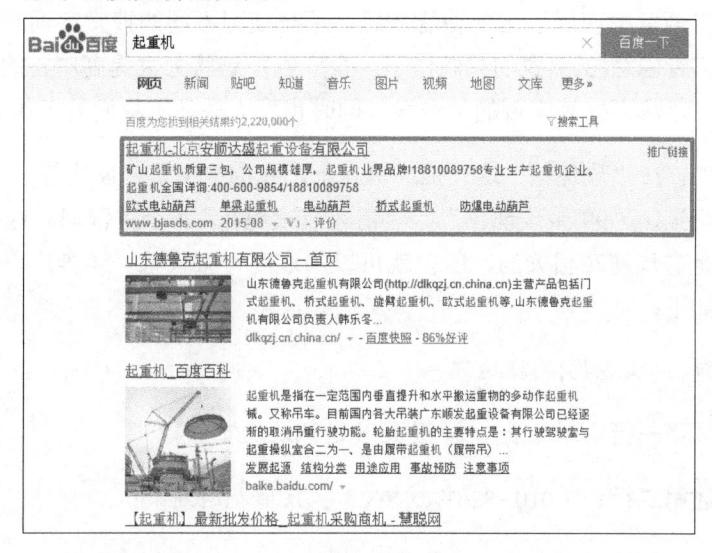

图 5-44

- 搜索引擎结果页右侧"推广链接"位置。如图 5-45 所示,在搜索引擎结果页右侧的链接,是投放了百度竞价的页面。

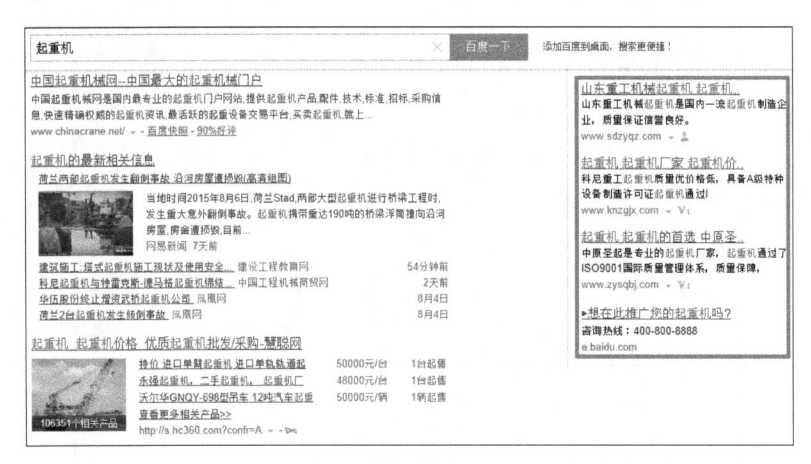

图 5-45

（3）创意撰写策略。在撰写创意时，要遵循以下原则。

- 突出自身的优势与卖点；
- 包含价格信息、促销信息等内容；
- 要突出产品的效果和为用户带来的好处；
- 适当使用数字、英文字母和特殊符号提升吸引力。

（4）创意中的通配符。通配符是竞价排名广告的一项高级功能，当我们在广告创意中使用了这项功能之后，用户使用不同的搜索字词时将看到不同的广告创意(虽然我们只制作了一个广告)。这将大大提高广告的相关性和实用性，从而提高广告的单击率，同时也大大提高了我们的工作效率。

例如，在"玫瑰花"这一推广单元下，我们提交了"玫瑰花"、"999朵玫瑰花"、"99朵玫瑰花"、"情人节玫瑰花"4个关键词，这4个关键词都是与玫瑰花相关的，所以就可以用通配符来代替。该推广单元撰写的创意如下：

标题：{玫瑰花}同城速递

描述第一行：鲜花表心意 爱她就送她玫瑰花！

描述第二行：（010-8261XXXX），玫瑰花送到家！

注：{}即是百度竞价排名的通配符语法。

此时，当用户搜索4个关键词中的任意一个关键词时，都会出现我们的创意。比如用户搜索"情人节玫瑰花"时，最终展现效果如图 5-46

图 5-46

所示（标题中的通配符将被该关键词替代）。

通过通配符获得飘红来吸引用户关注，可能会带来更高的单击率。此外，使用通配符也有助于增强用户搜索词、关键词和创意之间的相关性，这都意味着质量度的提升，进而意味着推广费用的降低和投资回报率的提高。基于以上两点，建议重视通配符的使用。

（5）创意中的显示 URL 和访问 URL。显示 URL 是指用户在搜索结果页中看到的网址；访问 URL 是指用户单击我们的推广结果后实际到达的网站页面，也称为着陆页。

显示 URL 的作用是为了提升用户体验，吸引用户单击，一般使用网站的域名加深品牌印象；可以利用特殊字符增加吸引力。

访问 URL 的作用是为了把用户带到最符合用户搜索需求的页面，一定设置为与用户搜索词最相关的页面。

5.2.4　百度竞价账户的建立流程

1. 选择关键词并进行分类

在设置百度竞价账户前，首先要根据企业的情况和需求选择关键词并进行分类。百度竞价后台自带有关键词分析和选词工具，且非常好用。具体的操作步骤是，在百度竞价后台单击进入"关键词规划师"（如图 5-47 所示），然后在搜索框中输入你想要的关键词。

图 5-47

接下来，单击"搜索"按钮，系统会将与该关键词相关的关键词罗列

出来，同时还会显示该关键词的搜索量、价钱、竞争程度等（如图 5-48 所示）；选择你认为适合的关键词，单击该关键词后面的添加按钮，加入到所选关键词中。

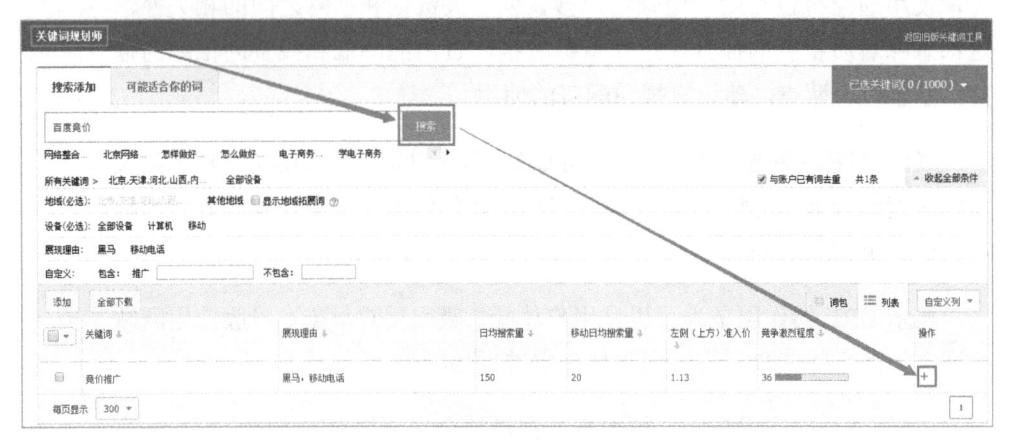

图 5-48

最后，将这些关键词复制到 Word 或 Excel 中，进行详细分类。分类时，要按照 5.2.3 节提到的竞价账户结构进行分类，即先建立推广计划，再建立推广单元，如图 5-49 所示。

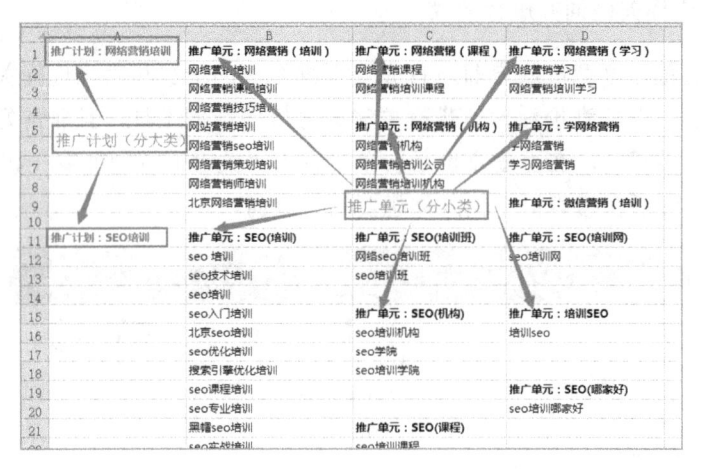

图 5-49

2. 根据分类关键词创建推广计划和推广单元

将关键词分类好后，开始在百度竞价账户后台创建推广计划和推广单元。具体的操作步骤如下：

（1）登录账户后，单击进入"搜索推广"，然后选择"推广管理"，单击"推广计划"，再单击"新建计划"，如图 5-50 所示。

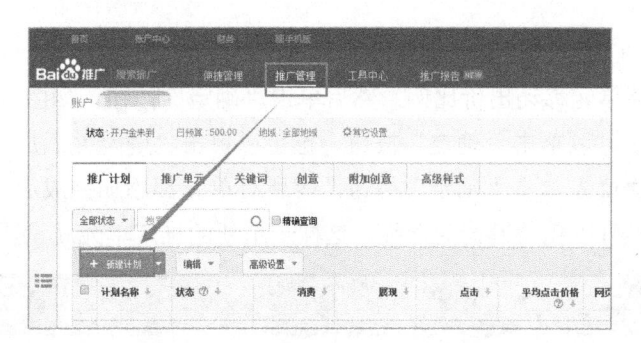

图 5-50

（2）在弹出的"新建推广计划"对话框中，输入推广计划名称、创意展现方式、推广地域，单击"确定"按钮，一个新的推广计划就设置好了，如图 5-51 所示。

图 5-51

（3）创建好推广计划后，继续创建推广单元。单击之前所创建的推广计划，再单击"新建单元"，如图 5-52 所示。

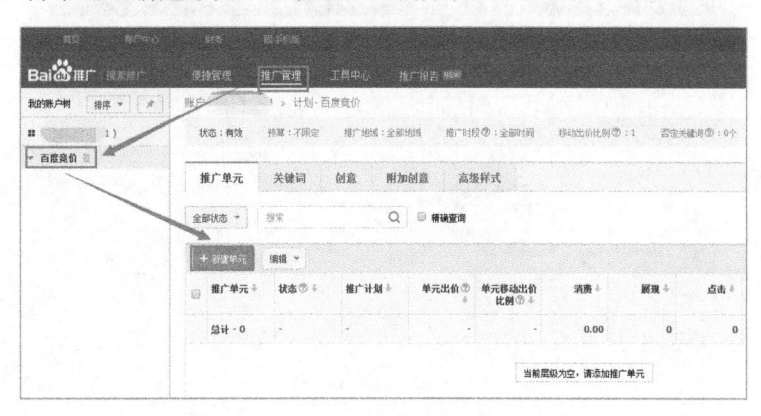

图 5-52

（4）在弹出的"新建推广单元"对话框中，输入推广单元名称和单元出价，选择单元移动出价比例，然后单击"确定"按钮，如图 5-53 所示。注意：这里可以单击"确定"按钮，也可以单击"确定并添加关键词"按钮，作者建议先单击"确定"按钮，等所有单元都添加完成后，再添加关键词，这样可以免关键词的混乱。这样一个新的推广单元就设置好了。

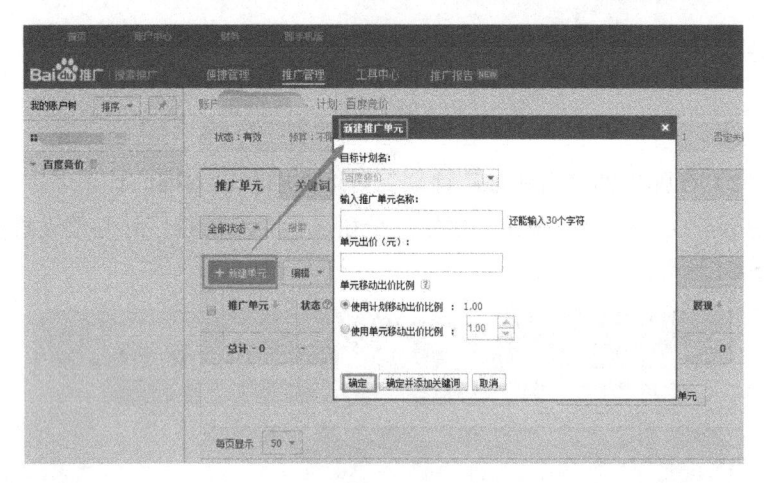

图 5-53

3. 在相应的推广单元中设置关键词

推广计划和推广单元创建好后，开始在里面设置之前设定好的关键词。具体操作步骤如下：

（1）进入"搜索推广"，选择"推广管理"下的"推广计划"部分，单击推广计划下的推广单元，再单击出现在右侧的"关键词"，单击下方的"新建关键词"，如图 5-54 所示。

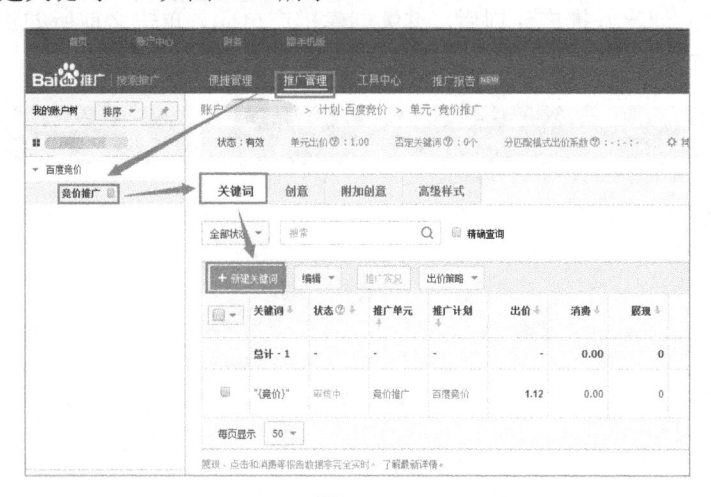

图 5-54

（2）在弹出的"关键词规划师"工具里搜索关键词，单击"加号"添加关键词，在右侧的边框里可以把我们之前分类好的关键词手动添加进去，然后确定就可以了，如图 5-55 所示。这样我们就可以在百度竞价账户的推广单元层级看到所添加的关键词了。

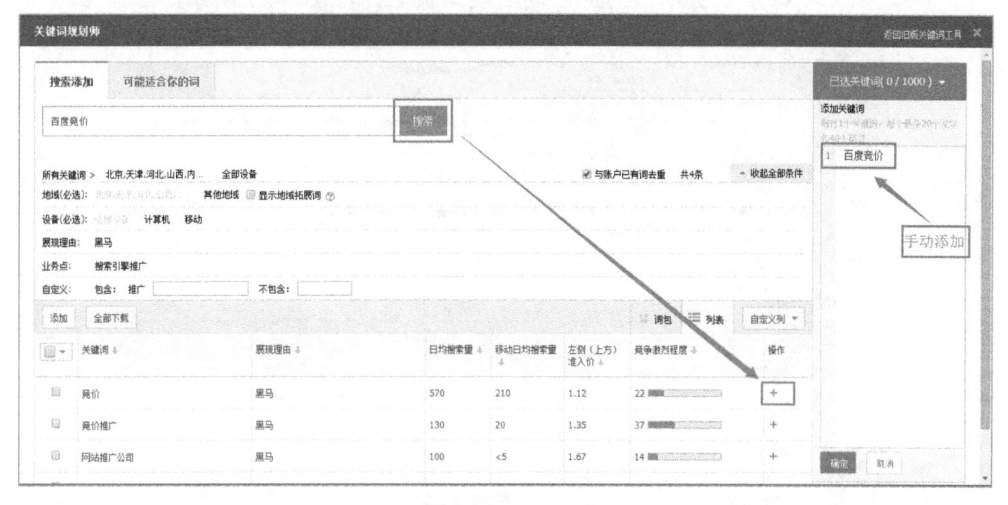

图 5-55

4. 在推广单元中针对关键词撰写创意

关键词设置好后，开始创建创意。具体操作步骤如下：

（1）登录后，进入"搜索推广"，选择"推广管理"下的"推广计划"部分，单击推广计划下的推广单元，再单击出现在右侧的"创意"，单击下方的"新建创意"，如图 5-56 所示。

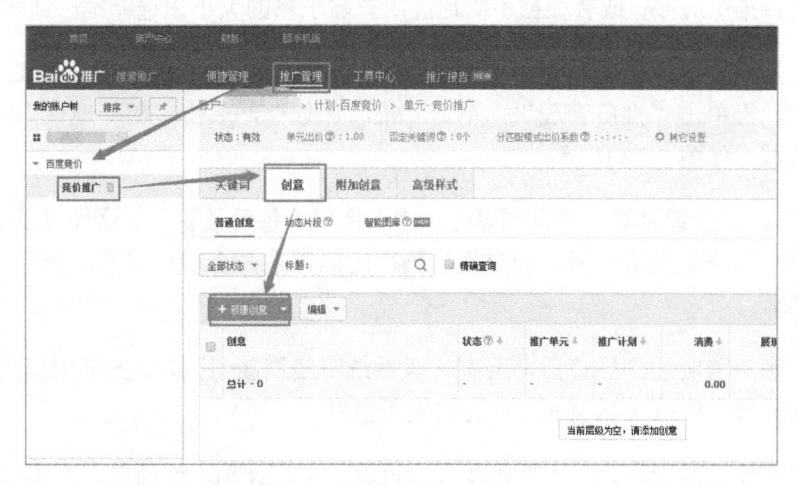

图 5-56

（2）在弹出的"新建创意"对话框中，填写创意标题、URL 等，一套子

363

链标题的总长度限制为 56 个字符（28 个汉字），其中单条子链标题的长度不超过 16 个字符（8 个汉字）。在一套子链中，各条子链的标题都不能相同。

- 一条子链 URL 的长度限制为 1024 个字符；
- 每条子链尽量对应不同的网站页面，如图 5-57 所示。

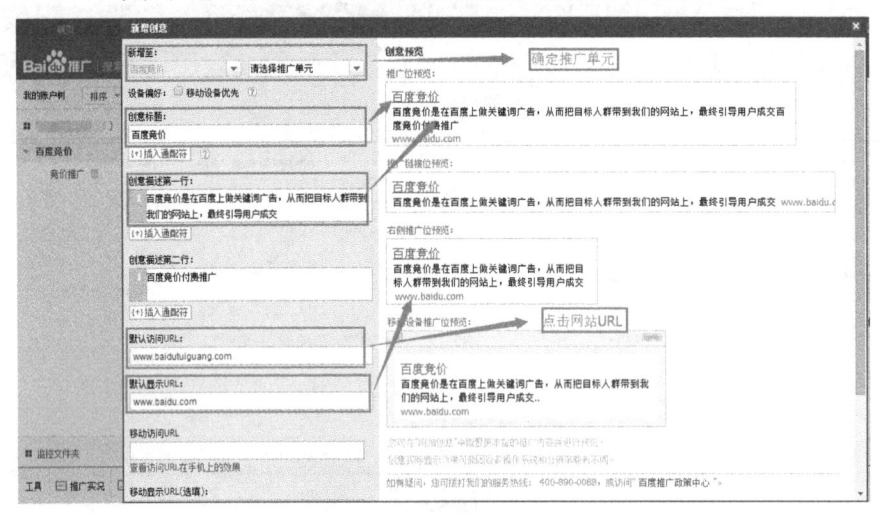

图 5-57

5. 对推广账户和推广计划进行相关设置

接下来，开始进行推广地域、预算、推广时段的设置。具体操作步骤如下：

（1）**设置推广地域**：设置推广地域时，通常都是根据业务的覆盖范围来选择推广地域，或者根据不同地区用户需求量的大小来选择推广地域的。

具体设置步骤为，先单击要进行设置的推广计划，然后单击"推广地域"，再单击"推广管理"，单击"推广计划"，单击"部分地域"，更改地域，如图 5-58 所示。

（2）**设置预算**：设置预算时，建议使用"每日预算"，这样可以保证预算平均分配到每一天。应该根据推广的侧重点，合理分配不同推广计划的预算。

账户消费达到预算后，会有一段系统下线刷新时间，这一时段系统会继续扣费。所以实际消耗可能会略大于预算。

具体设置步骤为，先单击要进行设置的推广计划，然后单击"预算"，再单击"推广管理"，单击"推广计划"，单击"预算"，更改每日预算，如图 5-59 所示。

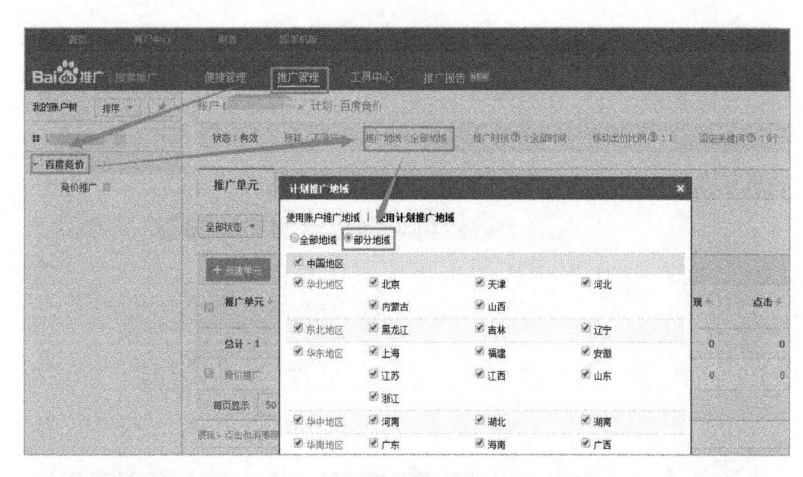

图 5-58

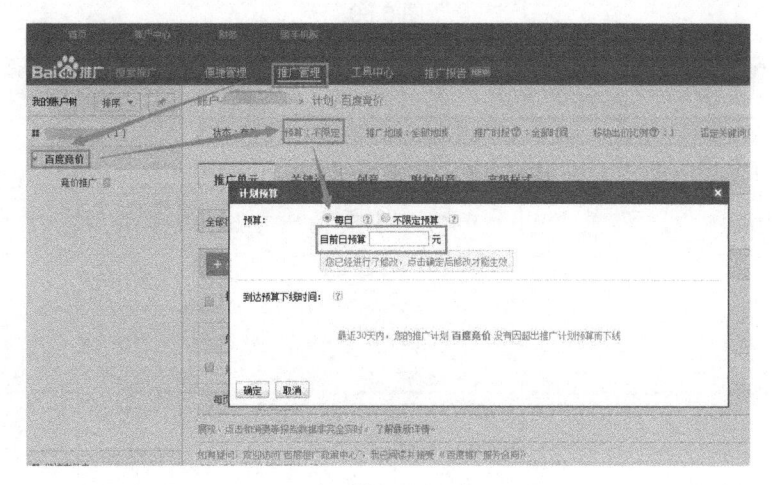

图 5-59

（3）**设置推广时段**：通常设置推广时段时，都是根据在线客服值班的时间来确定推广时段，或者根据产品的特殊属性来确定推广时段的。

具体设置步骤为，先单击要进行设置的推广计划，然后单击"推广时段"，再单击"推广管理"，单击"推广计划"，单击"推广时段"，修改推广时段，如图 5-60 所示。

6. 对关键词设置匹配方式和出价

前面环节操作完成后，接下来对关键词设置匹配方式和进行出价。这步也是非常重要的一个环节。具体操作步骤如下：

首先，单击要进行设置的推广计划，再单击推广计划之下相应的推广单元，然后单击右侧的"关键词"，在下方会出现这个单元内的关键词，如图 5-61 所示。

365

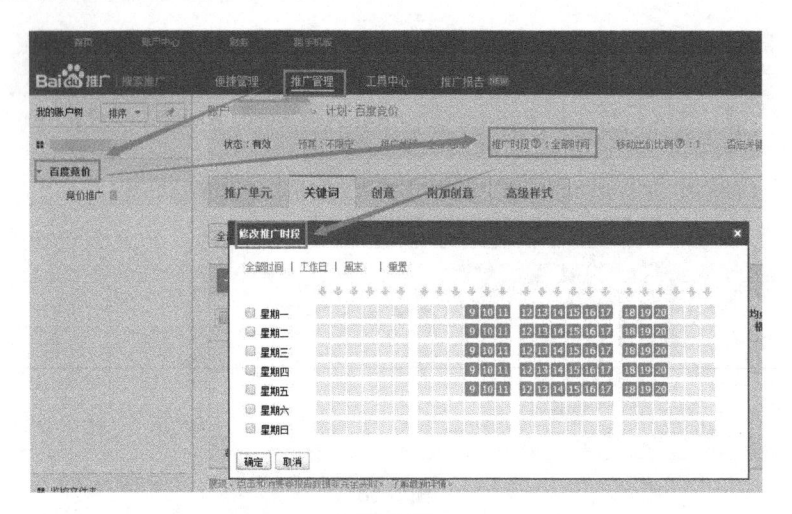

图 5-60

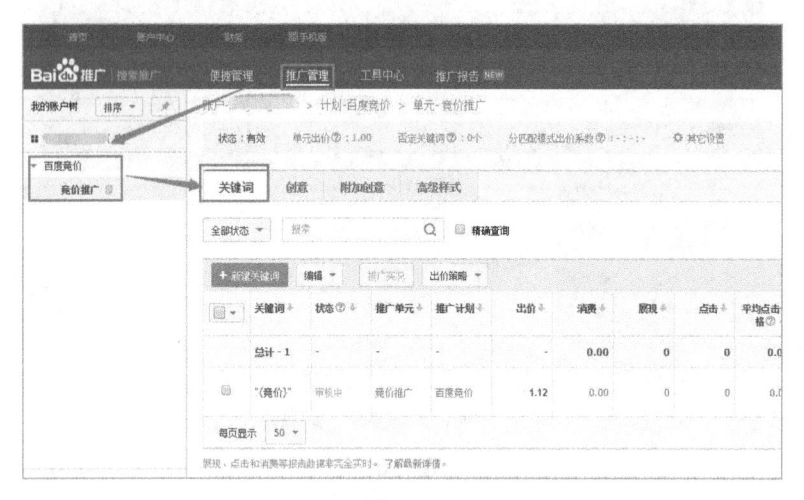

图 5-61

找到单元里的关键词之后,开始对关键词设置匹配方式和出价,如图 5-62 所示。

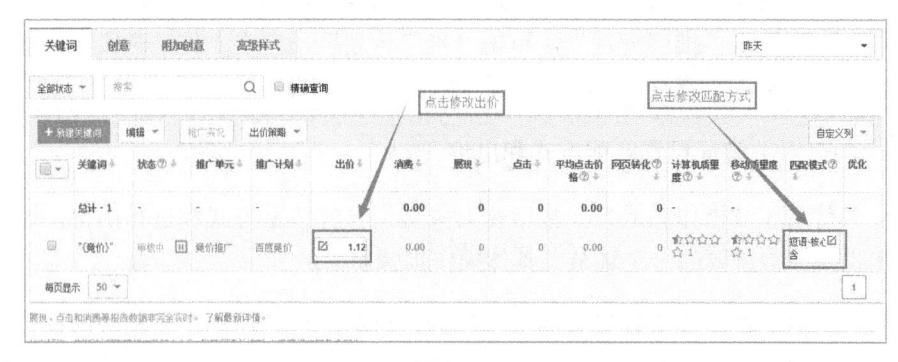

图 5-62

至此，账户设置完成。关于匹配方式和出价具体的要点，请继续阅读接下来两节的内容。

5.2.5 关键词匹配方式的设置

1. 关键词匹配方式是什么

在竞价账户中添加完关键词后，还需要为关键词设定一种匹配方式。当买家在搜索时，他们所输入的词与你的关键词之间匹配的程度决定了你的推广是否有机会得到展现，目前关键词匹配方式有：精确匹配、短语匹配、广泛匹配三种，选择一种合适的匹配方式，可以帮助你获取更优质的流量，扩展潜在的买家，如图 5-63 所示。

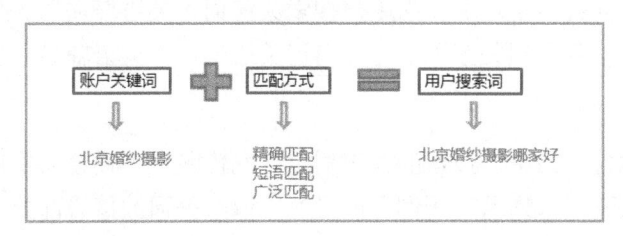

图 5-63

2. 关键词匹配方式的分类

下面详细给大家说一下三种匹配方式的具体规则。

（1）**精确匹配**：是指当用户搜索的关键词与竞价账户中所设的推广关键词完全一致时，竞价广告才会显示。

比如在竞价账户中设置的推广关键词是"奶粉"，匹配方式是精确匹配。那么当用户搜索关键词"奶粉价格"或"全脂奶粉"等关键词时，竞价广告均不显示。只有当用户搜索"奶粉"这个关键词时，竞价广告才会显示。

精确匹配方式的优势是带来的流量都非常精准，转化率较高；劣势是会降价竞价广告的展示次数，带来的流量少。

（2）**短语匹配**：是指当用户搜索的关键词包含竞价账户中设置的推广关键词时，竞价广告才会显示。短语匹配包含三种具体的规则，分别是精确包含、同义包含和核心包含。

精确包含：只要用户搜索的关键词完全包含竞价账户中设置的推广关键词，竞价广告就会显示。

367

比如在竞价账户中设置的推广关键词是"英语培训",匹配方式是短语匹配中的精确包含。那么当用户搜索关键词"英语培训"、"英语培训暑期班"、"哪个英语培训机构好"这些关键词时,竞价广告都会显示,因为在这些词中,都包含"英语培训"这个词;而如果用户搜索关键词"英语的培训"、"英语相关培训"、"培训英语"这些关键词时,竞价广告则不显示,因为虽然这些词看起来与前面的差不多,但是这些词中却没有出现"英语培训"这个词。

同义包含:当用户搜索的关键词完全包含竞价账户中设置的推广关键词,或该关键词的变形(插入、颠倒和同义)时,竞价广告才有可能显示。

比如在竞价账户中设置的推广关键词是"英语培训",匹配方式是短语匹配中的同义包含。那么当用户搜索关键词"英语培训"、"英语培训暑期班"、"英语相关培训"、"培训英语"、"英语辅导"时,竞价广告都会显示。

核心包含:当用户搜索的关键词包含竞价账户中设置的推广关键词,或关键词的变形(插入、颠倒和同义),或关键词的核心部分,或关键词核心部分的变形(插入、颠倒和变形)时,竞价广告均有可能显示。

比如在竞价账户中设置的推广关键词是"福特福克斯改造",匹配方式是短语匹配中的核心包含。那么当用户搜索关键词"福特福克斯改造"、"北京福特福克斯改造"、"福特白色福克斯改造"、"改造福特福克斯"、"福特福克斯改装"、"白色经典福克斯改造"、"福克斯改造"时,竞价广告均会显示。

短语匹配的三种规则介绍完了,下面再以"福特福克斯改造"这个词为例,通过图5-64,总结一下这三种规则的具体差异和区别。

网民搜索词	选择核心包含	选择同义包含	选择精确包含
福特福克斯改造	✓ 完全包含购买词	✓ 完全包含购买词	✓ 完全包含购买词
北京福特福克斯改造			
福特白色福克斯改造	✓ 购买词中插入其他词	✓ 购买词中插入其他词	✗
改造福特福克斯	✓ 购买词词序颠倒	✓ 购买词词序颠倒	✗
福特福克斯改装	✓ 购买词的同义词	✓ 购买词的同义词	✗
福克斯改造	✓ 去除冗余部分,匹配核心部分,此例中核心部分为"福克斯改造"	✗	✗
白色经典福克斯改造			
白色福克斯改装		✗	✗
福克斯价格	✗	✗	✗

图5-64

短语匹配的优势是与精确匹配相比更为灵活,能获得更多的潜在客户

访问，与广泛匹配相比有更强的针对性，转化率可能更高；劣势是竞价广告展示次数介于广泛匹配和精确匹配之间，转化率没有精确匹配高。

（3）**广泛匹配**：是指当用户搜索的关键词与竞价账户中设置的推广关键词高度相关时，竞价广告就会显示。以关键词"英语培训"为例，在广泛匹配方式下，用户搜索以下关键词时，竞价广告都会显示。

A. 同义近义词：英语培训、英文培训；

B. 相关词：外语培训、英语暑期培训；

C. 变体形式（如加空格、语序颠倒、错别字等）：英语 培训、暑期培训 英语；

D. 完全包含关键词的短语（语序不能颠倒）：英语培训暑期班、哪个英语培训机构好。

广泛匹配的优势是能够更广泛地接触到受众群体，带来更多的流量；劣势是这些流量的精准性不足，转化率不如精确匹配和短语匹配商，甚至有可能会带来大量单击，浪费单击消费。

另外，在这里提醒大家，竞价账户默认的匹配方式是广泛匹配，所以如果想提升精准度，一定要记得修改匹配方式。

3. 关键词匹配方式的设置策略

为什么百度竞价要设计这么多的匹配方式呢？其实本质是为了满足不同用户的不同需求。我们在具体设置匹配方式时，可以参考以下设置策略。

（1）**根据目的来定**：如果企业做百度竞价以销售为主，那么在这种情况下匹配方式越精准越好；而如果企业做百度竞价是为了增加品牌曝光量，那么在这种情况下匹配方式就可以广泛一些。

（2）**根据账户预算来定**：在预算不足的情况下，匹配方式要以精确匹配为主；在预算充足的情况下，可以适当使用短语匹配和广泛匹配。

（3）**根据关键词价格来定**：对于单击价格高的关键词，匹配方式要以精准为主；而对于单击价格低的关键词，匹配方式可以偏向宽泛。

（4）**根据关键词的搜索量来定**：对于搜索量较大的关键词，匹配方式应偏向精准；对于搜索量较小的关键词，匹配方式可以偏向宽泛。

不同的匹配方式其精准度和覆盖的用户数量关系如图 5-65 所示。

不同匹配方式下关键词能够覆盖的用户数量

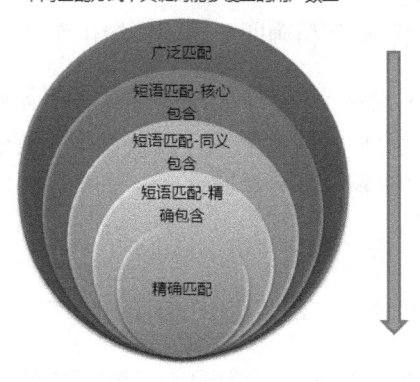

- 广泛匹配
- 短语匹配-核心包含
- 短语匹配-同义包含
- 短语匹配-精确包含
- 精确匹配

图 5-65

4. 否定关键词

在进行关键词匹配的过程中，除了精确匹配外，广泛匹配和短语匹配都有可能会带来一些不精准的搜索词，导致推广费用的浪费。所以为了进一步提升关键词的精准度，竞价后台还提供了一个名为"否定关键词"的辅助工具。通过这个工具，可以把不精准、不相关的搜索词屏蔽掉，使流量更加精准。

比如我们投放了"外语培训"这个关键词，设置的匹配方式是短语匹配。那么当用户搜索"外语培训老师好不好找工作"这个词时，我们的竞价广告也会出现。但是实际上"外语培训老师好不好找工作"这个词，明显对于我们来说是不精准的词。在这种情况下，我们就可以在后台将"外语培训老师好不好找工作"这个词设置为否定关键词，这样用户再搜索这个词时，我们的竞价广告就不会出现了。

否定关键词分为"否定关键词"和"精确否定关键词"两种模式，它们二者的区别与"短语匹配"和"精确匹配"的区别很像："否定关键词"是当用户的搜索词中完全包含否定关键词时，竞价广告将不会展现；"精确否定关键词"是当用户的搜索词与精确否定关键词完全一致时，竞价广告将不会展现。二者的区别是一个否定了多个关键词；另一个否定了一个关键词。

添加否定关键词的具体操作步骤如下：

首先，找到需要排除的搜索词。主要利用百度统计中的"搜索词报告"，查找不精准、不相关的搜索词。

然后，把该关键词加入"否定关键词"列表中。在推广计划和推广单

元层级都可以设置否定关键词。具体的流程是，在后台单击"推广管理"，单击相应的"推广计划"，单击"否定关键词"，单击"精确否定关键词"，如图 5-66 所示。

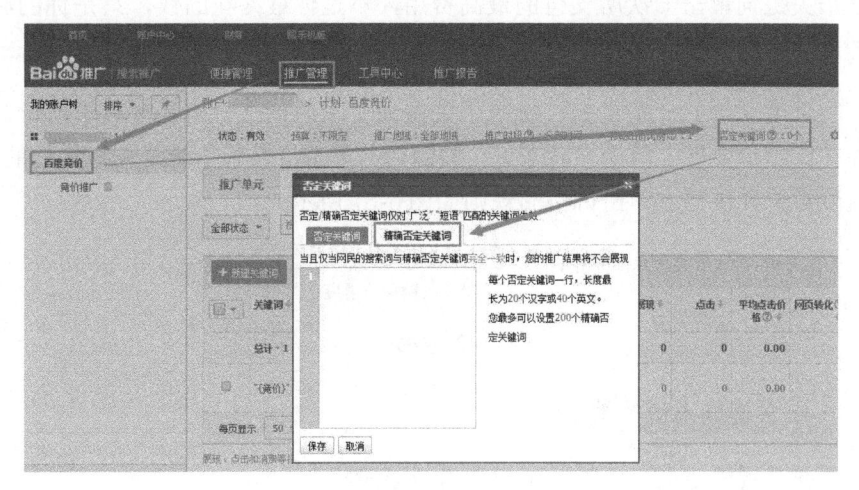

图 5-66

5.2.6 关键词出价的设置

1. 关键词的出价是什么

百度竞价关键词的出价即你愿意为一次单击所支付的最高费用。

通俗地说，竞价排名就是花钱在百度购买排名。所以我们要为竞价账户中的关键词设置出价，出价的高低会影响推广网站在搜索结果页的排名位置。

出价包括推广单元出价和关键词出价。将意义相近、结构相同的关键词划分到同一推广单元，这就意味着这些关键词的商业价值大致相同，你可以方便地为该推广单元设定统一的出价。如果你希望为某些关键词设定出价，则可以在关键词/创意列表页面设定关键词出价。在为关键词和其所在的推广单元同时设定出价的情况下，以关键词的出价为准。

2. 关键词的出价与排名

在实际操作中，并不是出价越高，关键词的排名就越高。关键词排名的高低，是由关键词的出价和质量度两个方面的因素共同影响的。关于质量度，请参阅后面的内容。

3. 关键词的出价与单击价格

关键词的出价不等于关键词的单击价格。关键词的出价是指你愿意为某个关键词单击一次所支付的最高费用,不是你最终花的钱,只是你的心理上限,可以理解为封顶价。

百度竞价的计费机制,决定了关键词实际的单击价格不会高于出价,往往比出价要低。但是一般来说,关键词的单击价格和出价是非常接近的。百度竞价具体每次单击价格的规则如图5-67所示。

$$每次单击价格 = \frac{下一名出价 \times 下一名关键词质量度}{当前关键词质量度} + 0.01 元$$

图 5-67

4. 关键词出价的策略

在设置关键词出价时,可以参考以下策略。

(1)根据账户预算来定:在竞价预算较少时,可以适当降低出价,不要过于抢占关键词的排名。因为同样的关键词,排名第一和排名第八,在用户的精准度上并没有太大的差异。所以在预算少时,应该尽可能用最少的钱,获取更多的精准流量。

而在竞价预算较多时,可以考虑提高出价,获取更好的排名。因为同样的关键词,排名靠前,获得的流量更多。

(2)根据关键词的商业价值来定:对于精准度高、转化率高的关键词,可以提高出价,因为虽然出价提高了,但这样的词可以带来更多的订单,可能一单的利润,就把一个月的竞价费用赚回来了。

而对于精准度低、转化率低的关键词,要适当降低出价。

(3)根据地区来定:对于投放多地区的账户应该注意,各地的竞争程度是不一样的,如果按北京的出价投放到南京,肯定是出价过高的,所以要根据不同的投放地区来按区域制定关键词的出价策略。

(4)根据时间段来定:关键词的竞价是随时变化的,所以同样的价钱,在不同的时间段获得的排名可能是不同的。比如在上午时,出价50可以排到第一位,但到了凌晨,可能出价10块钱就能搞定。所以竞价人员要根据实际情况,在不同的时间段设置不同的出价,以避免资金的浪费,获得更高的投入产出比。

5.2.7 关键词的质量度

1. 什么是质量度

在刚刚提到的关键词排名规则和关键词单击价格规则中，都提到了"质量度"这个词。应该说质量度是百度竞价中非常重要的一个关键指标，下面让我们一起来了解一下质量度。

质量度是百度竞价系统对于账户中每个关键词质量的评分，以 5 颗星共 10 分来评定。

质量度主要反映用户对参与百度竞价的关键词以及关键词创意的认可程度。影响因素包括关键词的单击率、创意撰写质量（关键词和创意的相关性）以及账户表现（账户生效时间、账户内其他关键词的单击率）等。可以通过优化关键词的质量度，特别是提高关键词与创意的相关性来降低最低展现价格以及单击费用。

质量度体现的是关键词的相对水平，需要持续优化。如果竞争对手都在持续优化，使得整个质量水平得到提升，而你没有持续优化，质量度就有可能下降。

2. 质量度的作用

（1）**影响关键词的排名位置**。在百度竞价中，具体关键词的排名取决于综合排名指数，这个指数具体是指出价与质量度的乘积。通俗地说，就是出价与质量度共同影响关键词的排名，在出价相同时，质量度高的关键词排名更靠前。

（2）**影响关键词的单击价格**。在前文提过，关键词具体每次单击价格=下一名出价×下一名关键词质量度÷当前关键词质量度+0.01 元。通俗地说，就是质量度越高，需要支付的单次单击价格就越低。

3. 影响质量度的因素

质量度的作用如此之大，那么如何才能提高质量度呢？

（1）**单击率**。关键词的单击率对关键词的质量度的影响十分重要。关键词的单击率是指关键词被单击的次数比率。单击率越高，关键词的质量度就越高。

比如同样一个关键词，同样是排在第一位，且广告展现量是相同的。

但 A 网站排在第一位时，每天有 800 次单击；而 B 网站排在第一位时，每天只有 500 次单击，那么 A 网站的关键词的质量度就会越来越高。

通常提升单击率的方式有两种：

一是提高出价。出价高了，可以提升关键词排名，而排名高了，自然单击率就会跟着提升。

二是提升创意的吸引力。比如在创意中突出卖点、突出价格促销信息、突出产品效果；使用数字、字母和特殊符号，使用特殊创意形式，如百度蹊径、动态创意、百度闪投、凤巢图文等。吸引力足了，自然单击的人就多了。

（2）**创意的相关性**。关键词与创意要高度相符，包括创意本身的标题与内容也要相符，不要出现文不对题的情况。比如，如果关键词是关于"价格"的，创意就要围绕价格来写，突出产品的价格优惠或者性价比高；如果关键词是关于"工厂"的，就要突出企业实力雄厚、生产技术先进、生产规模大。

同时，在创意中合理插入 1~3 次通配符（增加飘红），合理利用红色与黑色的搭配，可以有效增加关键词和创意的相关性。

当然，尽管百度的分词技术很强大，但由于语言的复杂性，百度并不能完美地判断关键词与创意的相关性，一般只要创意标题和描述都飘红、创意通顺，并且关键词单元划分合理，把结构相同、意义相近的词划分在一起，关键词和创意的相关性就不会有太大的问题。

（3）**标题和描述中包含关键词的展示次数**。合理地增加关键词的展示次数，可以增加质量度。但是注意，一定是合理的重复，不能是简单的重复堆砌，同时在数量方面，不宜超过三次。

同时在重复关键词时，描述应该精简到位（在符合规范的前提下），具有一定的吸引力，同时上下文内容贴切，文要对题。

（4）**与着陆页的相关性**。着陆页是指用户单击竞价关键词链接后，进入的页面。着陆页有时也被称作推广落地页或引导页。关键词及创意与着陆页内容的相关程度，也会影响质量度。

所以在为关键词设置着陆页时，应该选择与关键词相关度最高的页面作为着陆页，或者针对关键词来单独制作着陆页。着陆页的标题、网页描

述、网页内容应该包括关键词，且页面的关键词密度（可参考 SEO 当中的页面关键词密度标准）要合理。

另外，着陆页的内容应该具有一定的可读性，对用户有一定的帮助或吸引力，可以让用户在页面中停留较长时间。

最后，着陆页所在的空间或服务器的稳定性要好，不能出现访问不了、访问迟钝等情况。

（5）与整个账户的稳定性有关。在通常情况下，老账户要优于新账户；稳定账户好于不稳定账户（稳定账户是指长期不间断投放，且投放金额稳定的；不稳定账户是指投放周期时断时续，且投放金额不稳定的）。

（6）与计划或单元的稳定性有关。在同一账户中，老的稳定的计划要好于新的不稳定的计划；老的稳定的单元好于新的不稳定的单元。

（7）与账户的信用积累有关。与账户是否有长期稳定的消费，以及质量度的历史积累有关。投放时间长、投放时间稳定、投放金额稳定、账户结构稳定、单击率高，可信程度就越高。

至此，百度竞价的内容就讲完了。本书中百度竞价这部分内容的定位，主要是让大家了解百度竞价的原理，掌握百度竞价的基本操作及相关要点。其实从基本操作层面来说，百度竞价并不复杂，本节基本上都介绍得差不多了。但是在具体工作中，其涉及的细节却非常多，需要在细节上下功夫，应该说百度竞价是一项对精细化要求非常高的工作。

比如在设置账户结构时，就三个部分：推广计划、推广单元和关键词，很简单。但是如果关键词数量达到几十万时，这项工作可就一点都不简单了。

而这些经验和技巧是需要在实践中积累的，所以竞价高手都是拿钱烧出来的。

最后笔者要提醒大家的是，做百度竞价时，并不是说账户设置得好，操作得当，最终的转化率就高。影响转化率的因素，除了竞价账户本身的设置外，还有很多其他的因素，比如着陆页的好坏，也直接影响着最终的转化率。就算是竞价带来的流量和客户再精准，但是来到着陆页后，直接单击右上角的叉走人，那效果还是零。

关于着陆页的设计，请参考第 7 章营销网站篇的内容，原理都是相通的。

5.3 站外优化

前面说的方法,基本上都是针对网站自身进行优化,不管是 SEO 技术也好,还是花钱竞价也罢,都是为了让网站直接在搜索引擎中获得排名。但是如果我们的 SEO 技术不好,也没有钱,却又想让搜索引擎中出现我们的信息,该如何做呢?所谓借力使力不费力,在这种情况下,只能去借助权重高的大平台进行操作了,这种方法也叫"站外优化"或"站外 SEO"。

操作流程是,先选定我们要优化的词,然后围绕这个词撰写文章、信息等,最后将这些信息发布到权重高的网站平台。这时候当用户搜索该关键词时,我们在站外发布的这些信息就有可能获得展示。

在操作时,需要与其他方法配合使用。比如想通过软文来辅助,那就是与软文推广结合(具体请参考本书"软文推广"一节中的内容);如果想通过论坛来辅助,那就是与论坛推广结合(具体请参考本书"论坛推广"一节中的内容);如果想通过博客来辅助,那就是与博客推广结合(具体请参考本书"博客推广"一节中的内容);如果想通过问答网站来辅助,那就是与问答推广结合(具体请参考本书"问答推广"一节中的内容);如果想通过分类信息网站来辅助,那就是与分类信息推广结合(具体请参考本书"分类信息推广"一节中的内容);等等。

第 6 章 方法组合篇

章节提示：

前面分享的方法，基本上都是基于某个平台或工具，比如论坛营销是基于论坛、微博营销是基于微博、微信营销是基于微信、软文营销是基于文章。但本章分享的方法，并不局限于某个平台或工具，而完全是以策略为主，围绕某个核心策略，再辅以相关的方法和工具，以组合拳的形式出现。所以本章名为"方法组合篇"。

6.1 事件营销

6.1.1 什么是事件营销

事件营销在英文里叫作 Event Marketing，国内有人把它直译为"事件营销"或者"活动营销"。事件营销（Event Marketing）是指企业通过策划、组织和利用具有名人效应、新闻价值以及社会影响的人物或事件，引起媒体、社会团体和消费者的兴趣与关注，以求提高企业或产品的知名度、美誉度，树立良好的品牌形象，并最终促成产品或服务的销售目的的手段和

方式。由于这种营销方式具有受众面广、突发性强,在短时间内能使信息达到最大、最优传播的效果,为企业节约大量的宣传成本等特点,近年来越来越成为国内外流行的一种公关传播与市场推广手段。

简单地说,事件营销就是通过把握新闻的规律,制造具有新闻价值的事件,并通过具体的操作,让这一新闻事件得以传播,从而达到广告的效果。

事件营销是近年来国内外十分流行的一种公关传播与市场推广手段,集新闻效应、广告效应、公共关系、形象传播、客户关系于一体,并为新产品推介、品牌展示创造机会,建立品牌识别和品牌定位,形成一种快速提升品牌知名度与美誉度的营销手段。20世纪90年代后期,互联网的飞速发展给事件营销带来了巨大契机。通过网络,一个事件或者一个话题可以更轻松地进行传播和引起关注,成功的事件营销案例开始大量出现。(摘自百度百科)

中国最早的事件营销可以追溯到1915年。那年,中国政府倾力参加在美国旧金山举办的世博会,这也是旧中国时期,中国商品在世博会上展出最多的一次,共有1800箱10万件展品两千多吨漂洋过海,中国国酒茅台也名列其中。可由于各国送展的产品也很多,琳琅满目,美不胜收,所以中国的茅台被挤在一个角落,久久无人问津。大老远跑一趟,不能白来呀!中国工作人员眉头一皱,计上心来,提着一瓶茅台酒,走到展览大厅最热闹的地方,故作不慎把这瓶茅台酒摔在地上。酒瓶落地,浓香四溢,人们被这茅台酒的奇香吸引住了,也因此知道了中国茅台酒的魅力。这一摔,茅台酒出了名,被评为世界名酒之一,并得了奖。

而互联网的出现,为事件营销带来了新的契机,有了EDM、视频、博客、论坛、SNS、IM、微博等平台的辅助,事件营销如虎添翼,成为了当今企业最喜爱的营销工具之一(见图6-1)。

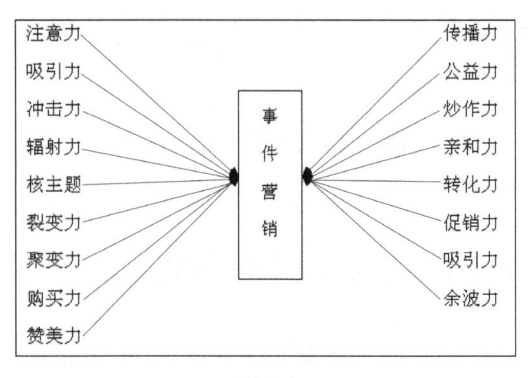

图6-1

6.1.2 事件营销的作用

事件营销的作用有很多,下面介绍几条比较重要和有特色的点。

1. 新闻效应

最好、最给力的传播工具和平台是新闻媒体。而事件营销的第一个作用，或者说它最大的特点，就是可以引发新闻效应。而一旦引发媒体的介入，有了媒体的帮助及大力传播，那效果及相应的回报就是巨大的。最重要的是，由事件营销引发出来的新闻传播，完全是免费的，不用额外花一分钱。

2. 广告效应

不管使用什么营销手段，其实最终的目的都一样，都是为了达到广告效应。而事件营销的广告效应，要高于任何其他手段，效果可以说是最好的。这是因为一个热门事件，往往都是社会的焦点，是人们茶余饭后的热点话题，而由于人们对事件保持了高度的关注，自然就会记住事件背后的产品和品牌。广告效果无法估量。

3. 公共关系/客户关系

通过事件营销，可以极大地改善公关关系。比如在封杀王老吉的营销事件中，王老吉的正面公共形象一下子就树立起来了，用户对于王老吉的认可程度，达到了史无前例的高度。在用户追捧的过程中，王老吉的知名度和销售量也被拉向了一个新的高潮。

4. 形象传播

对于那些默默无闻的企业，如何快速建立知名度，迅速传播品牌形象是个不小的难题。而通过事件营销，就可以攻克这个难题，由于事件营销的裂变效应，可以在最短时间内帮助企业建立形象，传播知名度和影响力。比如著名涂料品牌富亚涂料，之前只是一个名不见经传的小企业，但是因其老板当众喝自家生产的涂料而一夜成名，其产品安全环保的形象跃然纸上，刻入人心。富亚涂料也因此迅速成为国内知名品牌。

6.1.3 事件营销的内容策略

事件营销的具体实施，往往都需要其他营销手段和平台辅助，如EDM、论坛、SNS、IM 等，决定事件营销的关键是创意。下面和大家说说各种事件营销的内容策略。

1. 美女牌

美女是永恒的话题和热点，也是最容易策划和实施的营销元素。所以

在策划事件营销时，若实在找不到好的创意点，不妨考虑打打美女牌，虽然招数有点老，但却非常有效。

这方面的案例太多了，数不胜数。比如淘宝第一美女——"水煮鱼皇后"（见图6-1），就是一个比较典型的案例。水煮鱼皇后原名李叶，生于1988年。高三时，李叶用平时的零花钱积蓄，开始拿货，在淘宝上做起了掌柜，主营服饰。

2007年年底淘宝网举行了一次创意大赛，李叶自创短剧《水煮鱼的淘气生活——带你走进一个淘宝女生的真实生活》参加了活动，由于其外形清纯可爱，故事风趣幽默，且其网店已经达到月入2万元的水平，所以一夜之间迅速在各大网络上蹿红，被网友标榜为淘宝第一美女店主。目前李叶的店铺已经是双皇冠，有着火爆的销售额并保持100%的好评率。

图6-2

民间有句谚语，叫"胸大无脑"，很多网络红人不是靠出位赚眼球，就是靠长相拼美貌。而李叶人不仅年青、漂亮，还靠自己的才智达到了月入万元。自古以来，又漂亮、又聪明的女人，都是男人梦寐以求的追逐对象。"第一美女"的定位是侧翼，"月入2万"才是真正的冲锋队，水煮鱼皇后这样才美有所得、美有所属。

再说一个国外的案例。2008年，苹果公司推出的全新手机产品iPhone开始火遍全球，而随着iPhone的火爆，一名被称之为iPhone girl的女孩横空出世，赚足了世人的眼球（见图6-3）。

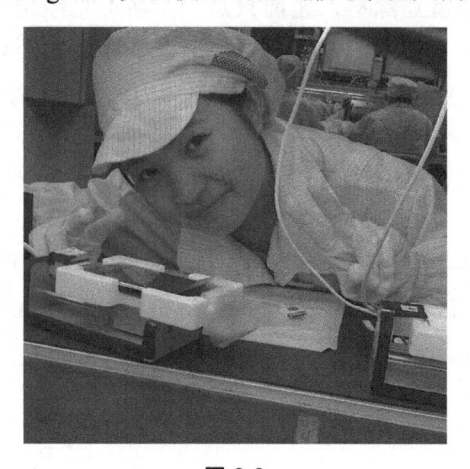

图6-3

2008年8月20日，英国一网友刚买了新iPhone手机，发现其中有3张亚洲女孩的照片，长得非常纯真可爱，于是便将其传到了国外一家苹果产品爱好者论坛（www.MacRumors.com）上，并披露了整个事件的过程，由此引起强烈反响。这名深圳女工的灿烂笑脸6天风靡全球论坛，在Google排名中，iPhone girl已高居第7位，成为上升最快的热词。从国外到国内，从网络到纸媒，"最美iPhone中国女孩"迅速蹿红！

不过可惜，最后经过热心网友的人肉搜索及细心论证发现，iPhone girl就是一个炒作，始作俑者是帖子首发论坛——苹果论坛的站长。

2. 情感牌

俗话说，"人心都是肉长的"，只要我们心里想着消费者，能够为消费者做一些实事，消费者一定不会无动于衷的。特别是中国的消费者，特别容易被感动。只要我们把分内事做足，人们就会感激不尽。比如此方面最经典的案例，就是海尔厂长张瑞敏砸冰箱的故事（见图6-4）。

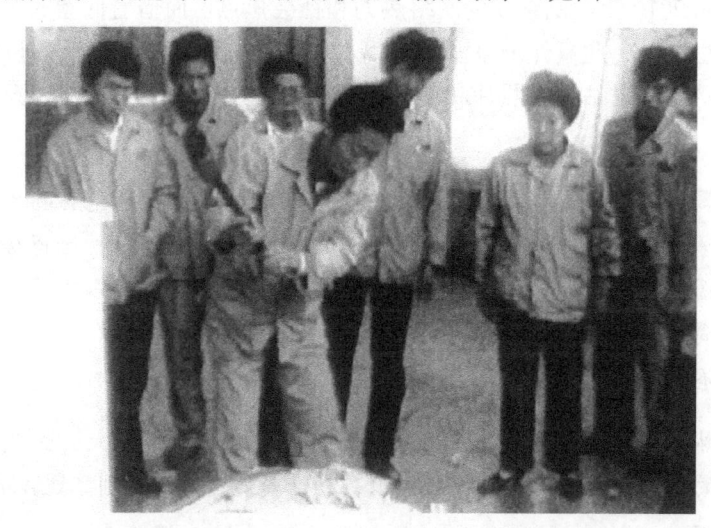

图6-4

1984年，34岁的张瑞敏入主青岛市电冰箱厂。他是在短短一年中被派来的第四位厂长，前三位都已负气离开。

1985年的一天，一位朋友要买一台冰箱，结果挑了很多台都有毛病，最后勉强拉走一台。朋友走后，张瑞敏派人把库房里的400多台冰箱全部检查了一遍，发现共有76台存在各种各样的缺陷。张瑞敏把职工们叫到车间，问大家怎么办？多数人提出，也不影响使用，便宜点儿处理给职工算了。当时一台冰箱的价格是800多元，相当于一名职工两年的收入。张瑞敏说："我要是允许把这76台冰箱卖了，就等于允许你们明天再生产760

台这样的冰箱。"最后他宣布，这些冰箱要全部砸掉，谁干的谁来砸，并抡起大锤亲手砸了第一锤！很多职工在砸冰箱时都流下了眼泪。

在那个为消费者服务意识淡薄的年代，张瑞敏一锤子砸热了消费者的心，一个砸冰箱的事件，使海尔成为了当时注重质量的代名词。海尔厂长砸冰箱由此成为中国企业注重质量的一个最典型的事件，并因此成为无数大大小小的媒体、书刊、高等院校的"经典案例"。最重要的是，通过这一事件的传播，海尔注重企业管理、注重产品质量的形象被极大地树立起来。

3. 热点牌

每每出现社会热点话题时，媒体都会闻风而动，四处搜集相关的新闻素材。而且这些社会热点，更是老百姓关注的焦点。所以，如果能巧妙地围绕这些社会热点来策划营销事件，则会收到事半功倍的效果。即使策划得不够完美，也一样会被关注。

比如 2010 年，低碳成为网络热词和社会焦点，而借着低碳的东风，低碳哥横空出世。此事件最早源于一篇名为《偷拍我的室友"低碳哥"的一天》的网帖，发帖人用照片和文字的形式详细地记录了其室友一天的低碳生活：

清晨，"低碳哥"为省水，用一个二两酒盅接一盅水完成刷牙（见图6-5）；接半盆水洗脸，洗脸水还要留着晚上洗脚。出门前，他将房间里所有的电源拔掉；出门后骑自行车直奔单位。在单位，他将同事喝完的饮料瓶做成简易笔筒；下班回家后自己洗菜做饭，再用洗菜水刷碗。晚上看电视，他不开灯，还要将屏幕亮度调到最低……

虽然该事件和内容看起来有点"假"，炒作嫌疑比较大，但是因为紧扣当时的主流"低碳"，且健康向上，和谐美好，所以受到了媒体的追捧，红极一时。

图 6-5

4. 争议牌

在前面的章节中反复提过，争议是永恒的热点，争议是最容易引发大众关注和传播的手段。在策划事件营销时同样如此，争议越大，事件就越成功。说一个经典的案例："富亚涂料通过经理喝涂料而成名"的事件（见图 6-6）。

2000 年 10 月 8 日，一家名为富亚的涂料公司在《北京晚报》上打出一则通栏广告：10 月 10 日上午，在北京市建筑展览馆门前开展"真猫真狗喝涂料"活动，以证明该公司生产的涂料无毒无害。

由于这一活动的新奇性，加上近年来"动物保护"意识已深入人心，因此广告一刊出，即在社会上引起轩然大波，争议声四起。

10 月 10 日上午，北京建筑展览馆门前挂起了"真猫真狗喝涂料 富亚涂料安全大检验"的横幅，一猫三狗准备就绪，富亚公司请来的崇文区公证处公证员也已到位。而展台前则拥满了观众，其中几位愤怒的动物保护协会成员发誓要阻挠此事，另外还有不少跑来"抢新闻"的媒体记者。

上午 9 时，富亚公司总经理蒋和平开始向围观者宣传——1998 年，中国预防医学科学院就用小白鼠为富亚涂料做过无毒实验，结论是："实际无毒级"。开展这次活动，是请大家亲眼见识一下，毕竟"耳听为虚，眼见为实"嘛。

他的解释没能说服特意赶到现场来制止这一事件的动物保护主义者。北京市海淀区环保协会动物救助分会会长吴天玉向在场的观众和媒体发表了自己的看法："我认为这种做法是错误的，伤害了人类的朋友——动物。"她认为，涂料一定会损伤动物的肠胃功能。

北京市保护小动物协会副秘书长赵羽和国际爱护动物基金会的吴晓京也是反应激烈，他们与同伴一起在现场举起标语"请不要虐待动物，孩子们看了怎样想"，要求立即停止动物喝涂料的实验，并几次强行要把正准备喝涂料的小动物带走。

现场秩序很乱，围观者越聚越多，眼见"真猫真狗喝涂料"活动就要泡汤。这时蒋和平摆出一副豁出去的架势，大义凛然地宣布："考虑到群众情绪，决定不让猫狗喝，改为人喝涂料，我亲自喝。"

话音落下，场内顿时鸦雀无声。在两名公证员的监督下，蒋和平打开一桶涂料，倒了半杯，又兑了点矿泉水，举在眼前顿了顿。在四周观众直勾勾的注视下，蒋和平咕咚咕咚喝下手中一大杯。喝完后一擦嘴，还面带

笑容。

蒋和平这一"悲壮"的行为赢得了极大的新闻效应。当时，新华社播发了一篇 700 字的通稿《为做无毒广告，经理竟喝涂料》，此后媒体纷纷跟风，"老板喝涂料"的离奇新闻开始像野火一样蔓延。不仅北京市的各大媒体竞相报道，全国各地的媒体也纷纷转载。

当时有个细节可说明这一事件的影响力：北京电视台评选的 10 月份十大经济新闻，"老板喝涂料"赫然跻身其中，与"悉尼奥运会"等同列。

事后有人做过一个统计，全国至少有 200 多家媒体报道或转载了这则消息。就在这样高密度的报道过程中，富亚的知名度越来越高。

事后，蒋和平在接受媒体采访时坦然承认，在激烈的涂料市场上要想与国外大品牌抗衡，就必须要打响自己的品牌，但他们根本没有打广告的钱，于是在北京一个著名策划人的帮助下，想出了"老板喝涂料"这一怪招。

如今，富亚涂料已经成为了国内知名品牌，蒋和平也不用再为没广告费，而喝涂料了。

图 6-6

5. 公益牌

企业发展离不开社会发展，没有社会的发展也就没有企业的发展。而作为有良知的企业，有责任和义务回报社会。有一个名词，叫"企业社会责任"，就是指企业对投资者以外的利益相关者群体所承担的法律责任和道义责任。而企业在做公益活动、回报社会的时候，再顺便宣传一下自己的产品，实在是一件一举两得的美事。

英特尔全球副总裁简睿杰认为："企业开展的公益活动与促销活动一般都会给社会带来利益。企业将自己的一部分利益回馈社会开展各种公益

活动，不仅满足了社会公益活动中对资金的需求，同时企业又将良好的企业道德、伦理思想与观念带给社会，提高了社会道德水准。"

在公益这块，最经典的案例莫过于前面提过的王老吉。

2008年5月18日晚，中央电视台一号演播大厅举办的"爱的奉献——2008抗震救灾募捐晚会"总共筹资逾15亿元，其中，中国饮料业巨子罐装王老吉以1亿元人民币成为国内单笔最高捐款。

第二天，一篇"封杀王老吉"的帖子开始在互联网上疯狂流传，在这篇名为《让王老吉从中国的货架上消失！封杀它！》的帖子中写道："王老吉，你够狠！捐一个亿，胆敢是王石的200倍！为了整治这个嚣张的企业，买光超市的王老吉！上一罐买一罐！不买的就不要顶这个帖子啦！"这个热帖被各大论坛纷纷转载。从百度趋势上不难看出，"王老吉"的搜索量在5月18日之后直线上升，而"封杀王老吉"的流量曲线与"王老吉"几乎相当。

3个小时内百度贴吧关于王老吉的发帖超过14万个。天涯虚拟社区、奇虎、百度贴吧等论坛的发帖都集中在5月23日18点之前开始。

接下来不断出现王老吉在一些地方断销的新闻。南方凉茶"王老吉"几乎一夜间红遍大江南北，一些人在MSN的签名档上开始号召喝罐装王老吉。

而在这个事件的背后，王老吉也获得了巨大的回报：原本一直在北方市场徘徊不前的状态一朝之间风云变幻，开始为北方所尝试接受。还有那些原本王老吉进入不了的渠道，也成功地借助这次公益营销得以入驻，所有这些都是王老吉此番义捐的现实收益。

其实此次汶川地震中，捐赠超过1亿，或者捐赠和王老吉一样多的企业为数不少，比如央视赈灾晚会当天，王老吉旁边的日照钢铁公司也捐了1亿，但是很明显，几天之后几乎没几个人记住这家日照钢铁公司，王老吉却成了中国人民特别是中国网民心目中的"品牌英雄"。之所以出现如此的天壤之别，背后的故事发人深思——"封杀王老吉"的背后，其实是一场网络营销行动，王老吉是请了一大批网络推手在推波助澜。

6. 名人牌

名人效应的威力不可小觑，名人摔一跟头，都会登上媒体头条，只要是被名人光环笼罩到的，都会成为被关注的焦点。比如奥巴马女郎，只是当着奥巴马脱件外套，就火了。说到名人牌，不得不提一个久违的网络红

人:"木子美"(见图6-7)。

提到木子美,相信大家都不陌生,老牌网络红人,是与芙蓉姐姐同一时代的人物。众所周知,其成名是因为在2003年6月,通过网络公开自己的性爱日记《遗情书》。但是实际上,在其发表日记的最初两个月,访问量并不大,网友对这些文字并不十分感冒。

而到了8月,事情才出现了转机,木子美在《遗情书》中记录了她与广州某著名摇滚乐手的"一夜情"故事。与以往的写作风格一样,故事以白描的手法,再现了她与这名乐手做爱时的大量细节。她在日记中直呼该乐手的真实姓名,并对其技巧和能力进行了描述。虽然这名摇滚乐手不是什么大明星,但是好歹是个名人,而受其名人效应的影响,木子美由此"一炮而红"。

由此可见名人的威力,如果不是因为这名乐手,与再多的人一夜情,都没用!

图6-7

7. 新奇牌

对于新鲜的人和事,公众总是充满兴趣,保持着高度的关注,这是人类骨子当中的"好奇心"在作怪。而如果我们在策划事件营销时,能够满足人们的好奇心理,自然会成为大众的焦点。下面说一个国外的经典案例:"别针换别墅"(见图6-8)。

在美国,有一名叫凯尔·麦克唐纳(Kyle MacDonald)的青年,艰难地在城市里蜗居着。他与女友和两个室友租房子住,每月得交300美元租金,26岁的他与中国的同龄人一样,最大的梦想是拥有自己的房子。有一天,他突然灵机一动,想到了通过上网与人换东西的形式来实现自己的梦想。

2005年7月,这个神奇的故事开始了。麦克唐纳有一枚特大号的红色

曲别针，是一件难得的艺术品，他在当地的物品交换网站 Craigslist.org 上贴出了广告，希望通过这枚曲别针交换些更大更好的东西，很快来自英属哥伦比亚的两名妇女用一只鱼形钢笔换走了他的红色曲别针。而当他更新了网页后不到 10 分钟，西雅图的安妮女士就在网上联络他，用一个画着笑脸的陶瓷门把手换了他的鱼形钢笔。

7 月 25 日，正准备从麻省搬家的肖恩·斯帕克斯（Shawn Sparks）表示，自己愿以一个野营炉换门把手。他一共有两个野营炉，不想都带走；而他的咖啡机又恰恰需要一个新把手。接下来，9 月 24 日，加州的大卫军士长发现自己需要这个炉子，拿一个旧的 1000 瓦的发电机和麦克唐纳交换。11 月 16 日，纽约皇后区的一个年轻小伙子用一个啤酒广告霓虹灯、一个啤酒桶和满桶啤酒的"派对方便三件套"换了他的旧发电机。

此时麦克唐纳已经小有名气。他在自己的博客上描述了以红色曲别针开始换取物品的曲折过程，引来了巨大回响。

12 月 1 日，麦克唐纳的好运气来了。"派对方便三件套"被加拿大蒙特利尔的一名电台主持人看中，想用一辆 1991 年的雪地车交换。麦克唐纳前去易物，顺便也在电视上露了一下脸。很快，一家雪地车杂志社用前往加拿大亚克村庄的免费行程交换那辆雪地车；这趟免费行程又换来一辆 1995 年的货车，接着是一份录音合约。

麦克唐纳把录音合约交给了菲尼克斯的一个歌星，她让麦克唐纳免费租用一年自己在菲尼克斯的双层公寓作为交换。

这就是麦克唐纳用一枚红色曲别针换来一年免费住房的故事。

图 6-8

8. 反常派

随着互联网的发展和普及，各种信息化的差异越来越小，一些传统的创业手法已经不能满足网民的需要。比如在几年前，芙蓉姐姐仅凭几段特别的文字、几张出格的照片就可以出位，而现在这种文字和照片遍地都是，

网友已经麻木。于是一些人为了出名，开始不择手段，只要能出名，什么都敢干。

纵观近两年的网络红人，基本上都是靠做一些异于常人的举动而出名的。当然，我们鼓励健康的创新，但是我们拒绝庸俗。

比如犀利哥这种网络红人，我们是欢迎的。但是像凤姐、兰董、虐猫女等这些炒作手法，我们坚决抵制。

关于反常派方面的例子就不举了，有兴趣的朋友，可以上网搜索这些网络红人的名字，个个都是一段惊心动魄的血泪史。

6.1.4 事件营销的操作要点

1. 不能盲目跟风

成功的事件营销有赖于深厚的企业文化底蕴，不是盲目跟风学来的。再延伸一点说，做网络营销推广也是如此，不能看到某个方法火，就盲目去用，关键要看自己是不是适合，针对自己的情况如何有效结合实施。比如前两年事件营销正火，各种网络红人当道时，"红本女"横空出世。事件起因是这样的：

2008年4月24日，在SOHU数码公社出现了一个帖子《7天7夜不吃不喝网络追踪红本女事件》。内容是一男子宣称在跟踪一个漂亮MM，用七天时间持续报道他的跟踪过程。这个姑娘有一个明显的特征，无论到哪里，手里都抱着一台红色的联想ideaPad U110笔记本电脑，所以称之为"红本女"（见图6-9）。

图 6-9

但是很快就有网友看出了破绽：这些照片都是用专业的光圈、角度拍摄，以及这个女孩不专业和做作神态都证明这是人为炒作的。原来这是联想公司开展的一个事件营销。

其实"红本女"本来是个非常好的创意，但是做得太急切、太功利，其只是模仿了事件营销的形，却没有掌握精髓，所以一早就暴露了。

2. 符合新闻法规

事件营销不论如何策划，一定要符合相关的新闻法规，不能越位。曾经有这样一个案例：

某地有家公司刚开业想营销一把，于是想出了一个营销方案——先在当地广场放置1000把公益伞，然后安排人领头进行哄抢，接下来再以一则市民素质不高的新闻对自己进行一番炒作。这一事件的新闻价值确实很大，也颇有争议。但在发稿时，这个市级报纸的老总却认为，反映当地民风落后，甚至还有治安不利的内容不太合适。最终这一策划以失败告终。

3. 事件与品牌关联

事件营销不论如何策划，一定要与品牌有关联，最后一定是能对品牌起到宣传作用。比如前面提到的海尔厂长砸冰箱、老板喝涂料等案例，都是与品牌诉求紧紧联系在一起的。砸冰箱是为了突出企业重视产品质量，喝涂料是为了表明产品安全环保。千万不能生拉硬扯，这里说一个算是失败的案例："兰董"（见图6-10）。

2008年4月9日，兰董在网上注册了个人空间，并写下了两篇博客。一篇《80、90的儿子们，都歇菜吧！》和《80后90后：你们都是废物一群社会的垃圾》把80后、90后挨个炮轰，引起了网友热议。

兰董同时上传了一段5分35秒的视频。视频里，她穿着一身黑衣，戴着墨镜，坐在办公桌前，对着镜头"猛轰"80后、90后。兰董的帖子一出，立刻被各大网站转载。

她那口无遮拦甚至带有侮辱性的批评语言、炫富的内容，再加上夸张的举止动作，不止被80后、90后狂轰滥炸，其他年龄层包括70后在内的网友也感到无法接受。

兰董姐姐在网络上的视频、图片总是戴着墨镜，她喜好翘着兰花指，用她自己的语气对80后、90后的网友进行辱骂；另外还显摆自己的名车、名包，并且常有诸如"你们一辈子都买不起，可我买了几天就不喜欢了"之类的话语。兰董姐姐初一露面就遭到网友反感，不少人自发建立QQ群、贴吧专门用来攻击兰董姐姐。

其实兰董不过是某网站为了营销自己而策划的一次事件营销，应该说

策划得很成功,兰董火了,火得一塌糊涂。可问题是兰董和该网站根本联系不上,甚至到现在都没多少人知道兰董是该网站炒作出来的。而且兰董是一负面典型,招来的也净是骂名。

图 6-10

4. 控制好风险

在策划一个营销方案之前,一定要充分考虑到风险因素,不要忽视风险,控制好风险,千万不能给企业造成负面影响,所有的推广都应该是为品牌做加法。一个典型的失败案例是2010年轰动一时的"KFC秒杀门事件"。本来挺好的一个网络营销活动,结果由于当初策划时风险意识不够,考虑得不够周全,给企业带来了一场严重的公关危机。

5. 有曲折的故事情节

好的事件营销,应该像讲故事一样,一波三折,让人们看了大呼过瘾,看了还想看,这样新闻效应才能持久。比如著名的事件营销案例"武汉动物园砸大奔",从2001年12月中旬到2002年3月下旬,在整整三个多月的时间里,中国的媒体几乎都被"砸奔驰"事件所深深吸引,并为之进行了连篇累牍的报道。之所以媒体和公众对该事件如此关注,就是因为该事件如电视连续剧一样,几波几折、高潮迭起,让人们反复回味。下面我们就以时间为顺序,"重播"每一"集"故事的主要内容。

- 2001年12月19日 武汉森林野生动物园召开新闻发布会,表示由于对奔驰公司的售后服务不满,将于12月26日砸毁自己的价值89万元的奔驰车。

据武汉森林野生动物园董事长王笙介绍,这辆德国原装进口的SLK230型奔驰车是2000年12月19日在北京宾士汽车销售中心购得的,但买来后

发现有方向机漏机油等毛病，经过奔驰公司 5 次修理，问题依旧没有得到解决。该车的一年保修期，几乎有一半是在"病休"。

由于奔驰公司拒绝了换车或退车的要求，失望之余，他们决意公开砸烂此车，还将在各汽车博览会上展示这辆奔驰车，并起诉奔驰公司及北京宾士汽车销售中心，要求赔偿损失。

这一天，是这辆奔驰车保修期的最后一天。

- 2001 年 12 月 25 日 在开砸奔驰车的前一天，武汉森林野生动物园又以一个"老牛拉奔驰游街"的行动，有效扩大了这一事件的影响力。

下午 2 点，在 10 多家媒体记者的镜头下，一头老水牛缓缓拉着那辆 SLK230 型奔驰车在武汉人民会议中心旁的马路边绕行一圈。再次展示了砸车的决心。

- 2001 年 12 月 26 日 上午 11 时整，在众多媒体的关注下，武汉森林野生动物园 5 名年轻力壮的员工挥舞着木棒、铁锤砸向这辆 SLK230 型奔驰车，几分钟后，奔驰车的外表已面目全非，车前的大灯和挡风玻璃全部破碎，原本光滑的引擎盖变得凹凸不平。据武汉森林野生动物园方面介绍，只让奔驰车受"外伤"的原因是要保留好相关证据，以便以后诉诸法律。

- 2001 年 12 月 27 日 "砸奔"的第二天，梅赛德斯——奔驰公司驻北京办事处就此事发表声明：问题的原因已被查明，是由于客户使用非指定的燃油所致。我们出于好意为客户提供清洗燃油系统的免费服务，这一免费服务在 2002 年 1 月 31 日之前有效，不幸的是客户拒绝了这一善意的提议。我们对客户选择不接受帮助而深表遗憾，对有关人士在这件事上所采取的极端的、没有必要的行为深表遗憾。

- 2001 年 12 月 27 日晚 武汉森林野生动物园针对奔驰公司的声明做出回应：我们并未简单拒绝奔驰公司提出的"清洗燃油系统"的做法，只是我们要求奔驰公司承诺，"如果第六次仍未解决这辆奔驰车存在的问题，就应答应我们的退车要求"。

并郑重声明："即日起一周时间内，我们将拭目以待奔驰公司对待消费者的积极举措，并保留我们起诉奔驰公司的权利。"

- 2001 年 12 月 28 日 媒体报道了"奔驰车被砸事件"的新进展：中国质量管理协会全国用户委员会将对这一事件中的质量问题展开调查。同时，北京《中国质量万里行》杂志社派代表到武汉，向车主提出欲全程"代理"该车的诉讼、索赔等事宜，并想买下这辆奔驰车。不过武汉森林野生

动物园表示还没打算卖掉被砸的奔驰车。

- 2002年1月7日　在武汉森林野生动物园的牵头下，6名与奔驰车"有过节"的中国消费者聚首武汉，宣布成立"奔驰汽车质量问题受害者联谊会"。除武汉森林野生动物园董事长王笙外，另外5人分别从北京、宁波、深圳、珠海、西安专程赶来，他们都遭受了由奔驰汽车的质量问题造成的不同程度的人身和财产伤害，有的甚至失去了亲人。当他们通过各种渠道与奔驰公司进行交涉后，遭遇到的始终是"无理拒绝"和"故意拖延"。

联谊会发表了对奔驰公司的联合声明，依据《中华人民共和国消费者权益保护法》和联合国《保护消费者准则》的有关规定对奔驰公司的做法予以批评，并要求奔驰公司在10个工作日内给他们答复；只要联谊会中任何一个投诉未能解决，他们的维权行动就不会结束。

- 2002年1月8日晚　奔驰公司发表措辞强硬的声明："我们对王笙先生和武汉森林野生动物园的这一非理性而且无意义的举动表示谴责。我们认为此举纯属一种炒作行为，完全不是解决问题的有效手段。"并称可能对其行为采取相关的法律措施。

武汉森林野生动物园立即反击：砸车的行为是一名中国消费者对奔驰公司不负责任态度的一种抗议，绝非炒作。

- 2002年1月9日　浙江义乌的一位奔驰车车主由于"座驾"问题多多，义愤之下也表示要学武汉森林野生动物园的做法砸车。

- 2002年1月10日　"奔驰汽车质量问题受害者联谊会"在北京发表声明，要求奔驰公司就解决奔驰车质量问题尽快予以答复，否则将采取进一步的措施，包括将病车运往北京要求鉴定，并沿途停留，"向广大群众公布我们所购奔驰车的质量"。

- 2002年1月11日　有媒体以《"奔驰"车事件没完没了　又有车主要烧车》为题，报道了西安奔驰车车主高成武的声明：如果奔驰公司再不能修好他2001年3月买的ML320型奔驰车，宁愿将车烧掉！

- 2002年1月13日　成都一位叫瞿小林的奔驰车车主欲加入"奔驰汽车质量问题受害者联谊会"，并称如果自己的"问题车"再不妥善解决，也会效仿武汉森林野生动物园的做法，先"牛拉奔驰游大街"，然后砸"大奔"。

- 2002年1月14日　晚上21时15分，中央电视台《实话实说》栏目以"武汉车主怒砸奔驰"事件为话题进行"实话实说"。同一天，又有多名奔驰车车主加入"奔驰汽车质量问题受害者联谊会"。

- 2002年1月15日 奔驰公司再次给武汉森林野生动物园发去严正声明，要求后者公开道歉。武汉森林野生动物园随即发表声明进行回复，表示要坚持进行正当的维权行为。

- 2002年1月16日 被砸奔驰车从武汉起运前往北京，据武汉森林野生动物园称，他们希望在北京能等到奔驰公司解决此事的答复。如果仍没有答案，就将此车交由国家质监部门做质量鉴定，取得证据后起诉奔驰公司。

- 2002年1月18日 德国媒体开始关注砸车事件，法兰克福评论报的记者专程采访了被砸奔驰车的车主。这一题为《王先生和他的奔驰车》的报道于1月23日刊发。

- 2002年1月19日 就在奔驰车风波在中国愈演愈烈之际，深圳街头上演了"纤夫"拉奔驰车的"奇景"：深圳车主张先生的奔驰车出了故障，他一气之下雇请8名民工将奔驰车拉往奔驰服务中心。据其称，这辆奔驰车已经修过11次。

- 2002年1月24日 在将"问题奔驰车"运到北京一周后，由于没有得到可鉴定的任何答复，维权行动受挫，武汉森林野生动物园发表声明：不再委托中国质量管理协会全国用户委员会对奔驰车质量问题进行调解。但表示将把维权进行到底。

中国质量管理协会全国用户委员会回应武汉森林野生动物园的声明，决定终止调解"砸奔驰"纠纷，并发布了《关于终止调解武汉森林野生动物园有限公司投诉梅赛德斯——奔驰（中国）有限公司汽车质量纠纷》的公告。

- 2002年1月29日 由于在北京维权无果，被砸"大奔"被运回武汉，放在武汉森林野生动物园里供游客们参观。

- 2002年3月5日 太原市的田先生将其"百病缠身"的S280型奔驰车运往北京向奔驰公司讨个说法。他指着那辆花了120余万元的奔驰车气愤地说："看着它，就来气，修了几十次，最高时速还是上不了20公里，声音就如拖拉机。"

- 2002年3月8日 在经过了多次事先张扬之后，北京的一位奔驰车车主（也是此次"砸奔事件"主角王笙的朋友）终于信守诺言，开始砸他的一辆无任何故障的奔驰车，这使武汉森林野生动物园再次成为媒体的焦点。

整个砸车的过程持续了不足10分钟，奔驰车的两个前车灯、前风挡玻璃、两侧车窗玻璃以及徽标均被砸毁。50余名媒体记者在现场目睹了砸车

的全过程。

据介绍，这位北京老板一直在关注"砸车事件"，对奔驰公司的态度极为愤怒，并发誓"如果中国消费者的问题得不到解决，今生决不再坐奔驰车"。为了号召同胞拒绝奔驰，唤醒国人的尊严，他委托武汉森林野生动物园砸烂自己的奔驰车。

与此同时，广州的一位奔驰车车主也表示将把自己的一辆 S500 型奔驰车运往武汉，并在武汉森林野生动物园当众砸掉。

- 2002 年 3 月 8 日　针对第二次公开砸奔驰车事件，奔驰公司又发表声明，表示"客户采取任何持续的极端行为都无助于促成此类和其他问题的积极和建设性解决方案。"

- 2002 年 3 月 12 日　武汉森林野生动物园再次发表声明："奔驰公司如果不改变对中国人的态度，我们将奉陪到底。我们的口号是'公理不回，砸车不止'。"

- 2002 年 3 月 14 日　《中国质量万里行杂志》在北京召开"中国奔驰车主维权座谈会"，就"武汉奔驰车是否该砸"、"如何使商家和消费者的利益冲突合理解决"等问题展开讨论。

- 2002 年 3 月 15 日　就在"3·15"消费者权益日到来之际，在"奔驰汽车质量问题受害者联谊会"准备借"3·15"采取进一步措施之前，事情发生了戏剧性的变化——奔驰公司与武汉森林野生动物园突然达成和解。奔驰公司同意对汽车燃油系统进行彻底清洗，使之恢复至原厂标准。之后，武汉森林野生动物园将进行为期一年的路试，以确认车辆始终保持良好状态。

协议签署后，武汉森林野生动物园表示，"我们双方又恢复了良好的关系"。

梅赛德斯-奔驰公司也发表声明说："我们期待着与武汉森林野生动物园保持长期而愉快的合作关系。"

因武汉方的突然"倒戈"，由其组织的"奔驰汽车质量问题受害者联谊会""3·15"北京维权活动也因此不了了之。

- 最后的结局　这辆曾被砸得面目全非的奔驰车又修复一新地回到车主手中，在几乎没损失任何东西的情况下，武汉森林野生动物园赢得了巨大的名声。

这种带故事、带情节的"砸奔三部曲",在传播效果上要比直奔主题砸车有效得多,此案例以其过程之曲折、角度之多、篇幅之大、持续时间之长、传播范围之广和宣传效果之好,当之无愧地成为中国新闻策划案中的一个经典。

6. 吸引媒体关注

事件营销,最早也叫新闻营销,可见事件营销与媒体是密不可分的。而且综观各类事件营销,都能找到媒体的影子,往往都是因为媒体的介入而火的。所以在策划事件营销的过程中,一定要注意引入媒体的力量,在执行过程中,要吸引媒体的关注与介入。具体关于新闻媒体的把握,可以参考前面的相关章节。

7. 不要认为事件营销只是临时性的战术

不要把事件营销当成临时性的战术,随性而为之,要将它当成一项长期战略工程来实施,并要注意事件短期效应与品牌长期战略的关系。比如在第 3 章中,曾经提到过芙蓉姐姐长盛不衰的重要原因之一,就是其深谙媒体之道,经常制造新的事件及话题,因此一直保持着足够的曝光率和媒体关注度。而反观其他网络红人,往往都是因一件事火了之后,就再无下文了。

8. 不断尝试

在事件营销实施的过程中,不一定都顺风顺水,大众对事件的关注程度,不一定会像策划时想的那么高。所以想成功,很重要的一条还是要戒骄戒躁、坚持实施、不断尝试。在这方面,凤姐(罗玉凤)就是一个典型(见图6-11)。

众所周知,凤姐是因为参与了江苏卫视的《人间》栏目一炮而红,火遍大江南北的。那期节目的名字叫"我要嫁白马王子",播出时间是 2010 年 1 月末。而实际上,在 2009 年的时候,凤姐就一直努力尝试炒作自己。最早她是在猫扑社区发帖征婚,题为《我想找个北大清华男结婚》,列了七个征婚条件,总结下来要点如下:北大清华硕士、经济学专业、有国际视野、身高 1 米 76 至 1 米 83、无生育历史、东部沿海户籍、年龄 25 至 28 岁。罗玉凤也相当坦白地列出了自己的条件:"身高 1 米 46,平时穿高跟鞋 1 米 53,大专文凭、博览群书、较为狂妄"。自身条件与对男方要求的差距,足够强烈。但是由于网络上此类帖子太多,所以并没有引起什么反响。

过了几天,罗玉凤又贴出了自己征婚的结果,声称"有中国人民银行、

花旗银行、渣打银行、汇丰银行、交通银行、中国人寿、友邦保险等金融公司驻中国区首席执行官向我表达爱意，愿意与我结婚，而本人觉得他们年老色衰，说不定今天结婚，明天就死掉了，所以不愿意"。但是还是没有人关注。

凤姐又另辟蹊径，转到线下，开始在上海陆家嘴附近发传单征婚，此举引起了上海当地媒体的注意，罗玉凤在接受上海媒体访问时解释："聪明是征婚条件中最重要的一条，我阅人无数，少说两三百人，通过我的比较，北大和清华毕业的人比一般人聪明"。经过当地媒体报道，罗玉凤在宽带山等上海本地论坛小红了一下。当时被称之为"陆家嘴征婚女"，但是结果也不是很令人满意。

凤姐没有就此放弃，继续寻找机会，不久，她又坐客新民网直播间，但是新民网的访谈视频播出后，还是不温不火。

直到 2010 年 1 月，搭上江苏卫视《人间》这趟车后，事情才有了转机，也才有了后面大众耳熟能详的故事。

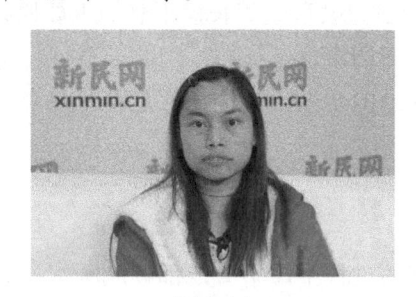

图 6-11

6.1.5 简单的事件营销方案

下面和大家说说简单的事件营销方案，一般是如何操作的。

第一步：**准备账号**。前面说过，事件营销不是独立存在的，需要一些其他平台的辅助，而最常用的辅助手段就是论坛。所以通常在策划实施一个事件营销前，先要准备大量的论坛账号。一般都是找一个影响力大的内容源论坛，然后提前注册马甲。

第二步：**策划事件**。在准备账号的过程中，开始策划事件，并组织成论坛帖子的形式。

第三步：**用图文的形式发布到相关论坛（推荐天涯）**。事件策划好后，选取黄道吉日，将内容帧发布到论坛。通常内容都是图文并茂、富有争议。

具体的实施步骤，可参考前面章节中的"论坛炒坛"和"论坛推广"的相关内容。

第四步：马甲炒热。用事先准备好的马甲将帖子炒热。

第五步：转载。将内容转载到其他论坛。

第六步：引入媒体。如果前面几步实施得比较顺利，这个时候媒体就会主动关注我们，并和我们取得联系进行采访报道。而通过媒体，事件将会推向一个新的高潮。当然，前提是事件本身具有新闻性，而且要符合法律法规。

6.2　口碑营销

6.2.1　什么是口碑营销

口碑营销，就是口口相传。比如当我们买了一件新衣服，感觉这件衣服很漂亮、很值时，就会情不自禁地向周围的朋友推荐。告诉他们这是在某某专卖店买的，原价 1000 多元，而我们才花了 400 元就到手了，质量超级好云云的。再比如我们想买一台笔记本电脑或手机时，通常也会到处咨询朋友，听听他们有什么好的建议和意见。而被问到的朋友，往往都会非常兴奋和不厌其烦地帮我们分析和总结。

口碑源于人的显摆与分享心理，而口碑营销利用的也是人的显摆与分享心理，从而引发人们主动传播的欲望与积极性。由于口碑营销是通过朋友、亲戚的相互交流将产品信息或者品牌传播开来的，所以具有极高的可信性。

与事件营销一样，口碑营销也不是独立存在的，具体操作时，也需要论坛、微博、软文、新闻、事件等辅助和配合。

6.2.2　口碑营销的步骤

第一步：策划好一个眼球引爆点

想有效地在用户中间形成口碑效应，第一步是要策划好一个眼球引爆点，只有让更多的人去关注，并使关注者对此事产生浓厚的兴趣，并很有欲望把这件事情告诉身边的人，才有可能引发口碑传播。

这个引爆点往往是围绕用户需求来策划的。用户最关注什么、最想要什么、最想看什么、最想听什么，我们就给他们什么。比如前面提到的在2010年光棍节期间，淘宝商城策划的全场5折促销活动，由于消费者最喜欢的事就是打折省钱，所以该活动引起了人们极大的关注，很多人相约守在电脑前，坐等午夜抢拍。凌晨12点刚过，很多热门产品就被一扫而空。

第二步：通过引爆点策动可谈论的话题

光有引爆点还不成，口碑营销的核心是用户之间在相互交流中进行传播，所以还要有足够的具有可谈论性的话题，这样才能通过意见领袖的嘴把它口口相传出去。

比如前面说过的富亚老板喝涂料的例子，此案例之所以如此成功，主要就是因为喝涂料这件事非常新鲜有趣，所以自然就成为了人们茶余饭后的谈资。

再比如海尔厂长砸冰箱之所以轰动，同样是因为在那个年代，这是一件非常不可思议的事情，所以人们聊天时，不禁要评论一番。

第三步：选择传播渠道

传播渠道很重要，如果传播渠道不畅，则传播效果就会大打折扣。口碑的传播渠道需要根据产品的属性进行选择，但万变不离其宗，选择目标用户群相互之间的联系纽带作为传播渠道是最佳选择。在以往，选择有效的渠道并不是一件容易的事情，但是自从有了互联网之后，带来了许多新的契机。比如论坛、博客、微博、IM、SNS等人群集中的网络平台，都是非常好的传播渠道。只要引爆点足够劲爆、话题足够好，能够让大家参与互动起来，口碑效应自然就会形成。

第四步：口碑传播的监控

和任何一种营销措施一样，我们也要衡量口碑营销的效果。因为口碑营销往往都需要其他营销手段配合使用，所以监测的数据要根据所选的渠道来指定。比如如果是通过论坛来操作的，那么监测的数据主要就是发帖量、单击数、回帖数、转载量等；如果是通过博客来进行的，那么监测的数据就是博文数量、单击数量、转载数量、人们在博客中的评论及主要关注点等因素。

除了基本数据的监测外，还需要对传播的过程进行有效管理和控制，有效引导舆论的走向。因为口碑可以是正面的，也可以是负面的。要防止在操作过程中，因为一些意外因素而产生负面信息传播。

6.2.3 如何引发口碑效应

刚刚说的是口碑营销的基本操作步骤，在其中我们也提到，关键是通过引爆受众的眼球和生动可谈论的话题来引发口碑效应。那么怎么做才能更容易引发口碑效应呢？前面提过，口碑营销利用的是人的显摆与分享心理，所以从用户的心理需求入手，是最佳选择。

1. 新奇

当人们遇到新奇而有趣的事时，总会情不自禁地关注并分享，因为谁都想表现得知识渊博一些。所以当我们策划口碑营销时，不妨打一下新奇牌。像富亚涂料，就是靠新奇取胜，其老板仅仅是当众喝了一杯涂料，便喝出了一个知名品牌，真可谓是四两拨千斤。

2. 快乐

没有人会拒绝传播快乐，当我们给用户带去快乐时，想让用户不传播都难。典型的案例如网络红人"百变小胖"，仅靠一张图片就火遍大江南北，且一直红到现在。之所以一张照片能够产生如此神奇的效果，就是因为这张照片给无数人带去了快乐。

3. 故事

好的故事，人人爱听，听完后自然也会传播。而且在口碑营销中，制造有趣和易于传播的故事，是一种非常好的策略。因为想引起口碑，必须要有话题才行，而故事本身就是非常好也非常持久的话题。

比如一提到火机，人们马上会想到"Zippo"。Zippo之所以能在火机市场中一枝独秀，成为火机中的"战斗机"，原因就是这个品牌的背后有许多故事。比如Zippo挡子弹的故事、Zippo做饭的故事、Zippo当信号灯的故事等。这些广泛流传的故事，将Zippo化身为"救命恩人"、"信号灯"等英雄角色，无不是对Zippo品质最好的称颂。

而对于其他火机品牌，人们即使想帮它们传播，也都不知道应该对朋友说些什么。

4. 关怀

其实中国的消费者很容易被感动，只要对他们好一些，或者说只要把你该做的功课做足，用户就会非常满意，并会用口碑回报你。比如海尔厂长砸冰箱，用的是事件营销的手段，骨子里却是在关怀用户，在那个用户

还不是"上帝"的年代，此举深深地感动了消费者。而且海尔将这种用户关怀的理念，一直传承到现在——每每有人提起海尔，人们总会竖起大拇指说，"海尔的售后服务真的非常好"。

5. 互惠

感恩是人类的优秀品质之一，如果我们能够有效地帮助用户解决问题，用户自然会李代桃僵，用口碑回报我们。比如一些工具类的网站，如 IP 地址查询、手机归属地查询、友情链接查询等，这些网站之所以备受用户追捧，流量普遍很高，就是因为能够帮助人们解决日常生活和工作中的问题，可以帮助用户节省大量的时间和精力。

6. 利诱

消费者最关心的就是自己的利益，是否能够得到实惠。所以如果我们能够直接让用户受益，帮用户省钱，自然会受到用户的拥戴。比如京东商城之所以能够成为 B2C 领域的巨头，成为中国最大的网络商城之一，就是因为其产品真的是特别便宜，特别是 3C 产品，比中关村经销商的进货价都要便宜。

还有著名团购网站糯米网，之所以一炮而响，上线第一天就获得了 10 几万的订单，也是因为便宜。原价 200 多元的电影套餐，仅需 40 元就可以搞定，真的太便宜了。

7. 共鸣

心理学中有一种策略和方法叫"情感共鸣"，通过此方法，可以快速拉近与陌生人之间的距离，从而影响别人。而在实施口碑营销过程中，如果我们能够引起用户的内心共鸣，自然就会形成口碑效应。比如韩寒的博客之所以被广为传颂，就是因为他的文字反映了当下国人的心声，说出了别人不敢说的话。

以上只是一些常见的方法和技巧，旨在起到一个开拓思路的作用，大家具体操作时，不要拘于一格，多多寻求新的方法和创意。

6.2.4 策划口碑营销的关键

1. 品质或服务要有保证

口碑营销不是靠创意取胜的，也不是靠炒作一鸣惊人的。而且用户的口碑可以是正面的，也可以是负面的，如果仅仅靠炒作，最后很可能会变

成负面的传播。一个良性的口碑营销,应该是建立在产品品质和服务有保障的前提下,这样才能形成持久而正面的口碑效应。比如前面反复提到的海尔,之所以能够得到消费者的认可,成为名牌,并不是因为当初厂长砸冰箱砸得好。砸冰箱一事确实帮助海尔快速提高了知名度,赢得了消费者的心,但是如果其产品品质和服务跟不上的话,一样还会被消费者所唾弃。

纵观那些口口相传下来的老字号,比如茅台等,无一不是因为产品品质出众而流传千百年。

2. 品牌结合

策划口碑营销时,不管是引爆点也好,还是策动的话题也罢,一定要与品牌有机结合,不能生拉硬拽,与品牌毫无联系。在前面说的例子中,不管是 Zippo 突出的故事,还是海尔提倡的售后服务,都是与品牌和产品特点紧紧联系在一起的。

3. 正面口碑

口碑营销最后引发的一定是正面口碑,不能适得其反带来负面影响。这就需要我们在策划阶段,注意对风险的把控,多准备几套应急预案。

4. 口碑要经得起推敲

不管方案如何策划,一定要经得起各种推敲,不能最后遭人诟病。这里举个例子:

2008 年年初,国内数十家主流汽车网络社区内都出现了名为"XXXX 发动机国外获奖"的帖子,称"该发动机被英国汽车网站 Carnews 评选为英国 2008 年某级别最佳发动机",并附有网站截屏图,按照该帖提供的网址,确实可访问到相关内容。由于该奖项有"发动机奥斯卡"之称,一时间,广大国内网友纷纷表示祝贺。

然而,很快就有记者曝光,这不过是一场精心策划的骗局:原来是某营销公司人员(该发动机品牌代理商)私自注册了以"Carnews"为名的冒牌网站,制作假新闻,然后以网友身份在各汽车论坛狂发。

据说,这场闹剧从引起媒体怀疑到被查得水落石出,只用了半天的时间。

6.3 病毒营销

6.3.1 什么是病毒营销

许多人一听到"病毒营销"四个字，马上想到的是计算机病毒，其实它们根本不是一回事，两者有着本质的区别。

所谓"病毒式网络营销"，是指通过用户的口碑宣传网络，信息像病毒一样传播和扩散，利用快速复制的方式传向数以千计、数以百万计的受众。也就是说，通过提供有价值的产品或服务，"让大家告诉大家"，通过别人为你宣传，实现"营销杠杆"的作用。病毒营销已经成为网络营销最独特的手段，被越来越多的商家和网站成功利用。（摘自百度百科）

Hotmail 开辟了病毒营销的先河，最初 Hotmail 推出电子邮箱服务的时候，在 IT 界还是一个很不起眼的公司，但就在短短的 10 个月内，公司的注册用户数就达到了上千万，而且每个月注册的用户数还以几十万的速度递增。他们的策略很简单，在 Hotmail 发出的每个电子邮件下面都加了标签"从 www.Hotmail.com 得到您的个人免费邮箱"，首先赠送免费的电子邮件地址服务，然后人们看到消息，注册自己的免费邮箱，接着发消息给朋友和同事，每次在 Hotmail 发出的邮件中都自动添加了这个标签，使得更多的人知道这个消息，而更多的人成为了信息的传递者，就像病毒一样极快地传播开来。

6.3.2 口碑营销与病毒营销的区别

应该说口碑营销与病毒营销是一对兄弟，它们长得很像，甚至很多人直接将它们合二为一，称之为"口碑病毒营销"或"病毒口碑营销"。虽然它们的表现形式和操作手法很像，但却有着本质的区别。下面来说说它们的主要区别。

1. 从传播动机和观点看

病毒营销利用的是"看热闹的羊群效应"，在病毒营销的实施过程中，用户是基于有趣而主动传播的，而对于传播的内容几乎是不了解的。他们只是出于新鲜有趣才参与其中，但却不对传播的内容负责。

而口碑营销利用的是"中国人更相信他人的意见"，在口碑营销的过

程中，用户是基于信任而主动传播的，他们对传播的内容不但了解而且还很认可，并且他们愿意对传播的内容负责。

2. 从传播效果看

病毒营销满足的是知名度，通过高曝光率在用户中达成广泛认知，但是知道并不代表认可。

而口碑营销满足的是美誉度，通过引导用户相互之间口口相传，以达到增加用户信任度和认可度的目的。

6.3.3 病毒营销操作步骤

第一步：制造病毒

病毒营销的操作过程，与计算机病毒有点像，第一步都是制造病毒。一支好病毒的前提是传播力要足够强，而如何才能制造出传播力强劲的病毒呢？可以从以下几方面入手。

1. 免费和利诱

对于免费的好东西或者可以带来利益的东西，谁都无法拒绝，也最容易形成病毒效应。比如前面提到的 Hotmail，走的就是免费路线。再比如 2010 年轰动一时的"KFC 秒杀门事件"，就是因为肯德基的秒杀活动太实惠了，通过下载其提供的电子优惠券，就可以以一半的价钱购买原价为 64 元的全家桶。这么实惠的好事，用户当然会奔走相告，结果这张电子优惠券像病毒一样被传播出去，无数人拿着它涌向全国各地的肯德基。肯德基不堪重负，拒绝为用户兑换，最终引发了此次事件。

2. 娱乐类

用户上网最重要的目的之一就是娱乐，所以娱乐类内容是很容易引发病毒效应的。比如最典型的就是各种搞笑的图片、视频，这类内容是用户最愿意主动传播的内容之一。像"百变小胖"，仅靠一张照片，就红遍互联网，而且还在被传播着。

3. 情感类

在前一节的口碑营销中，曾提到过从受众的心理需求入手比较容易引发口碑效应，在病毒营销中，那些方法同样适用，通过情感层面引导用户帮我们进行病毒式传播是良策。下面补充几条在口碑营销中，没有提到过

的用户心理需求。

愤怒：其实，每个人的骨子里都或多或少有些愤青基因。如果一旦把用户的这种愤怒心理给勾起来，用户的愤怒就会转化为传播的力量。比如2010年最劲爆的网络红人凤姐，之所以如此爆红，就是因为她的言行太令人愤怒了，大家忍不住要和身边的朋友说她，忍不住在网上批评她。而在一片骂声和争议中，凤姐自然就出名了。再比如"我爸是李刚"，之所以能够成功当选2010年十大网络流行语，也是因为这句话太让人气愤和发指了。逝去的生命无法挽回，人们只能通过传播这句话的方式来表达心中的愤怒。

显摆：每个人都喜欢显摆，只是显摆的方式不同罢了。而如果能够为用户提供一个显摆的平台，用户肯定会主动帮我们进行传播。最常用的手段是各种网络评选活动。比如某杂志社针对全国高校女生举办了一次"封面精灵"评选活动，凡是入选者，都可以成为该杂志的封面，并被大力推广。评选的主要方式是网络投票。结果在活动期间，该杂志社网站的流量从日常的几千IP，直接涨到了6位数。

贪婪：贪婪被列为基督教的七宗罪之一，撒旦之一的玛门（Mammon）便是代表贪婪。当然，现实中贪婪的人毕竟是少数，但是偶尔占点小便宜的心理，还是不少人都有的。在策划病毒营销时，适当地给用户点小便宜，则会起到非常好的效果。比如在QQ群中，经常出现所谓的"转发某某消息就送Q币"的信息，虽然我们都知道是假的，但每次却都有人转。

4. 邀请推荐类

开心网在上线之初之所以发展得如此之快，其中一个重要原因就是它的邀请注册机制。开心网不能够自由注册，只能通过已注册用户的邀请链接进行注册。当然，仅仅依靠这种机制，还不足以引发病毒效应。开心网主打的是各类休闲小游戏，而邀请他人注册是大量增加游戏金币的最直接方法。有了"金钱"的驱动，病毒效应自然就形成了。

此方法用在注册类的产品上非常有效，比如对于论坛社区这类产品，增加有奖推荐注册机制后，注册量都会大增。

5. 投票类

投票也是能够引发病毒效应的有效手段之一，当然，前提是相关的投票活动能够引起大家的关注和兴趣，引起大家的拉票欲望才行。最典型的案例是2006年日本申请加入联合国常任理事国期间，各大网站纷纷推出的

反对日本入常投票活动，一时间席卷互联网，据称当时有超过 1 亿人参与了此类投票。

6. 恶搞祝福类

逢年过节时，我们都要给亲朋好友带去一声问候，送上一份祝福。而各类节日也是制造病毒的绝好素材，比如在 2014 年八月十五期间，某站长制作了一个别具心裁的祝福页面，结果该页面在节日期间日 IP 超过了 70 万。

与各种祝福页面异曲同工的还有各种整人页面、恶搞页面。适当地与朋友开开玩笑，小小地恶作剧一下，可以起到调节气氛、增进友谊的目的。而如果我们能够为用户提供此类富有创意、趣味十足而又不失友好的页面，则自然会被用户传播。

第二步：发布病毒

病毒制造好后，开始大范围发布。在发布这个环节，有以下几个技巧和注意事项。

1. 无须努力地向他人传播的方式

病毒营销最终是要由人去传播，由用户去传播，而用户传播的力度有多大，在很大程度上取决于传播方式的复杂程度，所以我们应该尽可能设计一种无须努力即可向他人传播的方式。比如病毒营销的开拓者 Hotmail，之所以大获成功，就是因为其传播方式太简单了，甚至用户不需要做任何事，只需要正常地和亲朋好友通信，就能够帮助其完成传播。

再比如开心网的成功，也是因为传播方式的多样化和简单化。一般网站的邀请方式是提供一行文字或代码，鼓励用户发送给 QQ 中的好友。这种方式看似简单，实则很麻烦，因为普通用户最多复制粘贴十几个人，就会感到厌倦。而在开心网中，一个重要的邀请手段是导入"MSN 好友"，只要输入 MSN 账号和密码，剩下的工作系统就会自动帮助完成（见图6-12）。

图 6-12

2. 找准"低免疫力易感"人群

如同现实中的感冒病毒一样，病毒营销想传播得快，也要像感冒病毒一样找到那些低免疫力易感人群，通过他们才可以将病毒扩散出去。一般来说，低端用户、低年龄用户、感性用户都是比较易感的人群。

3. 选好病毒发布渠道

传播病毒时，应该选择那些人群集中、互动性强、传播迅速的平台。通常IM、QQ、论坛、邮箱等是常用的渠道。

4. 给大家发布传播的动力

所谓无利不起早，没有动力，用户是不会主动传播的，所以我们需要给用户一个有力的传播理由。具体可以参看前面的内容，比如利诱、情感引导等。

第三步：病毒的变种和再传播

病毒营销是有周期性的，就好像计算机病毒一样，时间一长，大家对病毒有了免疫力，病毒营销的传播力会衰减。所以想要吸引公众继续参与传播，就要及时更新"病毒"，不断植入新的"病毒按钮"。

比如"百变小胖"，之所以能够经久不衰，原因就是其不停地被PS：从机器猫、阿里巴巴、怪物史莱克到蒙娜丽莎、自由女神，小胖总是能够带给大家惊喜。而且每每有影视剧上映，期间也一定会出现小胖的影子：小胖走进《兄弟连》扛起大枪；学《英雄》手举弯刀红袖当风；背起《指环王》里的精灵之弓；坐在《无间道》里装老大；甚至参加《夜宴》大吃羊肉串。

6.3.4 成功案例1则

前面已经介绍过很多案例了，下面再完整地介绍一个经典的案例："吃垮必胜客"

必胜客有一款自助沙拉，点了这款沙拉后，必胜客会给你一个盘子，用这个盘子，你能盛多少就盛多少，但是只允许盛一次。这个盘子并不大，很浅，简单地装沙拉，根本装不了多少。所以，如何用那个可怜的小盘子，装满喜欢的沙拉，也就成了一门有趣的学问。

为了吸引更多的人来吃必胜客，中国台湾必胜客以这款自助沙拉为基

础，策划了一次名为"吃垮必胜客"的病毒营销。

首先必胜客以网友的口吻，撰写了一篇题为《吃垮必胜客》的网文（也就是前面说的制造病毒），图文并茂地介绍了如何用那个小小的盘子，盛取更多的沙拉。按照文章中的图文教程，我们可以巧妙地利用胡萝卜条、黄瓜片和菠萝块等堆到15层沙拉。

网文写好后，必胜客开始通过邮件、论坛等手段传播，也就是传播病毒。很多收到邮件的网友都在第一时间把邮件转发给自己身边的亲友或同事，并相约去必胜客一试身手。

有一位网友这样在网上留言："我当时马上把邮件转发给我爱人了，并约好了去必胜客一试身手。到了必胜客我们立即要了一份自助沙拉，并马上开始按照邮件里介绍的方法盛取沙拉。努力了几次，终于发现盛沙拉用的夹子太大，做不了那么精细的搭建工艺，最多也就搭2～3层，不可能搭到15层"。

而到必胜客试过身手，并且真的装满更多层沙拉的热心网友，会在网上发帖，介绍自己"吃垮必胜客"的成功经验。甚至有网友从建筑学角度，用11个步骤来论述如何吃垮必胜客的方法。

就这样，必胜客通过一个个消费者的诱惑，以及网友自发地网上传递，不但没有被"吃垮"，利润反而大大地上升了。

6.4 免费策略营销

6.4.1 什么是免费策略营销

免费策略营销就是指以向用户提供各种免费产品或资源的形式，来获得用户或流量的一种营销方式。

免费的东西人人喜欢，而且人们也喜欢将免费的好东西分享给朋友，所以免费策略是一种病毒性很强的策略。但是天下没有白吃的午餐，免费策略并不是真的免费，免费是为日后的盈利打基础，先用免费的东西获得用户，然后在其他地方赚回来。

6.4.2 免费的目的和策略

简单归纳一下,免费策略营销由以下几个阶段组成。

(1)**初期免费**。先通过免费的产品、资源、服务等来吸引用户。注意,虽然是免费提供的,但是也要注意产品、资源或服务的品质;即使是白送,但是如果品质很差,也一样不会获得用户的青睐,甚至会引起用户的反感。

(2)**成为会员**。单纯地提供免费产品,不是我们的目的,而是在免费提供大量优质产品的同时,引导用户成为我们的会员,或者获取用户资料。

(3)**关怀引导**。用户成为会员后,还应该适当地对用户进行一些关怀和引导,提升用户对我们的好感度和忠诚度,甚至成为忠实会员。

(4)**推销付费产品**。在经过前面一系列的铺垫后,开始推出各种付费产品。通常的策略是初级产品免费,但升级就要付费了。但是注意,收费服务,一定是免费服务所不能替代的。比如在很多年前,263 推出付费邮箱时,失败了。原因是其收费邮箱,只是比免费邮箱多了一些容量、多了一些附件空间等而已。而对于用户来说,免费邮箱的空间、附件大小等已经能够满足需求了,没必要再额外付费。

6.4.3 免费的形式

1. 文字

文字是最容易实现的免费形式。当然,不是什么样的文字都可以吸引用户,关键是文字要有价值。比如盗版小说网站之所以屡禁不止,且流量都非常高,原因就是这些免费文字,对于用户有致命的诱惑。

2. 软件

软件行业,是免费策略运用得最早,也最彻底的一个行业。现在的收费软件,基本上都有免费试用期,少则七天,多则半年;或者推出免费和收费两个不同的版本,免费版的功能简化一些,若想使用完整版,则需要交费。

而更彻底一些的是,软件直接完全免费,但是想享受额外的服务或指导时,则需要付费。

3. 实物

信用卡公司最喜欢用实物形式,现在不管到哪家银行办理信用卡,基

本上都会送你一份礼品。而且各大银行之间为了争夺用户，送的礼品也越来越大，一百元以下的礼品，对用户基本上已经没有多少诱惑力了。

4. 虚拟

实物的成本比较大，一般企业是负担不起的。而虚拟产品相对来说成本就低多了，所以通过提供免费的虚拟产品来吸引用户，是性价比比较高的选择。比如在互联网发展初期，很多 IDC 商都是以虚拟主机的方式来吸引用户的。当然，这些免费的虚拟主机都是比较初级的产品，如果想获得更高级的服务，比如增加数据库、增加 ASP/PHP 功能等，就需要付费了。

5. 服务

相对于产品来说，服务更容易打动用户。比如著名网站 ip138.com，就是以提供各种免费查询服务闻名的。

6. 经验

最宝贵的东西其实是知名，知名是无价的。免费的经验和技巧，是最容易赢得用户的。比如网络营销推广界的名博，基本上都是以分享经验为主，而且往往分享的经验越多、越好，其博客的影响力就越大。

7. 资源

好的资源，可以帮助用户节省时间、精力，让用户受益，但是想获得好资源，往往都要付出不菲的代价。如果我们可以将好资源整合起来免费提供给用户，则将获得丰厚的回报。比如著名的站长类网站 Chinaz.com，其发展初期就是以免费提供各种精美的网站模板而获得了广大站长的认可，从而走向成功的。

6.4.4　成功案例 3 则

案例一：360 的免费策略

360 是将免费策略用得非常极致的一家公司，其最早推出的产品是"360 安全卫士"，此产品完全免费，不但自己免费，还拉来了著名杀毒软件"卡巴斯基"与其绑定，用户安装了 360 安全卫士后，不但可以免费使用 360 的各种功能和服务，而且还可以免费使用半年正版的卡巴斯基。

之后，360 又决定进军杀毒软件市场，随即推出了"360 杀毒"。众所周知，以往的杀毒软件，全部是收费的，只不过是收多少的问题，而 360

杀毒一经推出即宣布永久免费，结果在很短时间内，便在竞争异常激烈的杀毒软件市场中，抢到了一块属于自己的地盘。

案例二：淘宝战胜易趣

前面的章节曾经提过，当初淘宝之所以能够战胜易趣，一个重要的原因是广告策略运用得好。而除了广告策略外，还有另外一个重要因素，就是免费策略。

众所周知，当初阿里巴巴推出淘宝时，易趣已经在C2C领域一家独大，如果说当时的淘宝是呱呱坠地没几天的婴儿，那么易趣便是年富力强的巨人。但是巨人，也有弱点。当时易趣的问题就是太功利，大部分的服务和功能都是收费的，比如登录要收费，服务要收费，发布商品也要收费等。

而淘宝上线之初，马云就向淘宝砸了3个亿，并做出三年免收费的承诺。而且虽然免费，但是服务力度却一点不比易趣差，有过之而无不及。比如为了保证买家的利益，推出了支付宝，而这个问题，易趣一直没有有效解决。

试想一下，左边的产品是收费到牙齿，右边的产品是完全免费，而且比收费的还好用，消费者凭什么选择前者呢？

案例三：腾讯的免费策略

一只企鹅能做什么？一只企鹅可能会成为动物园里游客参观的对象，也可能会成就一个商业帝国。腾讯的那只小企鹅，就硬生生地将腾讯打造成了全球第三大互联网公司。

这只小企鹅之所以如此成功，就是因为它将免费策略用到了极致。腾讯的所有服务都是免费的，至少初级服务是免费的——你可以申请免费的QQ号，可以使用免费的QQ空间，可以使用免费的QQ邮箱，可以使用免费的QQ网盘，可以玩免费的QQ游戏等。当然，初级服务总不是那么尽善尽美的，如果你想享受更多的高级功能和服务，那只能付费了。比如普通的QQ号，只能建立一个100人的普通群，而付费成为QQ会员后，就可以建4个200人的高级群和1个500人的超级群。

腾讯正是利用这些免费的产品，将用户牢牢地抓到了手里，当用户爱上这只小企鹅，甚至离不开它时，再寻求各种收费服务，从而取得了巨大的成功。

当然，这期间腾讯也尝试过直接收费，比如曾经试过收费注册：每申

请一个 QQ 号码，则需要支付 2 元钱。结果可想而知，对于这种行为，用户很生气，后果很严重。杀鸡取卵显然不是一个很好的主意。不过还好，腾讯知错就改，不久就取消了这种做法。

6.5 饥饿营销

6.5.1 什么是饥饿营销

在市场营销学中，所谓"饥饿营销"，是指商品提供者有意调低产量，以期达到调控供求关系、制造供不应求"假象"、维持商品较高售价和利润率的目的。饥饿营销就是通过调节供求两端的量来影响终端的售价，达到加价的目的。从表面上看，饥饿营销的操作很简单，定个叫好叫座的惊喜价，把潜在消费者吸引过来，然后限制供货量，造成供不应求的热销假象，从而提高售价，赚取更高的利润。但饥饿营销的终极作用还不是调节价格，而是对品牌产生的附加值，这个附加值分正负。（摘自百度百科）

说一个和饥饿营销有关的小故事。古时候有个国王，非常富有，这个国王生平最大的爱好就是吃。所以他的上半生，不但吃尽了人间一切山珍海味，而且从来都不知道什么是"饿"。但是天天大鱼大肉地吃着，他变得越来越没有胃口，对于一个喜欢吃的人来说，天下间最郁闷的事莫过如此。

为了吃到新的美味，国王发出告示，表示只要有人能够献上让国王喜欢的美食，重重有赏。告示发出后，惩罚之下勇夫不少，但是献上的美食，没有一样是令国王满意的，除了他吃过的，还是他吃过的。

就在国王快失去信心时，有一天，来了一位厨师，他和国王说他知道有一种天下最美味的美食，但是可惜无法轻易得到，非得经过艰辛的努力亲自去取才行。为了品尝到美食，国王当即决定与他微服出宫，寻此美味。

二人跋山涉水找了一整天，终于在傍晚时，饥寒交迫地来到一处荒郊野岭。此刻，厨师不失时机地把事先藏在树洞之中的一个馒头呈上："功夫不负有心人，我们终于找到了！"已饿得死去活来的国王大喜过望，二话没说，当即狼吞虎咽地把这个馒头吃了下去。一个馒头吃完，国王还意犹未尽，感觉比以前吃过的任何美味都好吃，他禁不住问厨师这种美食叫什么名字，厨师告诉他，这种美味叫作"饿"。

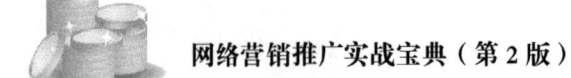

6.5.2 饥饿营销的步骤

有一种江湖骗术流传了好多年，而且大江南北、全国各地都能见到这种骗术的影子。这种骗术通常是打着免费赠送的幌子，最后将一些不值钱的产品，以高于原价十几倍、几十倍的价钱卖给消费者。

这种骗术之所以在江湖中流传这么多年而不衰，就是因为它将饥饿营销用到了极致。下面笔者就为大家揭露该骗术的真面目，同时也通过这个案例，为大家一步一步讲解饥饿营销的四个步骤。

第一步：引起关注

想成功实施饥饿营销，首先要引起用户的关注，如果用户对你的产品一点兴趣都没有，何来饥饿一说？让大家对产品关注，建立初步的认识是成功的第一步。通常"免费"和"赠送"是最能吸引用户的手段。

该骗局也深谙此道，通常他们会选择集贸市场等人群集中的地方，然后搭一个临时的台子，注明"XXXX 公司新品促销"之类的（通常写的都是香港公司），然后一名西装革履的人站在台上，用大喇叭大声地告诉周围的人，该公司推出新品，为了回报消费者的支持，现免费赠送。一般赠送的东西还都非常吸引人，比如笔者上一次见到的该类骗局，是打着赠送原价1999元项链的旗号。

大家一听是免费赠送，而且东西又这么诱人，呼啦一下，全围上来了。

第二步：建立需求

仅仅是引起用户的关注还不成，还要让用户发现自身对产品有需求。如果大家只是关注，自身却没有需求，不想拥有，那还是达不到目的。

在这个骗局中，主持人成功吸引到围观者后，会先简要地介绍一下所谓的公司和产品，通常只讲三五分钟，内容大概就是"公司如何牛，产品如何好，为了回报用户，宣传新产品，特在此地举办本次活动，现场会送出价值1999元的项链"等。简短介绍完后，主持人会马上就对现场观众问一个非常傻瓜的问题，比如公司产品叫什么名字之类的。当有人答对时，马上送出一份包装精美的项链。光看包装，3000元都不止。

围观的群众看到真的是免费赠送，而且真的有人拿到了，情绪马上就都被调动起来了。人人都想免费得到一份价值1999元的项链，而这需求，

自然就产生了。

这时候台上的主持人，会适时地告诉大家，今天准备的礼品很多（通常会整齐地摆在台上），人人都有机会，大家不要急。活动还将继续，想拿到礼品的，请参与后面的互动。

第三步：建立期望值

成功引起用户关注后，还不够，还需要再加一把火，帮助用户建立一定的期望值，让其对产品的兴趣和拥有欲越来越强烈。

在这个骗局中，成功送出第一份礼品后，主持人会继续对公司和产品进行介绍，这次介绍的时间比较长，有二三十分钟。之所以讲这么久，一是将那些没有耐心和诚意的人，给筛选掉；二是充分地给大家洗脑。

主持人会说一堆术语和案例，来说明他们的产品如何好。比如在这个骗局中，主持人介绍说这种项链是由"X 合金"制成（从来没听过的一个名词，在网络上也搜索不到），并自称这是美国最先进的技术，市价比黄金还贵，比钻石还硬，并且非常具有升值空间。甚至主持人还向大家展示了某明星佩戴该产品时的照片，以此说明其珍贵性。最重要的是，主持人会告诉大家，由于这种项链是新产品，还没有正式进入大陆市场，所以即使大家有钱，在商场中也买不到。如果大家想拥有，只有通过今天的活动才能得到，而且人家还不卖，就赠送。

由于现场那种火爆的气氛，再加上主持人滔滔不绝和眉飞色舞的讲解，以及极具煽动力的语言，很多人在那一瞬间失去了免疫力。大家想得到项链的欲望，越来越强烈。

第四步：设立条件

最后一步，设立得到产品所需要的条件。

比如在这个骗局中，当主持人看到火候差不多时，就会宣布继续发放奖品。主持人首先会问大家，想得到奖品的请举手，台下的人站了半个多小时了，当然都想得到奖品，于是大家纷纷举手，现场情绪再一次被调动起来。

这时候主持人会很为难地和大家说，"我们只准备了 20 份奖品，可是现场有一百多人举手，实在不好分，请大家帮忙出出主意"。"我花钱买"，人群中的托大声喊。在托的烘托下，其他人也开始纷纷附和。在群众的呼

声中，主持人宣布最终的奖品分配方案，大意就是：由于想得到奖品的人太多，而奖品数量太少，所以我们决定把奖品发给那些最支持我们的忠实消费者，怎么能证明你忠实呢？掏 100 块钱的场地费就 OK 了。

主持人会很耐心地告诉你，让你掏 100 块钱，不是为了赚你的钱，人家的产品，市场价可是 1999 元呢，而且人家大老远从香港跑过来，路费也不只 100 元，今天这活动搞得这么大场面，场地费更不只 100 元。象征性地收取 100 元的场地费，只是为了证明你的忠诚度。而且奖品一共就 20 份，要是晚了，就算你出 1000 元都没有了。

经过上面这一系列的组合拳，一些低免疫力人群早已失去了理智，很多被冲昏头脑的人纷纷将钱举过头顶，而那 20 份奖品，被一抢而空。

而实际上，这些项链在地摊上，以几块钱的价格就可以买到，批发的话，更便宜。

6.5.3 实际应用

在互联网中，最常见的一种饥饿营销应用方法是限制注册，比如著名的站长类网站"落伍者"，就是一个全封闭的社区，根本不对外注册，如果你想成为该网站的会员，必须先获得邀请码。而即使成功注册，也不能随便在里面浏览和发帖，因为大部分版块，只有"落伍"后才有权限发帖（落伍就是指成为正式会员）。所谓得不到的就是最好的，面对如此苛刻的条件，大家的积极性不但没有消失，反而高涨。

除了限制注册外，饥饿营销目前也被网络游戏行业所广泛采用，且成为网络游戏的一个重要盈利手段。

众所周知，一款网络游戏正式上线前，往往要经过技术封测、内测、压力测试到公测，甚至还有荣耀内测、暗黑封测之类的名称。

游戏公司之所以内测，最早是出于测试的需要，由于游戏研发得不完善，需要一批高质量的玩家来帮助完善游戏。在内测阶段，游戏不对外公开运营，只会发放少量的测试账号给玩家。常见的游戏公司发放测试账号无外乎三种形式，一种是在官方网站和论坛上设置一定的规则抢号；一种是通过合作的游戏媒体发放；还有一种是通过公会发放。其中后两种形式发出去的账号一般都会多于第一种。有的玩家眼巴巴地守望着游戏官方论坛，到最后也没有抢到号。于是就会出现这样一种情况，一方面玩家看到

铺天盖地的游戏宣传广告；另一方面却见不到内测号码。一些狂热的玩家，为了早点玩到游戏，便通过花钱的方式来获取测试账号，有些测试账号价格的增幅一个星期内就能翻三番。

有需求就有市场，聪明的商家发现了其中的商机，于是开辟出了新的盈利模式。一些网络游戏公司通过发放其最新推出的网络游戏测试账号来吸引玩家目光，再通过炒作账号的方式来为自己的公司带来盈利，甚至不少游戏在内测期间就已经实现了盈利。比如丁磊在《天下贰》公测的新闻发布会上就宣称，网易已经在内测期间收回了 6 年全部的研发成本并实现了盈利。

6.6 借力营销

6.6.1 什么是借力营销

借力营销，就是指在内部资源或条件不足的情况下，利用各种手段，借助外部力量和资源为己所用的一种营销手段。相对于广告等传播手段，借力营销能够起到以小博大、花小钱办大事的作用，往往能取得四两拨千斤的传播效果。

和大家说一个和借力有关的小故事。很多年前，大英图书馆老馆年久失修，在新的地方建了一个新的图书馆，新馆建成以后，要把老馆的书搬到新馆去。这本来是一个搬家公司的活，没什么好策划的，把书装上车，拉走，运到新馆即可。问题是按预算需要 350 万英镑，而图书馆没有这么多钱。眼看雨季就要到了，不马上搬家，这损失就大了。怎么办？馆长想了很多方案，但一筹莫展。

正当馆长苦恼的时候，一个馆员找到馆长，说他有一个解决方案，不过仍然需要 150 万英镑。馆长十分高兴，因为图书馆有能力支付这笔钱。

"快说出来！"馆长很着急。

馆员说："好主意也是商品，我有一个条件。"

"什么条件？"

"如果 150 万全部花完了，那权当我给图书馆做贡献了；如果有剩余，图书馆要把剩余的钱给我。"

"那有什么问题，350万我都认可了，150万以内剩余的钱给你，我马上就能做主！"馆长很坚定地说。

"那我们来签个合同？"馆员意识到发财的机会来了。

合同签订后，按照馆员的方案，150万英镑连零头都没有用完，就把图书馆给搬了。原来，馆员在报纸上刊登了一则消息："从即日起，大英图书馆免费无限量让市民借阅图书，条件是从老馆借出，还到新馆去。"

其实古往今来，关于借力的例子数不胜数，比如中国历史上著名的草船借箭，就是其中的经典。

6.6.2 借力营销借什么

1. 借品牌

有效借助已有知名品牌，可以快速提升自身品牌的知名度和影响力。比如在奥运期间的奥运营销，就是典型代表。奥运会作为人类历史上最大规模的体育盛会，受到了全球的注目。特别是商界奇才尤伯罗斯创造性地将奥运和商业紧密结合起来，并使1984年的洛杉矶奥运会成为"第一次赚钱的奥运会"以来，奥运经济越来越成为众商家关注的焦点。比如在北京申奥活动中，可口可乐、通用汽车、喜力啤酒、农夫山泉、富士胶卷等公司都积极参与，这些企业围绕奥运赛事除了投入赞助费外，还从公益、文化、热点等各个角度采取了一系列相关的营销活动。

再比如著名的奥巴马女郎，也是借助了奥巴马的个人品牌才"一脱成名"。这个例子告诉我们，其实"脱"了不一定就能出名，关键是看在谁面前"脱"。

2. 借用户

对于企业来说，如何获取有效的用户是一个挠头的问题，特别是一款新产品，想大量获取用户是一件比较困难的事情。而如果我们能够直接借用别人的已有用户，则是美事一桩。说一个小小的案例。

著名的网游公司九城在2009年年末，推出了一款名叫《名将三国》（WOF）的网络游戏，这款游戏与腾讯代理的一款名为《地下城与勇士》（DNF）的游戏很像。所以对于《名将三国》来说，DNF的玩家是其最精准的目标用户，也是最容易转化成WOF玩家的用户，如果能直接将DNF的玩家吸引过来，将会迅速打开市场。

于是，2009 年 12 月 30 日，九城在《名将三国》（WOF）官网首页挂出公告，公开邀请《地下城与勇士》（DNF）的玩家参与测试新作《名将三国》，并表示，如果玩家不满意，九城将以 Q 币的形式进行补偿和感谢。用腾讯的 Q 币来邀请腾讯的玩家，这招真的非常有创意，而且也获得了非常好的效果。这招借力营销，用得太妙了。

3. 借渠道

在实施网络营销时，通畅的推广渠道是非常关键的因素。但是不是每个企业都有条件和能力建立自己的渠道。所以有的时候，我们不得不想办法借助别人的成熟渠道来进行推广。

在这个方面，软件行业用得是比较深入的，比如最常见的一种手段就是软件绑定。经常喜欢尝试软件的朋友应该比较有感触，在安装一些小软件时，经常推荐和提示你安装一些相关的其他软件。而一些恶劣的软件，则根本不提示，直接强行帮你安装。

6.7 自品牌策略

企业做营销目标是"品牌"，为什么是品牌呢？一个企业要发展，要持久发展，一定要有竞争力，而企业最大的核心竞争力是什么呢？就是品牌。因为品牌会对消费者的决策产生重要的影响。营销上有个法则，叫第一法则，意思是说，消费者在选购产品时，在条件差不多的情况下，一定会选名牌。企业有了品牌后，再做营销，是为了维护品牌。

我相信大部分企业都想建立自己的品牌，但是正如古人所云："知易行难"，"品牌"说起来容易，做起来难，尤其是没有什么实力和背景的小企业、新企业，更是难上加难。

那有没有相对容易些的技巧或捷径呢？答案是肯定的！

企业追求的品牌，往往都是企业自身的品牌或产品的品牌，这个确实比较难。但是如果我们换个思路，先打造企业中"人"的品牌，却相对容易得多。因为"人"有血有肉，"人"有感情有灵魂，"人"更容易让大众接受。不像产品，冷冰冰的，不容易拉近与用户之间的距离和产生情感上的共鸣。所以我们可以曲线求国，先树立企业中"人"的品牌，当人有了品牌后，再用人来带动企业或产品的品牌。

这里说的"人",可以是老板,也可以是企业中的高管或员工,不过老板效果最佳。其实每个企业的老板,都应该像聚美优品的陈欧学习,成为企业的代言人,因为老板是企业的灵魂,最了解企业,最能代表企业,老板应该成为企业最大的宣传员。

这种先做企业中"人"的品牌,再通过人来带动企业品牌的策略,我们管它叫自品牌策略。这种策略非常好用,容易复制,而且成本还比较低,这些年笔者的不少学生,都是通过这种策略受益的。

这种策略学习起来也非常容易,它由两部分组成。

6.7.1 定位

欲成品牌,定位先行,无定位,不品牌。具体从哪个方向进行定位,根据自己的实际情况及行业特点来。在这里说几种适用性比较强的定位,给大家一些参考。

行业专家:指在某个行业或领域,通过自己的专业能力或经验,成为本行业的专家。此定位适合在某个行业或领域有比较丰富的经验或沉淀的人。

意见领袖:指通过自己独特的观点,去影响别人,继而成为行业领袖,比如微博中的公知等,均属此列。此定位适合有独特的思想或观点,且擅于将它们表达出来的人。

创业先锋:指通过自己的创业经历或成绩,去影响别人,继而成为品牌。此定位适合创业路上有一定成绩或代表性的人。

励志人物:指通过自己的故事去感染人,继而成为品牌。此定位适合有故事、有经历,且非常有代表性、能够感染受众的人。

圈子达人:指在某个圈子中成为热点人物。这个圈子可以是某个行业、某个领域、某个组织、某片地区等。此定位适合无法通过以上几种手段成为品牌,但是却有一定的时间和精力,且擅长社交、经营圈子的人。

6.7.2 手段

定位是指导思想,是为了指明方向。但有了方向后,具体通过哪种形式和手段打造品牌呢?下面再说几种适用性非常强的手段。

文章:通过文章做品牌,是我个人非常喜欢和推崇的一种方式。因为

文章的传播能力是非常强且非常持久的。一篇好的文章，可能会被许多网站转载，可能会流传数年。不过这种方法也有一定的门槛，主要适合具有一定文字表达能力的人。

微博：相对于写文章，微博看起来要相对简单一些，因为不需要费脑子写文章，最多就 140 个字，尤其是对于不擅长文字表达的人，真的容易得多。但是想通过微博做品牌，却是比较辛苦的，因为只有微博达到一定的粉丝量后，才能产生影响力，而粉丝，是需要长时间的运营和积累的，这是个辛苦活。当然，如果在微博中发表的观点特别的犀利和有特点，也可能会快速产生影响力。但这就需要有独特的思想和观点了。

论坛：如果在想建立品牌的行业或领域有知名的论坛或社区，那么通过论坛或社区建立品牌也是一个不错的选择。比如笔者的一位好友老 D，就是通过在论坛中建立品牌，继而创业成功的。

在老 D 还是一个普通技术人员的时候，偶尔进入到一个刚建立不久的技术论坛。进入论坛后，老 D 如获至宝，有时间就泡在这个论坛里学习，同时经常和论坛里的网友互动，时不时地还针对论坛里其他网友提出的问题进行解答。由于老 D 很活跃且愿意帮助人，于是很快获得了论坛网友及管理员的认可，继而成为版主。

成为版主后，老 D 再接再厉，几乎对论坛网友提出的问题做到有问必答。于是老 D 在论坛中的威望越来越高，级别也越来越高，几年后，老 D 在论坛中的级别和权限，仅次于论坛创始人。

与此同时，论坛经过几年的发展，会员达到几十万，成为该领域数一数二的大论坛，在行业内非常有知名度和影响力。而老 D 是这个论坛中最有知名度和影响力的人，也因此成为整个行业中的名人。而在这个过程中，老 D 的技术水平也得到了突飞猛进的提升，同时还积累了一堆的资源。于是几年前，老 D 正式辞职创业，而且做得还非常成功。

社群：通过建立社群组织的形式来做品牌，也是非常不错的方式。比如笔者有个好朋友叫管鹏（网名老 K），2013 年，他通过微信平台建立了一个名为 K 友汇的社群组织，本来其初衷是通过 K 友汇将一些朋友聚起来，结果没想到短短三个月，就通过微信在全国 300 多个城市建立了分会，会员达到几十万人。

K 友汇的崛起，也让老 K 的知名度得到了快速的提升，同时还为他积累了大量的资源。2014 年，K 友汇被投资 500 万，并正式成立公司。

这种方式适合交际能力强、喜欢与人打交道的人。

活动：对于有一定的组织能力、喜欢组织活动的朋友，通过组织活动的形式做品牌，也是一个非常不错的选择。像笔者最早在圈子内有一定的知名度，就是通过组织活动的形式达到的。笔者于 2006 年年末去了北京，从 2007 年开始，笔者每年年末都会组织一场几百人的行业交流会，而平常小活动也不断。结果不到三年，便在圈子内小有知名度了。

通过这种方式做品牌，有几个注意事项：一是活动规模越大越好，当然，刚开始做可能没那么大，但是随着时间的积累，很快规模就会大起来；二是活动要有持续性，比如当初笔者组织的活动，每年一届；三是名字要统一，比如"第 X 届某某行业交流会"，所有的活动，名字都一样，只是期数发生变化，这样才会沉淀出品牌。

演讲：一提到演讲，很多人可能感觉这是一件很难的事情，其实不然。笔者经常站在台上，从笔者自己的经历来看，其实人人都可以成为演讲高手，而成为演讲高手唯一的途径就是多练。以前由于通信、交通、信息、科技等均不是很发达，就算你拥有一定的演讲能力，也并不一定有机会去施展。

但是现在不一样了，各种线下的沙龙、交流会非常多，如果不愿意出门，那么互联网上还有 YY、微信等语音交流工具，随时可以去尝试。

此外，这里说的演讲，也只是一个统称，具体形式可以是授课、经验分享、讲故事，具体的根据自己的情况来进行，鼓励灵活多变，不要拘于一格。

下面再给大家说一个案例。

案例 1 则：江水平装修队 2 年业绩翻 3 倍的秘密

笔者的公司有一块业务是培训，名为"推一把网络营销学院"，这个学院分网络远程班和面授脱产班，其中脱产班很系统，要学习 2 个月。2011 年时，面授班迎来了一位特殊的学员，这位学员叫江水平（这是网名，真名叫张学军）。

说他特殊，是因为其一，他年龄大，众所周知，互联网这个行业，80 后、90 后是主流，而他是 70 年生人，已经 40 多了；其二，学历差，只有中学文凭；其三，基础差，对于网络营销几乎没什么基础，之前全是自己摸索。

江水平是做装修的，他来学习的目的很明确，希望提升他的装修公司的业绩。他说他2005年创业做装修，做了6年，业绩遇到了瓶颈，徘徊在每年300万一直上不去。

笔者帮人做策划，通常都是先了解企业及产品的定位、卖点及差异化，因为产品是营销的基础，于是笔者便问江水平的公司有什么卖点或差异化等。结果江水平介绍完他的情况后，笔者就郁闷了，因为他的情况真的很"特殊"。

首先，他的公司没有营业执照。实际上他根本没有注册公司，当时刚创业时，根本没钱，于是也没注册，就是以他的网名为主，起了个"江水平装修队"的名号。

其次，他也没有办公室，就是在家办公。

最后，他也没有员工，平常就有两个兼职的帮他处理一些事务，而且兼职的还是在家办公。

说白了，他和很多市场里举牌子揽业务的装修队性质差不多，没有背景、没有实力、没有资金、没有团队。

俗话说："巧妇难为无米之炊"，装修行业本来就不太好做，装修本身就比较难找卖点和差异化，而他还要钱没钱、要人没人、要背景没背景、要优势没优势，怎么营销？俗话又说："条条大路通罗马"，一条路走不通，再换一条路。江水平能一年做到300万，证明还是有一些经验和方法的，新方法一时想不到，在老方法的基础上优化也是一条路。于是笔者便让江水平分享一下他的创业经历。结果江水平讲完他的故事后，大家非常感动，笔者也非常感动，而且从中找到了解决方案。

我们先来一起听听他的故事。

江水平出身于河北一个山城小县的农村，16岁便开始辍学打工，由于没有背景、文凭和手艺，于是就像很多早早辍学养家的孩子一样，到处漂泊打工卖苦力，做过装卸工、搬运工、工地民工、工厂工人等。

在32岁之前，江水平一贫如洗，也没有老婆。当时江水平和我说的原话是："每天活得浑浑噩噩，没有目标和方向"。

2002年，江水平在网络上认识了一个叫小雨的女孩，两个人在网络上相识、相知，然后又从网络走到了现实，在现实中相熟、相爱，最后走到了一起。但是在这个过程中，两个人的爱情路走得并不是很顺畅，婚礼办

得也很寒酸。婚后，两个人又很快产生了爱情的结晶，有了女儿安琪。

有了家、有了老婆、有了孩子后，江水平内心的斗志被不断地激发出来，他决定要让老婆孩子过上好日子。于是他发奋工作，但是接连遭遇了职场的不顺后，他决定创业，而创业项目就是他最熟悉的装修。

创业首先要有资金，但是他没钱，于是索性就不注册公司，先树立个名号再说，很多民间的装修队不也都没有注册，于是"江水平装修队"诞生了。

做装修生意还要有工人，但也没条件去养工人，所以干脆就先不建团队，有了业务后，再找以前的老朋友帮忙。

业务从哪儿来呢？他没钱去打广告，而且之前他在装修公司做过销售，知道传统的销售方式效果也越来越差。这个时候他想："能在网络上找到老婆，应该也能在网络上找到客户"。于是他便找到了南京本地的一些社区和论坛，在里面见到帖子便回。当时他也不懂网络营销，所以回复的全是赤裸裸的广告。

纯广告的效果并不好，但是如果坚持发和发的量多，也能有一定的转化，因为这里面有一个概率的问题。江水平坚持发了一段时间的广告后，终于迎来了第一个客户。

但是这么做了一段时间后，虽然也有了一些业务，但是江水平发现效果并不理想，纯广告的转化太差，而且还总被论坛管理员删帖子，甚至引起网友的反感。于是他冥思苦想后，改变了策略，不再发赤裸裸的广告，而是在南京最大的论坛西祠胡同申请了一个个人版块（当时西祠胡同论坛的版块是开放申请的，任何人都可以申请属于自己的版块），然后在自己的论坛版块中试着写帖子文章，然后在文章里植入他的装修信息。按网络营销的专业术语说，这是软文营销。

转变了策略后，效果得到了明显的提升。就这样，一晃到了2011年，此时他的年销售额做到了300万。这个时候，他遇到了瓶颈，业绩停留在300万一直上不去。其实这是正常现象，同样的策略和方法执行到一定程度后，一定会遇到瓶颈。于是他来到了推一把网络营销学院。

听完他的故事后，大家都非常感动，学院的老师们很快帮他制定了新的策略，帮他理清了思路——本书反复提到过，产品是营销的基础，如果产品想在市场竞争中脱颖而出，就需要有差异化的定位或卖点。而装修这个产品本身，是很难找到非常强的差异化卖点的，特别是江水平这种情况，

更是难上加难。但是听完江水平的故事后，我们发现他身上有一个非常好的卖点，而且这个卖点是不太容易被复制的，它就是江水平本身，江水平的故事和他的精神，就是最佳的卖点。而这个卖点属于情感元素，产品更容易打动用户。

所以我们给江水平出的策略和建议是卖他自己、卖他的故事，也就是本节说的自品牌策略。

江水平的学习力和执行力非常强，听了我们的建议后，马上开干。具体成果，大家可以在百度搜索江水平装修队，进入西祠胡同江水平装修队专版查看。

2013年年末，笔者参与发起的网络营销专家联盟，与南京扬子晚报合作搞了一期总裁班，这也是笔者第一次到南京。江水平听说笔者到了南京后，热情款待了笔者。见面后，江水平一是向笔者说了他这两年的成绩，两年的时间，他的业绩从300万做到了1000万，且没有多花一分钱、多投入一个人，耗费的时间和精力和以前也没差多少；二是向笔者及推一把学院的老师们表达了由衷的感谢；三是江水平又提出了一个新问题，他如何还能保持这样调整的业绩增长。

听了江水平的问题后，笔者给他的建议是如果还想保持增长，就不要局限于南京，毕竟一个城市的市场有限，下一步应该面向全国，做连锁加盟。听了我的建议后，江水平表达了自己的担忧，他说他既没公司和团队，又不擅长管理，而且也没有雄厚的资金，如何做全国市场？对于这个问题，我给的答案是要学会借助资本的力量，去拉投资。听我这么说，江水平更犯难了，因为他的公司和项目并不算优质，如何拉投资？

其实江水平的忧虑很正常，从理论上说，我提的这个建议确实不太靠谱。但是别忘了，我们是做网络营销出身的。其实营销用好了，不仅有助于工作，在生活中，也能帮我们解决许多问题，因为生活中，营销无处不在。比如，相亲算不算营销活动？求职面试算不算营销活动？同样的，找投资，算不算营销活动？答案是肯定的。我们可以用做网络营销的思路，来拉投资。

从营销的层面来说，目标用户就是投资人，产品就是项目本身，按照营销的理论，先分析目标用户的需求，然后来完善产品提炼卖点，接下来分析用什么样的策略和方法能够找到影响及打动用户，最终成交。

最后我给江水平的建议是，继续用自品牌策略来拉投资。具体的思路

是：将江水平打造成装修领域的一个成功转型的代表人物，定位就是装修行业最懂互联网的人，互联网中最懂装修的人；将他的项目定位成O2O模式，是用互联网思维做装修。当江水平有了知名度后，让投资人主动来找他。

之所以这么定位，是因为O2O是这两年投资的热点，而江水平装修队的经营方式，非常符合O2O模式的特点。同时强调互联网思维，是因为他的经营方式有个特点：先装修、后付款。当然，先装修、后付款这种做法在装修行业并不罕见，很多民间装修队都这么做，但是他们不懂营销，并没有将这种做法提炼成模式并升华。

策略定好后，下面便是推广了。首先，我推了他一把。笔者创建的推一把网，每年都会搞一个几百人的交流会，2014年2月22日，在第七届交流会上，笔者让江水平做了一个近1小时的分享。这是江水平第一次上台做这种分享，所以分享前，江水平很担心自己讲不好，说怕坏了我的招牌，当时我给他的建议是怎么做的就怎么讲，讲得越实在越好，大家就喜欢听这种干货。结果非常成功。

同时我建议江水平不要久宅于南京，多出去参加各种活动和培训，多争取上台机会，同时多和业内的一些名博、自媒体建立联系，多争取曝光机会。

很快，江水平的故事和模式，便在网络上流传开来，2个月后，便拿到了投资。

其实再小的企业，也有优势和亮点。很多企业缺的不是亮点、缺的不是资金、缺的也不是背景，而是缺少一双能够发现机会的眼睛。

6.8 自媒体策略

在传统方式中，企业做营销几乎是没有自主空间和话语权的，都是被各种媒体牵制着，比如电视媒体、广播媒体、纸质媒体、户外媒体等。而自媒体的出现，使企业自主空间越来越大，越来越有话语权，不用再受制于媒体。

相信大家对自媒体并不陌生，但是很多朋友对自媒体的理解并不到位，以为开个博客、建个微信公众号、做个企业博客就叫自媒体，其实这种理解是不全面的。微博、微信等，只是自媒体的表现形式，是工具和平台，

但是如果仅仅是形式上的东西，还不能叫真正的自媒体。就好像一个人拿着倚天剑，并不一定是剑客，因为倚天剑只是工具，需要掌握倚天剑的用法才可以。甚至对于真正的剑客来说，有没有剑已经无所谓。

企业想做一个真正有效的自媒体，首先要具备自媒体的思维和策略。具体如下。

6.8.1 企业媒体化

在自媒体时代，每个企业都应该多少具备点媒体的思维，在营销层面，应该将自己的企业当作一个媒体来经营。那媒体是怎么经营的呢？先让我们来了解一下媒体的作用和特性。具体如下：

- 监测社会环境；
- 协调社会关系；
- 传承文化；
- 提供娱乐；
- 教育市民大众；
- 传递信息；
- 引导群众价值观。

通过了解媒体的这些功能特性，再对比企业自身，能够发现企业在做营销时，更多的是为了突出和宣传自己的产品，目的是为了卖产品；而媒体更多的是为了传播信息，去影响受众。

基于此，企业在具体操作时，应如何表现呢？这个表现主要是体现在企业对外的窗口和言行上。比如以前的企业网站，只是单纯地放一些企业的介绍、产品介绍、客户案例等；以前的企业官方微博、微信，只是单纯地转发企业的消息、活动等。而现在，则需要把自己的网站和微博、微信等这些对外窗口当成媒体去经营，要像媒体一样，去表达一些观点，或者娱乐大众，或者传递思想等。

6.8.2 产品媒体化

企业在做营销时，都希望能够找到一个适合自己，且性价比高的媒体或渠道。其实最适合自己的媒体，就在自己身边，只是很多人对其熟视无睹，这个媒体就是企业自身的产品。

在一个企业中，产品与终端用户的接触是最多的，如果在设计产品的外观、包装时，融入营销理念，想一想是什么样的效果。实际上一些企业已经这么做了，比如在产品包装上印上微信二维码，或者将企业的来历、背景故事等印在包装上等，效果都非常不错。但是笔者认为还可以更深入，比如是否可以将企业的文化、背景、故事等，用四格漫画的形式体现在产品外观或包装上，而且是以连载的形式，每个月的故事都不同！

6.8.3 员工媒体化

在移动互联网时代，企业的每一个员工都是企业最佳的宣传员。因为这些员工都有微博、微信，他们每一个人都是一个小小的媒体，他们在网上的一言一行都会对企业产生影响。而且从公信力上来说，消费者对于企业员工的言行可能更加信任。

当然，可能有人会说，一个员工的微博和微信能有多大影响力？没错，一个人的影响力有限，一条信息的影响力也有限，但是如果内容多了呢？比如一个员工长期不断地在微博、微信里抱怨企业，会有多大的影响？如果人数再上去的话，有 10 个人，或者 100 个人加入其中，影响又会有多大？反过来说，所有的员工都去传播企业正面的信息，又会有什么样的影响？

所以在移动互联网时代，企业应该让所有的员工都成为企业的对外窗口，应该引导员工在自己的微博、微信等中多去传播企业正面的信息和内容。虽然看起来他们的影响貌似不大，但是就怕坚持，一旦坚持做，就有可能会产生量变到质变的效果。

这里说的内容，不是指硬性的广告，而是让员工用自己的角度、用生活的语言表达真实的看法。比如企业在搞团建时，做个有奖集赞小活动，让员工在微博、微信中传播；企业在内训时，让员工在微博、微信中写一下学习心得；企业在开年会，表彰先进时，让员工在微博、微信中记录一下难忘的瞬间等。

6.8.4 老板媒体化

员工都媒体化了，企业的高管和老板更加责无旁贷。就像上一节自品牌策略里说的一样，老板是企业的灵魂，最了解企业，最能代表企业，老板应该成为企业最大的宣传员，每个老板都应该自觉成为企业的代言人。具体思路和做法，可以参考上一节内容。

6.8.5　内容媒体化

内容媒体化的意思是，企业对外发布的信息和内容等，不应该是干巴巴的新闻通稿，或赤裸裸的广告，企业应该像媒体一样，去试着制造新闻和热点，让企业的每一条信息，都变成真正能吸引眼球的新闻，甚至让媒体主动转载，而不是花钱传播。

比如恒源祥就是一个擅于制造新闻的企业，大家还记得 2008 年 2 月 6 日（除夕）恒源祥那则一分钟的广告吧！别的企业做广告，只是利用广告自身做传播，当停止广告投放后，也就没了效果。而恒源祥的这则广告，却成为当时的新闻热点，N 多媒体对其主动进行了报道，吸引了全国人民的目光和眼球。而在这之前，恒源祥还因为"招聘左撇子"、"招聘党委书记"等事件，屡次被媒体主动宣传报道。

案例 1 则：杜蕾斯自媒体的成功之秘

在传统企业中，杜蕾斯的自媒体是公认的成功代表，杜蕾斯的自媒体平台建在新浪微博，截至 2015 年 2 月，其微丝超过 120 万，比很多大 V、名人的粉丝还要多，如图 6-13 所示。

而这几年，其自媒体平台也对杜蕾斯起到了非常大的作用，无论是对杜蕾斯品

图 6-13

牌知名度的提升、美誉度的提升，还是业绩的提升，均产生了很大的帮助。

那杜蕾斯是如何做的呢？答案很简单，杜蕾斯没有像一般企业一样，把自己定义成单纯的企业官方微博，只是为企业的宣传服务，发布企业的新闻稿、活动、软文等。杜蕾斯的微博是真正地定义成了媒体，而且是一个以娱乐大众为主的娱乐媒体，不断地制造娱乐话题或制造热点，引发大众的传播。

比如 2011 年 6 月 23 日，北京迎来了百年不遇的大雨，全北京看海，很多人被困在外面回不了家。此时一个叫"地空捣蛋"的账号发出一条微博：北京今日暴雨，幸亏包里还有两只杜蕾斯。他在配图中，详细介绍了自己是怎样把

杜蕾斯作为鞋套的。此微博一发出，便被网友疯狂转发，在1小时之内便被转发了1万多条，迅速成为媒体报道的热点，如图6-14所示。

事后，杜蕾斯微博的运营团队"首脑"金鹏远在网上公布了创意过程：2011年6月23日17:20，北京又一次瓢泼大雨倾盆而下。内容团队的同事说："老金，我们想到了好玩的东西，下来看一眼"。下楼，看到打开的两只杜蕾斯，以及杠子脚上套着东西："杜蕾斯套鞋防止被淋湿"。我联想起小时候出门用塑料袋套鞋，避孕套有弹性更适合，何况我们用的还是凸点的，增加了防滑功能。

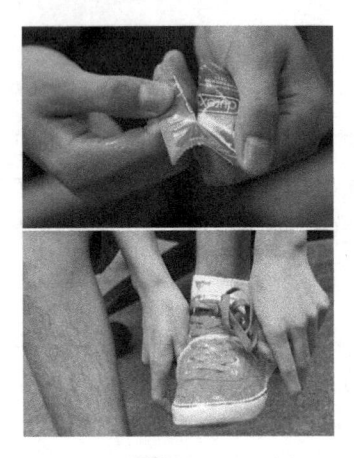

图6-14

拍摄完毕，简单修图，杜蕾斯的客户经理张会有些担忧这样是否会对品牌造成影响。在社交网络上，我们团队的操作宗旨就是与热点结合、有趣胆大、快速反应、坚持原创。这个创意条条符合，没有原则性问题，和CEO马向群简单沟通后，拍案决定可以做，但更换一种办法，先由杠子的私人账号"地空捣蛋"发出来，看看效果后再由杜蕾斯官方微博转发。

24:00，这条微博转发量已经超过5.8万条，牢牢占据了6月23日新浪微博转发排行第一名。3天内，最高转发超过了9万条。如果以传统媒体的传播达到来比较，这次没花费一分钱预算的事件传播可以与CCTV黄金时间点的3次30秒广告效果媲美。一周后，《中国日报》英文版将此案例评为2010年最有代表性的社交网络营销案例之一。

当然，想制造话题和热点，并不是一件容易的事情，专业的媒体记者，也不敢保证策划的每一个新闻都能成为大事件。在这个问题上，杜蕾斯团队有自己的秘籍。

第一，结合时事热点。比如刚刚说的这个鞋套事件，便是典型的借助了当时的即时事件，北京暴雨策划而来。

第二，借力热点人物。杜蕾斯微博运营团队，每天都会巡视大V们的微博，针对他们的动态寻找契合点。比如有一天，喜欢晚睡的新浪草根大V"作业本"发了一条恶搞微博："今晚一点前睡觉的人，怀孕。"杜蕾斯发现此条微博后，留下评论："有我！没事！！"随后包括"作业本"回复并转发的两条相关微博，共被转发7000多次，当天杜蕾斯微博就增加粉丝3000人。

第三，寻找与其他品牌的契合点。比如 2013 年 3.14 白色情人节，杜蕾斯微博与支付宝官方微博进行协作，以支付宝保护金子，杜蕾斯保护精子，他们是好基友，同为安全着想的主题充分吸引读者的关注和传播，实现了共赢。

第四，与粉丝互动。杜蕾斯很注重与粉丝关系的维护，特别喜欢和粉丝沟通和互动。当与粉丝的关系加强之后，粉丝的回复就会很有意思。比如一个网友把益达口香糖的广告词改了："兄弟，油加满……你的杜蕾斯也满了。"当时杜蕾斯回复了一句："杜蕾斯无糖避孕套，关爱牙齿，更关心你。"当时大家都笑疯了，也转疯了。之后陆续有粉丝把五粮液等品牌的广告变成杜蕾斯的。

最后在这里提醒大家，在学习杜蕾斯这个案例时，不要只是单纯地去学习形式上的东西，不要只是模仿，互联网发展的速度很快，自媒体的形式也在不断变化，像微信火了之后，微博受到严重影响。

学习这个案例，关键是要学习杜蕾斯团队的这种意识和思维，杜蕾斯的微博号是走娱乐大众的路线，浑身上下充满了娱乐精神。这是大家真正需要学习的。各位看官如果要做自媒体，就要考虑了，你要将它定位成一个什么样的媒体？是大众媒体，还是专业媒体！你的媒体要走什么样的路线？是走娱乐路线，还是走严肃路线，抑或是专家路线！

有了定位和方向后，内容要严格围绕定位来做，像杜蕾斯是走娱乐大众路线，那就将娱乐精神发挥到极致。如果是走专家路线，那就发表各种犀利的观点或专业文章等。

6.9 钓鱼策略

传统企业做营销或销售，在大部分情况下都是在主动找客户，比如电话销售、陌生拜访等。但是这种主动出击的方式效果好不好、性价比高不高呢？答案并不太尽如人意，其效果是逐年下滑的。

那有没有可能将此逻辑关系颠倒一下，想办法让用户主动找我们呢？答案是肯定的。接下来要给大家分享的就是这样一种策略，名为"钓鱼策略"。之所以叫钓鱼策略，是取以静制动之意，如姜太公一般，稳坐钓鱼台，等刘备主动上门。

钓鱼策略是否成功，首先取决于鱼饵的制作。这个鱼饵，就是指能够吸引用户主动找我们的内容。策划这样的内容，要符合三大基本原则。

（1）内容符合用户需求，是用户需要的或能为用户解决问题。

（2）内容具有一定的稀缺性或不易获取。

（3）塑造内容价值，加强对用户的吸引力。

内容的具体表现形式可以是软文、电子书、视频等虚拟物品，也可以是各种实物。个人建议尽可能表现为虚拟物品，因为虚拟物品的成本要低一些。

内容策划好后，接下来是传播内容。这个内容可以放在自己的微网站里，也可以在微信等渠道传播。传播的时候通常都是配合免费策略：先强调内容的稀缺性和价值，或只传播部分精华内容，如果用户想获取全部内容，则注明要付费，比如8888元，门槛一定要高，这样用户才能珍惜。

当用户认可了其价值后，再抛出另外一个免费的解决方案，告诉用户，现在这个价值8888元的内容，免费就可以得到，而且操作起来非常简单，比如留下联系方式即可。

下面说个案例，以便大家更好地理解。

案例1则：一个小小的改变让医院转化量大涨

在所有行业中，如果要评一下哪个行业的网络营销竞争最激烈，民营医院绝对会榜上有名。以百度竞价为例，民营医院中一些热门词，单击一次可以达到八、九百元。如果用户单击进入网站，浏览片刻关掉页面走人的话，那么这八、九百元就等于浪费掉了。所以对于民营医院来说，如果能让咨询率、转化率等上升几个百分点，那么同样的推广费用，结果会相差很多。

由于民营医院竞争激烈，推广费用居高不下，所以这个行业的人也都特别爱学习，在笔者的学员和读者中，从事这个行业的也非常多。一次，一位做民营医院的学员邀请笔者到其医院指导，帮助其做诊断和进行工作上的优化。针对他们的情况，笔者提出了几个建议，结果效果非常好。其中一个建议就是钓鱼策略，这个小小的策略，就使其转化增长了很多。这个策略的具体操作步骤是这样的：

现在的民营医院，实力越来越强，医资团队中的专家比例越来越高，这位学员的医院同样如此。基于此，首先，建议他组织医院里的专家录一套视频光盘，这套视频光盘的内容要结合用户的需求和医院的经营项目来策划。内容要通俗易懂、实用有效，干货越多越好，内容越吸引人越好。

光盘录好后，标个价，价钱高一些没关系，比如3000元一套，如果有渠道，将这些光盘摆到书店或一些网络商城中，就更棒了。这么做的目的是为了塑造其价值。

以上工作完成后，在医院官方网站的页面中增加一个活动。在活动里面先介绍这套光盘的内容，塑造其价值。然后告诉用户，只要留下收货人的姓名、地址、电话，就把这套价值3000元的光盘免费快递给他，一分钱都不用出。

这个策略到此完成，是不是很简单？虽然这个策略很简单，但是却很有效，原因如下。

第一，用户通过百度竞价进入网站，如果浏览完页面，直接关掉页面走人，那么就相当于浪费了推广费用。而且这个费用还不低，从几十元到几百元不等。而通过送光盘的形式，让用户留下联系电话和地址，等于避免了浪费，因为用户留下的这个信息是有价值的，比如可以追销。而这个成本也不高，一张光盘再加上快递的成本，平均不会超过10元。

第二，直接通过光盘的内容去转化。如果光盘内容好，而且广告植入得巧妙，一部分人看完光盘后，就可能会转化成客户。

第三，即使用户看完光盘不转化，但是如果内容足够好，他至少也会记住光盘里的这个专家、记住这个医院，并产生一定的好感度。而如果用户浏览完页面直接走人，那么我们在用户心中可能什么都留不下。

第四，如果用户看完光盘后，再将光盘送给其他人观看，那么还相当于帮我们做了推广。

案例点评

> 经常有人和笔者说，现在的推广方法都被用烂了，有没有什么新的推广方法。其实推广方法好不好用，不在于方法本身的新旧，而在于怎么用。互联网现在这么发达，就算是新方法，一、两个月后，也变成老方法了。像这个案例中的方法，并不新，只是在细节上下了一些功夫，在流程上做了一些优化而已。

学习知识和运用知识，一定要举一反三，不要死搬教条。比如学习本案例中的方法时，如果能举一反三，就会有新的变化——像案例中提到的光盘和活动，除了放在官方网站中之外，也可以在互联网、移动互联网等渠道中传播它们，效果一样好。

6.10 鱼塘策略

先思考一个问题：假如你生活在一个比较偏僻和落后的山村，离村子50多公里的地方，有一个非常大的湖，你和其他村民的主要食物来源就是这个湖里的鱼。请问，在这种情况下，用什么方法能够更容易地获取到鱼？只要理论上行得通就可以。

这个问题，笔者问过很多人，答案是五花八门：有的人说去钓，有的人说用药，有的人说用网去捕，有的人说用炸药炸等。而笔者给出的答案是，在村子旁边挖一个鱼塘，自己养鱼，想吃时，就在自己的鱼塘捞一条。

这个故事折射出的道理，和那个著名的挑水和挖井的故事很像：挖井肯定比挑水吃省力；同样的，自己建个鱼塘养鱼，肯定比不断地去捕鱼要省力。

这个故事折射出的道理，也同样适用于营销：很多人做推广时，都是不断地找新用户，这样很累。其实我们也可以像上面的故事里说的那样，建一个鱼塘，将用户养起来，这种策略就叫鱼塘策略。

鱼塘策略具体的实施步骤和要点如下：

首先，我们要建一个鱼塘，这个鱼塘就是指能把用户聚起来，且能长期和用户互动的平台。比如微信公众号、微社区、微信群、自己的APP、QQ群、邮件列表等。在这个环节要注意，鱼塘的主题定位很重要，主题一定是比较吸引用户的。比如针对的目标用户是单身男女，那么建立一个八分钟相亲交友群，可能就会比较吸引人。

建好鱼塘后，开始向鱼塘里导用户。在这个环节通常都会结合钓鱼策略或免费策略，通过这两种方式向鱼塘引流。比如写一些对用户非常有帮助和价值的文章，然后在文章里留下群号或公众号，引导用户加群。这种方法笔者在早些年推广推一把网站时就用过，当时成立了100多个群（如图6-15所示）；或者制作一些好的视频，而用户想免费获取这些视频的话，必须加群或公众号；或者免费传播这些视频，在视频里放入群号或公众号等。

也可以用资源互换的方式，与其他人的鱼塘

图 6-15

相互引流量。比如说你的公众号有 5 万人,我的公众号也有 5 万人,我们相互去推广。

鱼塘建好,有了用户后,接下来是维护鱼塘。此步的重点是维护与用户的关系,在用户中建立信任度和认可度。如果是公众号,就需要制订一个账号的运营计划,通过优质的内容来维护;如果是群,则要经常来组织群话题,引导群友互动、交流,组织一些群内的分享活动等,保持群的活跃度。

当鱼塘维护稳定后,可以适当地植入广告信息,从鱼塘中抓潜,引导潜在用户成交。注意,广告植入得不要太硬,越自然越好。

6.11 网络危机公关

6.11.1 什么是网络危机公关

网络危机公关是指利用互联网的高科技表达手段营造企业正面形象,尽可能避免在搜索企业的相关人物和产品服务时出现负面信息。

其实危机公关,应该算是公关的一个职能或分支。但是随着互联网的普及,网络舆论的威力越来越大,甚至大到可以影响政策、法规的制订。所以,现在的企事业单位对于与自身有关的网络信息,是不敢不重视,也不得不重视。网络危机公关的重要性也就越来越高。

但是互联网是个新生事物,很多人根本不了解它的脾气,所以在一些负面信息面前,经常是手足无措。现在大家对负面信息的处理,普遍过于简单和粗暴,比如最常用的方法是删除负面信息,但是这个方法真的不算是上策,而且很容易激化矛盾。负面信息就是定时炸弹,处理时一定要科学、谨慎。下面和大家分享一下网络危机公关的四个步骤。

6.11.2 网络危机公关的步骤

第一步:堵住信息根源

网络上的信息,不是凭空而来的,每一条信息的背后,一定是有人在操纵。所以,处理负面信息最根本的方法是,从源头入手,先找到信息发布者,把信息源头堵住,再考虑善后的问题;否则,即使做再多的公关工

作，也可能都是徒劳的。因为删除一条信息很麻烦，成本也较高（通常都需要千元以上），而制造一条信息，却很容易，一个人一天能轻松制造几十条。所以源头堵不住的话，新的负面信息就会像洪水一样，源源不断地继续涌到网络上来。

比如以往笔者接触的一些企业负面信息，有相当一部分都是由于各种纠纷而引发的矛盾，比如合同纠纷、经济纠纷等。这些信息，其实只要直接找到源头，解决矛盾，很容易化解。这时候如果再去找所谓的删帖公司或做负面压制，反而是在激化矛盾，将小事化成大事。

这里说一个真实的案例。某软件外包公司，由于没有履行合同义务，且又拒不接受客户的合理善后要求，结果被客户曝光到网上，负面信息满天飞。该公司在发现这些信息后，到处找人帮忙删帖，结果花了很多的时间和精力，也付出了不少金钱，负面信息还是没有彻底灭绝，甚至数量还在稳中有涨。

后来在笔者的建议下，此公司主动联系到客户，在诚恳地与客户进行交流沟通，并拿出令客户满意的解决方案后，问题和矛盾迎刃而解，客户也主动将发布过的信息进行了删除处理。

第二步：进行正面澄清

当然，并不是所有的负面信息都能从根源上解决。比如对于一些没事找事、无中生有的，或者是与事实有出入的信息，我们完全可以勇敢面对，正面澄清。如果处理当得，不仅会消除所有的负面影响，甚至还会获得许多意想不到的好处。其实现在不少公司，已经把负面信息应用到推广上面了。

比如某知名视频网站，在发展初期，负面信息不断。而在这些负面信息中，有相当一部分是他们自己炮制出来的。所谓"好事不出门，坏事传千里"，这些负面信息不但没有引发危机，反而吸引了人们的眼球，快速提升了品牌知名度和影响力。

在对外澄清和说明时注意，一定要本着"三诚"的原则，即诚实、诚恳、诚意。对外的一切言行要诚实，要勇于承担责任，公正还原事件真相；态度要诚恳，不要太公式化或打官腔；在对事件进行解释或提出解决方案时，要有诚意。在处理过程中，多向大众、媒体及相关当事人道歉是没错的，不要非争出个谁对谁错，其实对于大众来说，谁对谁错不一定很重要，大家关注的是企业的态度。所以企业绝对不能选择对抗，态度至关重要。

第三步：删除负面信息

对于一些无法化解的矛盾和信息，只能删除了。比如竞争对手恶意攻击，故意编造虚假内容，此类信息通过前两个步骤无法处理，只能删除。不过这是下策，能不用则不用。删除负面信息，主要有两种方式：一是企业自行联系负面信息所在平台删除；二是委托第三方机构帮忙删除。

首先来说一下自行联系网站删除负面信息时的注意事项。

在网络危机公关这块，有一个误区，很多人以为想删除负面信息，就必须进行"潜规则"，其实不然。如果信息所在平台是非著名网站，特别是论坛、社区等 Web 2.0 型平台时，是很容易通过协商删除的。只要找到相关管理人员，然后很客气、很礼貌地说明情况和原由，并将相关资质发给对方（如营业执照等），对方一般都会帮忙删除。

大家注意这两个关键词："客气+礼貌"，这是在联系删除负面信息时，最重要和最核心的成功秘诀。可能大家会感觉强调这四个字有点不可思议，因为小学生都明白"找人帮忙要客气"的道理。但是看官莫笑，事实恰恰相反，很多人在联系相关网站人员时，都是先指责、训斥对方一通，很强硬地要求对方删除信息，甚至威胁对方要起诉对方云云的。

这是解决问题的态度吗？以这种态度去处理问题，后果我相信大家用脚指头也想得出来。

很多同志之所以这么去处理，是因为有个认识上的误区，他们认为对方网站发布了于己不利的负面信息，侵害了自己的利益，应该对后果负责，有义务删除这些信息。先不说有没有义务的问题，就算是对方真的触犯法律了，也没有必要以那种态度去处理，如果真的去走一遍法律程序的话，不知道是多久以后的事。最关键的是，在这期间，负面信息不知道会扩散到什么程度。而且往往负面信息不会只出现在一家网站中，难道要一家一家告过去？如果再被转载到境外网站呢？

现在公关公司的删帖业务之所以如此火爆，与相关企业人员不懂得如何正确处理负面信息是有很大关系的。而且这些所谓的删帖公司在帮助客户删除信息时，有相当一部分信息也是通过这种方式免费删除的。

当然，不是所有信息都可以自行搞定的，如果实在搞不定时，只能找第三方机构帮忙处理了。在找公关公司帮忙处理负面信息时，千万要注意一个问题，就是"不要拿着信息到处询价"。因为不管找多少机构，最后的询价信息肯定都是反馈到了信息所在平台。比如你想删除 A 网站的一篇

文章，那么不管向哪家公司打听报价，这些公司一定都是再找 A 网站的人询价。而一旦一条信息询价的人多了，删除费用可能就会水涨船高。

而且还有一些不良的公关公司，当你询完价却不与他们合作时，还有可能帮助你传播这些负面信息。

第四步：压制负面信息

当前面三步都无法处理掉信息，且负面信息太多、影响太大时，只能动用最后一招了——对负面信息进行压制。简单地说，就是通过一些技术手段，让别人在搜索引擎中搜索相关关键词时，使搜索结果页中不出现负面信息（通常都是前三页不出现即可）。虽然这个方法不能做到一劳永逸，但至少可以将负面影响降到最低。

这个方法听起来很高深，其实操作起来并不复杂，就是对 SEM 方法的具体运用。其核心策略是通过在一些权重高的第三方网站发布大量包含关键词的正面信息来实现对负面信息的压制。

比如我们的公司叫"张三公司"，由于竞争对手恶意攻击，用户在搜索引擎中搜索张三公司时，就会出现大量该公司的负面信息。在这种情况下，只能选择压制：首先选择一些高权重的网站，比如分类信息网站、大型论坛等，然后编写包含"张三公司"这个关键词的正面信息，大量发布到这些网站。当搜索引擎收录了这些正面信息后，就有可能替换掉原有的负面内容。

注意：在实际操作时，要选择比负面信息所在网站权重高的平台进行发布，这样效果才会比较明显。并且要多选择一些平台去发布，然后监测发布后的实际效果，通过对比数据，将效果最好的几个平台筛选出来，然后每天大量发布，直到将负面信息压制下去为止。

由于这个方法有一定的技术含量，所以如果企业无法自行操作时，也只能找第三方机构来完成了。找第三方机构时，注意事项和第三步中说的一样，也是不要到处询价；否则很可能会导致负面信息满天飞，而且多到无法压制。

6.12 精准营销和整合营销

在网络营销领域中，还有两种营销方法经常被提及，一种叫网络整合

营销；一种叫网络精准营销。不过这两种方法，都是在前面章节中说的那些方法的基础上演变或整合而来的，所以这里就不详细介绍了，只简单和大家说一下它们的概念，具体操作可以参考前面章节中的内容。

先说一下网络精准营销。精准营销本身没有具体的方法，都是基于前面说的手段，只不过其以精准推广目的为主。精准营销就是指在精准定位的基础上，依托现代信息技术手段建立个性化的顾客沟通服务体系，实现企业可度量的低成本扩张之路。其主要是以数据库营销为基础，以论坛、EDM、IM 等为主要传播手段的营销方式。精准营销的核心是数据统计与分析，其主要目标是实现一对一精准传播。

再说一下网络整合营销。整合营销主要有两方面含义。

1. 将各种资源整合

第一个含义，整合营销是通过互联网手段，将各种资源有机整合。举个例子，如果我们要开一家鲜花速递公司，并在全国主要城市实现 6 小时内送花上门的服务，需要多少投入呢？1 千万、2 千万还是 1 个亿？有一家公司，成功地实现了这种模式，但却花费了很少的资金。他们的做法是首先建立一个鲜花网站，然后通过网站聚集人气，产生订单。当有了客户后，与各大城市的花店洽谈合作，整合各地的花店资源，由合作花店负责为当地客户送花，然后双方进行分成。

2. 将营销方法整合

第二个含义，整合营销是对各种营销工具和手段进行系统化融合。就是把各个独立的营销综合成一个整体，以产生协同效应。这些独立的营销工作包括广告、直接营销、销售促进、人员推销、包装、事件、赞助和客户服务等。

其实在实际操作中，一次营销活动往往需要多种方法综合运用，所以可以说，成功的网络营销都是整合营销。比如王老吉的营销案例，有人说它是论坛营销，有人说它是口碑营销，还有人说它是病毒营销，而实际上最准确的说法是，王老吉就是一个成功的整合营销代表，因为在王老吉的案例中，运用了许多营销手段。

第 7 章 营销网站篇

章节提示：

经常有企业问笔者这样的问题："我们的网站每天有很多流量，但是为什么每天通过网站直接下单的很少，或是咨询量很少呢？"在这种情况下，造成这个问题的原因通常有两个：一是通过推广带来的流量不精准；二是网站有问题。

前面的章节已经和大家分享了许多网络营销推广方法，接下来本章就重点分享网站的建设问题。

7.1 什么是五力合一营销型网站建设系统

先给大家说一个数据。现在互联网上，90%以上的企业网站都是垃圾网站，包括正在看书的你们，你们公司的网站也可能是一个垃圾网站。可能有人说了，我们的网站很漂亮啊，看来并不垃圾呀！笔者对"垃圾网站"的定义，不是从外观定义的，而是从结果进行的定义。

企业建网站最终追求的结果是什么？是不是希望带来订单和利益？所

以笔者认为，如果一个网站不能很好地给企业带来订单，或者是转化率不高，那么它就是一个垃圾网站。想一下，你们的网站给企业带来订单了吗？转化率高吗？如果不高，那就是垃圾网站。

为什么那么多的企业网站都是垃圾网站呢？原因就是很多人没有真正弄清楚网站的使用，很多企业在建设网站时，预算有几千元，甚至只有几百元，感觉有个网站，在网站上能把企业的信息和产品展示出来就OK了，其实这种想法是非常错误的。

网站在整个网络营销的过程中，是非常重要的一个环节，它就好像是一个大楼的地基，地基打得不好，楼就不可能盖得高。说得严重点，一个企业的网站不好，就不要开展网络营销，因为开展了也是浪费钱。为何如此说呢？企业做网络营销有三个基本环节：首先建立一个网站平台，然后通过各种营销推广方式向平台引流量，有了流量后，通过客服或者销售人员成交。

在这三个环节中，推广环节主要是以引流量为主，关键要解决两个核心问题：一是带来的流量都是精准的；二是降低推广成本。但是流量来到网站之后，成交还是不成交，不是推广环节所决定的。

网站环节对成交有一部分影响，因为有一部分用户，看了网站后会直接成交；但是更多人的习惯是买之前先咨询。此外，像大型机械工程设备等B2B类产品，也不可能直接在线成交，必须先咨询。这个时候，就需要通过一系列策略方法让用户咨询客服或销售；或者通过一系列策略让用户留下联系方式，之后由我们的工作人员联系他们。

综上所述，在这三个环节当中，网站是承上启下的一环，它将推广环节引来的流量接住，然后再引到成交环节。如果网站做得有问题，用户浏览完网站之后直接关掉页面走人，那么即使你的流量再精准、客服或销售能力再强、转化再高，都没用！

所以，对于企业网站来说，不仅仅是能够展示企业的产品、信息，展示性只是网站的基础，好的网站更应该具备营销性，能够帮助企业带来订单。

那么如何才能让网站具备营销性呢？笔者在十几年的从业过程中，总结出了一套名为"五力合一营销型网站建设系统"的体系，这套体系主要包含5个部分，接下来就一步步分享给大家。

7.2 展示力

顾名思义，展示力的核心在于"展示"，这是网站最基本的功能，很多人对于企业网站作用的理解也仅在于此。但是这个"展示"具体要展示什么呢？一些人认为只要把企业的信息、产品的图片等展示出来就行了，其实这是不完整的。

除了展示企业的基本信息和情况外，展示力关键要展示两方面内容：一叫卖相；二叫卖点。

7.2.1 卖相

卖相是什么意思呢？先让我们来看两张照片，如图7-1所示。

图 7-1

现在问大家一个问题，假如今天你去逛商场，来到一家专卖店，一进门，凑上来两张导购的脸，长得就像上图这二位似的，大家跟谁走？我相信大多数人会选择右面这位。也就是说，对于销售人员来说，形象是不是有亲和力，会对销售结果造成重要的影响。在心理学上，管这种现象叫"第一印象效应"，是指最初接触到的信息所形成的印象对我们以后的行为活动和评价的影响。

除了人之外，产品也一样，现在的产品特别注重产品外观的设计、包装的设计，因为产品的"卖相"会对产品的销售造成影响。

而网站，也同样要有一个好的"卖相"。因为网站是企业在互联网上对外展示的重要窗口，用户对于企业的认知和了解，往往也都基于网站。这个企业有没有实力、背景如何、可信度高不高，在很大程度上取决于网

站给用户的"第一印象"如何。

比如看一下图 7-2 和图 7-3 所示的企业官方网站页面，感觉哪个看起来实力更强一些呢？

图 7-2

图 7-3

其实细心的你可能已经发现了，这两个网站是同一个机构的网站，但是给人的感觉却大不相同，明显是第二个页面看起来实力更强一些。其实这个小小的对比案例，就是对"网站卖相"作用最直观的一个说明。

所以，企业在建设网站时，千万不要吝啬资金，一定要请一个好点的设计师或机构。就算你的企业再有实力，但是如果网站看起来破破烂烂，那么用户也可能会认为这是一个皮包公司。

7.2.2 卖点

卖点比卖相还要重要。因为用户通常不会因为好的第一印象就埋单，不会仅仅因为印象好就选择你。通常用户在购买产品的过程中会货比三家，你的卖相好，但同行的卖相可能更好。这就好像追女孩子，你长得帅，但是总有比你更帅的。这个时候怎么办？除了长得帅外，还可以用什么去吸引女孩子，打动对方呢？答案就是除了长得帅之外，还需要让对方知道你的好，将自己的品质、思想和内涵等展示给对方。

而对于网站来说，也是一样的道理，除了要有好的卖相外，还需要将产品或企业的卖点充分展示在网站上，这才是吸引用户的关键。因为互联网的信息是高度对称和透明的，比如用户在搜索引擎上搜索一个关键词时，在搜索结果页面中，你和你的同行的网站全部都赤裸裸地呈现在了用户面前。在这些海量的信息中，若想脱颖而出，吸引用户，就必须体现出与同行及竞品的差异化和与众不同，而卖点就是这种差异化和与众不同的具体体现。

但是很多企业却不懂这个道理，虽然企业很有实力，产品非常有卖点，但是网站上的介绍却中规中矩，毫无亮点和特色。在这里，笔者想和大家说的是，酒香不怕巷子深的年代已经过去了，虽然中国人特别讲究低调，但是做营销时一定不能低调。只是你自己知道自己的好不行，一定要让用户知道你的好。

在正常情况下，卖点应该是企业在进行产品定位和规划时，甚至在设计商业模式时，就策划好的，并融入到产品的设计中去。但是现实中，很多企业营销意识薄弱，往往营销人员在进行营销策划时，产品已经存在了，所以这个时候就只能围绕现有产品去提炼卖点定位。

但是不管是策划卖点，还是提炼卖点，都要遵循以下五大原则。

第一原则：独一无二。 很多企业都感觉自己的产品有卖点，实际上它们没有卖点。比如笔者接触过一些做高端食品的企业，它们的卖点定位大部分都是"健康"、"绿色"、"有机"、"安全"、"天然"等。这能叫卖点吗？同类产品都具备、都强调的点，能叫卖点吗？这只能叫此类产品的基本属性。卖点的第一个原则是独一无二，只有独一无二了，才能产生差异化。突出的卖点，一定是你有，别人没有，或是少数人才有。

第二原则：真实可信。 突出的卖点仅仅是独一无二还不行，还得能够让用户相信才行；否则不但没效果，还会适得其反，让用户感觉你在"忽悠"。

第三原则：接地气儿。 在符合前两条的基础上，卖点还要足够接地气儿，这个接地气儿是指符合用户的需求，强调的卖点是用户想要的，甚至是非常想要的。

第四原则：通俗易懂。 描述卖点的语言应该平民化，通俗易懂，容易接受和理解。不要为了追求所谓的文字优化或高大上，而写一些难于理解的词汇。

第五原则：言简意赅。 卖点或定位语越简短越好，因为用户的耐心有限，太长，用户不一定愿意耐心看完；而且太长，也不利于理解和记忆。

下面通过一个案例来给大家说明一下具体如何运用。

7.2.3 应用案例1则

观察一下如图7-4和图7-5所示的这两个网站页面，如果你是客户，在有网络营销需求的前提下，看完这两个页面后，感觉哪个页面更有吸引力一些？

图 7-4

图 7-5

你是不是会选择第二个页面呢！其实细心的你可能已经发现了，这两个网站都是同一个公司的官方网站，是笔者所在单位弘亚美联公司的官网。第二个页面是公司成立之初的第一版网站页面，当时由于时间紧、任务重，所以就先做了这个比较中规中矩的网站。随后，公司的小伙伴们在头脑风暴之后，加班加点赶出了第二版网站。新版网站上线当天，业务咨询量瞬间翻了 3 倍。为什么两个页面看起来结构都差不多，文字也不多，但是差异有这么大呢？下面给大家详细分析一下。

其实对于企业网站来说，结构都差不多，没什么太大的变化，关键在于内容。第一版网站的内容没有任何卖点和差异化。第一版网站的定位语是专业网络营销服务商，首屏大图突出的文字是专业、高效率、重落地，团队决战 ROI，这样的定位和文字，柔软无力，毫无新意，满大街都是。

而第二版网站的定位语从专业的网络营销服务商变成了落地式网络营销专家，这个落地式其实也是弘亚美联整个公司的一个卖点定位。别看就是几个字的改变，实际上之所以新版网站上线后咨询量翻了 3 倍，就是因为这几个定位语的变化。当然，虽然只是几个字的变化，背后却是对用户、市场及同行的深入分析和研究，而且还要符合前面说的五大原则。

首先说说为什么必须要打造这么一个所谓落地式网络营销系统的概念。因为我们在与学员及客户接触的过程中发现，很多不懂网络营销的人，以为网络营销是标准化的，比如有的人在选择网络营销培训机构时，看到这些机构的课程表上都写有 SEO、QQ 营销、论坛营销等（实际上方法名称肯定都是一样的），于是就以为教的内容都是一样的。就好像学数学，都是从小九九开始背起。而一些企业在选择网络营销机构时，也是这种认知，以为网络营销公司干的事都差不多，无非就是看谁便宜。

而从事网络营销行业，或是接触过网络营销的人都知道，这其中差异是非常大的。比如网络营销培训这块，和老师的经验有很大关系，不同的人讲，肯定效果是不一样的。比如一个有 10 年淘宝经验的人和一个只有 1 年淘宝经验的人，同样去给别人讲怎么做淘宝，结果肯定大不相同。再比如我的《网络营销推广实战宝典》第 1 版上市后，有一些没有太多经验的读者将我的书做成 PPT，然后给别人讲课，实际上书中的很多精华他们是讲不出来的，而且很多内容在讲的时候，还需要结合现场学员的情况去变化，这都需要有足够的经验和沉淀做支撑；但是如果是我亲自来讲，肯定效果就大不一样。就像有的读者听过我的课后跟我说，发现看我的书和听我讲，吸收到的东西是大不一样的。

但是怎么能让一个不了解网络营销的用户，快速明白这个道理呢？我们不可能挨个儿去给他们解释，而且就算解释了，对方也不一定信，甚至还会以为我们是在忽悠他。实际上企业在做营销的过程中，经常会遇到这样的问题：用户往往是不专业的，所以经常对产品的理解有这样或那样的误区，而企业向用户解释的话，又耗时、又耗力，而解释完后，用户还往往不信。因为用户和商家，是天生的对立面。

那么如何能让用户快速地明白我们与同行的差异和不同呢？解决方案就是将我们的理念、方法，总结提炼成一套体系，这样用户就能快速知道我们的不同了。因为这套体系是我们自己总结提出来的，绝对是独一无二的，与前面说的卖点定位五大原则中的第一原则也是相符的。

那这套体系应该叫什么名字呢？经过调研和分析，最终落在了"落地式"这三个字上，这既是体系的名字，也是我们的卖点定位。之所以提炼出了这三个字，是因为笔者在与客户及学员的接触过程中，总听到他们提"落地"两个字。经常有人和笔者说："江老师，我们现在最头疼的问题，就是不知道这个网络营销怎么落地！"。

卖点定位五大原则中的第三原则是接地气儿。而"落地"这两个字经常从用户嘴里说出来，那么这个词是不是够接地气呢？

当然，仅仅起个名字，造个概念，是远远不够的。造概念很容易，你选一个落地式，别人可以造一个总天式，仅仅一个概念，不能叫卖点，关键是这个卖点背后要有真东西，要让用户相信，这也是卖点定位五大原则中的第二原则提出的，真实可信。

实际上我们的这个落地式网络营销系统，是基于笔者本人十几年网络营销的经验总结提炼，形成的一套自己的理念和方法，比如本章介绍的"五力合一营销型网站建设系统"，就是这个落地式网络营销系统的一部分。所以，我们的这个落地式是有内容的，关键是如何让用户快速了解我们的体系，对我们的体系有一个宏观的认识。

我们的解决方案是将这套体系画成了一张结构图，然后将这张图放在了网站上，如图7-5所示。为什么要用图呢？因为在以往的实践中发现，当我们想让用户快速了解一套比较复杂的体系或是技术原理时，图片是最好的表现形式，因为它简单、直观、明了，易于理解。

可能有人说了，看完这张图，并不能具体了解和掌握你们的落地式网络营销系统，为什么不多加些文字介绍呢？像笔者见过的一些技术型的企

业，总是试图用大篇幅的文字向用户解释他们的技术原理和先进性，其实这是错误的。对于一个门外汉，你写得再多，他也不一定能完全理解。不理解还是小事，文字太多，用户可能就直接忽略不看了；即使有耐心看，也可能是越看越晕，最后反而适得其反。

其实从营销的角度来讲，我们不需要让用户了解和明白，我们的目的是让用户知道我们的与众不同，让其相信我们的实力，这是关键。而且卖点定位五大原则中也提到了，第四原则是通俗易懂，第五原则是言简意赅。

7.3 公信力

展示力的使用，是让用户知道我们的好。但是想一想，用户知道我们的好就够了吗？比如一个男孩和一个女孩相亲，男孩和女孩说："我这个人非常的单纯，感情也非常专一，到目前还没交过女朋友呢！"。这个男孩向女孩展示了自己的好就可以了吗？答案是否定的，仅仅展示肯定是不够的，因为对方不一定相信。

所以网站具备了展示力后，接下来还要具备公信力，公信力的作用是让用户相信我们的好：让用户相信我们的产品、相信我们的品牌、相信我们的企业、相信我们的背景、相信我们的实力。其实从销售的角度来说，首先卖的就是信任。

提升网站公信力的方法有许多，下面笔者跟大家分享 6 种比较简单、可操作性比较强、适用性比较强的方法。

7.3.1 树形象

树形象是提升公信力的基础，前面 7.2.1 节中说的卖相，其实也是形象的问题，形象好，是可以提升网站公信力的。但是注意，网站并不是说形象好就可以了，这个形象还要符合企业所在行业的特点、产品的特点或用户的属性。

比如说，如果是公益项目，网站就应以简洁为主，不要太奢华；如果是母婴类产品，网站就应以暖色调为主；如果是针对一些 20 岁左右的年轻人，风格可能就要时尚一些，流行元素多一些。

此外，不管怎么设计，网站的风格还要与企业的整体 VI 步调一致。

7.3.2 展实力

除了形象外，在网站中还应将企业的各种实力充分展现出来，不要有任何保留。在这个方面，越高调越好，该高调的时候，千万不要低调。通常，企业可以展示的有：

（1）**成立时间**。如果企业成立时间早，这本身就是公信力的一种体现。

（2）**权威认证**。如果企业有权威认证，可以进行展示，比如常见的ISO9001、ISO9002等。

（3）**企业背景**。如果企业有特殊的背景，比如政府扶植、知名公司投资等，也可以进行展示。

（4）**荣誉奖项**。如果企业获得过一些奖项荣誉，一定要展示。而且不仅要在官方网站展示，如果有条件，最好再发一发新闻稿。同时在这里笔者还要重点提醒大家，在展示奖项荣誉时，最好再介绍一下奖项的背景和来历，因为一些专业的奖项，非行业内的人士不一定了解。

（5）**创始人背景**。如果创始人学历非常高，或名校毕业，或在知名公司服务过，或是某领域的专家达人，那也应该进行充分展示。

（6）**专利技术**。企业获得的各种专利，一定要大书特书，这是技术实力及竞争力的体现。

（7）**名人/专家见证**。如果知名人士或行业专家愿意为我们站台做背书，则可以在一定程度上帮助我们提升公信力。当然，前提是能取得他们的帮助。

（8）**销售渠道/规模**。如果我们的销售网络很发达，或分支机构很多，绝对是实力的一个体现，一定要在页面中重点体现和强调。

7.3.3 傍大树

如果企业自身实在找不到太多的亮点，那么也可以考虑"借力"，通过与其他具有权威性的公司或机构合作来提升公信力。可能有的朋友会认为，对于一个实力不是很强，甚至刚成立的公司想与知名公司或大公司合作比较难。其实不然。合作的形式有很多种，而且合作还可以分为深合作和浅合作，比如你的公司在百度开通竞价业务，这是在与百度合作；百度投资你的公司，也叫与百度合作。

其实我们每天都在与各种知名公司合作，比如在百度开通竞价、到电信公司采购宽带、在腾讯购买营销 QQ 等。

7.3.4　借媒体

媒体具有天生的权威性，所以企业适当地借助媒体来提升公信力，则是非常简单和有效的方式。尤其是传统媒体，虽然互联网及移动互联网的出现，对传统行业的冲击非常大，现在看电视和报纸杂志的人越来越少，但是传统媒体的权威性和公信力是不可小视的。

具体选择哪个媒体或哪些媒体，要根据企业自身的实力和预算来定。如果预算少，则可以选互联网媒体；如果预算足，则可以考虑央视等大媒体。

在表现形式上，可以是以新闻报道的形式，也可以是媒体采访、媒体访谈、视频报道、视频访谈等形式。但不管用何种形式，在内容的编撰上要用新闻体，要看起来专业、正规，不能写成赤裸裸的广告。

7.3.5　做公益

企业通过参与社会公益活动，可以将企业追求良好人文环境的价值取向传播给社会大众，这种顺应社会主流的道德价值取向，可以增加企业对外的形象、美誉度，继而达到提升企业公信力的效果。

其实这个道理许多企业都知道，但是在现实中，一些企业尤其是中小企业在公益活动方面的动作并不是很多，究其原因，主要是一些中小企业感觉自身的经营压力已经很大了，没有太多的时间、精力和资金投入到公益活动当中。

其实这是一个误区，公益活动并不一定非得投入很多的时间、精力、人力、物力等。因为公益活动可大可小，比如组织员工给贫困山区捐一些用不上的旧物、旧衣服等活动，操作起来并不是很难。

7.3.6　亮案例

案例，是最容易打动用户，让用户信服的元素之一。当然，在许多企业的官方网站中，都设有专门展示客户案例的页面。但是从营销的角度来说，大部分企业网站的客户案例展示页面都不合格，甚至是极糟糕的，因

为这些企业网站的案例展示页面，只是单纯地将客户名单列了出来，如图 7-6 所示。

图 7-6

企业做网站的目的是为了成交，继而为企业带来利润。基于此，网站的每一个文字、每一张图片、每一个元素，都应该是围绕如何让用户产生信任、如何打动用户、如何提升成交率而设置的。而如果以此为标准，若客户案例展示页面仅仅是将客户的名单展示出来，那么显然不能达到这样的效果。

那么如何展示才能达到最佳效果呢？这个问题的答案要从用户那里找。换位思考一下，你的潜在用户如果关注以往和你合作过的客户，目的是什么？是不是为了通过这些客户来判断贵公司的实力、能力、效果、信誉等？基于此，展示客户案例最关键的是要讲清楚：你为客户解决了哪些问题，客户因为你发生了什么样的变化。

比如说，你是生产机械零配件的，你的客户以往头疼的问题是买不到优质的配件，导致机器故障率特别高，继而影响成品率和生产效率。而采用了你的产品后，故障率下降了 XX%，成品率提升了 XX%，生产效率提升了 XX%等。

7.4 说服力

展示力，是为了让用户知道你的好；公信力，是为了让用户相信你的好。但是用户了解你了，相信你了，却不一定会选择你，或者说只有一部

分人会选择你，剩下还有相当一部分用户会选择你的同行或竞争对手。因为用户选择产品时，往往都会货比三家，用户在了解你的同时，也在了解别人。针对这种情况，我们就需要在展示力、公信力的基础上，进一步说服用户，让用户最终选择我们的产品或服务。

通常，说服力的关键在于产品详情页，因为在网站的所有页面中，产品详情页对用户的决策影响是最大的。举一个最简单的例子，想一下，当我们在淘宝买东西时，是哪个页面让我们决定咨询或不咨询、购买或不购买？当然，从理论上来说，我们应该提升每个页面的说服力，但是其中的产品详情页是重点。本节的内容也主要是围绕产品详情页来阐述的。

下面就和大家说说如何增加页面的说服力。

7.4.1 分析受众

世界上有两件事最难：一是把自己的思想装进别人的脑袋；二是把别人的钱财装进自己的口袋。而营销型网站就是要解决这两个问题，通过页面来改变用户的思维，说服用户，让用户最终选择我们的产品或服务，继而让企业产生利润。

而网站想达到上述效果，最关键的是要围绕用户的心理、需求来做，所以就需要我们先来对受众进行深入分析。首先要明确我们的目标用户是谁，也就是明确用户定位，比如是男人还是女人、是80后还是90后等；然后分析目标用户购买产品的原因、关心的问题、要解决的问题等。

对用户的定位和分析是做营销的基础工作，但凡对营销有些了解的朋友都知道。但是很多人在实际操作时，却做得很粗犷、非常的不专业和不严谨。比如一些化妆品的用户定位是 18~45 岁的女性。这个用户定位是典型的定位不清，相当于没有定位。按照这个定位，绝大部分女性都是其目标用户。针对这个定位，根本没法做用户分析。

在做用户定位时，要分析出哪类用户最有可能购买我们的产品，或者说我们最想获取的那部分用户，才是真正的目标用户。比如我们的化妆品价钱很平民化，风格很前卫和非主流，那么年轻人尤其是大学生可能就是主要目标用户。或者也可以反过来，我们就主打大学生市场，专门针对大学生来完善产品。

为什么要先强调用户定位呢？因为只有用户定位明确了，我们才能真正清晰地分析出用户的需求和问题，真正地了解透用户了，页面才能做到

有针对性。比如同样是女性，但是学生和抓住的需求是完全不同的。

用户定位明确后，接下来是分析用户具体的需求和关注的问题。在此环节，我们要把所有能找到的用户需求及问题都列出来，然后按照优先级排序。如果目标用户类型有差异，则还需要针对不同类型的用户进行分析。下面以网络营销培训来举例。

学生、在职从业者、老板都有可能参加网络营销培训，但是这三类人参加网络营销培训的需求及所关心的问题却不尽相同。根据笔者所在公司在实际工作中统计的结果来看，学生参加网络营销培训，比较关心的是是否有证书、毕业后的就业前景、能否保证就业、就业后的工资等问题；而在职从业者比较关心的是培训机构的师资力量、培训的内容、课程的实用价值、课程能否帮助其提升业绩收入等问题；而老板关心的问题则是培训的时间长短、学习的内容是否能够对企业的业绩有帮助、课程结束后有没有后继的支持或服务、通过培训能不能积累到有价值的人脉或资源等，如图 7-7 所示。

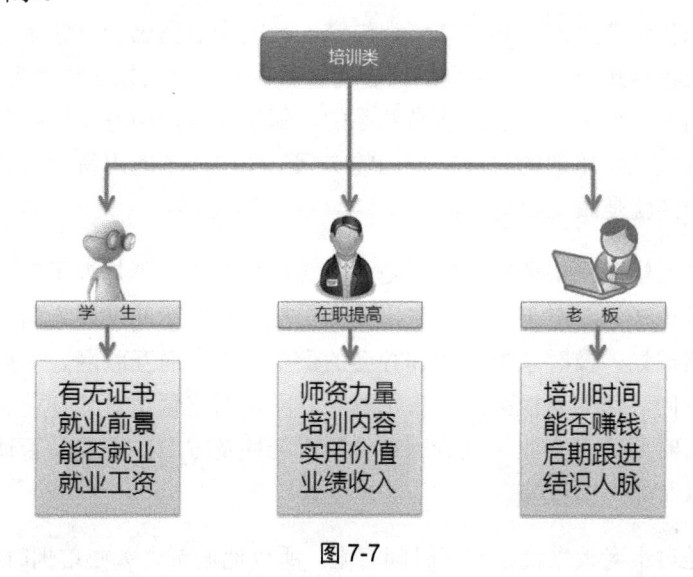

图 7-7

分析到此还不算结束，我们还要分析用户为什么会有这些需求和问题，其背后的原因和动机是什么。经过了解得知，学生学习网络营销，是为了解决就业，因为现在大学生是"一毕业就失业"，所以他们希望通过参加各种培训解决就业问题，这是其核心需求所在，是其背后真正要解决的问题。而有无证书、就业前景、能否就业、就业工资等，都是围绕其核心需求而延展出来的疑问。比如之所以关心有没有证书，是因为他们认为有了证书，才能够证明自己具备了这样的能力，同时有的学生认为有证书的机构，才是正规机构；而关心就业前景，是因为他们想选择一个就业前景好、

待遇高、容易升职加薪的行业。如果有人能证明开挖掘机比网络营销收入高 10 倍，笔者相信很多学生会毫不犹豫地去学开挖掘机的。

对于在职从业者来说，和学生的需求则完全不同。对于在职人员来说，就业不是问题，因为其已经就业。对于在职者来说，已经具有一定的网络营销经验和知识，甚至有的人在一些具体的领域已经非常优秀，他们学习是为了进一步提升网络营销的知识和水平，继而提升个人的价值。基于此，他们首先关心的是师资力量，因为他们明白，证书并不重要，也没有多少企业会看证书，对于网络营销来说，想学真东西，老师很关键。因为从战略层来说，网络营销拼的是思维和创意；从战术层来说，网络营销拼的是方法和技巧。思维也好，创意也好，方法也好，技巧也罢，都是很难标准化的，这些东西是需要人在实践过程中不断摸索和总结的。而且同样的创意或方法，可能很快就失效了，因为网络营销变化太快了。所以在这种情况下，所学的知识和方法是否系统、全面，是不是具有领先性，和老师的能力、经验、经历有很大关系。

在职从业者其次关心的是培训内容，是因为他们已经具备了一定的网络营销经验和知识，希望学到的内容能够和他们现有的知识体系形成互补，如果培训的内容是他们已经非常熟悉的，那没有学习的意义；接下来就是内容的实用性，培训的内容在他们的实际工作中能不能用得上，这个也很关键，否则就是做了无用功。

而老板学习网络营销，既不是为了解决就业，也不是为了学习很具体的网络营销知识。对于老板来说，重点是把握好企业的发展方向，做好企业的战略规划，及时掌握市场和社会的最新动态。而互联网、网络营销是未来的方向，作为老板必须要去了解互联网、网络营销对其行业、企业的影响，同时要弄清企业与互联网结合的可能性及方向，企业是否适合做网络营销以及如何结合等。

但是对于老板来说，由于时间有限，所以他们首先关心培训时间问题；作为老板，不可能去学习技术细节，就像前面说的，他们更关心的是宏观的战略层面，最多到策略层，所以他们其次关心的是网络营销到底适合不适合自己的企业、到底能不能帮自己赚到钱，如果能，那么应该怎么去结合；再次，老板也明白，通过短短几天的培训，不可能让自己变成行业专家，最好是让他们弄清楚方向，学习到正确的流程和策略，让他们少花冤枉钱、少走弯路，但是在具体实施时，遇到具体问题，肯定还是需要人协助的，所以他们还关心培训后会不会有后继的帮助和支持；最后，也有的老板参加培训，是为了积累资源和人脉，比如对于有的企业，成交一个订

单，可能就是 500 万，和那点学费相比，这太划算了。

通过以上分析，我们会发现，即使是同样的产品，但是购买人群的类型不同，其需求、关心的问题也完全不同。而其需求和问题不同，我们后面在制作页面时，具体的内容也不尽相同，因为页面要根据用户的需求来做。

比如，我们重点是针对学生做推广，但是页面中却强调培训时间短，能够结识高端人脉，这显然不靠谱，效果不会太好，因为这些是老板的需求；反之，如果重点是针对老板做推广，但是页面中却强调能够发证书，网络营销就业前景好，也不靠谱，因为这是学生的需求。

深入的受众分析，是建设营销型网站的基础，甚至是做网络营销的基础，如果用户的需求没有分析清楚，则后面的页面就不会太有针对性，页面没有针对性，就会缺乏说服力，效果就不会太好。

7.4.2 准备素材

受众分析完之后，接下来我们要围绕分析的结果，针对分析出的用户需求、关心的问题等准备相应的素材。比如，用户关心网络营销行业的就业前景问题，那么我们就需要去搜集相关的行业调查报告，如行业的人才缺口有多大、就业率有多少等，来告诉用户这个行业的前景如何；再比如，用户关心行业工资及上升空间问题，那么我们就要去搜集这个行业的平均工资是多少、增长率等数据。

在这个过程中，如果能够找到的素材有限，那么我们可能就需要去制作一些素材。比如，学员可能关心师资问题，而我们的老师能力很强，属于实战派，但是由于本人比较低调，在业内并没有知名度，而且也没在大公司待过。这个时候，可能就需要我们适当地在网络上帮助老师推广一下，如最简单的建设百度百科、发布一些新闻稿等，包装老师，然后再将这些新闻稿等作为素材来使用。

7.4.3 策划页面

素材有了之后，接下来是策划和制作页面。这一步是重点中的重点。页面的说服力足不足，最终产生的转化好不好，关键就在于这个环节如何策划。

一说到策划，很多人便头疼，因为策划是脑力活，拼的是思维和创意，

但很多人感觉自己脑袋里没有那么多的思路和想法。其实万物都是有规律的，所谓万变不离其宗，策划是有规律可循的。下面就给大家分享一下策划页面时的四个核心要素，只要将这四点掌握透，策划页面时紧紧围绕这四点来策划，那页面的说服力就差不到哪儿去。

第一点：**塑造价值**。用户在选购产品时，在什么情况下会毫不犹豫地购买？甚至在没有需求的情况下也会购买？往往是在大降价、大促销、狂打折的时候。因为在这个时候，大家感觉这个产品物超所值。像2015年某网络商城周年庆，全网五折，我的一个朋友，把未来三年的卫生纸全采购齐了。

所以，我们在策划页面时，第一个核心要素就是要塑造产品的价值，无论页面怎么策划，一定要将产品的价值塑造出来。这是说服和打动用户的关键所在，只有用户感觉这个产品有价值，甚至物超所值时，才会购买。

有的产品亮点很多，可能在很多方面都颇具价值，在这种情况下，要理清主次，选择产品的核心价值在页面中重点突出。整个页面应该紧紧围绕一个核心点来塑造价值，把所有力量集中到一个点。

这就好像写文章，做文章的第一步，是先确立中心思想，明确整个文章围绕什么来写，要重点表达什么、突出什么。如果文章缺乏中心思想，就会跑题，就会把读者绕晕。策划页面同样如此，即使你的产品亮点很多，但核心点一个足矣，整个页面围绕一个核心的价值来塑造，突出一个核心的诉求即可。如果页面强调的价值点太多、诉求太多，容易分散用户的注意力，反而效果不好。

核心价值的选择，要根据用户的需求来进行，用户最想要的就是产品的核心价值所在。比如说可以是性价比、售后服务、产品品质、功用功效、文化理念、技术实力等。关键看用户想要什么，最关心什么。

另外提醒大家的是，产品的核心价值一定要在页面的第一屏展现。在页面第一屏，用最简短的话告诉用户我们是做什么的，我们有什么优势，我们能帮用户解决什么问题，我们有哪些卖点、有什么价值等。

第二点：**挖掘痛苦**。核心价值确定了后，如何进行塑造呢？答案是在塑造前，先挖掘用户的痛苦。把握时，可以从以下三方面入手。

一是用户的问题得不到解决时的痛苦。比如失眠的人，晚上睡不着，白天却犯困；反应变迟钝，工作没效率；心情烦躁，爱发脾气，影响人际关系等。

二是买不到好产品时的痛苦。比如减肥用户的痛苦有吃药减肥副作用大、运动减肥太辛苦、节食减肥太伤身体等。

三是遇不到好商家的痛苦。比如总买到假冒伪劣产品、售后服务没保证等。

挖掘痛苦时，挖掘得越深越好，要让用户感同身受，产生共鸣。在表现形式上，最好是图文并茂，甚至有条件可以加上视频，多用数据、案例来说话，尤其是要详细分析问题的严重性及后果的可怕性，这样才能引起用户的足够重视。

第三点：给出方案。当痛苦挖掘得差不多时，这时用户已经有了共鸣，同时非常希望能够解决这些问题，此时就要给出我们的解决方案了。

在这个环节要记住，我们给出的是解决方案，不是单纯地卖产品。因为从营销的角度来说，用户要的不是产品，而是解决方案。就像一个经典的比喻说的那样，用户买的不是电钻，而是墙上的那个洞。如果现在你告诉用户，有一个产品，比电钻便宜，比电钻方便，而且能够更好、更快、更有效率地得到这个洞，那么用户会毫不犹豫地购买这个产品的。

所以在挖掘完用户的痛苦后，不是简单地展示我们的产品或介绍产品，而是要讲明白我们的产品能够帮助用户解决哪些问题，为什么能够解决好用户的这些问题，以及与其他产品相比，我们的这个产品或者说是解决方案有哪些优越性等。

比如某钙片的电视广告语，就很有代表性——"人啊，一上了年纪就容易缺钙。过去我经常补钙，可是一天三遍地吃，很麻烦！现在，有了XXX牌高钙片，一片顶过去的五片，方便！您看我，一口气上五楼，不费劲。XXX牌高钙片，水果味，一天一片，效果不错还实惠！"短短几句话，就把产品的特点、效果，以及和其他产品相比的优越性，说得很清楚。

虽然电视广告和营销页面的载体不同，但是其本质是相同的。而且相对于电视媒体来说，网页的内容量大、表现形式丰富，可以发挥的空间更大。

第四点：解除抗拒。痛苦挖掘完，解决方案给完后，接下来用户考虑的就是要不要购买了。用户在做决策时，往往都会考虑良多，犹豫不决。所以在此环节，我们要做的是坚定用户的信心，消除用户心中那些阻碍成交的想法和顾虑。这个过程，我们称之为解除抗拒。

在解除抗拒前，我们需要先找到用户的抗拒点，比如有的用户阻碍其

购买的原因是怕是骗子，还有的是嫌贵，也有的是担心功效没有宣传得那么好等。找到这个抗拒点后，我们在页面中一一来解除。

如果是担心被骗，常用的解决方案有：①货到付款；②第三方担保交易，比如支付宝；③客户见证，将以往的成功案例、客户评价、客户见证视频等展示出来。

如果是用户嫌贵，常用的解决方案有：①给用户算经济账；②承诺买贵了退款，甚至双倍退款；③赠送一些小礼品等；④若干时间后，如果产品没有使用，以高出其购买价格进行回购，用户相当于做理财了（这招最狠）。

如果是担心功效问题，最直接的解决方案是无条件退款，甚至产品消费完了，也可以退款。

在解除抗拒这个环节，最有效的解决方案是"零风险策略"。所谓的零风险策略，是指通过一系列的举措，让用户在购买产品的过程中没有任何风险，甚至当用户买到劣质产品时，还给予奖励。比如七天无理由退换货、假一赔十、买贵了双倍退款、先使用后付款、超出原价回购等都属于零风险策略。

零风险是非常有效的策略，比如，笔者曾经帮助一位学员进行了这样一个策划：1个月内无理由退款，注意，是退款，不是退货。即使在1个月内，产品使用完了，但只要有任何不满意，依然全额退款，只要包装袋还在。结果这个举措施行后，销量大增。

关于增加说服力的方法要点已经讲完了，但是要注意，这些要点的逻辑顺序不是一成不变的，具体实施时，要根据实际情况灵活运用。比如，有的产品可能一上来就先解除抗拒，然后再挖掘痛点。

上面说的都是思路，下面再通过一个小小的案例，让大家直观地感受一下在实际中如何运用。

7.4.4 应用案例1则

这里要说的这个案例，是笔者公司自己的案例。笔者参与创办了几家公司，其中推一把网站是最早的一个项目，2008年就已上线。网络营销培训是推一把的主要业务之一，其运营、推广、招生等完全依托网络营销。

推一把的培训规模不是业内最大的，因为推一把强调的是精英培训，

严格控制规模。比如，面授脱产班一年最多只开 5 期（每期学习时间近 2 个月），每期最多 40 人。但是推一把的销售转化率，却是业内数一数二的。

可能有人说了，是因为推一把在业内的知名度高，其实不然。参加推一把培训的人，尤其是参加面授班的，几乎都是没有网络营销基础、不了解这个行业的，对于这些人来说，推一把应该说是没有太多的优势，甚至和一些同行比，在招生规模等方面反而是劣势。但为什么我们的转化率却非常突出呢？原因就是细节做得好。下面就和大家分享推一把招生页面的设计思路。

推一把的主招生页面，是一个营销单页面。之所以用单页面，是因为其转化好。其转化好的原因有二。

第一，有数据统计显示，用户在网站中每多浏览一个页面，会至少流失 30%。有网站的各位看官，可以验证一下这个数据，方法是打开网站的流量统计后台，查看一下访问了一个页面的用户有多少、访问了两个页面的用户有多少、访问了三个页面的用户有多少，然后对比它们之间的数据。大部分网站，都不会低于 30%这个数据。

基于此，我们得出一个结论，从转化的角度来说，网站的页面应该越少越好，因为页面太多，会增加用户的流失率。

第二，从销售的角度来说，如果想增加转化率，那么设计一套高效的话术是非常有必要的。就像做电话销售，如果话术好，即使刚毕业的学生，只要照着话术说，也会有转化。

而在互联网上，用户选购产品时，通常都是先看页面。如果我们的页面内容逻辑性很强，很有说服力，则转化就会高。但是用户浏览页面时，不一定会严格按照我们设定的逻辑来浏览。比如，我们设定对转化帮助最大的浏览路径是：首页>公司介绍页>产品介绍页>客户案例页>促销活动页。但用户浏览的路径可能是：促销活动页>产品介绍页>公司介绍页>客户案例页>首页。甚至有的用户浏览一两页就关掉页面离开了。

而采用单页面的形式，可以保证用户严格地按照我们设置的逻辑结构来浏览。

接下来，再具体分享一下这个单页面的思路。推一把的单页面，已经改了 N 次版，本案例分享的这版是早期非常经典的一版，甚至当时一些同行直接复制了这个页面来用，只是修改了机构名字和联系方式。

先说第一屏。设计首屏时，有几个要点。

第一，要快速地让用户知道我们是做什么的。如果不能迅速地让用户明白我们能给他带来什么，能帮他解决什么问题，那么用户就会选择离开。

第二，用最简单的话，告诉用户我们有什么优势和卖点。

比如，试比较图 7-8、图 7-9 所示的两个页面，评估一下哪个页面的转化效果好。图 7-8 所示的是较早的一个首屏版本，但当时效果不理想，于是改版成图 7-9 所示的效果，结果咨询率提升了近一倍。

图 7-8

图 7-9

图 7-8 所示的页面之所以转化效果不理想，是因为页面中并没有明确地让用户知道我们是一家网络营销培训机构。

而页面中重点强调的优势是笔者的《网络营销推广实战宝典》这本书和小班授课，但这两个优势并不是用户最关心的，甚至有的用户看完这个页面后，还以为是卖书的。

而图 7-9 所示的页面，则首先明确地告诉用户我们的业务是网络营销培训，同时强调的优势是师资、独创的落地式网络营销系统、系统实战、50万会员共同见证（现在论坛已经有 100 多万会员了），这些优势与图 7-8 所示页面强调的优势相比，明显更符合用户的需求。

第 7 章 营销网站篇

首页之下的第二部分，其核心目的是进一步塑造课程价值，进一步打消用户的疑虑。本屏的内容由三部分组成，如图 7-10 所示。

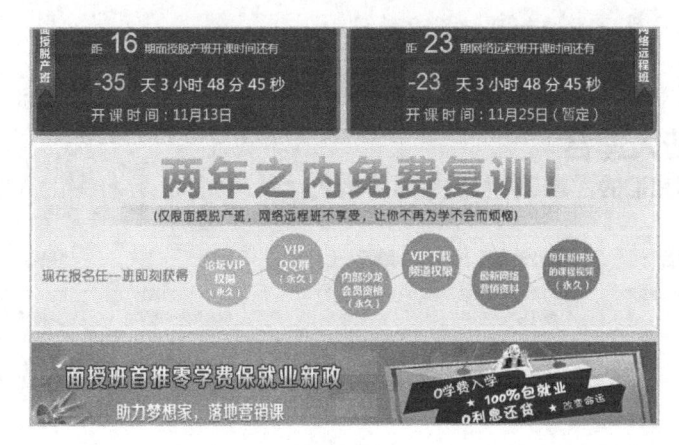

图 7-10

先是设置了网络远程班和面授脱产班的开课时间及倒计时。宣传这个，是因为许多人非常关心开课时间，而设置倒计时是营造紧迫感。

接下来是两年之内免费复训的承诺及报名后可以获得的好处。这个是为了打消用户的疑虑，同时进一步塑造课程的价值，让用户感觉物超所值。

再接下来是零学费保就业的政策说明，进一步打消疑虑。

第三部分的核心是挖掘痛点，如图 7-11 所示。主要挖掘了四个方面的痛点："你还在为找不到好工作而苦恼吗？你还在为卖不出去产品而发愁吗？你还在为找不到好项目而头疼吗？你还在为遇不到好机会而怨天尤人吗？"。挖掘完痛点后，紧接着给出了解决方案，同时强调"网络营销不是你想不想学的问题，是想生存就必须要学的问题"。为了将这个问题阐述清楚，接下来又放置了一段视频来深入分析这个问题。

图 7-11

459

第四部分，则罗列了哪些人适合学习落地式网络营销课程，如图 7-12 所示。此部分的目的一是明确我们的课程适合哪些人，能帮用户解决什么问题；二是进一步增加目标用户的信心。

图 7-12

前面四部分，主要是围绕 7.4.3 节中说的四个要点："塑造价值、挖掘痛苦、给出方案、解除抗拒"来不断地增加用户对课程的期望值，让用户对课程越来越期待。

当用户有了一定的期待后，接下来的第五部分，开始详细介绍推一把培训的特点、推一把培训课程的详细内容体系及近期课程更新的说明，如图 7-13、图 7-14、图 7-15 所示。

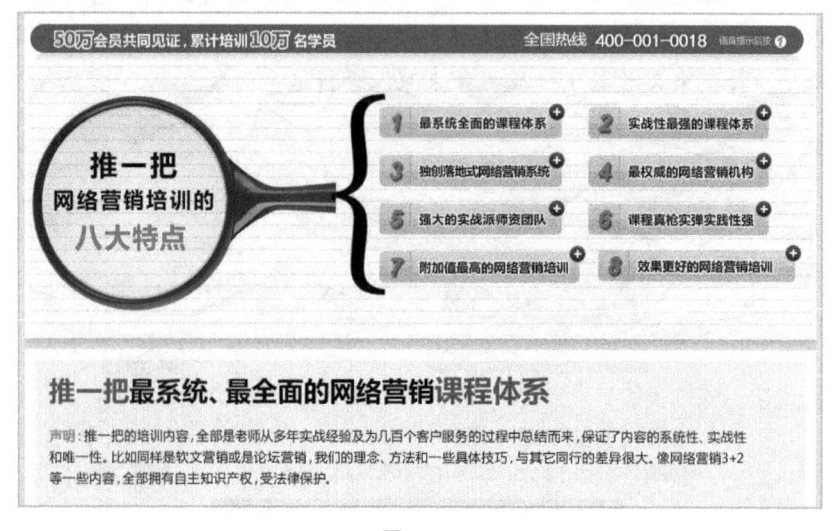

图 7-13

第 7 章 营销网站篇

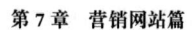

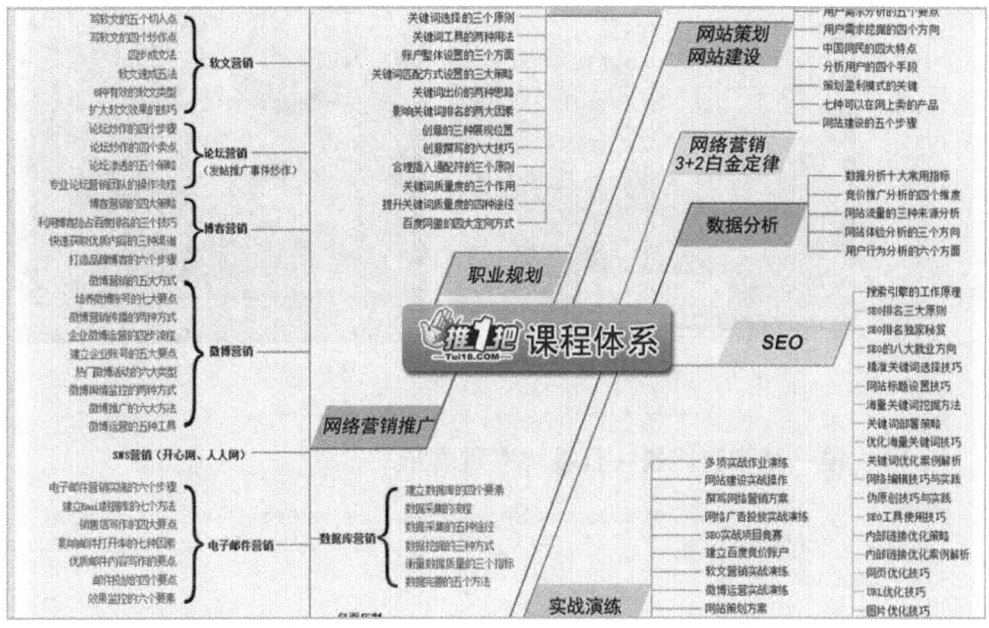

图 7-14

图 7-15

第六部分，则放置了笔者的两段授课视频，以及本人图书的介绍，此部分是为了让大家直观感受授课的内容和风格，如图 7-16 所示。

图 7-16

第七部分，介绍了推一把师资团队的情况，重点强调了老师们丰富的实战经验，这也是推一把师资团队的特点，如图 7-17 所示。

图 7-17

第八部分，是优秀学员展示及学员的评价。这部分是典型的客户见证，通过老学员的学习成果和评价来影响用户，如图 7-18 所示。

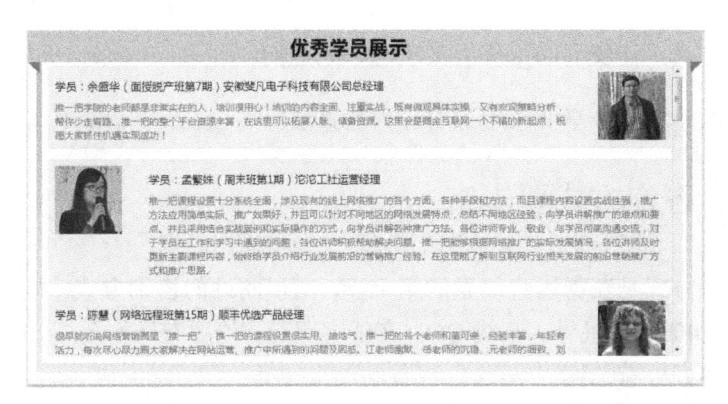

图 7-18

第九部分，是往期学员合影及推一把学院活动的照片。本部分是通过各种照片，让用户直观地看到和感受到推一把的氛围，如图 7-19 所示。

图 7-19

以上，就是推一把页面的设计思路和具体的页面逻辑，希望对大家有所借鉴和启发。这里提醒大家，这个逻辑不是一成不变的，实际上推一把页面的内容和逻辑也会经常调整。因为行业不断在发展、市场不断在变化、用户的需求也在不断发生变化，所以我们的页面也要紧跟市场和用户的需求而变化。

7.5　引导力

如果页面说服力足，则转化率就会高。但是就算页面的说服力再足，也不可能达到 100% 的转化率。比如，用户看完了你的页面后，就是不咨询、不购买，怎么办？在这种情况下，就需要引导力来帮忙了。在页面中，引导那些不想咨询的用户咨询，如果用户就是不主动咨询，那就引导用户留

下联系方式，让我们的工作人员主动联系他们。

下面和大家分享四个增加引导力的方法。

7.5.1 咨询方式要丰富

联系方式是获得用户线索的第一步，所以网站的咨询方式一定要丰富，手机号、400、座机号、在线 QQ、在线客服等，均要有（如图 7-20 所示）。这么做的好处有二：

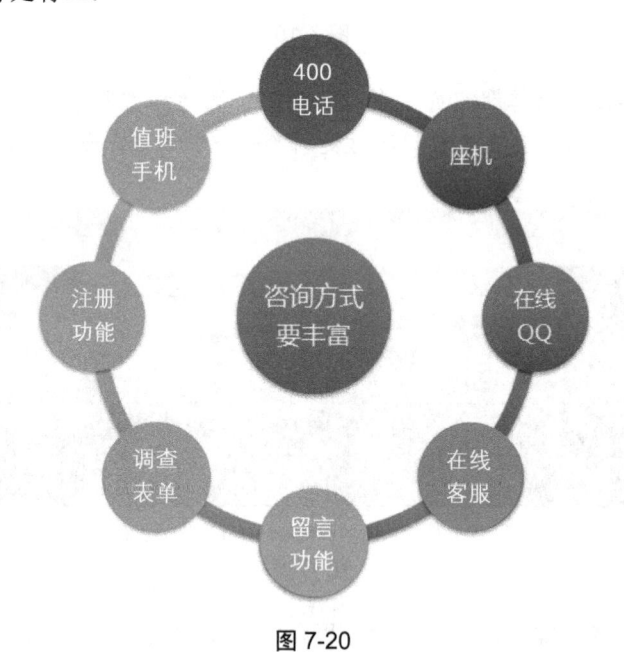

图 7-20

一是每多一种咨询方式，转化率就会高一点。笔者曾经做过一个试验，同样的一个网站，每天同样的流量，第一周，网站只放固定电话号码、邮箱；第二周，在原有联系方式的基础上，加上手机号、QQ 号码；第三周，在前两周联系方式的基础上，再加上在线客服、400 电话。通过试验结果发现，每次联系方式增加后，咨询量就会增加 30% 左右。

为什么只是联系方式变一变，就会产生这样的变化呢？因为不同的人之间的行为习惯有差异，比如有的人喜欢打电话，有的人喜欢聊 QQ，有的人喜欢发微信。比如笔者，就非常不喜欢打电话，所以笔者在网上购物时，如果商家只留电话，则会果断关页面走人。

二是联系方式多，会提升公信力。比如在一些消费者的认知中，有了 400 电话的企业，都是正规企业。

7.5.2 咨询体验要友好

设置了这么多的咨询方式,如何在网站中体现好呢?不少网站的做法都是将联系方式放在了非常醒目的位置,甚至满屏都是咨询方式,更有甚者,直接弹对话框,用半强迫的方式让用户咨询,如图7-21所示。

图 7-21

联系方式醒目固然重要,如果用户看不到,肯定会影响咨询率。可醒目归醒目,但千万不能影响用户体验,如果让用户感觉不爽,也会影响咨询率。比如,如果你进入一个像图7-21所示这样的页面,你会怎么样?是不是果断关页面走人?

可能有的看官会纠结了,醒目不是,不醒目也不是,该如何取舍呢?其实答案很简单,咨询方式的风格,一定要与网站整体相符,一切在不影响用户体验的前提下来设置。比如像图7-22所示的页面,同样也有弹窗,但是看着却不像图7-21所示那样令人反感。

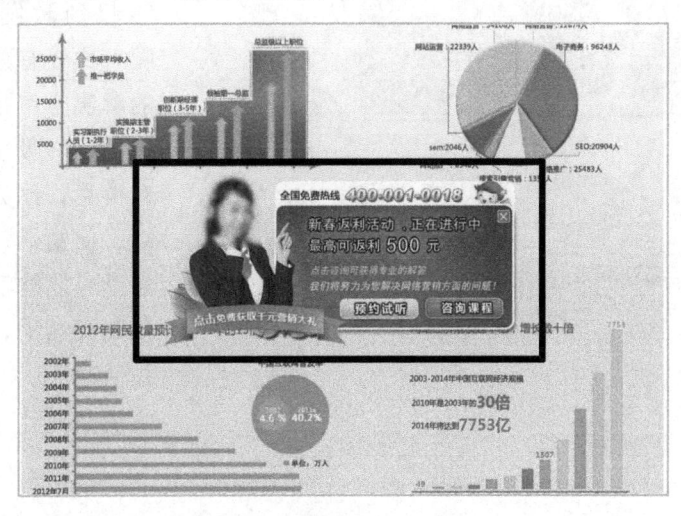

图 7-22

7.5.3 邀请框要吸引人

在线客服软件几乎是营销型网站的标配，通过网页的在线客服软件，用户可以直接匿名与网站的客服人员进行对话，非常方便，同时还保护了用户的隐私，继而增加了用户的咨询率，如图 7-23 中黑框所示。

网站安装了在线客服软件后，页面中会出现一个对话邀请框，在对话框中，可以自行设置文字或素材。很多企业都忽略了这个小细节，往往都是随便放置一条提示语或者直接用默认的文字。比如在图 7-23 中，其设置的文字是："有什么可以帮助您的吗？"。

图 7-23

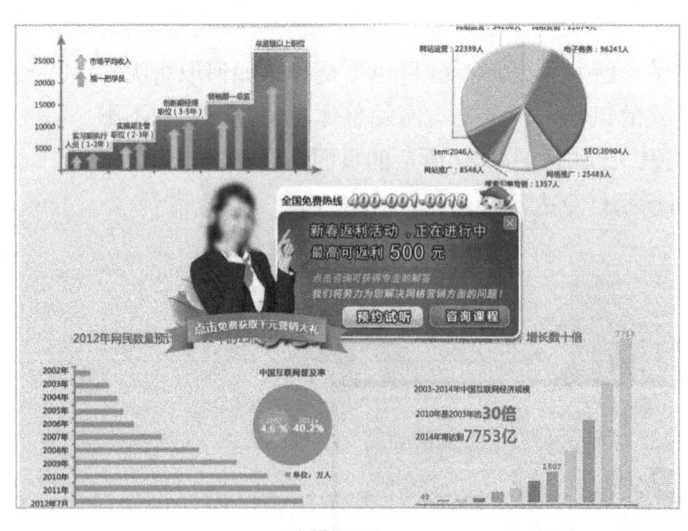

其实这条提示语很重要，如果设置得好，可以勾起用户的兴趣，让那些不想咨询的用户产生咨询的欲望。但是像"有什么可以帮助您的吗？"这样的文字，显然不能激发起用户的兴趣。

那这里放什么能够起到激发的效果呢？比较有效且通用的解决方案是在这里设置能够吸引人的活动信息。比如赠品活动、促销活动、抽奖活动、团购活动、限量购买活动、限时折扣活动等，如图 7-24 中黑框所示。

图 7-24

7.5.4 免费策略要线索

前面三个技巧，都是为了引导用户主动咨询，但是无论如何引导，还是有相当一部分用户不会咨询，针对这部分用户应该如何解决呢？

用户不咨询没关系，我们可以让用户主动留下联系方式，有了用户的线索后，我们可以进行后继的营销。那如何能让用户主动留下联系方式呢？通过实践证明，最有效的方式是"免费策略"，简单地说，就是送东西。

如果你送的东西是用户想要的，且用户感觉非常超值，自然会留下联系方式。具体送什么，根据用户的需求来定，成本比较低的方案是送虚拟的物品，比如电子书、视频、软件等，如图 7-25 所示。

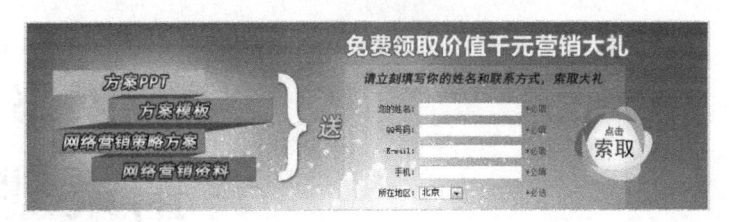

图 7-25

7.6 推广力

推广力主要是指 SEO。如果网站想在搜索引擎中拥有排名，那么网站在规划和建设阶段，就需要符合 SEO 的标准和要求。所以，我们在策划和构建网站时，就要将 SEO 的规则考虑在内。具体规则请参考本书第 5 章的内容，这里就不赘述了。

第 8 章 营销策划篇

章节提示：

经常有人向笔者求助：自己的企业或产品想做网络营销，但是没有头绪，所以希望能给一些现成的方案，或者给一些方案模板参考。其实好的网络营销方案，不是靠模板做出来的，格式和用词一点都不重要，真正靠谱和落地的方案，不是体现在格式或文笔上，关键是看思路。

在本章，笔者将和大家分享在实践中总结出来的"网络营销六步引导法"，如果能将这六步理解和掌握了，那么无论推广什么产品，都可以在最短的时间内，找到适合自己的方法和策略。

8.1 第一步：你的目标是什么

在开始推广一个项目、制订网络营销方案时，首先要明确营销的目标是什么，比如是追求 IP，追求流量，追求注册量，追求销售量，追求品牌知名度，还是其他什么。目标不明确，方向就不清，而方向不对，努力白费。

对于员工来说，如果不弄清目标，那很可能是辛苦了一年，最后老板

却不满意，甚至还被扣奖金。下面说一个真实的例子。

曾经有一位叫小 A 的学员跟笔者学习网络营销，他是某大学的网络营销负责人，学习的原因是因为其在上一年度的网络推广工作效果不理想，领导非常不满意。但是其自己又想不明白为什么，大概感觉是自己能力还不够，所以想通过学习来解决这个问题。

小 A 希望笔者帮他找原因。首先，笔者问了小 A 一个问题："学校给你下达的推广指标是什么？学校想让你通过推广，达到什么效果？"。本来笔者以为即使是学校，肯定也是希望通过网络营销带来生源，结果小 A 说不是。

原来该学校是公办学校，招生很容易，所以学校不要求他通过推广带来生源或流量什么的。当时领导和他说：互联网很重要，我们应该在互联网上做做推广，具体怎么做，你看着办，关键是网络上不要出现学校乱七八糟的信息。

因为这位领导不懂互联网，又不需要通过互联网招生，所以没有说出什么明确的目标，话语比较含糊。其实对于网络营销从业人员来说，遇到这样的情况很正常，老板或领导往往不会把他们的需求或者要交代的工作说得事无巨细，更多的是指一个方向，具体怎么做，那是考验我们能力的时候。

其实笔者从这位领导的话中还是提炼出了一些信息：互联网上不能出现学校的负面信息；而根据学校这种事业单位的特性，领导再深入一层的意思可能是，通过互联网提升一下学校在网络上的正面信息量，提升一下美誉度；还有可能再深入一层，适当提升一下学院领导在网络上的美誉度。

如果笔者揣摩的信息是正确的，那么这个工作非常容易做。因为该学校在网络上根本没什么负面信息，而且又没什么人在搜索引擎中以该学校的名字为关键词进行优化，所以只要结合学校的实际情况，经常撰写和发布一些正面的新闻稿、多维护一下学校相关的贴吧、论坛及百度知道即可。

但是为什么对于这种难度较小的推广工作，小 A 做了一年都没有做好呢？让我们简单来看一下他在上一年做了什么。

（1）软文推广。共选择了四家投放媒体，其中两家规模稍大，全年共在这两个网站发布了 40 篇软文。另外两个网站是包年合作，随时可发，但是由于是两家小网站，效果几乎没有。

（2）博客推广。建立了官方博客，并进行日常更新维护。

(3)百度百科。建立了学院的百科词条。

(4)微博推广。建立了官方微博,通过微博发布学校的消息。

(5)电子杂志推广。制作一些与学校有关的电子杂志,发布在互联网上。

(6)QQ推广。建立学校官方QQ群,并在其他相关QQ群进行推广。

大家有没有看出问题所在?小A做了大量工作,但很多工作却是无用功,没有围绕目标去做。其目标是在搜索引擎结果页不要有负面信息,多出现正面信息。可是小A却选用了QQ推广、电子杂志推广等方法,像QQ群的消息,根本不可能出现在搜索引擎中。而像软文推广,倒是适合,但问题是小A发布的软文数量有点少,而且还净发布在不知名的小网站上,这些网站本身没有权威性,而且在搜索引擎中也很难获得排名。

从另一个角度来说,通过这个案例也是提醒企业管理者,给下属安排工作时,要明确地告诉他们目标是什么,同时最好讲明白为什么这么做;否则很可能就会出现小A这样的情况。因为不是每个员工都能揣摩透领导的想法,或是洞悉公司的战略意图。

在明确目标的同时,还要注意目标的合理性,不要制订不可达成的、不靠谱的指标。再说个例子。

一位学员小E,其所在公司新上马了一个网络商城项目,该商城主要销售企业办公设备,比如考勤机等,其特点就是贵,同样的产品,别的商城卖8000元,他们卖12000元。

领导要求小E负责该项目的推广,负责这个项目仅有小E一个人,且没有任何推广费用。领导要求在一个月内,通过推广为商城带来1万个有效注册用户,且要将商城的PR值提升到6。

很显然,他们的要求是极度不靠谱的,也肯定达不到。特别是要求一个月内将PR值达到6,更是无知的表现,因为众所周知,PR值三个月才更新一次,且在2010年下半年时,完全停止了更新。

8.2 第二步:你的用户都是谁

确定了目标后,接下来要分析能够帮助你实现目标的用户是谁。不同的目标,选择的用户群可能是不同的。这也是为什么第一步一定要明确目

标的原因，目标不清，那这第二步的目标用户就无法选择。

以笔者创建的推一把网站为例。

如果营销目标是品牌，那么从理论上来说，每一个人都是我们的目标用户。因为人人都知道推一把，是我们最希望得到的结果。

如果营销目标是提升网站的 IP 流量，则目标用户要窄一些，主要是针对对网络营销感兴趣、有需求，且需要找这方面文章、资料、资源的人。因为没需求的人，不会跑到我们的网站来浏览。

如果营销目标是提升推一把论坛的注册量，则目标用户进一步缩减，因为不是每个来网站浏览的人，都会在论坛注册和互动发帖。通常有问题求助的、想找人交流学习的人才会在论坛注册。

如果营销目标是为推一把网络营销精英学院招生，那么用户群就更窄了，因为不是每个人都愿意付费学习。通常是刚毕业的、想转行的、刚入行的、遇到瓶颈的人付费的意愿更大一些。

另外，即使以销售为目标，目标用户也分为使用者、决策者、采购者、影响者几类。

比如你的企业是销售机械设备的，那表面的目标用户，是工厂采购部的人，因为他们负责采购设备；但这些设备真正的使用者，是工厂里的工人；而最终拍板的决策者，是工厂老板；但工厂老板做决策前，可能会在相关论坛征求网友意见，或者问身边的朋友，这些网友或朋友，就是影响者。

对于这类产品在做营销时，就要考虑针对这四类人制订不同的营销策略。当然，如果产品的使用者、决策者、采购者、影响者是同一类人，则不需要这么复杂。

8.3　第三步：用户有什么特点

第二步只是初步明确了用户定位，而这一步要进一步分析哪类用户是我们的精准用户，并分析他们的特征和需求。具体是什么意思呢？举个小小的例子。

一次，一位叫小 F 的网友向笔者求助，他是开淘宝店的，遇到了瓶颈，却找不到解决方案，希望笔者帮他理理思路。

笔者首先问他主营产品是什么，目标用户群是哪些人。小 F 说他销售的是饰品，目标用户群是 18～35 岁的女性。

从表面上看，这个答案没问题，饰品嘛，当然是针对女性的，而能够消费饰品的用户群正是以 18～35 岁的人为主。但是实际上，这个用户定位问题很大，相当于没有用户定位，因为太宽泛了。

试想一下，所有 18～35 岁的女性，都会购买小 F 的产品吗？如果答案是否，那么接下来就要思考，最有可能购买产品的用户有什么特征，比如年龄偏大还是偏小，大概以什么职业为主，文化层次如何，消费能力如何，等等。

小 F 的店已经经营一段时间了，所以对于他来说，要找到这个问题的答案比较简单，分析总结一下以往成交过的客户有什么特征，就 OK 了。

刚刚说的年龄、职业等，属于自然特征。除了自然特征外，还要分析用户的需求和喜好。比如用户喜欢哪方面的内容、信息，购买产品想解决什么问题或困难等。用户的这些需求，决定了我们后面要制订什么样的策略方法及准备什么样的推广素材。

比如在刚刚的案例中，要明确那些目标女性，上网是喜欢看新闻还是喜欢看文章，喜欢看服装搭配方面的内容还是喜欢看美容化妆方面的文章，等等。如果目标用户的类型不同，那么还要分别进行分析。因为需求不同，策略也不同。

比如年龄偏小的用户，比较喜欢追逐时尚、赶潮流，喜欢网络草根文学，所以针对她们进行营销时，页面风格就要时尚和酷一些，文字要草根和前卫一些。而年龄偏大的用户，则比较成熟、稳重一些，喜欢一些有内涵的事物。对于这类用户，页面风格就要成熟、华贵一些，文字要有内涵。关于这个问题，可以参考本书 7.4.1 节的内容，道理是相通的。

分析用户需求时，分析得越细越好，最好用一个本子把所有找到的用户需求记录下来，然后进行优先级排序。重点是找到那些用户都有且优先级高的需求。

那如何有效分析用户呢？比较大众的方法是做数据调查，但是笔者一般只拿这些调查数据做参考，因为数据会说谎的。笔者的建议是，尽可能深入到用户当中，做一把真实的用户。具体请参考本章最后的案例。

8.4 第四步：拿什么打动用户

为什么要分析用户需求呢？所谓知己知彼，百战不殆，说白了就是为了投其所好。只有将用户了解透，才能有针对性地去影响用户、打动用户，最终让用户选择我们。

这就好像谈恋爱，如果想成功追求女孩子，首先要了解清楚女孩子的喜好，比如她喜欢什么类型的男生，她生活上有什么习惯和嗜好，她有什么爱好、喜欢吃什么菜、喜欢看什么类型的电影等。

知道这些后，我们尽可能按照女孩子心目中男神的样子去打扮和表现，然后带她去吃她喜欢的菜、去看她喜欢的电影、去做她喜欢的运动等。

那在网络营销中，我们要如何打动用户呢？最关键的是产品卖点。好的产品卖点，是要符合用户需求和喜好的，要基于用户来策划和提炼卖点。具体请参考本节 7.2.2 节的内容，道理是相通的。

除了卖点外，其他能够打动用户的因素还有品牌、口碑、服务、客户案例等。

8.5 第五步：你的用户在哪里

清清楚楚地知道了用户是谁，并研究透了用户需求后，开始寻找用户，搞清楚用户聚集在哪些地方。这个也要结合用户特点和需求进行分析。比如：

如果用户的主要需求是浏览文章，那么就将目标用户常去的网站全部找到；

如果用户上网做得最多的事是与人交流，那么就把用户常去交流的论坛筛选出来；如果是喜欢在 QQ 群中交流，那么就要搞清楚是在哪一类主题的 Q 交流；

如果用户喜欢用搜索引擎查找信息，那么就将用户经常搜索的那些词全部列出来。

这些渠道列得越细越好，比如用户喜欢到论坛交流，那么一定要把所有的目标论坛全部找到并列出清单。

8.6 第六步：确定策略和方法

用户明确了，卖点明确了，渠道明确了，接下来就是制订具体的网络营销策略和方法了。如何制订呢？给大家指个方向。

1. 根据渠道制订

首先，我们可以根据用户集中的渠道来选择方法。比如，我们的目标用户最集中的渠道是论坛，那么论坛营销就是当仁不让之选。

2. 根据用户制订

方法主要是根据用户集中的渠道来选择，策略则是根据用户的需求来制订。比如刚刚选择了论坛作为具体的方法，那在论坛中撰写什么样的帖子呢？策划什么样的活动或话题呢？这个就要分析用户喜欢看什么样的内容，对什么样的话题或活动感兴趣了。比如，对于推一把论坛的用户来说，最喜欢经验类和案例剖析类的内容。

3. 根据对手制订

其实在制订策略和方法时，最好的参考和研究对象是竞争对手。因为竞争对手已经花费了大量的时间、精力、人力、物力和资金进行了尝试。我们只要将竞争对手尝试的过程研究透，在它的基础上再去优化和执行，就会少走许多弯路。

比如经常有人问我："江老师，我们的新闻稿发在哪些网站比较好？"。这个问题问我并不靠谱。中国有那么多的行业，我不可能知道每个行业的新闻稿，应该发在哪些具体的网站是比较好的。

而这个问题应该去问竞争对手，方法是在百度及百度新闻中搜索竞争对手的企业名、品牌词，看哪些网站上出现了竞争对手的新闻，为了保证结果的质量，可以多搜索一些不同竞争对手的关键词。

然后将这些网站进行汇总，看哪些网站是竞争对手发布次数最多的，同时还可以看一下这些文章的单击量、评论数，看哪些网站的效果好一些。

同时再分析一下这些新闻稿的类型，看哪些类型的新闻稿的单击和评论最多。

4. 常规的策略

除了用以上方法来制订策略外，还有两个策略，几乎是每个企业都必

须要做的，它们是品牌和口碑。因为这两点用户非常关心和需要，对用户的决策影响非常大。

品牌：前面提过，品牌会对用户的决策造成重要的影响。所以，每个企业都应该在网络上去提升品牌知名度。当然，建设品牌是需要成本的，但是一些低成本的方法，每个企业都应该考虑。比如新闻稿，每个企业都应该定期去撰写和发布新闻稿。

口碑：用户在网络上选购产品时，越来越注重其他用户的评价，所以口碑也是每个企业都应该做的。这也是为什么淘宝刷单、刷信誉和评价越来越盛行的原因。一般做口碑的方法有百度知道、论坛、贴吧、软文。

8.7 效果监控与评测

六步引导法已经介绍完了，但是想保证最终的效果，还需要再做一项工作，就是效果的监控与评测。下面介绍一下这方面的知识。

8.7.1 建立合理目标

第一步是建立合理的营销目标。刚刚在六步引导法中，其实也介绍过这一步，但是那里确定的是大概的目标，这里确定的是具体的指标，比如说 IP 数、PV、注册用户数、活动参与人数、作品转载数、销售额、订阅数等。而且这些数字指标，一定要靠谱，不靠谱的指标，不如不制订。

靠谱的指标从何而来呢？主要是根据目标的成本，用预算/单目标成本。比如说获取到 1 个优质 IP 的成本是 1 毛钱，而我们的推广预算是 10 万块钱，则目标定在 100 万 IP 左右比较合理。那如何计算目标成本呢？有五种方法。

（1）根据以往的经验数据。如果以前有过类似经验或数据做基础，那么可以据此推算。

（2）实际测试。如果没有经验可以借鉴，那么可以拿出少部分的资金，在小范围内进行测试。

（3）对比传统渠道的数据。由于互联网是新兴行业，所以很多经验和数据都无法借鉴，但是传统行业的经验和数据却丰富得多。都说互联网比传统渠道省钱，所以我们可以借鉴传统渠道的数据，在此基础上除以 5 或 10 等。

（4）参考同行数据。如果业内同仁公布了他们的一些数据，那么可以直接借鉴。或者直接通过交流的方式，直接询问他们的情况。

（5）根据行业调查数据。有许多专业的数据公司，会公布各种行业数据，比如艾瑞、缔元信、易观国际、开眼数据等，我们可以直接借鉴这些报告中的数据，这些数据都是比较科学和靠谱的。

8.7.2 监控营销数据

数据监控是很重要的一步，没有数据做依托，那就是盲人摸象。在数据监控这块，一是要选择好的监控工具，比如对于网站的流量统计，就可以选择 CNZZ 网景统计、百度统计、量子统计等。

二是建立详细的数据监测表，监测的数据越详细越好，如图 8-1 所示。

关键词	点击数	消费	注册	订单额	订单数量	订单转化率	注册CPA	ROI
英语	6797	5121.47	24	487	3	0.04%	213.39	0.10
	811	405.5	17	1534	6	0.74%	23.85	3.78
出国培训	2409	1084.05	6	0	0	0.00%	180.68	0.00
商业英语培训	1540	723.94	5	199	1	0.06%	144.79	0.27
考研	764	511.88	4	0	0	0.00%	127.97	0.00
雅思英语培训	305	106.75	3	729	2	0.66%	35.58	6.83
英语培训班	688	365.13	2	398	2	0.29%	182.57	1.09
英语培训机构	613	392.46	2	69	1	0.16%	196.23	0.18
英语培训中心	875	501.79	2	0	0	0.00%	250.90	0.00
新概念英语培训	289	178.78	2	0	0	0.00%	89.39	0.00

图 8-1

8.7.3 计算用户价值

明确了目标，有了数据后，我们还要计算出每获取到一个用户的价值是多少。这样在做营销活动时，有了这个数据做依托，目标才能更明确。举个例子说明。比如我们的网站是论坛，以通过发展收费会员盈利。那么就要根据以往的统计数字，计算出多少注册用户会成为付费用户？这些用户平均带来的利润是多少？假设每 100 个注册会员中有 2 个成功付费用户，平均每个用户会带来 1000 元的利润，那么这 100 个用户将产生 2000 元的利润。也就是说，每获得一个用户的价值是 20 元。

8.7.4 计算渠道成本

这块主要是指渠道的投入产出比（ROI），毕竟效果才是我们追求的最终目标。投入产出比的计算公式是毛利率/投入费用。假设我们的网站每天在某网站投放的广告费用是 1000 元，平均每天的销售额是 2000 元，扣除

成本 2000 元，毛利是 3000 元，则这个渠道的投入产出比是 3。

具体操作时注意，不要一味地只看数据，还要注意区分新老用户，在新客户转化率的基础上追求 ROI。比如说在 A 网站投放广告，ROI 很高，但是可能其中大部分用户已经是我们的老用户了，只是图方便，才单击 A 网站的广告直接购买。实际上其 ROI 是虚高。

所以对于相同类型的渠道网站，除了分别统计数据外，还可以进行合并统计，将这些网站视为一个大渠道。假设在 A、B、C 三个相同类型的网站同时投放了广告，C 网站的效果最好，A 网站和 B 网站的效果比较差，从表面上看，应该减少或停止 A、B 网站的投放。但是真实情况可能是用户在 A 网站看到了广告没有单击购买，在 B 网站看到了没有单击购买，但是在 C 网站看到后却单击购买了，实际上这是三家网站同时发力的结果。

8.7.5 营销渠道优化

营销推广，效果为王。想提升效果，就要不停地培养渠道并对渠道进行优化。不同的渠道的具体优化方法不尽相同，但是原理差不多，重点还是数据，要注意数据的变化。比如，针对常规的问题解决思路如下。

1. 流量少

如果网站流量少，可能的原因有二：一是推广力度不够；二是如果推广力度很大，但是还是流量少，那就是方法或策略有问题。

2. 咨询少

如果网站有流量但是没咨询或咨询少，那可能的原因也有二：一是来的流量不精准。此时就需要去分析每个渠道带来的流量质量，比如，如果是 SEO 或竞价，则分析用户是搜索哪些词来的；如果是软文营销，则分析是看了哪些文章来的；如果是邮件营销，则分析具体邮件地址的质量和邮件的内容。

如果流量是精准的，那第二个可能的原因就是网站有问题。网站的问题也可能有二：

一是网站的吸引力不够，这个问题要看用户的跳出率和停留时间。跳出率是指只访问一页就离开的用户比例；停留时间是指平均每个访客在网站停留了多久才离开。如果是跳出率很高、平均停留时间很短，那么基本上可以判断是网站内容的吸引力不够，甚至是跑题。

二是如果网站吸引力够，还是咨询的少，则是内容的营销性不足，说服力不够。

3. 转化少

如果咨询的够，但是成交的少，那么可能的原因有三：一是客服的水平不够；二是话术体系有问题；三是产品没有竞争力。

除了这些常见问题的解决和优化外，具体每个渠道都要进行优化，这样成本才会越来越低，转化越来越高，整体效果越来越好。而渠道的优化，也是根据数据来做的。

比如我们是做微信运营的，微信运营的一个重要指标就是内容的访问量和转发量。对于微信运营人员来说，就需要不断地关注往期内容的数据，总结出那些高阅读和高转发的内容有什么特点，然后将这类内容作为运营的重点。

应用案例 1 则：笔者是如何用 60 元将推一把打造为行业第一的

最后，给大家分享一个案例，这个案例既是对本章的六步引导法进行一次诠释，也是为本书画上一个圆满的句号。

这个案例也是许多人问过笔者的，但是笔者从来没有大范围公开分享过，即推一把网站的营销推广思路及具体过程。下面请听笔者一一道来。

注：推一把网站是笔者于 2008 年年底创建的，定位于网络营销推广领域，主打论坛。目前推一把论坛的注册会员数已经有 100 多万，是同类网站中会员数最多的网站。

2008 年之初，笔者萌生了建设一个营销类网站的想法。最初策划的主题和用户定位是建立一个针对市场营销从业人员的主题社区。之所以定位于此，是因为相关从业人员越来越多，但是互联网上却没有专门针对此类人群的社区论坛。

想法是好的，但是可行性高不高呢？笔者相信许多朋友创业或做项目时，都会遇到这个问题。那如何能更好地验证项目的可行性呢？通过竞争对手验证是非常有效的手段之一，正如前文所说的，他们已经投入了许多的时间、精力、人力、物力和资金，"帮我们"进行了验证和实践。

不过，笔者的这个主题定位当时还没多少人实践过，于是笔者转而研究了与之定位相似的一些网站，比如专门针对商务公关人员的社区、针对

记者编辑的社区等。

研究了几天后笔者发现，这些社区都不是特别火，而且盈利都非常困难。这个结果证明什么呢？证明这个定位的可行性不高，需要调整思路。因为在这些网站中，若只是一家网站发展得不好，则可能是该站的团队有问题，而所有类似网站发展都不好，那很可能就是模式有问题了。

当然，仅仅是从表面上来判断行与不行，是不够严谨的。所以，接下来还要深入分析这些网站发展不好的原因是什么。只有知道原因了，才好做正确的判断；只有知道原因了，才好调整思路和定位。

经过深入分析，笔者发现它们发展不畅的原因是因为用户需求与网站的定位有冲突——这些网站的定位都是以论坛社区为主，而论坛社区类产品，是需要用户黏在上面，且经常互动才能成功的。这就需要用户有足够多的需求，且这些需要通过论坛来解决，才可以保持论坛的高黏性和高互动。而这些网站的目标用户，恰恰没有太多的需求是需要通过论坛来解决的，论坛没人气，自然就很难发展起来。

鉴于此，笔者调整了思路，将用户定位从单一的市场营销人员拓展到了个人站长、传统企业、中小企业等，并再次通过相关的网站进行分析验证，比如Admin5、落伍者等，这次的结果是可行。

确定了用户定位，也就是8.2节说的"你的用户都是谁"后，接下来要分析"拿什么打动用户"，也就是产品的卖点问题。

虽然网站类产品和化妆品等实物类产品不同，但是原理和本质是相同的，无论什么产品，想打动用户，都需要有足够强的卖点，而卖点缘于用户需求。所以在想找到产品卖点，弄清楚"拿什么打动用户"前，需要先分析用户的需求，弄清楚"用户有什么特点"。

关于用户分析，笔者总结了四条经验："一看、二问、三聊、四融入"。

一看，是指到用户集中的网站、社区、QQ群等，观察大家在看什么、说什么、聊什么；

二问，是指通过调查问卷等方式了解用户所想所求；

三聊，是指通过QQ、社区、线下座谈等方式与用户正面接触，直接交流；

四融入，是指真正走到用户当中去，与用户打成一片，甚至做一个真正的用户。

当时笔者每天都会去逛那些用户集中的相关网站和论坛，观察哪些文章和帖子的单击量高，大家在文章里评论什么，在论坛里讨论什么；同时还加了许多用户集中的 QQ 群，观察大家在群里聊些什么；除了观察外，笔者还会在这些论坛、QQ 群与大家交流、讨论，甚至还参加了一些线下的活动、聚会等。

就这样与用户"混"了三个月后，笔者发现其实这些用户最大的问题不是他们的产品如何推广、软文如何写、SEO 如何优化，而是有了问题没有人帮助他们解决。

之所以得出这个结论，是因为笔者发现，无论是文章下面的评论、论坛，还是 QQ 群，甚至是线下活动，总有人求助和提问，但是这些问题得到回应的很少，即使有人回应，往往答案也不是很靠谱。

于是，笔者便确定了推一把论坛的核心卖点，推出了"有问必答"版块。当时笔者亲自抓这个版块，每个问题都一定亲自回复。因为需求抓得准，所以一下子就赢得了用户的口碑，一传十，十传百，用户增长很快，同时论坛黏性也非常高。

其实如果不是深入到用户当中，而只是一味地做数据调查的话，是很难分析出来这个需求的，因为用户不可能和你说，其最大的问题是有了问题没人解答。这也是为什么笔者在前文说，做用户分析时，调查数据只能作为参考的原因。深入到用户当中去，甚至自己做一次真正的用户，这才是了解用户的王道。

用户的需求和特点了解了，产品的卖点也确认了，下面就是要分析"你的用户在哪里"，然后"确定策略和方法"。

在 8.6 节中，笔者分享了三个制订营销推广策略的方法，其中一个是根据竞争对手制订，这是笔者特别喜欢用的一个方法。所谓实践出真知，而且还是别人投入金钱和时间"帮"你实践，为什么不借这个力呢。

当时笔者分析了大量同类网站后发现，这些网站在推广时，都不约而同地使用了软文营销这一招，即通过内容传播。

仅仅是发现了这个现象还不行，我们还要研究为什么同行都使用这招，只有知道了为什么，才能更好地使用。

在 8.6 节中，笔者分享的另外一个制订营销推广策略的方法是根据用户的特点和需求来制订。而同行网站之所以选择软文营销，就是缘于用户的需求。因为行业类网站的目标用户，都是行业从业人员，这类人员不管是

刚入行的，还是已经是行业精英，都有强烈的学习需求，对于他们来说，这是刚需。比如新人要学习各种基础知识，行业精英则要学习更先进的经验、成功的案例等。

而学习最基本的方式就是阅读，故此，软文非常适合。而且软文成本低、易操作、传播广、持续性强，性价比极高。既然如此，"推一把"也以软文营销为主。

确定了"软文营销"这个方法后，接下来还要策划具体的内容策略，这些文章应该怎么写呢？这个更关键。

而这个问题的答案，还是在用户那里，简单地说，用户喜欢看什么内容，就写什么类型的文章。经过分析，笔者发现目标用户最喜欢看的是经验分享型的内容，所以笔者写过的文章，基本上都是以网站策划、网站运营、网络营销、网络推广等方面的知识和技巧为主。

通常做网络营销时，都是多个方法配合使用。因为单一的方法，效果有限；而把两三种关联性强、能够形成互补的方法配合使用，会使效果最大化。所以针对"推一把"这个项目的特点和用户特点，在软文的基础上，笔者又结合了博客营销和QQ群营销。

之所以结合博客，是因为博客的核心也是内容，所以在传播文章的过程中，稍微结合一下，就可以顺便打造出一个名博。这样做不需要额外付出任何时间和精力，便多出了一个名博资源，可谓是一箭双雕。

而结合QQ群，是为了提前给论坛积累种子用户。因为"推一把"主推的是论坛，而论坛成功的关键是怎么让用户黏在里面，同时在里面互动起来。这其中的关键是用户基数够不够多，如果论坛里的用户够多，便能形成"滚雪球效应"，用户不断地吸引用户来。但是论坛刚上线时，根本没有人气，更不要提什么氛围，所以根本留不住人。所以要成功运营和推广一个论坛，首先要解决用户基数问题，怎么能够在论坛刚一上线时，就有一群人进驻论坛是成功的关键。

关于这个问题，最佳的解决方案是，提前准备好一群"准用户"，就是所谓的"种子用户"。所以笔者在写文章的同时，又配合上了QQ群，在每篇文章里都加上了QQ群号码，引导潜在用户加入这些QQ群，这些群就是"推一把"的种子用户群。

经过半年多的准备和铺垫，2008年11月17日，推一把网站正式上线。由于前期准备充分、定位精准、卖点独特、推广接地气，所以上线第一天

网站的 IP 就达到了近千，半年后即成为行业第一。

上线后，笔者反而轻松了，工作量比前期准备阶段大幅减少。

（1）每周写一篇博客文章来传播推广；

（2）每天在主站更新几篇文章；

（3）每天巡查一下论坛，删除广告帖；

（4）每天回答网友提出的问题。因为网站刚上线，所以问题并不多，而这些问题对于笔者来说都很简单，很快便回答完成。

对于笔者来说，这些工作加到一块，每天不到 1 小时即搞定。之所以如此轻松，就是因为前期策划分析工作做得充分而到位。所以，虽然网站上线后，看起来投入的时间、精力不多，但"好钢都用到了刀刃上"。

而整个项目的投入，只是 60 元的域名钱。因为推一把网站从前期策划，到网站的建设，再到运营、推广，都是由笔者一人独立完成的，网站的空间则由朋友赞助，所以没有什么投入。

附录 A
本书联合出品人名单

- 海哥，媒体猫创始人。媒体猫，中国最大的新媒体平台。微信/QQ：198819880
- 抓住新的营销大潮流，让接下来的路走得更加顺畅和快乐，我是谢海波，我为自己代言，想通过营销玩得更快乐。微信：nanshenghaibo
- 张万茂，北京蓝海互动电子商务有限公司总经理，"模板188"创始人，提供一站式电商B2C整体解决方案，专注于电商、微商平台建设。微信：81378085
- 李振玮，梵云禅品创始人，70后手钏顽痴，自幼学习绘画和雕塑艺术。目前主做海南沉香手钏、黄花梨，定位玩家级人群。微信：99089858
- 冯东阳，科技专栏作家，知名自媒体人士，著有《草根自媒体达人运营实战》一书。微信公众号：a370415548
- 谢昶，9年电商老兵，河南羊肉哥电子商务有限公司创始人，畅销书《开微店，超简单》作者，江湖人称为"西北羊肉哥"。微信：yangrouge888
- 王美贵，"水磨功夫"创始人，主要从事豆制品的生产销售，目前在全广西超市豆制品产销领域竞争力排名第一位，微信：w-meigui
- 张垭飞，梦想投资人，致力于千万网络创业者扶持，象目浏览器创始人，好赚微商App创始人，万融网络董事，创想科技董事，创吧网络董事。微信：sillyggg
- 刘育通，10年网络营销、电商实操经验，致力于敢保证效果的网络营销策划。微信：lxw3596627

- 诸建华，香港医药集团高血脂（高血压）高血糖有限公司董事，研发防三高食养"清三高花茶"，欢迎电商、药店、超市等代理加盟，也可贴牌代加工。微信：niubanggen
- 方求生，深圳市北斗神兵科技有限公司创始人，致力于北斗/GPS 车辆监管定位系统解决方案。微信：qiusheng520hl
- 罗昆，现任国内某大型医疗投资集团网络总监。从事网络营销 11 年，医疗从业经验 8 年，实干型职业经理人。微信：LangTuan
- 蔡小玲，资深外贸自由人士，卓百姿—欧式百搭形体塑身衣创始人，国外社交自媒体玩家。微信：applebar520
- 姜伟，杭州志卓信息公司董事长，SEO 按天扣费模式第一人，暨南大学 EMBA，云搜宝、云客网的创始人。云客网是提供 SEO 服务的交易平台。微信：Epluschina
- 郑兵兵，SEO 工程师，冀州人氏，嗜 SEO 站群，然善理财，持财之八九，入投资啦，至今益颇丰，域名空间花销甚足，网友无不赞其稳妥。微信/QQ：200786009
- 陈仁架，上海敢诚实业发展有限公司董事长，"E 树阳光"超生态地标农产品及"入佳嘴"健康休闲食品品牌创始人。微信：chenrenjia465988
- 刘梦奇，90 后，互联网爱好者，北京某园林设计公司网络运营部经理。擅长 SEM、精准营销等。微信：lingmeng—liu
- 张斌，外号 B 哥，知名自媒体人，互联网营销专家，帮帮测创始人兼 COO。帮帮测是国内首家移动端周易在线预测平台。微信：iou1991
- 李宁，九点动力集团 CEO，移动营销专家。九点动力是中国移动互联网整体解决方案提供商，著名的移动营销品牌之一
- 耿会杰，互联网自由职业者，专注于网络推广、电子商务方面的研究和实践，擅长新媒体营销、搜索引擎营销。微信/QQ：523165589
- 谷子，QQ/微信：88287582，生活百科网，汇聚、分享生活中的一切美好。公众号：shenghuo12880
- 蝉禅，朵嘉浓品牌创始人，中国微商第一社群——珊瑚邦发起人，上海初美生物科技有限公司董事长，朵嘉浓商学院院长。个人微信：692117
- 张洪，从事视频制作业务十余年，为电视台、政府、企业、学校等提供全方位的视频制作整体解决方案。联系方式：rick085604
- 孟凡东，东凯（北京）科技股份有限公司总经理，梵活电子烟全国运营中心总经理。微信：mfd5666
- 孙娜娜，11 年专注于舒强益生菌、酸奶菌种的研发生产及销售，为不同人群定制改善肠道健康的益生菌保健产品。舒强为您及家人增添更多的健康食品！微信：94653648
- 李涛，全维营销专家，创立妈宝阅读汇 O2O 连锁项目，提供亲子阅读、图书借阅、图书销售、妈妈沙龙等服务。微信：tenspeedo
- 李侨，"火凤广告"创始人，从事品牌设计、策划、制作并实施，10 年品牌广告经验，助力于企业品牌形象树立及成长，武汉品牌形象设计开创

者。微信：709672475
- 刘冠鸿，擅长百度竞价推广，目前主要为企业提供百度/360/sogou开户托管方面的服务。微信：liu-guanghong
- 吴伟，山东六创网络科技有限公司CEO、笨鸟会创始人，致力于电子商务行业解决方案、微商系统运营策划，青年创业圈子笨鸟会欢迎你。微信：wbh616
- 高福海，专注于私人定制营养减肥、吃饭减肥服务，让减肥变得轻松！专注于8年O2O减肥领域，力争做老百姓最认可的减肥服务！微信：Gaofuhai
- 胡适清，移动O2O模式改造先行者，5年网络营销实战经验，13年研究移动互联与O2O的结合，并项目实战；现专注于移动O2O实战运营。微信：470124060
- 张亚敏，成都索贝新媒体事业部总经理。传媒从业者们一直都在移动互联网的快速发展中寻找着新媒体业务运营的契机，来吧，索贝帮您更有效地互动起来。
- 家齐老师，香港易经风水顾问讲师，协助企业三个月内华丽转身，精选品牌公司小孩姓名及出生吉祥时辰。微信：efhk168
- 武琼，大连道尔孚石化公司总经理，日本纯正化学中国总代理，经营各类化学试药及医药中间体。目前是隐形眼镜行业最大的原料供应商。微信：RCM-WU
- 余犇，壹号乐业与牛势广告创始人，专注于品牌互联网营销+健康农产品；经营包装设计印制！微信：yb0672
- 互联网时代是大数据营销的时代，对数据的整理、挖掘、分析，发现更多的商机、利润。——王海军老师12年的经验会给你更多的建议。微信：whj987099
- 小妩蜂蜜创始人陈小妩，一个对食品天然习性追求到极致的人，一直在纯野生中药材花树间追求着她的大自然艺术品！微信：ilovechenxiaowu
- 张兴华，沈阳土惠商贸总经理，企业微商实践者，致力于为企业打造移动社交电商平台，为个人提供买卖一体化的消费平台。微信：zxh198410
- 朱昕光，12年网络营销策划经验，打造国内最大的移动端文玩艺术品平台，欢迎有志向的朋友加入。微信：87231548
- 赵永，微信企业号首推畅移信息创始人，为中国传统企业提供基于微信企业号和服务号的营销管理与核心用户管理能力。微信：ramboo
- 李勇，《微信营销九段智慧》作者，九段云商网络科技董事长，日点击过百万，首款互动超媒体《微老大》创始人，北京大学电商EMBA特邀讲师。微信：taishan-liyong
- 李维兵，中车车服（北京）科技有限公司总经理，汽车服务行业网络平台"车服e家"创始人，使汽车服务商家和车主都得到方便和实惠。微信：LWB459700238
- 老宋，武汉道远商业咨询管理创始人，联商网零售金牌讲师，China微创联盟盟主，波姬小丝品牌投资人。微信公众号：道远超市网

- 赵春燕，燕京旅游 CEO，为全球景区免费打造智慧景区，为用户提供免费的真人导游景点讲解！更多的请关注【燕京旅游】微信公众号
- 窦洪，资深品牌形象规划人，为品牌量体裁衣，传统抑或互联网纵深有范，构筑专业专属形象。你的唯一由我打造！微信：xiudou54321722
- 曹袁平，上海笙昶电子有限公司总经理，生产制作高低频变压器，电子产品设计。扫赖联盟网创始人。QQ：378784601
- 陈宇，和君智业副总裁，品牌联盟公司化运营创始人，游戏式培训开创者，家居建材业网络营销专家，主导行业单店、联盟活动近 300 场。微信：streetcy
- 徐波，英国诺丁汉特伦特大学商学院博士，广东赛葆力药业有限公司董事长，主要从事专业医疗器械技术引进、生产及市场营销。微信：Sapooli-Sophia
- 范林献，山东点赞电子商务有限公司总经理，源动力网络有限公司总经理，源动力集团商学院讲师，锦尚网络公司首席策划顾问。微信：fanlinxian001
- "电商韩寒"丁华，常州市新动力网络科技有限公司，常州网商联盟发起人之一，10 年工业品网络营销实战，阿里巴巴高级讲师。微信：shouta_2006
- 王译颉，现就职于某央企，从事 O2O 研究及微店运营，专注于移动互联网微营销领域，欲结识相关有识之士互助共勉。微信：wyj0104
- 张瑞，米妈妈科技总经理，专注于把国外高端、有机产品引入中国，代理的美国第一款有机奶粉贝欧莱及其他有机辅食品牌深受高端妈妈喜爱。微信：Raymond606
- 全网营销的传播要有"道"，也要有创意，如此才能让企业有收益。——徐茂权，泉之媒创始人，《网络营销决胜武器软文营销》作者。微信：ruanwen13366306991
- 杨雄，90 后营销低手，专注于移动互联网流量变现，现有微信公众账号（父母课堂）fumuketang，数十万妈妈粉丝，欢迎交流合作！微信：yangxiong14
- 罗安林，《实战数据库营销》作者，安凌 CRM 创办人，提供大数据营销解决方案、咨询、培训、移动 App 定制开发服务。微信：905606961
- 袁向宾，石家庄向宾文化传播有限公司总经理，精通实体门店网络营销、营销型网站设计、discuz 论坛设计、企业网络营销、网络推广。微信：29650978
- 张晶嵋，利川为爱一生一世科技有限公司旗下"E 农特"联合创始人，致力于家庭关怀与农特产品的销售与推广，网络覆盖全国！微信：enongte
- 黄帆，从事移动互联网工作 5 年，供职于优酷土豆，徽家装饰、含山民生瓷业的创始股东之一。微信：huangyifancom
- 袁龙军，中国著名商业设计师，成都宽窄美食投资有限公司董事长。"宽窄"成都伴手礼为爱而生，以创意之美，诠释成都文化印记。微信：kuanzhai1718
- 毛志群，安徽扬金家居有限公司董事长，公司网站为 www.epst.hk，其推

出的家居组合营销模式深受市场推崇和消费者欢迎。微信：zhiqunmao
- 彭丽萍，9年网络营销、电商实操经验。格言：对人，知感恩；对事，知尽心；对物，知珍惜；对己，知克制。微信：penglipingwing
- 贺彩，互联网金融公司产品经理，从业10多年，具有丰富的需求分析、产品设计、网站运营经验。微信：wx1034855039
- 葛思汝，易观智库总裁公共助理兼市场总监，媒体人出身，做过老师，也创过业，关注互联网、大数据应用，8年多营销管理经验。欢迎沟通，微信：chloe_ge
- 蒋美丽，全民阅读推广志愿者，幸福读书会创办人，幸福学研究&践行者，《女人幸福的智慧》作者。微信/QQ：758455310
- 张永良，从事针织品代理批发，明悦汇创始人，阳光生命发起人，专注于终端零售连锁及社群经济研究。微信：yunxiangjianghu
- 詹兵，派新姿健康品超市CDM系统创始人，从事健康用品连锁经营。QQ：906499688，微信：zb906499688
- 我们拼命挣钱靠的是什么？我们拼命挣钱为了什么？前一个答案可以是健康，后一个答案最好不是健康。——易度优康创始人肖海东，微信：xiaohaidong003
- 侯燕艺，倒腾落地网络推广解决方案，专注于百度、谷歌、360关键词推广7年，爱交朋友，爱旅游，善于资源对接。微信：952157899
- 一群有梦想的人，聚集在一起，做一件有意义的事！为舞者提供坚实的后备资源，旋舞，为舞而生！——旋舞舞蹈用品有限公司总经理，雷祖璟，微信：122712733
- 彭春玉，上海锦勇安防设备有限公司总经理，致力于化学、生化、核射线、医疗防疫等各行业的安全防护。微信：360060676
- 杨湘波，新疆方言和田玉有限公司电商运营总监，6年和田玉行业淘宝运营从业经验，擅长QQ群暴力营销。QQ：5442199
- 付博旺，"同林科技"品牌创始人，臭氧专家，从事臭氧应用15年，是2008年奥运会和大会堂臭氧设备供货商。微信：DAFUVX
- 彭华，广西老字号（源自清光绪八年）的贺欧牌腊味负责人，坚守传统，做良心企业，造放心食品，树百年老字号。微信：penghua173279
- 东方之珠，如果不能带你去看看；至少，我能把你的托付安全、准时送达！——飞龙中港物流有限公司。微信：feilongwuliu
- 龙剑秋，来自于成都，专注于互联网7年，金冠淘宝客，现在专注于微商营销实战，做一个卖好货、好好卖货的微商人，跟我做微商不赚钱双倍赔偿。微信：152677677
- 李欣荣，著名高端女包品牌向阁（seul&seul）创始人。向阁，倡导爱生活，爱自己，我是我唯一！QQ/微信：6500532
- 李静，装企通网销学院CEO，装企通帮助装饰企业打造PC端、移动端、微信端互联网+转型升级，为装饰企业提供互联网+落地解决方案！微信：aljedu

487

- 张秦宁，网络营销从业者，欢迎各种合作交流。QQ：2980157146
- 陈昆，开心麻花艺人经纪总监，在传媒娱乐圈混迹多年，电视节目制作人，流行音乐推手，如今以卖笑为生，更醉心于新媒体营销学习实践。微信：zishiwang
- 周强，北京蓝博易品网络技术有限公司总经理，先后为新浪汽车、凤凰汽车、应用汇、GQ男士网、VOGUE时尚网、PPTV提供SEO顾问服务。微信：6961754
- 吴创强，创宇云CEO，从事云计算和物联网业务三年多，在站长圈拥有较高的知名度，目前重心从IaaS向SaaS转移，正在搭建综合服务平台。微信：wuchuangqiang
- 古华京，有态度的移动电商运营与网络营销实战者，草根创业者，皇室安伯珠宝微商创始人。微信/QQ号：154430323
- 闫玉航，上海万治实业有限公司总经理，致力于打造优秀的连锁加盟品牌，目前有熙羊餐饮连锁、兀家凹农副产品、苏莉雅服装连锁品牌。微信：yan1392067870
- 聚天下微商英雄，服务万千微商，帮助微商伙伴，行正道，成大业，绽放精彩人生。——徐东遥，万人迷微商特训营创始人，《我是微商》作者。微信：916666707
- 辛蝶，北京梵娴琳文化发展有限公司投资人，目前主要从事平行进口车的国内推广，以及帮助国内广大中小生产企业产品出口美国及欧洲市场。微信：syz750314
- 看山先生/薛鸿儒，"牛咖学堂"创始人，仅凭一张思维导图，10天融到100万！一年内将输出海南80%以上互联网精英！其他请百度！微信：www_v88v_cn
- 陈全胜，10年项目投资经历，广东中一司法鉴定所、贵州中一司法鉴定中心董事，致力于提供公正科学的司法服务。电话/微信：victor6668
- 刘潜，上海经扶网络技术有限公司总经理，提供网站建设、程序及App定制，目前专注于网络整合营销和农产品电商。微信：cr1989
- 黄小平，锐仕方达猎头创始人兼CEO，在27个城市设有41个猎头分支，中国猎头行业新领导品牌。QQ：852591
- 钟飞，深圳市弗升格文化有限公司副总经理，主要提供关于企业和个人融资理财的财商教育服务，致力于帮助中小企业解决资金周转问题。微信：zhongfei0505
- 王剑利，石家庄爱尚量贩式KTV创始人！2011年河北体院毕业后创业，老家承德，用了4年，从0做到500万，希望相互学习。微信：dali____
- 武斌，高级宠物营养师，乐同宠物创始人，近10年宠物行业经验，致力于打造国内最专业的电商+宠物营养师团队，为宠友提供科学宠物膳食建议。微信：YOTO-PET
- 赵倩，2008年从事网络营销行业至今，为200多家企业提供过网站搭建及SEO服务，先后负责50多家企业整合营销及网络营销体系搭建。微信：

zhaoqian016752
- 纪和义，承德市实正商贸公司总经理，主要经营文玩、印度香、藏香和波西米亚风格服饰。微信：jhy000721
- 王凤龙，乐豪斯装饰公司网络运营总监。1999年成立公司，领跑家居行业，其服务于石家庄乐豪斯装饰，稳居行业第一。微信：Long007
- 曹霖骅，美国创业学硕士，对创业充满热情，回国后致力于推进网络设计创业平台，以及创意创业产业园建设，寻求各类跨专业人士携手合作。微信：Erick878356
- 张云松，某知名国际高级定制中心营运总裁，专注于奢侈品男装高定领域，精通企业管理及移动互联时代O2O数字营销整合。QQ：836715478
- 包尚益，多年"男士西服个性化定制ERP管理系统"成功开发经验，擅长前端印染、成品加工、线上线下销售，精通新媒体时代行销方案及营销技术创新
- 陈康荣，百易装饰创始人，高级室内设计师，中设会广西分会副会长，设计理念：一半生活，一半艺术；一半写实，一半写意。微信：A-KR720
- 文华，臻元御养总经理，倡导成人羊乳健康养生。臻元御养是御宝集团旗下的成人羊乳粉品牌，为3岁以上人群提供全面营养解决方案。微信：271842702
- 虞松桦，帮帮测创始人兼CEO，中国易经研究会成员，微信：Y17486952。帮帮测是国内首家移动端周易在线预测平台，公众号：bangbangce
- 移动互联网正快速吞噬PC端流量。A5站长网做SEO服务时，提醒客户做移动站，部分移动站流量竟然短时间超过PC端。——唐世军，A5站长网总经理，好推CEO
- 杨强，一个有思想的90后营销人，四川广安人！目前是优士圈负责人，微商MBA学院运营总监，千人峰会操盘手！希望与您结缘！微信/QQ：97042279
- 黄颖妍，中山大学经济学管理学双学位，6年网络营销策划运营管理经验，专注于婴幼童微营销及跨境电商，青少年教育O2O等领域。微信/QQ：2505662754
- 朱亚军，安徽利辛县富亚纱网有限公司董事长，亳州市政协委员，2005年从事电子商务，10年专注于纱网产品的研发，丝网纱门产业领军人物。微信：zhuyajuncom
- 李伟彬，92外语网联合创始人，连续创业者，传说中的文艺男，北过漂流过浪从过教，现混迹互联网，欢迎各种骚扰！微信：kalvin-li
- 黄骥江，久凌科技总经理。久凌科技提供整合网络营销、项目孵化等服务，追求营销极致，还原项目本质，稳中求胜，稳步提升。公众号：jiuling-pw，微信：8414281
- 辛红波，青岛迅诺网络科技有限公司总经理，提供网站建设、网络整合推广、天猫运营等服务，6年来先后为2000多家客户提供过服务。微信：3581817

- 张迅诚，众筹革命者，高鹏会创办人，高鹏资本创始合伙人，高鹏微会所（中国第一家跨界众筹微会所）创始人，中国股权众筹联盟创始人。微信：fredzhanghe
- 蒋业祥，互联网专家，微商吸粉专家，立微联盟合伙人，大陆首个 VCAP、OCM、RHCA，专注于教育培训网络营销。微信：vic0625
- 尤轶斌，一期一会精品服饰创始人，主要从事精品包包服饰的销售，抓住微商大潮流，进军微商界，力争做好做强。微信/QQ：228944854
- 吴辉，用友软件项目经理，广联达软件开发经理，摩托罗拉（中国）移动系统分析师，中国国际太极拳网 VP，专注于高端养生地产。微信：jetwu_2013
- 张鸿娟，营销总监（指尖上的安利），打造直销电商 O2O 模式、创业互联网+平台，打通线上线下，跨入创业快车道，战略：体验制胜。微信：zhang001611
- 张峰，武当气功太极拳传人，创办遇真太极拳馆。北京奥运火炬手，中国武术段位考试考评员。入选国家邮政总局发行的《国典 60》邮册。微信：TJQGZF
- 赵钊，原中国大学生 101 目标社湖北省监事长，喜欢观察与思考的青年，立志从事不动产+金融领域，目前专注于金融服务行业。微信：yt-feng
- 邱思延，深圳市富友鹏投资有限公司董事长，下属公司主要提供包括律师事务所、金融财税、城市更新、知识产权、人力资源等业务。微信：vincent13688804333
- 陈国荣，品途网专栏作者，多盛网络科技（云南）有限公司总经理，多盛致力于为各行业大中型传统企业提供互联网+落地解决方案。微信：V66888999
- 张凯，新西兰"国宴茶"，全球唯一通过欧盟等八大认证体系的有机茶，Zealong 杰境茶山东总代，每季峰产仅 3900kg。微信：weifangjicao
- 曾秀芬，广东东莞人，爱好互联网，从事电商推广工作 3 年有余，擅长微博、论坛等推广。互联网是我一生的事业与追求！爱交友，爱分享，爱交流！微信：yiyimami1983
- 周智恒，深圳市东维印象广告策划有限公司董事长，专业服务房地产广告及品牌包装等提供服务，4 年来在广东区域为多家房地产商提供服务。微信：dwyx628
- 秉承"恒于心周于行"的理念，致力于打造中国一流的智能化文件类法律服务系统。——恒周律师事务所，谭玲——在律师界探索"互联网+"的年轻人。微信：lingzizi_0430
- 王斌，北师大 HR 专业，专注于金融行业 10 余年，是国内最专业的金融服务商之一，已有数百家加盟贴牌商，可满足外汇黄金行业 99%的需求。微信：wangbinzls

新电商精英系列丛书累计销量突破100万册
两次荣获电子工业出版社最佳品牌奖

电商图书旗舰品牌

经典教程 全新升级

电商运营（第2版）
ISBN 978-7-121-36618-5

网店客服（第2版）
ISBN 978-7-121-36633-8

网店美工（第2版）
ISBN 978-7-121-36616-1

网店推广（第2版）
ISBN 978-7-121-36617-8

电商数据分析与数据化营销
ISBN 978-7-121-36613-0

内容营销：
图文、短视频与直播运营
ISBN 978-7-121-36614-7

跨境电商运营实务：
跨境营销、物流与多平台实践
ISBN 978-7-121-36615-4

全彩印刷

国内电商运营、美工、客服书籍的**新起点**！
淘宝大学电子商务人才能力实训（CETC系列）

《网店运营、美工视觉、客服（入门版）》
ISBN: 978-7-121-32632-5

《网店运营（提高版）》
ISBN 978-7-121-32633-2

《网店美工视觉与客服（提高版）》
ISBN 978-7-121-32900-5

淘宝官方首套内容电商运营系列丛书！
抓住中国电商第三次浪潮！

电子工业出版社咨询或投稿，
请联系010-88254045，
邮箱：zhanghong@phei.com.cn

在哪儿可以买到这些书？
线下书店、当当、京东、亚马逊、天猫网店均可购买。

电子工业出版社优秀跨境电商图书

阿里巴巴官方作品，速卖通宝典丛书（共8册）

跨境电商物流 阿里巴巴速卖通宝典
书号：978-7-121-27562-3
定价：49.00元

跨境电商客服 阿里巴巴速卖通宝典
书号：978-7-121-27620-0
定价：55.00元

跨境电商美工 阿里巴巴速卖通宝典
书号：978-7-121-27679-8
定价：69.00元 
全彩印刷

跨境电商营销 阿里巴巴速卖通宝典
书号：978-7-121-27678-1
定价：78.00元

跨境电商数据化管理 阿里巴巴速卖通宝典
书号：978-7-121-27677-4
定价：49.00元

跨境电商SNS营销与商机 阿里巴巴速卖通宝典
书号：ISBN 978-7-121-32584-7
定价：89.80元

跨境电商运营与管理 阿里巴巴速卖通宝典
书号：ISBN 978-7-121-32582-3
定价：59.00元

跨境电商视觉呈现 阿里巴巴速卖通宝典
书号：ISBN 978-7-121-32583-0
定价：59.00元
全彩印刷

跨境电商图书兄弟篇

跨境电商基础、策略与实战
ISBN 978-7-121-28044-3
定价：59.00元
出版日期：2016年3月
阿里巴巴商学院 组织编写
柯丽敏 王怀周 编著
主要内容：进口出口外贸跨境电商教程，配有PPT课件。

跨境电商多平台运营（第2版）——实战基础
ISBN 978-7-121-31412-4
定价：69.00元
出版日期：2017年6月
易传识网络科技 主编 丁晖 等编著
主要内容：速卖通、Amazon、eBay、Wish和Lazada五大平台运营攻略。
畅销教程全新升级，兼顾跨境电商从业者与院校学员，提供PPT支持。

跨境电商多平台运营实战基础

跨境电商——阿里巴巴速卖通宝典（第2版）
ISBN 978-7-121-26388-0
定价：79.00元
出版日期：2015年7月
速卖通大学 编著
主要内容：阿里巴巴速卖通运营。
阿里巴巴官方跨境电商B2C权威力作！
第2版全新升级！持续热销！

亚马逊跨境电商运营宝典
ISBN 978-7-121-34285-1
定价：69.00元
出版日期：2018年6月
老魏 著
作者拥有12年外贸和跨境电商从业经历，助你系统解决亚马逊运营痛点。

阿里巴巴国际站"百城千校·百万英才" **跨境电商人才认证配套教程**
教程与PPT咨询，请致电编辑：010-88254045

从0开始跨境电商实训教程
阿里巴巴（中国）网络技术有限公司 编著
ISBN 978-7-121-28729-5
适用于一切需要"从零开始"的跨境电商企业从业人员和院校学员！

跨境电商B2B 立体化实战教程
阿里巴巴（中国）网络技术有限公司
浙江商业职业技术学院 编著
ISBN 978-7-121-35828-9
图书+PPT课件+在线视频学习资源
+跨境电子商务师认证